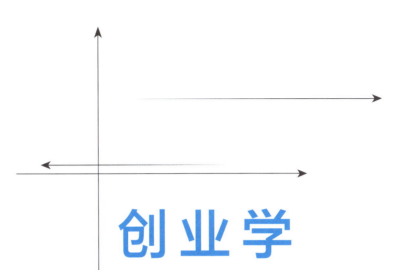

# 创 业 学

（第3版）

陈文华　刘沁玲◎主编
张玉利◎主审

北京大学出版社
PEKING UNIVERSITY PRESS

## 内 容 简 介

本书在内容组织上，考虑到大学生创业的特点，关注机会导向，重视创意、创新到创业的全过程和从0到1的成长和发展，结合当前中国大学生创业学习的需要，加强了概念、理论的科学化和系统化，并与实践紧密联系。内容编排注重吸收国内外最新研究成果，案例选择和实践训练等不仅考虑到中国国情、经济环境、文化特色等，也关注中国大学生的个性特征、创业愿望和创业学习等特点。同时，本书将商业创业和社会创业有机结合，始终关注用创新的方法解决社会问题，有利于培养具有社会责任感的高质量创新创业人才。

本书在各章节中结合知识点的学习安排了多个案例供学生思考、分析和研究。在各章后安排了习题和实际操作训练，使学生能够及时把理论和实践紧密结合起来，有利于提高创业学习效果。全书选择和编排了大量近年来中国大学生创业成功与失败的典型案例，贴近现实和国情。

本书既可作为高等院校本科生、研究生的创业课程教材，也可作为创业教育的培训用书或参考用书，同时也适合各类创业者和有志于创业的人士阅读。

**图书在版编目(CIP)数据**

创业学/ 陈文华，刘沁玲主编． —— 3 版． —— 北京：北京大学出版社，2025.2．——(高等院校经济管理类专业"互联网+"创新规划教材)．—— ISBN 978-7-301-35791-0

Ⅰ．F241.4

中国国家版本馆 CIP 数据核字第 20241HC905 号

| | |
|---|---|
| **书　　　名** | 创业学（第 3 版） |
| | CHUANGYEXUE (DI-SAN BAN) |
| **著作责任者** | 陈文华　刘沁玲　主编 |
| **策 划 编 辑** | 张　越 |
| **责 任 编 辑** | 毛文婕 |
| **数 字 编 辑** | 金常伟 |
| **标 准 书 号** | ISBN 978-7-301-35791-0 |
| **出 版 发 行** | 北京大学出版社 |
| **地　　　址** | 北京市海淀区成府路 205 号　100871 |
| **网　　　址** | http://www.pup.cn　新浪微博：@北京大学出版社 |
| **电 子 邮 箱** | 编辑部 pup6@pup.cn　总编室 zpup@pup.cn |
| **电　　　话** | 邮购部 010-62752015　发行部 010-62750672　编辑部 010-62750667 |
| **印 刷 者** | 北京鑫海金澳胶印有限公司 |
| **经 销 者** | 新华书店 |
| | 787 毫米 × 1092 毫米　16 开本　19.25 印张　456 千字 |
| | 2012 年 9 月第 1 版　2019 年 6 月第 2 版 |
| | 2025 年 2 月第 3 版 |
| **定　　　价** | 59.00 元 |

未经许可，不得以任何方式复制或抄袭本书之部分或全部内容。
**版权所有，侵权必究**
举报电话：010-62752024　电子邮箱：fd@pup.cn
图书如有印装质量问题，请与出版部联系，电话：010-62756370

# 序

党的十七大提出,要提高自主创新能力,建设创新型国家,要实施扩大就业的发展战略,促进以创业带动就业。2010年,《教育部关于大力推进高等学校创新创业教育和大学生自主创业工作的意见》发布,同年还成立了"2010—2015年教育部高等学校创业教育指导委员会",重点开展高校创新创业教育的研究、咨询、指导和服务相关工作,并组织专家起草了《高等学校创业教育教学基本要求(讨论稿)》,以及《〈创业概论〉课程教学大纲(讨论稿)》。创新创业教育作为我国政府选择的高等教育"综合改革的突破口",正在高校渗透和推进。为此,国家从人才培养模式创新、课程改革、科研成果转化、创业孵化基地设立、校企协同等不同角度推动高等教育转型发展。2021年10月,《国务院办公厅关于进一步支持大学生创新创业的指导意见》印发,其中指出,大学生是大众创业万众创新的生力军,支持大学生创新创业具有重要意义。要深化高校创新创业教育改革,将创新创业教育贯穿人才培养的全过程,建立以创新创业为导向的新型人才培养模式。强化高校教师创新创业教育教学能力和素养培训,改革教学方法和考核方式。加强大学生创新创业培训,打造一批高校创新创业培训活动品牌。党的二十大报告强调,要深入实施科教兴国战略、人才强国战略、创新驱动发展战略。加强高校创新创业教育,不仅是高校参与创新驱动发展战略的重要举措和时代使命,也是提高人才培养质量,实现高等教育高质量发展的核心内涵。

高校开展创业教育,离不开教材的开发和建设。高校的创业教育,受众广大,层次多样,创业教育与职业教育、专业教育的结合是一种趋势;创业教育在突出创业管理的一般规律时体现区域特色也是一种优势。我国创业教育起步较晚,尽管创业教育的教材已经有许多品种和类别,但国内创业教育的教材在总体上还处于引进、消化和本土化的过程中,还不能完全满足大学生创业教育的多样化需求。陈文华、刘沁玲等是我熟悉的一批学者,他们多年来关注创业研究,积极参加国内外创业研究和教育方面的各种会议,广泛交流合作,在各自高校积极开展创业教育工作,不断探索创新教学方式、方法。他们合作完成的这本教材是多年探索的成果。

考虑到大学生创业学习的特点,本书在内容组织上不仅关注机会导向,而且更重视创新和发展,引导学生在知识的融会贯通和创意设计的基础上,为国家经济和社会的发展作出更大的贡献;在结构安排上,遵循大学生创业学习的特点和创业过程,引导学生逐步加深对创业现象、创业过程的认识和理解,把握创业规律,从而理性创业,避免盲目性并降低风险;在案例选择上,注重中国大学生创业案例、科技创业案例和网络创业案例的选用,从共鸣中感染、教育大学生,培养大学生敢于创业的意识和积极主动的精神;在实践环节设计等方面,尽量满足中国大学生创业学习的需要,为提升大学生的创业技能提供有效指导。我认为本书有几个显著特点,具体如下所述。

第一,本书突显了培养创新型创业人才的特点,符合大学生创业学习的发展规律和创新型国家建设的需要。大学生是知识型群体,是建设创新型国家和科技创新、创业的生力军。他们不仅要学会自己生存、创造价值，更要对国家的发展和社会进步承担责任。本书的内容集中于关注和支持他们的成长，为国家培养更多的创新型创业人才。例如，本书强调要引导大学生做好创业生涯准备，追求创新和创造就业，而不是仅做职业生涯规划；要运用知识、技术和智慧构思商业创意去创造新的市场机会和价值，而不是仅为个人事业发展去瓜分现有市场；在追求个人事业发展的同时，更要关注社会创业，为国家和社会发展作出更大贡献。另外，本书满足了大学生对知识创业的特定需要并加强了他们对创意理论等知识点的学习。

第二，概念表述清晰易懂，理论与实践紧密结合，有利于提高教学效果。本书的作者都是长期从事创业研究的学者，并且一直致力于创业学教学理论和教学方法的改革研究，其研究成果也具有一定影响力。在本书的写作中，作者在自己研究成果的基础上，吸收了国内外最新的研究成果，并结合长期的教学经验积累，使本书的理论体系、关键概念更加清晰，案例分析和实践教学安排得当，更加符合教学规律。例如，本书对创业学基本理论中的关键概念、各主要学派的观点等进行了清晰的表述；本书在各章节知识点的内容中安排了多个案例供学生思考、分析和研究；在各章后安排习题和实际操作训练，使大学生能够及时把理论和实践紧密结合起来，有利于巩固创业学习的效果。

第三，吸收国内外最新研究成果，突出本土化特色，适合中国大学生创业学习的特点。本书的理论体系、关键概念等吸收了国内外最新研究成果，案例选择和实际操作训练等不仅考虑有别于发达国家的中国国情、经济环境、文化特色等，也关注中国大学生的个性特征、创业愿望、创业文化和创业学习特点。特别是在案例选择和研究方面，尽量选择和编排了近年来中国大学生创业成功与失败的典型案例，贴近现实和国情，方便大学生吸收国内外的先进理念和研究成果，结合中国环境特色，选择自己的创业之路，为建设创新型国家和促进就业作出更大贡献。

总之，从这些长期在教学一线从事创业教学和科研的学者了解的大学生需求出发，从解决他们开展创业教育教学经常碰到的一些问题入手，本书为中国大学生提供本土化、理论体系完整的高质量创业学教材进行了新的探索和努力。我相信，这本理论上循序渐进并突出案例教学的创业学教材，对大学生、有志于创业的年轻人和正在创业的创业者，在学习创业知识、提升创业技能、培育创业精神、解释创业疑难等方面都会起到有益的作用。

张玉利

南开大学创新创业学院院长

2024年10月1日

# 第 3 版前言

1. 构建创业型社会需要创业教育

创业型经济的发展对社会产生了重要影响。创新精神和创业活动的兴起使整个社会更加关注人的发展。社会总体创新精神和创业活动的快速增长，给企业和机构带来更大的发展空间。创业型经济中的小企业、个人都有可能通过创业登上财富榜。这种依靠个人奋斗成功的故事，激励着更多的人从事创业活动。"现代管理学之父"德鲁克在《创新与企业家精神》一书中提出："我们所拥有的是一种崭新的创业型经济。"自 20 世纪 70 年代中期以来，美国的经济体系发生了深刻变化，从"管理型"经济转向"创业型"经济。创新精神和创业活动在方方面面影响着社会、组织和每一个人。

驱动创业型经济发展的主要因素是企业家的商业创意、创新与创业活动，其主要特征是具有强势的创业活力，产生更多的创业者、创新产品和专利，这需要更多的人参与创业活动，形成创业型社会。而创业型社会不会偶然产生，需要我们去构建和发展。建设创业型社会需要政府颁布鼓励创业的政策、引导创业文化的形成，更需要普及创业教育，使更多的人具备创业意识、创业精神和创业能力，从潜在的创业者转变为现实的创业者。美国创业型经济的发展，离不开政府通过改革教育体制对创业者进行培养。我国要发展创业型经济，应该从培养创业能力和创业精神入手。我国的创业环境正在逐步得到改善，"建设创新型国家""以创业带动就业"等重大战略的实施，也需要创业教育的支持和推动，使我国公民的创业素质普遍提高。

2. 建设创新型国家需要大学生提高创业能力

我国正在实施"建设创新型国家""以创业带动就业"等重大战略。学者们普遍认为，大学生创业能在就业、创新、企业成长等方面作出更多的贡献，大学生创业者对经济和社会的影响要远远大于一般的创业者。因此，应该通过创业教育和培训提高大学生的创业能力，以促进国家重大战略的实施，增强国家竞争力。

清华大学二十国集团创业研究中心发布的《全球创业观察（GEM）2016/2017 中国报告》的信息显示：中国创业活动最活跃的人群是 18～34 岁的青年，占总体创业者比例的 44.39%。在创业者的受教育程度方面，中国早期的创业者中，具有大专及以上文化程度的比例为 47%，处于二十国集团（Group of 20，G20）经济体的中间水平，低于发达经济体。例如，G20 经济体中，加拿大、法国、美国的高学历创业者比例分别是 82%、81% 和 79%。从中国早期的创业者的结构特征来看，机会型创业比例由 2009 年的 50.87% 提高到 2016—2017 年的 70.75%。但是，中国创业者认为自己具备创业能力的比例较低，为 29.8%。G20 经济体中平均有 44.86% 的受访者认为自己具备创业能力。因此，中国创业者需要进一步提高创业能力。

《教育部关于做好 2016 届全国普通高等学校毕业生就业创业工作的通知》指出："从 2016 年起所有高校都要设置创新创业教育课程，对全体学生开发开设创新创业教育必修课和选修课,纳入学分管理。"教育部关于高校创业教育改革的总体目标是:2015年起全面深化高校创新创业教育改革,2017年相关改革取得重要进展,2020年建成较为完备的高校创新创业教育体系。根据教育部的指示,我们一直在教学一线认真履行自己的职责。本书是我们长期不懈努力的成果之一,也是对中国高校创业教育的贡献。正如德鲁克所言:"在我们这个社会里,要引进急需的创业精神。现在该是轮到我们对创新和创业精神付出努力的时候了,制定原则,努力实践并形成学科。"我们正在为此努力工作。

3. 本书的结构特色和教学建议

本书的写作目的是为中国大学生提供本土化、理论体系完整的高质量创业学教材。为此,我们在案例选择、内容安排、实践环节等方面注重满足中国大学生创业学习的需要,并强调概念、理论的科学化和系统化。本书结构根据大学生的学习特点进行组织,这种编排顺序有利于分阶段学习,就像登山的过程一样逐步提升对创业现象、创业过程的认识和理解,把握创业规律,从而理性创业,避免盲目性并降低风险。在内容安排上,我们考虑到大学生学习创业,不仅要关注机会导向,还要重视从商业创意、创新到创业这个从0到1的成长过程,引导学生在知识的融会贯通和商业创意设计的基础上,始终关注用创新的方法解决社会问题,成为敢于承担社会责任的高质量创新创业人才,这也是本书内容的一个特色。我们将其分为4个部分11章(见下图)。

| 创业准备 | 从商业创意到创新 | 拟订创业计划 | 创建新企业 |
| --- | --- | --- | --- |
| | | | 第9章 创业资源整合<br>第10章 创建新企业<br>第11章 社会创业 |
| | | 第6章 创业团队<br>第7章 商业模式<br>第8章 创业计划 | |
| | 第3章 商业创意<br>第4章 创业机会<br>第5章 创新管理 | | |
| 第1章 创业生涯管理<br>第2章 创业学基本理论 | | | |

教师可以采用模块式分阶段教学方法,引导学生一步一步地完成学习任务。每完成一个模块的学习,可以采用规划创业生涯、设计商业创意、组建创业团队来共同完成创业计划、创造性地组织资源以及创造价值等实践活动,使学生及时巩固和应用所学到的知识。我们20年的教学实践证明,学生不仅可以掌握创业学知识、了解创业过程,而且可以熟悉运作方法。同时也激发了学生对创业的浓厚兴趣,启迪学生积极主动地运用创新性思维去发现和捕捉创业机会,真正具备自主创业的能力。正如德鲁克所言:"创业并不神秘,它与基因无关,它和其他学科一样能够学会。"我们相信,通过本书的学习和实践,能够

帮助学生有效提升创业能力。

在中国高校，集聚了一大批以创业精神开拓创业教育的学者，我们只是其中的一部分。我们以创业的精神开发《创业学》课程，付出了非常多的心血和努力。本书的完成吸收了国内外最新研究成果，结合我们在创业方向20年累积的教学经验和数十项教学改革研究成果，经多次修改、补充和完善，终于形成了适合中国大学生学习的本土化、理论体系较完整的高质量教材。本书根据形势的变化和教学需要，去掉了原来的创业导论一章，增加了创新管理一章，突出了以创新驱动创业的教学目的。第3版的主要作者和修改者：第1章：李培敬副教授（洛阳师范学院）；第2章：刘沁玲教授（洛阳师范学院）；第3章和第8章：王烁老师（洛阳师范学院）；第4章：余江波副教授（洛阳师范学院）；第5章：张淑芳老师（洛阳师范学院）；第6章：张凯博士后（洛阳师范学院）；第7章：陈文华教授（深圳信息职业技术大学）；第9章：张淑芳老师（洛阳师范学院）；第10章：詹强南副教授（江西师范大学）；第11章：齐玮娜副教授（江西师范大学）。在第3版中我们更新了一些内容，特别是案例研究，以保证创业学习与时俱进，适应新的社会需求。刘沁玲教授对本书的1～6、8、9章节内容进行了精心设计、内容编排和修改指导。陈文华教授负责对本书的第7、10、11章的内容进行了框架梳理、组织写作和修改指导，并编写了全书的二维码内容，承担了统稿工作。南开大学博士生导师、原商学院院长、创新创业学院院长张玉利教授对我们的教学改革和研究工作以及本书的完成给予了长期的支持和精心指导。

2024年10月16日，习近平总书记在给中国国际大学生创新大赛参赛学生代表的回信中指出，创新是人类进步的源泉，青年是创新的重要生力军。全社会都要关心青年的成长和发展，营造良好创新创业氛围，让广大青年在中国式现代化的广阔天地中更好展现才华。为适应新时代对创业教学的要求，在北京大学出版社的大力支持下，我们在2019年出版的第2版《创业学》的基础上，修改和新增了一些内容，特别是增加了一些最新案例，使第3版《创业学》的内容更加新颖和完善，以满足新时代广大师生的需要。

4. 致谢

本书的完成先后得到了来自教育部高等教育司、南开大学创业管理研究中心、清华大学二十国集团创业研究中心、北京航空航天大学创业教育中心等各级领导和专家多方面的指导和支持。特别是刘沁玲教授2007年在南开大学访学期间，得到了导师张玉利教授的精心指导，同时颇受南开大学创业管理研究中心成员的创业精神和学术氛围的影响。我们也得到了各级政府、教育厅、学校在政策和研究基金等方面对教学改革和研究工作的直接支持。各种学术会议为我们的教学和研究提供了学习和交流的机会，在此对促进中国高校创业教育发展作出贡献的国内外专家学者表示衷心的感谢！特别要感谢以下教授的指导和支持：

| | |
|---|---|
| 南开大学博士生导师、教育部高等学校创业教育指导委员会委员 | 张玉利教授 |
| 清华大学博士生导师、原中国科学学与科技政策研究会副理事长 | 曾国屏教授 |
| 清华大学博士生导师、清华大学二十国集团创业研究中心主任 | 高建教授 |
| 原北京航空航天大学校长助理、广州铁路职业技术学院党委书记 | 张竹筠教授 |
| 北京师范大学博士生导师 | 张曙光教授 |

北京航空航天大学创业教育中心主任　　　　　　　　　　张林教授
华中科技大学博士生导师　　　　　　　　　　　　　　钟书华教授

陈文华　刘沁玲
2024 年 12 月

资源索引

# 目 录

**第 1 章　创业生涯管理** 1
- 1.1 创业者与创业动机 3
  - 1.1.1 创业者的含义 3
  - 1.1.2 创业者的个性特征 4
  - 1.1.3 创业动机 6
- 1.2 创业者个体特质理论与创业技能培养 8
  - 1.2.1 关于创业者个体特质理论研究的主要观点 9
  - 1.2.2 培养创业技能的主要途径 12
- 1.3 创业生涯管理 13
  - 1.3.1 创业者的生涯管理 14
  - 1.3.2 大学生创业的特点及应注意的问题 17
- 本章小结 20
- 习题 20
- 实际操作训练 21

**第 2 章　创业学基本理论** 24
- 2.1 创业学及其研究内容 26
  - 2.1.1 创业精神的内涵 26
  - 2.1.2 创业的含义和特征 27
  - 2.1.3 精益创业 29
  - 2.1.4 创业学的研究内容和方法 30
- 2.2 创业模型与创业过程 32
  - 2.2.1 创业的基本模型 33
  - 2.2.2 创业过程 36
- 2.3 创业类型与创业的影响 37
  - 2.3.1 创业的类型 38
  - 2.3.2 创业对经济、社会发展的影响 42
- 本章小结 44
- 习题 44
- 实际操作训练 45

**第 3 章　商业创意** 48
- 3.1 商业创意与创意产业 50
  - 3.1.1 商业创意概述 50
  - 3.1.2 创意产业及其发展概况 52
- 3.2 创新原理与商业创意来源 58
  - 3.2.1 德鲁克提出的创新原理 58
  - 3.2.2 产品创新和商业创意来源 60
- 3.3 开发商业创意的方法和商业创意设计的基本原则 63
  - 3.3.1 培养商业创意思维 63
  - 3.3.2 商业创意的形成过程 64
  - 3.3.3 开发商业创意的方法 65
  - 3.3.4 商业创意设计的基本原则 68
- 本章小结 69
- 习题 70
- 实际操作训练 70

**第 4 章　创业机会** 73
- 4.1 创业机会的概念、分类及特点 75
  - 4.1.1 创业机会的概念 75
  - 4.1.2 创业机会的分类及特点 76
- 4.2 创业机会的识别及来源 78
  - 4.2.1 创业机会的识别 78
  - 4.2.2 创业机会的来源 79
  - 4.2.3 互联网环境下的创业机会 81
- 4.3 创业机会的评价及筛选 83
  - 4.3.1 创业机会的评价方法 84
  - 4.3.2 创业机会的评价准则 88
  - 4.3.3 大学生的创业机会筛选 89
  - 4.3.4 筛选创新型创业机会的思维训练 91
- 本章小结 92
- 习题 93
- 实际操作训练 93

**第 5 章　创新管理** 97
- 5.1 创新基础理论 98
  - 5.1.1 创新的内涵 98
  - 5.1.2 创新的意义 101

|     5.1.3   创新的类型 …………………… 103
|     5.1.4   创新的过程 …………………… 109
|   5.2  创新管理框架 ……………………… 111
|     5.2.1   创新管理的必要性 …………… 111
|     5.2.2   创新管理的内涵 ……………… 113
|     5.2.3   创新管理的过程 ……………… 114
|     5.2.4   全面创新管理 ………………… 115
|     5.2.5   开放式全面创新管理 ………… 116
|     5.2.6   整合式创新管理 ……………… 116
|   5.3  知识产权保护 ……………………… 118
|     5.3.1   知识产权的内涵 ……………… 119
|     5.3.2   知识产权保护对创新的
             作用 …………………………… 119
|     5.3.3   知识产权的特征 ……………… 120
|     5.3.4   知识产权的类型 ……………… 121
|   本章小结 ………………………………… 125
|   习题 ……………………………………… 126
|   实际操作训练 …………………………… 126

## 第 6 章   创业团队 ……………………… 130

  6.1  团队及其类型 ……………………… 132
    6.1.1   团队的定义 …………………… 132
    6.1.2   团队与群体 …………………… 133
    6.1.3   团队的类型 …………………… 135
  6.2  创业团队及其作用 ………………… 139
    6.2.1   创业团队的内涵 ……………… 139
    6.2.2   创业团队的构成 ……………… 142
    6.2.3   创业团队的作用 ……………… 149
  6.3  创业团队的组建与发展 …………… 152
    6.3.1   创业团队组建原则 …………… 152
    6.3.2   组建创业团队的理念 ………… 154
    6.3.3   创业团队发展应具备的条件 … 155
    6.3.4   创业团队的发展和演变 ……… 156
  本章小结 ………………………………… 156
  习题 ……………………………………… 157
  实际操作训练 …………………………… 157

## 第 7 章   商业模式 ……………………… 159

  7.1  商业模式的基本问题 ……………… 162
    7.1.1   商业模式的来源 ……………… 162
    7.1.2   商业模式的构成要素 ………… 163
    7.1.3   商业模式的基本内涵 ………… 165
  7.2  商业模式的逻辑 …………………… 168

    7.2.1   价值发现 ……………………… 168
    7.2.2   价值匹配 ……………………… 169
    7.2.3   价值创造 ……………………… 169
  7.3  商业模式设计 ……………………… 170
    7.3.1   核心战略 ……………………… 171
    7.3.2   战略资源 ……………………… 172
    7.3.3   价值网络 ……………………… 173
    7.3.4   顾客界面 ……………………… 173
    7.3.5   顾客利益 ……………………… 174
    7.3.6   构造 …………………………… 174
    7.3.7   企业边界 ……………………… 175
  7.4  商业模式创新 ……………………… 177
    7.4.1   商业模式创新的内涵 ………… 178
    7.4.2   商业模式创新的阻力和动力 … 178
    7.4.3   商业模式创新的路径 ………… 179
  7.5  商业模式画布 ……………………… 181
  本章小结 ………………………………… 184
  习题 ……………………………………… 185
  实际操作训练 …………………………… 185

## 第 8 章   创业计划 ……………………… 189

  8.1  创业计划综述 ……………………… 191
    8.1.1   创业计划的含义和作用 ……… 191
    8.1.2   创业计划的特点 ……………… 192
  8.2  创业计划书 ………………………… 193
    8.2.1   创业计划书的撰写步骤 ……… 193
    8.2.2   创业计划书的基本类型 ……… 194
    8.2.3   创业计划书的结构和内容 …… 194
  8.3  创业计划书的写作方法 …………… 195
    8.3.1   创业计划书主要内容的写作
             方法 …………………………… 195
    8.3.2   掌握投资者的偏好 …………… 203
    8.3.3   创业计划的口头陈述 ………… 204
  本章小结 ………………………………… 204
  习题 ……………………………………… 205
  实际操作训练 …………………………… 205

## 第 9 章   创业资源整合 ………………… 213

  9.1  创业资源整合概述 ………………… 214
    9.1.1   资源整合能力与竞争优势 …… 215
    9.1.2   资源整合能力的动态性 ……… 215
    9.1.3   创业资源分类及各自的地位 … 216
    9.1.4   创业资源整合的方法 ………… 218

9.2 创业融资难题的现实与理论分析 …… 220
　9.2.1 创业融资的现状 ………………… 220
　9.2.2 创业融资难的现实原因和理论
　　　　解释 ……………………………… 223
　9.2.3 创业融资渠道、过程和常见
　　　　陷阱 ……………………………… 225
9.3 创业融资难题的破解策略 ……………… 230
　9.3.1 总体策略 ………………………… 230
　9.3.2 分阶段进行创业融资 …………… 231
　9.3.3 发展创业关系融资 ……………… 232
　9.3.4 争取政策性创业融资 …………… 233
本章小结 …………………………………… 235
习题 ………………………………………… 236
实际操作训练 ……………………………… 236

# 第 10 章　创建新企业 …………………… 239

10.1 新企业的市场进入模式 ……………… 243
　10.1.1 新建企业 ……………………… 243
　10.1.2 收购现有企业 ………………… 244
　10.1.3 特许经营 ……………………… 246
10.2 创建新企业的相关法律 ……………… 249
　10.2.1 与新企业相关的法律问题 …… 249
　10.2.2 新企业的法律形式 …………… 251
10.3 新企业选址 …………………………… 257
　10.3.1 新企业选址的重要性 ………… 257
　10.3.2 影响新企业选址的因素 ……… 258
　10.3.3 新企业选址的步骤 …………… 260
本章小结 …………………………………… 264

习题 ………………………………………… 264

# 第 11 章　社会创业 ……………………… 265

11.1 社会创业、社会企业及社会
　　　创业者 ………………………………… 266
　11.1.1 社会创业及社会企业 ………… 266
　11.1.2 社会创业者 …………………… 272
11.2 社会创业机会的识别、评估
　　　和开发 ………………………………… 275
　11.2.1 社会创业机会的识别与开发 … 276
　11.2.2 社会创业机会识别的影响
　　　　　因素 …………………………… 276
　11.2.3 社会创业机会的评估 ………… 277
11.3 社会创业的资源整合过程概述 ……… 278
　11.3.1 社会创业资源的识别与选择 … 278
　11.3.2 社会创业资源的获取 ………… 279
　11.3.3 社会创业资源的激活与再造 … 279
　11.3.4 可持续经营与组织成长 ……… 280
11.4 中国开展社会创业的机遇及发展
　　　战略 …………………………………… 280
　11.4.1 中国开展社会创业的现状 …… 280
　11.4.2 中国社会创业的发展战略 …… 281
本章小结 …………………………………… 284
习题 ………………………………………… 284
实际操作训练 ……………………………… 284

# 参考文献 …………………………… 290

# 第 1 章　创业生涯管理

## 本章教学目标与要求

（1）理解创业者的含义，了解创业者的个性特征；
（2）理解创业者创业的动机及其类型；
（3）掌握创业者个体特质理论与创业技能培养的主要内容；
（4）了解创业技能培养的基本途径；
（5）理解创业生涯规划的含义、方法和途径；
（6）了解大学生创业应注意的几个问题。

## 本章知识架构

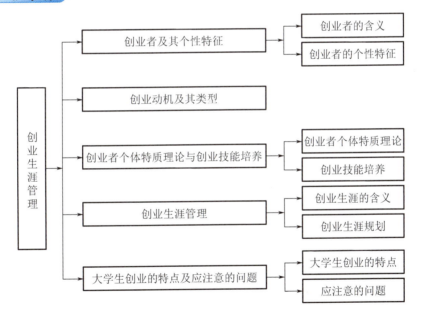

> 创业者是通过多年积累相关技术、技能、经历和关系网才被塑造出来的，这当中包含着许多自我发展历程。
>
> ——J.A.蒂蒙斯

## 雷军的创业之路

雷军，这个在中国鼎鼎有名的企业家，很多崇拜者称他为"雷布斯"，也有很多人说雷军是"劳模"，还有很多网友认为雷军是个"段子手"，他凭借自己的努力，成为北京金山软件有限公司（以下简称金山公司）董事长，凭借自己的准确判断，使小米科技有限责任公司（以下简称小米公司）位列"世界500强"。

雷军1969年出生于湖北仙桃，1987年以优异的成绩考入武汉大学计算机系。大学期间，雷军仅用两年时间就修完了所有学分，并完成了结业设计。雷军对自己大学生活的评价是"没有虚度光阴"。在雷军的印象中很多名人都是在大学期间就成名的，比如闻一多。为了实现这一目标，雷军每天早上7点就去教室抢座位，他本来有午睡的习惯，后来看见有同学中午看书不睡午觉。雷军害怕落后，一咬牙戒掉了午睡的习惯。

在大学期间，雷军看过一本叫《硅谷之火》的书，这本书点燃了他的激情，他深深地被这本书里乔布斯的故事所吸引。这也在雷军的心里埋下了一颗种子，有一天自己也有可能创办一家世界级公司。大四那年，雷军和同学共同创办三色公司，研发和售卖一种仿制的金山汉卡，在武汉电子一条街小有名气。但是有一家规模更大的公司把他们的产品盗版了，推出的产品价格更低，出货量更大。后来，三色公司经营艰难，不得不解散，雷军第一次尝试创业，以失败告终。

1991年，22岁的雷军被分配到北京郊区的一家研究所，虽然工资不低，但研究所的工作枯燥乏味，缓慢悠闲的工作氛围和外面热闹的经济发展形成了强烈的反差，就像是两个世界。雷军的兴趣不在研究所，一有休息时间他就逛中关村，去感受科技创业气息。在一次计算机展览会上，雷军与求伯君相识。在后来的一次晚宴上，求伯君邀请雷军加盟金山公司，那天晚上雷军一夜没睡，最终决定加入金山公司，成为"金山王国的第六名员工"。

1992年，雷军牵头的金山公司北京开发部成立，雷军出任开发部经理。1998年，雷军开始担任金山公司总经理，1999年获得"中国IT十大风云人物"的殊荣。在马云筹办中国黄页四处碰壁的时候，在马化腾还在四处推销QQ的时候，在李彦宏在美国读书的时候，雷军就已经担任金山公司的总经理了。2000年年底，金山公司股份制改组后，雷军出任金山公司董事长兼CEO。

2007年，金山软件成功在香港上市，上市2个月后，雷军宣布辞去金山公司董事长兼CEO的职务。雷军从22岁进入金山公司，一直工作到38岁，在金山公司工作了整整16个年头，他一直任劳任怨、呕心沥血地满负荷工作。雷军的压力很大，直到金山软件上市后，他仍感觉自己身心俱疲，因此递交了辞呈。

离开金山公司以后，雷军开始了自己的业余爱好——天使投资。雷军成功投资了很多品牌或应用，比较知名的有拉卡拉、YY语音、UC浏览器和凡客诚品。在做天使投资的这段时间，虽然雷军每天都在找投资项目，但总是觉得落寞，根本不知道自己该做什么，这样日复一日陷入了更加迷茫的状态。

2009年，雷军决定再次创业，组建一个强大的团队，实现自己创办一家世界级伟大公司的梦想，而这一次他选择顺势而为，找到了一个大市场——手机。2010年3月3日，小米公司正式成立。

雷军善于学习，在创办小米公司前，他曾向多家公司学习：向北京同仁堂学习真材实料；向海底捞学习口碑营销；向沃尔玛、Costco学习低毛利、高效率的运营模式；向无印良品学习设计。雷军敢于冒险。2011年，日本福岛核电站发生核泄漏，为了和手机屏幕供应商合作，雷军冒险奔赴日本，和供应商开了整整一夜的会，最终达成合作。

2018年小米公司在香港上市，这是雷军作为创始人创办的第一家上市公司。2019年和2020年，小米公司两次入选"世界500强"。那个大学刚毕业想在"世界500强"任职的少年，如今已使自己创办的公司入选"世界500强"。

2023年，小米13岁了，还是个少年，但雷军54岁了，已过了知命之年。从那个读完《硅谷之火》充满梦想的少年，到如今实现梦想创办了一家世界级企业，雷军用他的天赋、努力和选择证明了，梦想是可以实现的。

资料来源：根据相关网络资料整理。

管理型经济向创业型经济的转型，要求每个人尤其是大学生要具备创业精神和创业能力。在创业型社会中，大学生仅仅做好个人职业生涯规划是不够的，因为无论将来从事哪个行业，各行各业的人们都可能面临创业，因此，要做好创业的准备。**创业生涯（Entrepreneurial Career）**即**创业者（Entrepreneur）**一生不断从事创业活动的过程。通过本章的学习，每个人要树立创业意识、培养创业精神和创业能力，并科学规划创业生涯，为成为一名成功的创业者做好各种准备。

## 1.1　创业者与创业动机

在进行创业生涯规划之前，先要了解创业者及他们的个性特征，以便在创业学习过程中，有效地培养创业素质，提高创业能力。

### 1.1.1　创业者的含义

关于什么是创业者，存在着各种各样的观点，归纳起来大致有以下四种。

一是认为，创业者是天生的，并非后天培养的。其实，没有人天生是创业者，每个人都有成为创业者的潜力，一个人是否能够成为创业者是环境、教育、经历、个人生活、学习和选择等因素综合作用的结果。

二是认为，创业者只追求金钱。创业需要资金是不可避免的，创业者必须拥有金钱，然而，金钱并非创业者的唯一追求，很多创业者实现了他们的社会价值。

三是认为，创业者是赌徒。事实上，成功的创业者通常是适度风险的承担者，他们可能比普通人面临更多的不确定性，但是，他们具有强烈的愿望并执着地去追求和实现具有挑战性的目标。

四是认为，创业者喜欢炫耀自己。实际上，许多创业者忙碌一生并没有引起公众的注意，他们专注于产品开发和创造价值。例如，大多数人都知道盖茨、乔布斯，却不知道谷歌、诺基亚的创建者的姓名，更多的创业者为社会和经济发展作出了巨大贡献，但是人们并不知道他们的名字。

关于什么是创业者，可以先看看著名管理学家熊彼特和德鲁克的观点。熊彼特认为，作为社会经济创新者的企业家不同于投机家和发明家。企业家所从事的，不是囤积任何种类的商品，不是创造前所未有的生产方法，而是以更恰当、更有利的方式运用现有的方法。他们创造了新的生产要素结合方式。德鲁克认为，并非每一个新创办的小型企业都凸显了创业者行为或者体现了创业精神。一对夫妇在美国郊区开了一家熟食店，他们的确要冒一些风险。不过，他们是创业者吗？他们所做的事情以前被别人重复做了多次，既没有创造出一种全新的满足，也没有创造出新的消费需求。从这个角度来看，即使他们开办的是新企业，他们也不能被称为创业者。但是，麦当劳所表现出来的却是创业精神。麦当劳通过运用管理观念和管理技术，将产品标准化，设计科学的制作过程及操作工具，创立了全新的市场氛围和新顾客群体，这就是创业精神。

根据上述观点，创业者需要具备创业精神、实现新的生产要素结合、创造出新的消费需求等，否则，完全复制别人的商业模式的人还不是一个真正具备创业精神的创业者。创业者是指通过发现或创造机会，运用新技术和新方法，创造性地组合资源，开发新产品或新市场等，从而实现价值创造的个人或团队。这个定义包括几个要点：第一，创业者必须具备创造性，应建立一个新组织，而不是完全模仿或复制；第二，是否实现价值创造是衡量创业者成败的关键因素，创业者通过重组社会资源、开发新产品创造新的价值；第三，创业者必须具备创业精神，通过发现新的机会并进行市场运作以实现人生目标。

### 1.1.2　创业者的个性特征

创业者应该具备什么样的个性特征，或者说具备什么样的个性特征的人才能成为一个成功的创业者，一直是学术界关注和探讨的重要问题。中外学者对此持有多种观点。

（1）美国佛罗里达中央大学的巴林格等认为，成功的创业者应该具备以下 4 种特征（图 1.1）。

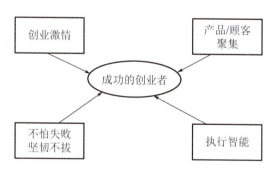

**图 1.1　成功创业者的主要特征**

资料来源：巴林格，爱尔兰. 创业管理：成功创建新企业［M］. 张玉利，王伟毅，杨俊，译. 北京：机械工业出版社，2006：7.

① 创业激情。**创业激情（Passion for Business）** 是创业者共有的一个特征，这种激情来自创业者认为他们的企业对人们的生活将有积极影响的信念，也解释了创业者为什么放弃安定的工作去创建自己的企业。

② 产品/顾客聚集。**产品/顾客聚集（Product/Customer Focus）** 突出了企业在任何时候都要重视这两个要素：产品和顾客。如果企业缺乏用好的产品满足顾客需求的能力，创业就难以持续成功。乔布斯曾经讲过："计算机是我们曾经制造过的最为非凡的工具……

但最重要的事情却是将计算机送到尽可能多的顾客手中。"只有保持高度的产品/顾客聚集，才能创造出能满足广大用户需求的高品质产品。

③ 不怕失败、坚韧不拔。由于创业的过程类似于科学家的科学探索，挫折与失败不可避免地会出现，因此，创业者应具有**不怕失败、坚韧不拔（Fortitudinous Character）**的品质。

④ 执行智能。**执行智能（Execution Intelligence）** 是指将商业创意变为可行企业的能力。亚马逊网站创始人贝索斯曾说过："创意很容易，难的是执行。"例如，1987年星巴克的创始人舒尔茨有一个让美国人可以在舒适、安静的环境中享用咖啡的创意，他通过雇用一支经验丰富的管理团队、执行有效的战略、明智地使用信息技术等，成功地实现了他的创意。许多创业的案例表明，忽视执行的代价是非常高的。

（2）盖茨、戴尔坚信，他们的产品和服务对人类生活非常重要，能让世界成为人间天堂；他们向市场引入能满足顾客需求的产品和技术；他们曾经做过的最佳事情是"拥有高度的韧劲"；他们拥有将商业创意变成可行企业的能力。通过对盖茨相关传记的研究可以发现，盖茨从中学、大学到成为世界首富的成长过程中，有其独特的个性特征，如图1.2所示。

（3）乔布斯认为，创业者需要综合能力，具备以下综合能力的人适合创业：创新求异意识、市场嗅觉、组织策划能力、沟通协调能力、领导力、投资理财能力、专业知识。大学生应该学习并养成优秀的创业素质，经过不断地学习、实践和积累经验，逐步具备复合化的创业素质，为成功创业打下坚实基础，为经济和社会发展作出更大的贡献。复合化的创业素质主要包括以下5个方面：①创新家的头脑与追求；②战略家的敏锐与远见；③冒险家的勇敢与魄力；④组织家的果敢与干练；⑤实干家的踏实与坚韧。

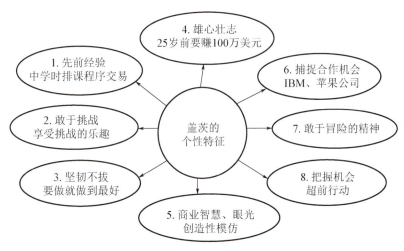

**图 1.2　盖茨的个性特征**

资料来源：根据相关资料整理。

 **小资料：盖茨的人生成功建议**

（1）人生是不公平的，习惯去接受它吧！

（2）这个世界不会在乎你的自尊，而是期望你先做出成绩，再去强调自己的感觉。

（3）你不会一离开学校就会有百万年薪，你不会马上就是可以发号施令的副总裁，这两者，你必须以更多努力得来。

(4) 在快餐店送汉堡包并不是作践自己，你的祖父母对此有另外的理解：机会。

(5) 你一事无成，不是父母的错。因此，不要怨天尤人，要学会从错误中学习。

(6) 学校里成绩的高低对人生来说还言之过早。

(7) 人生不是学期制，人生没有寒暑假。没有哪个雇主有兴趣帮你寻找自我。

(8) 电视里演的并不是真实的人生，在真实的人生中每个人都要离开咖啡厅去上班。

(9) 对书呆子好一点，因为你未来很可能就为他们中的一位工作。

资料来源：根据相关资料整理。

### 1.1.3 创业动机

创业者为什么要创办企业以及他们与非创业者（或创业失败的人）有什么不同，这些问题与创业动机密不可分。由于创业者是创业的主体，在创业过程中是最活跃的因素，因此，有必要认真研究创业者的创业动机，而且创业动机在创业过程中发挥了重要作用。

为什么有人想当创业者呢？谁也无法否认"赚钱"这一动机。说到底，赚不赚钱、赚多少钱是衡量一个创业者成功与否最重要的尺度，因此世界上大概没有不想赚钱的创业者。可是，赚钱似乎又不是创业者的唯一目的，否则，像盖茨那样的巨富早该回家休息了。关于创业者的创业动机，大致有以下6种观点。

#### 1. 创业者的创业动机多是"雄心壮志"

熊彼特的论述最令人信服。他说，如果创业者的创业动机只是赚钱而后享乐，那么很多创业者的行为简直是非理性的，因为他们一辈子辛苦奔忙，很少有时间享受自己的财富。熊彼特在精神层面上对创业动机进行了剖析，将其归结为"建设私人王国、对胜利的热情、创造的喜悦"。除了赚钱之外，创业者的创业动机还包括征服的愿望、战斗的冲动、证明自己比别人强的心理。因此有些创业者追求成功只是为了成功本身，而不是为了成功的果实。从这种角度来看，创业者之间的较量和拳击、赛跑等是一样的，就是想拿个冠军。冠军是最高的奖赏，而真正的奖品（财富）反倒成了次要的。熊彼特认为，创业者的创业动机还包括追求创造的喜悦，享受做事情所带来的愉悦感，寻求改变世界而带来的满足感，体验冒险的刺激感。从这一角度来看，创业者又像是登山运动员。

#### 2. 经济需要与社会需要

创业动机是很复杂的，如为生活所迫、为经济利益驱动、为实现人生价值等。根据马斯洛需求层次理论，创业者创业动机的激发因素可以归结为经济需要和社会需要。经济需要指生理和安全需要，即衣、食、住、行、健康等基本需要，解决这类需要的办法是采取经济手段，即创业动机源于经济利益的驱动；社会需要主要指受人尊重和自我实现的需要，如地位、赞赏、尊重、独立、成就、价值等，这类需要是在基本需要得到满足后衍生出来的需要。

在现实中，创业者的创业动机是会发生变化的，创业初期可能是经济性动机起主导作用，创业者追求的主要目标是尽快获得经济回报；在经济需要得到满足之后，社会需要逐步成为驱动创业的主导力量。例如盖茨开始关注慈善事业，李嘉诚资助教育和医疗事业，陈光标公开表示将要"裸捐"，成功的创业者们在汶川地震震后重建时的大量捐赠等。

### 3. 机会拉动型与生存推动型

机会拉动型创业动机指创业者具有抓住现有创业机会和实现创业理想的强烈愿望，在出现的创业机会可能带来巨大利润与抓住创业机会的强烈愿望的共同作用下，创业者会承担一定的风险，并表现出超常的进取心。在这种创业动机驱动下，创业活动成为个人偏好，创业者将创业活动作为实现某种目标（如实现自我价值、追求理想等）的手段。

生存推动型的创业动机是指创业者不得不从事创业活动来解决其所面临的生存困难。对于这种类型的创业者来说，是否有创业机会不是创业的关键，而是别无选择的结果。这种生存推动型创业动机的核心在于创业活动是一种出于生存需求的被迫选择，而不是个人把握创业机会的主动自愿选择。

### 4. 满足个人成就感

1991年，Cooper和Lybrand经研究发现，在美国小企业创业动机的排序中，排在前两位的分别是"个人成就感"和"按自己的方式做事"，安全感排在第4位，最后才是给子女留下产业，如图1.3所示。这似乎与中国人的创业动机有所不同，值得去分析思考。

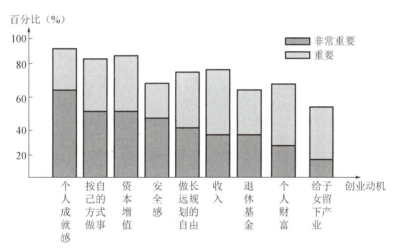

图1.3 美国小企业创业动力的排序

### 5. 实现个人理想

《中国大学生创业报告2020》的调研数据显示，全国普通高等学校中正在创业的在校大学生中，创业者最主要的创业动机是实现个人理想（4.20分），其次是喜欢自由自在的生活方式（4.03分），第三是赚钱（4.02分）。[1] 这说明大多数大学生选择创业时的想法更倾向于兼顾现实与理想，在追求个人利益的同时，能够将个人对生活品质的追求与人生理想、家国情怀等更高层次的追求相结合。

### 6. 分享幸福

创业者的价值观不同会产生不同的创业动机。从中央电视台《致富经》栏目可以看到

---

[1] 陈姚、许艳芳、牟晞灵：《中国新生代大学生为什么要创业？——来自30所高校大学生创业动机的实证研究》，《中国人民大学教育学刊》2022年第3期。

许多成功的创业者把自己的财富与家乡人共同分享、回报社会的感人案例。正如达·芬奇曾说:"人的美德的荣誉比他的财富的荣誉不知大多少倍。"

巴菲特认为:"创造财富的目的是分享""一个人如果想幸福,必须先让别人幸福"。2010年6月,巴菲特和盖茨共同倡议发起"捐赠誓言"活动,号召企业家在一生中或死后将自己一半的财富捐给慈善机构。巴菲特把自己财富的99%捐给慈善基金,自己只留下1%。之后,巴菲特一直履行自己的诺言,每年都向慈善基金和慈善机构捐款。2023年8月,巴菲特向慈善机构捐赠2 700万美元的股票,用来帮助他人,使资金产生更大的社会价值,也许这才是企业家最主要的创业动机。

 **小资料: 当代大学生的创业动机**

(1) 不满意自己单位的老板或不喜欢复杂的办公室环境,一怒之下,自己当老板。跟老板性格不合,讨厌办公室复杂的人际关系,与同事之间经常有小矛盾……此时,大学生会觉得还是自己当老板比较好。

(2) 找不到工作,不创业就无法生活。在创业过程中,大学生可能承受着巨大的心理压力和经济压力,并随时都有可能遇到风险。

(3) 机缘巧合,遇到一个偶然机会就选择了创业。这种情况下,大学生根本就还没有做好创业的所有准备,只是机会来了,就顺势而为。

(4) 期望一夜暴富,迅速提高生活品质和社会地位。这类大学生经常做白日梦,往往有很强的虚荣心,希望自己能提高生活品质,过上流社会的生活。

(5) 受周围环境的影响,自己也想尝试。当大学生身边的朋友纷纷创业,并且似乎过得都不错。于是,内心开始波动,一定得试试,由此走上了创业之路。

(6) 为了圆梦,实现自己的人生梦想。大学生从小就有自己的创业梦想,希望能通过自己的努力做成一件了不起的事,于是就选择了自主创业。

(7) 为了追求独立和自由。向往自由自在的生活,不愿被束缚,希望自己能够独当一面,有一份属于自己的事业。

(8) 为了实现自我价值,证明自己的能力和才华。大学生总是希望自己的能力和才华能被社会承认,希望能证明自己。创业便是这样一种实现自我价值的方式。

(9) 追求责任感和使命感,立志为社会做点事。很多大学生创业者的定位就是回报社会,回报人民。他们具有强烈的责任感和使命感,希望自己的事业能够为社会带来更多贡献。

资料来源:根据相关网络资料整理。

你的创业动机是什么?

## 1.2 创业者个体特质理论与创业技能培养

被称为"创业教育之父"的美国创业教育家蒂蒙斯认为:"创业者是通过多年积累相关技术、技能、经历和关系网才被塑造出来的,这当中包含着许多自我发展历程。"这说明创业学习对创业者来说非常重要。研究表明,经验和专业技能在成功创建新企业的过程中扮演着重要角色。成功与准备、计划密切相关。许多成功的创业者都强调,虽然创业者要有首创精神并担负责任,还要有恒心和较强的适应能力,但是,这些并不是他们的个性使然，而是他们后天努力的结果。

大量事实表明创业者具有先天素质，并可以后天被塑造得更好。据调查，创业者成功的 3 个主要原因是"对挑战做出正面反应以及从错误中学习的能力""个人创造"和"极大的恒心和决心"。先天素质是创业成功的必要条件，但不是充分条件，提高创业能力需要学习和培养。

### 1.2.1　关于创业者个体特质理论研究的主要观点

"为什么有些人能够从事创新型创业活动，而更多的人只能选择模仿型创业？"这一问题是非常值得研究的重要课题。一个重要的假设是创新型创业者应该具备创新型个性特质，这样他才能完成具有更大不确定性的创新型创业活动。创新型个性特质与创新型创业活动之间存在怎样的关系，如何使更多的大学生具备这类特质并成为创新型创业者，国内外学者从不同的角度进行了研究，并提出了一些值得关注的观点。

#### 1. 学习能力是创业机会识别的内生变量

研究指出，学习能力与创业机会识别存在密切联系。人们通过运用基本的方法获得信息和转换信息，每个人在知识方面的差异会导致他们发现不同的机会。Ward 于 2004 年通过调研提出，学习能力对创业机会识别的影响是重要的，这取决于个体怎样使用他们的知识，知识能够架起通向创业之路的桥梁或捷径。所有人不可能发现相同的创业机会，因为社会中存在信息优先分配的差异，这导致个体之间知识不对称，因而识别创业机会的类型也是不同的。个体识别创业机会的能力不仅取决于知识，也有赖于个体获得以及转换信息和知识的过程。正是信息优先分配的差异造成在创业机会识别能力方面的巨大差异。

Alvarez 和 Barney 于 2007 年提出了**知识溢出创业理论（The Knowledge Spillover Theory of Entrepreneurial）**，他们认为创业机会不是外生的，而是由内在的丰富知识创造的。创业是一种由新知识投资产生的对机会的内在反映。创业机会的来源是新知识和新想法，具有新知识和新想法的人更可能选择创新型创业。这类观点主要是把学习能力和知识看作创业机会识别的内生变量和创业机会产生的根本来源，知识和学习能力的差异性造成了创业机会识别的差异性。具有丰富的知识，进行知识投资和知识创新，才能创造出新的创业机会，即创业学习能力强的人更可能选择创新型创业。

#### 2. 人力资本对识别创新型创业机会具有重要作用

近年来关于**人力资本（Human Capital）**的研究获得了新的进展，一些学者看到了人力资本在创业活动中所起的重要作用。在 1975 年 Becker 区别了创业者的一般人力资本和特殊人力资本的基础上，Arribas 和 Vila 于 2007 年提出了**累积性人力资本（Accumulated Human Capital）**的概念，他们认为人力资本是可以累积的，在专门活动和管理中积累的经验以及相关培训活动能够增强创业者的生产力，例如他们可能筹集更多的创业资本和社会资本，可能带来解决新企业问题的专门知识和有利可图的市场机会。人力资本能够通过聚合一家新企业所有创始人的一般和特殊人力资本来累积。

Irastorza 于 2006 年进一步确定，创新型企业的创始人人数与该企业的业绩水平之间存在正相关关系，他认为一家新企业的业绩与所有创始人的一般、特殊和累积的人力资本是相关的。Marvel 和 Lumpkin 于 2007 年通过检验技术创业者人力资本的结构与高创新水平的关系，认为在创业机会识别方面，人力资本结构可能与根本性创新水平有关。个体人力资本因素影响创新成果，根本性创新能够使技术创业者具有杰出的洞察力，因此根本性创新是技术创业者的人力资本特征。形成根本性创新优势的原因包括丰富的技术知识，不拘泥于当前顾客、现有产品和服务标准的创造性行为能力。拥有更多经验和更高层次教育的个体与高满意创新成果更相匹配，并且技术知识是识别根本性创新机会的先决条件，期望开发突破性技术的创业者在发展一般和特殊人力资本方面一直是领先的，获得额外的正式教育和技术知识可能对创新型创业特别有益。创业者人力资本结构与高创新水平的联系，使个体人力资本结构的不同影响创新成果，特殊人力资本及其累积效应对根本性创新或者创新型创业具有特别重要的作用。

### 3. 创造力在创新型创业活动中具有关键作用

创造力贯穿于创业活动的整个过程，创造力一直被认为是创业者不可缺少的重要素质。个体创造力是创业者个性品质特征之一，如广泛的兴趣、独立判断能力、自制力和一系列与技能相关的发散思维能力、悬念判断能力等。根据 Amabile 于 1996 年的观点，创造力是"对建立新企业或提供新产品、新服务计划的新奇、有益的创意的运作"，创业者可以通过对奇特创意的运作实现创业理想。同时，创业也是一个变化和创造的动态过程，它要求运用充满活力、热情和创造性的解决方法。

Engle 等于 1997 年把创业者与就业者进行比较，发现创业者比就业者更具创造力，并且具有高创造力感知的人有高创业意图。由于具有强创造力锚（Strong Creativity Anchor）的个体由自我雇佣驱动，他们具有一种创造某个新事物的需求，因此他们更可能选择创新型创业。

Buchanan 等于 1991 年提出了创造创业机会的观点，他们认为创业机会并不是客观存在的，而是由主动型创业者创造出来的，创业机会的创造内生于想象和创造一个更美好未来的交互活动。在这种交互活动中创业者可能会去创造一个新市场或新产品。

Leonidas 等于 2006 年提出了创造力模型，他们认为创造力的主要条件是"高水平的灵活性、新奇和认知过程的流畅"，具备高创造力特质的人更可能选择创新型创业。因此，高创造力在创新型创业活动中具有关键作用。高创造力也是区别创新型创业者与模仿型创业者的重要标志之一，是模仿型创业者转化为创新型创业者的关键因素。

### 4. 经验对机会价值的识别和创业效果具有重要影响

研究表明，有经验的创业者在社会网络、产业技能、风险决策及探索机会等方面优于缺乏经验的创业者，经验能够增强创业者的技能。Gimeno 等于 1997 年的研究发现，劳动力的市场经验、管理经验和创造性对创业的影响与创业活动和实际效果具有重要的关系。个体在行业内的工作经验可以直接影响新企业特定人力资本的产生，这种人力资本与其在曾就职的企业中学到的特定产业技能及管理经验密切相关。

Mosey 和 Wright 于 2007 年把有经验的创业者与缺乏经验的创业者进行比较，认为有经验的创业者有更加广泛的社会网络（Social Network），并在发展社会网络、获得公正的资金和管理知识方面更加有效。相比之下，缺乏经验的创业者可能在科学研究领域和产业领域之间遭遇结构性漏洞，这抑制了他们识别创业机会和得到信任的能力。Shane 等于 2003 年指出，拥有新企业所处行业工作经验的创业者，可根据所掌握的知识来识别潜在的创业机会和其他相关行业的状况。商业经验、功能性经验和行业经验对发现和探索创业机会都是有益的。通过经验，人们获得的信息、技能、资源和组织过程的确定性强化了创业战略，经验增强了人力资本，并减小了创业机会价值的不确定性。经验越深、越广，并且正规教育水平越高的技术创业者，将更能识别根本性创新的创业机会。曾经的创业经历为个体提供了宝贵的经验，提升了创业者的创业技能，即使是失败的经验对创业者来说也具有指导意义。因此，先前的行业经验能够影响创业机会价值的识别、创业决策和创业效果，经验更多的创业者可能在创新型创业方面更具优势。

### 5. 社会网络有助于产生创新型创业机会

关于社会网络的研究，有的学者将其称为区别于人力资本的社会资本，进一步的研究则将其细化为强关系网络和弱关系网络，对二者的利用有利于提高创新型创业技能。Nahapiet 和 Ghoshal 于 1998 年指出，社会资本存在于个体所拥有的社会网络中，是个体能够通过这些社会网络获得现实的和潜在的资源的总和。创业者累积的社会资本可以帮助其从社会网络成员那里以较少的时间和财务成本获取和交换创业相关信息、知识与资源，进而帮助创业者进行创业机会的识别与开发。

Putnam 于 2002 年把创业的社会网络分为强关系网络和弱关系网络，认为创业者可以利用强关系网络、弱关系网络实现个人社会网络中不同团体之间的信息或资源交换，使得创业者更容易获得信息与所需的资源，进而有利于其对创业机会的识别。与仅利用一种关系网络的创业者相比，能够混合利用强关系网络和弱关系网络的创业者可以识别出更多的创业机会。Singh 于 2000 年的研究发现强关系网络能够在成员之间建立起信任及情感联系，人们更愿意花费时间为彼此提供信息或建议，因而拥有更多强关系网络的潜在创业者有可能识别出更多的创业机会。个体不仅能从强关系网络中获取质量较高的信息，还能够方便地从网络成员那里获取市场信息、技术应用、顾客需求等专业信息。而网络成员之间的信息交流与相互学习，也有利于个体识别创新性创业机会。而 Ruef 于 2002 年的研究发现，从弱关系网络中获取信息的创业者更可能进行创新型创业，弱关系网络能够提供更多的异质性信息，与重复性信息相比，异质性信息更有利于个体识别到创新型创业机会。总之，社会网络中的不同关系能够帮助创业者获得各种信息、技术和资本等，而从强关系网络中获取的高质量信息、技术和从弱关系网络中得到的异质性信息可能更加有利于产生创新型创业机会。

### 6. 执行智能能够增强把创新转化为初创企业的效果

**执行智能**（Execution Intelligence）即将创意变成可行企业的能力，是决定初创企业成功与否的重要因素之一。高校通常通过课外活动、社会实践、企业实习、"挑战杯"创业竞赛等，提高大学生的实际创业能力。有的学者更加强调默许知识对提高学生创业能力的作用，认为人类的默许知识远远多于显性知识，显性知识可以在课堂中由教师传授，而默许知识是隐含在实践活动之中的、情境性的、个体化的和不可言传的，并且是不能以正规形式加以传授的，主要依赖于个体的实践和感悟。

美国国家创业指导基金会创办者马里奥特提出了 12 种被普遍认为是创业者需具备的能力素质：适应能力、竞争性、自信、纪律、动力、诚实、组织、毅力、说服力、冒险、理解和视野。这些能力素质可以说基本上属于默许知识。而这些知识在以传递、理解和掌握显性知识为主的课堂教学中是难以学到的,只能在"做中学""干中学"中真正掌握,即创业能力是练出来的。也有学者认为,执行力是创业成功的重要素质,是实施发展战略、实现发展目标的能力,是将思想转化为行动、理想变成现实、计划变为成果的能力,包括交际能力、创新能力、管理能力、获取和有效组织资源的能力等。创业就是创业者依照自己的想法和努力工作来开创一个新企业。

美国ABB公司原董事长巴尼维克也曾说过:"一位经理人的成功,5％在战略,95％在执行。"由此可见,执行智能更多地来自实践和经验,它能够增强把创业意图转化为可行企业的效果,对实现创新型创业起着极其重要的作用。大学生创业者应该通过多种途径加强创业实践经验的积累,这样才能有效提升创新型创业的能力。

### 1.2.2 培养创业技能的主要途径

#### 1. 加强创业教育

目前,各国都在加强创业教育,特别是高等院校开设的系列化创业课程,为学生创业设定了理想的学习框架。通过创业教育,一方面,可以启发学生考虑其自身定位、目标、期望、思想、行动、未来发展等问题;另一方面,可以在识别创业机会、整合资源、应对风险、创建企业方面给学生以具体的指导,通过对创业知识的学习、创业规律的理解、创业计划书的编写等,增强学生对创业过程的认知与了解,使学生具备创业精神和创业能力,增加学生的创业选择。美国创业教育的经验证明,接受过创业教育的毕业生在创业率、个人收入、资产等方面明显高于没有接受过创业教育的毕业生。

#### 2. 参加各种创业活动积累创业能力

(1) 参加创业竞赛:提出一项具有市场前景的产品或服务项目,组成优势互补的创业团队,编写一份完整、具体的创业计划书,通过专家评估,可以获得风险投资。

(2) 参加科技比赛:提出一项科技创新产品,经过培训和相关活动,可以培养学生的科研素质,有利于深化专业知识,挖掘创新潜力,提高科技创新创业能力。

(3) 校园创业活动锻炼:既可以锻炼专业技术能力,又可以发现自己的不足,促进专业学习。学生可以开展各式各样的校园创业活动:服务型项目,如校园外卖与餐饮服务、摄影与制作、本地旅游策划等;零售与电商项目,如二手书交易、特色商品网店等;科技与创新性项目,如校园App开发等;教育与培训项目,如在线教育平台、职业培训课程等。通过培养创新思维,锻炼团队协作能力和解决问题的能力,积累创业经验。

(4) 见习性的创业实践活动:利用假期与家人、朋友等合伙创业,积极参与家人、朋友的创业活动,到小企业从事有偿性的创业活动等,都是有益的创业体验,积累、丰富创业经验是提高创业能力的有效途径。

#### 3. 在解决问题中培养创业技能

除了创业知识理论学习,还要注重在实践中培养创业技能,在解决现实的社会问题中提高创业技能。有很多创业者的企业是在关注社会问题、解决生活中和工作中遇到的问题的过程中创建的(见表1-1),这需要改变思维方式,关注和把握环境变化带来的创业机会,创造性地组合资源,并迅速采取行动等。在创业活动过程中,创业者通过不断积累各种经验，构建创业网络，提高创业技能，从而成为成功的创业者。

表 1-1 在解决问题中培养创业能力举例

| 发现问题 | 解决方法 | 结果 |
| --- | --- | --- |
| 儿童营养问题 | 设计儿童营养配方 | 宗庆后创建娃哈哈 |
| 企业不能及时得到交付的备用零件 | 设法利用飞机快运包裹 | 1971 年 Fred Smith 创建了联邦快递公司（FedEx），1973 年正式营业 |
| 鲜花容易凋谢 | 生产永不凋谢的花 | 设计制造塑料花、绢花 |
| 无法找到自己喜欢的网站 | 创建搜索引擎网站 | 1994 年，杨致远和 David Filo 共同创建了雅虎（Yahoo）网站 |
| 生命与健康问题 | 寻找健康长寿的办法 | 研发并销售保健产品 |

### 4. 增强识别机会的能力

机会识别是学术界研究的一项重要课题。为什么同样的创业机会，有些人能够看到，而有些人则熟视无睹？为什么有些人能够抓住创业机会，而另一些人则没有抓住创业机会？事实上，识别和开发创业机会是一个复杂的过程，需要通过训练提升机会识别能力。一些学者对机会识别能力进行了研究。熊彼特于 1934 年的研究发现，创业机会是通过把资源创造性地结合起来，迎合市场需求（或兴趣、愿望）并传递价值的可能性。Kirzner 于 1997 年的研究发现，创业机会的最初状态是未精确定义的市场需求或未得到充分利用的资源和能力。创业机会能否从未精确定义的市场需求或未得到充分利用的资源和能力的形态发展成为新企业，不仅涉及创业机会本身是不是真正的市场需求，还要求创业者具备识别和选择合适创业机会的能力。创业机会识别与开发过程如图 1.4 所示。

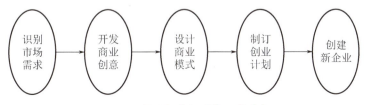

图 1.4 创业机会识别与开发过程

## 1.3 创业生涯管理

在一个创业型社会中，每个人都面临着巨大的挑战，一个挖掘创业机会并加以利用的挑战是每个人需要不断学习和再学习的。个人必须对自己的学习、再学习、自我发展和事业前途承担责任。只有依靠自己不断学习、再学习，不断地调整方向，才能免遭社会淘汰。德鲁克指出："人们应假设有决心的个人在一生的工作中，将会发现、决定和发展出好多个职业。""最好认为：15 年后，自己将会从事不同的新业务，拥有不同的新目标；在许多情况下，还将从事不同的职业。"创业生涯管理对一个人一生的发展非常重要。

### 1.3.1 创业者的生涯管理

在认识到这个世界充满了创业机会的时候,当了解了众多创业者的创业历程后,是否想过:我们自己该如何创业?当学生毕业离开校园走向社会的时候,是否设立过创业目标?过去人们的创业目标是"三十亩地一头牛,老婆孩子热炕头"。现在人们的创业目标是房子、车子、票子、妻子、孩子。现代年轻人在追求什么样的创业生涯目标?

下面先来给出著名创业者的人生命运曲线和发展轨迹。大多数人的命运曲线仅仅是一条弧度很小的抛物线,而著名创业者们却有办法让自己的一生充满奇迹。有的人的人生轨迹基本一路攀升,如盖茨(图1.5);而另一些人会通过二次创业东山再起,如乔布斯(图1.6)。

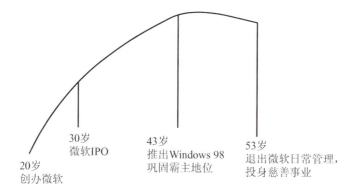

图 1.5　盖茨创业生涯的发展轨迹

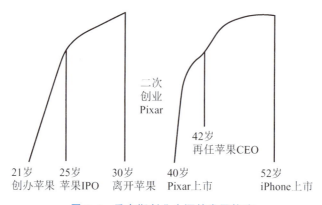

图 1.6　乔布斯创业生涯的发展轨迹

#### 1. 创业生涯

职业生涯,即一个人在其一生的工作历程中职位的变换。几十年前,组织中设计职业生涯发展规划的目的是通过提供信息和评估来协助员工发展他们的职业(工作)生涯,进而实现其生涯目标。但对于今天的组织来说,这种设计思想是不够的。组织紧缩、重构、流程再造、创业等活动已经促使组织必须重新塑造员工在职业生涯发展中的角色。员工个人必须主动选择自己一生的发展轨迹。

创业生涯,即创业者一生从事各种创业活动的过程。马云曾说,创业者的魅力来自平凡,创业者每天都在路上。在决定创业之前,需要了解创业者可能获得的各种好处,将会面临的风险和挑战，做好创业的心理准备。

（1）创业者可能获得的好处。

① 独立自主：自由支配时间。

② 满意的生活方式：能做自己想做的事情，摆脱了单调乏味的例行上班模式。

③ 创造利润：不受定额工作、定额报酬的限制，依靠自己的能力创造价值。

（2）创业者将会面临的风险和挑战。

① 辛苦的工作：不分节假日地连续工作，有时甚至没有休息的时间。

② 挑战性的压力：经常从事挑战性的活动，完成挑战性的任务。

③ 经济上的风险：经营中经常会遇到各种风险，一旦经营不力，将承担损失。

### 2. 创业生涯规划

创业生涯规划是创业者人生规划的重要内容，也是创业人生的起点。一个人在正式决定成为创业者之后，他的人生轨迹将从此改变。因此，决定创业是创业者人生道路上的关键决策。要把握好创业的人生，创业生涯规划起着不可忽视的重要作用。

创业生涯规划就是根据自己的创业理想、目标，对一生将要从事的创业活动进行设想和描述的过程。这种设想和描述应当具有3个特征：相当的高度、很强的可操作性及实现的可能性。规划的目的是深入了解自己的需求、价值观和人生目标。

（1）可以通过以下3个步骤进行自我评估。

① 确认并列出你的技能、兴趣、与创业有关的需求和愿望。

a. 你喜欢哪些课程？你不喜欢哪些课程？

b. 你最积极参加的课外活动是什么？

c. 你有哪些技能和专长？

d. 在你曾经做过的社会工作中，最喜欢的是什么？最不喜欢的是什么？

e. 你希望在哪个领域得到发展？

② 根据以上信息大致确定创业领域（行业）和目标。

首先，根据自己的兴趣、技能和需要，考虑与哪个领域（行业）能更好地匹配，是金融业、制造业还是服务业等，还要了解、分析该行业的长期发展前景如何。其次，判定自己可以进入什么样的领域（行业），进一步细化创业目标。最后，选择地域同样重要，要结合自己的资源条件选择符合自己条件的地理位置。

清楚了上述问题之后，列出近期的一个具体的创业目标框架。

③ 找一些同学、朋友和家人进行交流，他们可能了解你的兴趣和能力以及想要去的行业等情况，同时根据交流情况你可以预估一下自己创业成功的可能性。

这种交流应当是坦诚的，并能够提供有效的反馈信息，使你的自我评估更加客观，同时能对自己所感兴趣的领域和创业机会有更好的了解及把握。

总之，在选择好创业领域和地域的前提下，要尽可能将自己的兴趣、能力、资源、专长和外部的创业机会结合起来。创业生涯规划还要能够体现经验的可积累性和成长性。

（2）创业生涯规划的意义。

尽管很多人认为创业存在的风险性和不确定性使得创业生涯难以规划，或者说这种规划缺乏现实的意义，但是，从对众多创业成功人士的研究结果来看，还是可以从中找出一些共性和具有现实意义的因素的。至少创业生涯规划对创业者的创业活动和发展目标等方面具有重要的指导意义。

日本软件银行集团（以下简称软银）的创始人孙正义指出："成功不会在几年内就降临，需要多年的努力。我建议每个人都准备好自己的清单，来决定你的人生该怎么走，然后全心全意做你决定好的事情。99%的人走一步看一步，所以他们只能取得一般性成功；而早早就树立愿景的人，往往会取得巨大的成功。"他在19岁时就立下大志，列出他的人生50年计划。

① 在20岁时，要向所投身的行业宣布自己的存在。
② 在30岁时，要有足够的种子资金（1亿美元以上）做一个大的项目。
③ 在40岁时，至少要有1 000亿日元的资产，选好一个非常重要的行业，然后全力以赴在这个行业里做到第一名。
④ 在50岁时，做出一番惊天动地的伟业。
⑤ 在60岁时，获得标志性的事业成功。
⑥ 在70岁时，把事业交给下一任接班人。

这个渴望成功的梦想使孙正义在少年时代就立下雄心大志，他认为，如果他许下一个宏大的愿望，拥有一个伟大的梦想，并有着高昂的激情和卓越的远见，人生就会变得更加充实、更加精彩。研究孙正义的人生轨迹，竟然发现几乎是按照他的这个50年计划所设计的轨道运行的，当初被嘲笑为"妄想"的梦想正在一个个成为现实。

 **孙正义与软银大事记**

1974年2月，孙正义在美国留学后回到日本。
1981年，孙正义注册成立软银。
1994年，软银在东京证券交易所上市，募资1.4亿美元。
1995年，在美国加利福尼亚州注册成立软银风险投资公司，决定倾力投资互联网。
1996年春，向雅虎追加投资1亿美元（1995年投资200万美元），2个月后雅虎上市，软银在雅虎的投资得到84亿美元的回报。
1999年7月，软银中华基金公司在香港注册成立，投资了新浪、网易、8848、当当、携程等20多家企业。
2000年年初，向阿里巴巴投资2 000万美元。
2001年2月，软银亚洲基础设施基金在中国成立，并投资了陈天桥的盛大网络。
2003年年初，向阿里巴巴投资8 200万美元资本金，支持阿里巴巴C2C网站，即后来的淘宝网。
2004年，软银收购日本第三大固网运营商——日本电信，成为日本电信市场中的领军企业之一。
2006年4月，软银以155亿美元的价格收购英国沃达丰日本子公司97.68%的股份，并组建软银移动。
2007年5月，美国《福布斯》杂志公布的信息显示，孙正义再度成为日本首富，总资产约437.7亿元人民币。
2011年，首次提出了"超级电网"，并开始积极促成该计划。
2011年4月4日，孙正义将100亿日元（约合1.2亿美元）现金和他退休前的所有工资捐赠给日本地震和海啸灾区。
2012年年初，软银收购了法国Aldebaran机器人公司78.5%的股份，发展机器人事业，并以此为基础成立了软银机器人控股公司。

2014年9月16日，孙正义财富净值达166亿美元，跻身日本首富。

2016年年底，软银宣布成立愿景基金计划，目标是未来10年内创立全球最大科技投资机构之一。

2017年5月，软银筹集完成了950亿美元资金。

2020年4月，孙正义以1 350亿元人民币财富名列"胡润全球百强企业家"第50位。

资料来源：根据相关网络资料整理。

### 1.3.2　大学生创业的特点及应注意的问题

作为从事创业活动的一个特殊群体，大学生具有一些明显的特点，这些特点直接影响到大学生创业者的人生规划内容和未来发展方向。因此，选择创业的大学生应了解大学生创业的特点及应注意的问题，以便做好自己的创业生涯规划。

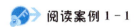  阅读案例 1-1

## 出师未捷债务缠身
（近年来大学生创业遭遇的最严重的挫折之一）

上海市第二中级人民法院对上海某高校学生秦坚民（化名）下达了一纸判书，秦坚民将连带赔偿95万元。大学生创业，居然"创"下近百万元的负债。

秦坚民还在上大四时，他想为就业积累经验，便四处寻找实践机会，恰逢中国联通的CDMA处于扩张时期。当时中国联通与上海美天通信工程设备公司（以下简称美天公司）签订了销售代理协议，将以直销方式在高校发展用户。每台手机700元的补贴款和不菲的酬金让秦坚民动心了，获取这一信息的秦坚民决定要尝试一下。根据要求，他找到了上海祥云科技咨询有限公司与美天公司签协议，在高校师生中发展CDMA客户。

虽然高校的就业指导中心力图为学生创业搭建一个良好的平台，但目前学生仍将其视作就业介绍所。为尽快拓展高校市场，秦坚民还邀请了同学做他的助手，开始了他的第一次创业。

吸引他成为高校代理的重要原因，就是中国联通提供的优厚条件。根据双方签订的《CDMA校园卡集团用户销售协议书》（以下简称协议书），秦坚民可以优惠的价格向高校内的客户销售CDMA手机，要求客户购买中国联通UIM卡入CDMA网，并至少使用两年。而作为报酬，秦坚民每发展一个客户，根据不同的业务种类，可以获得手机补贴费、业务酬金等，收入不菲。

被高回报、广阔的市场蒙住了双眼，急于求成的秦坚民忽略了协议书中的一项重要条款。该条款规定，所发展的用户必须凭学生证、教师证原件和复印件才能购买这个CDMA的手机套餐业务，而外地生源的学生还必须有学校的担保，也就是说，严格的身份认证是中国联通这笔业务成功的关键，一旦发现有恶意登记的"黑户"存在，秦坚民就需要负责任。

秦坚民和他的助手们似乎都对这个问题毫不在意，他们在自己的学校里以直销形式发展客户，生意非常好。一开始，他们还模像样地查看、登记学生证和教师证，但是后来这道程序就成了摆设。很多社会上的人得知校园里有卖便宜手机的，便趋之若鹜。有些人带来假的证件，秦坚民和助手们却无暇审查和核实，就此埋下了隐患。

仅仅两个月的时间里，秦坚民就发展了4 196个客户，而其中有1 000多个客户是冒牌"校园客户"，他们中有无主户、不良用户和虚假用户440多户，这些客户大肆恶意拖欠话费。中国联通无法通过证件登记寻找到这些客户，损失百万余元，于是将秦坚民告上了法庭。秦坚民还没有走上工作岗位，便亏欠近百万元。

秦坚民的委托律师张先生表示，秦坚民一方面赚钱心切，另一方面没有自我保护意识，才导致了此次事件的发生,"从他的经济状况来看,法院的判决几乎无法执行"。

资料来源:根据相关网络资料整理。

 **小思考**

秦坚民亏欠近百万元的原因是什么?

### 1. 大学生创业的特点

许多案例显示,大学生创业具有以下3个特点。

(1) 有明显的急功近利的想法。大学生具有创业的激情和美好的梦想,大多具有强烈的追求目标和快速成功的欲望,因此,他们在决定创业、评价创业项目和创业计划中,对创业项目的可行性分析会更多地从积极的一面来看待;对创业项目盈利的分析往往过于乐观,而对风险的预估不够。

(2) 知识与经验的非均衡性。一方面,大学生创业者具有创业的激情、较强的专业技术知识和研究开发能力,这使他们比较容易利用自己的知识和技术在本专业领域从事创业活动。另一方面,大学生创业者由于缺乏工作经历和社会经验,因此在社会阅历、管理能力、心理素质等方面有所欠缺,而这常常被认为是导致创业失败的根本原因。这种知识与经验的非均衡性是大学生创业者应该注意的重要问题。

(3) 抵御风险的能力较差。由于多数大学生缺乏社会经验,自身经济基础薄弱,并且可利用的社会资源相对较少,因此他们抵御风险的能力相对较弱。加上发展过程中他们遇到融资困难、环境变化等问题,脆弱的心理素质使大学生创业者遇到风险和挫折就不知所措、失去信心,经常会因此而功亏一篑。

 阅读案例 1-2

## 巨人集团创始人史玉柱的创业人生

史玉柱1962年生于安徽怀远;1984年毕业于浙江大学数学系,被分配到安徽省统计局,因工作表现突出,被单位送到深圳大学软科学管理专业进修研究生;1989年1月毕业于深圳大学研究生院,为软件科学硕士。

1989年夏,史玉柱认为自己开发的M-6401桌面排版印刷系统作为产品已经成熟,便用4 000元承包了天津大学深圳科技工贸发展公司电脑部。史玉柱以软件版权做抵押,在《计算机世界》上先做广告后付款,推广预算共计17 550元。至当年9月中旬,M-6401的销售额就已突破10万元。史玉柱付清欠账,将余钱投向广告,4个月后,M-6401的销售额突破100万元,这是史玉柱的第一桶金。凭借技术优势和大量的广告投入,史玉柱随后成立的巨人公司成为中国计算机行业的领头羊,进而发展成为业务遍及生物制药、保健品、计算机、房地产等若干领域的巨人集团。

1992年,18层的巨人大厦设计方案出台。后来这一方案一改再改,从18层升至70层,为当时设想中的中国第一高楼,所需资金超过10亿元。史玉柱以集资和预售房屋的方式筹款超过1亿元,未向银行贷款。

1993年,巨人集团推出M-6405、中文笔记本电脑、中文手写电脑等,其中仅中文手写电脑和软件的当年销售额就达到3.6亿元。巨人集团成为中国第二大民营高科技企业,史玉柱成为珠海第二批被重奖的知识分子。1995 年，巨人集团推出 12 种保健品，投放广告 1 亿元。1996 年，巨人大厦资金告急，史玉柱决定将保健品业务相关的全部资金调往巨人大厦，保健品业务因资金"抽血"过量，再加上管理不善，迅速盛极而衰。

1998 年，巨人大厦停工，这标志着巨人集团的名存实亡。包括史玉柱自己在内的很多人都认为，他的一系列决策失误是巨人集团衰落的根本原因，而实际上这与史玉柱过于简单的人生经历不无关系。

在经历了一次惨痛的教训之后，史玉柱卧薪尝胆。2000 年，史玉柱自称和巨人集团原班人马在上海及江浙一带创业，做的是"脑白金"项目。史玉柱自称曾到农村去、到商店去，和买"脑白金"或者其他保健品的消费者聊天，了解他们的习惯、喜好，终于在"脑白金"项目上取得了成功。

在做第二个保健品"黄金搭档"的时候，史玉柱开始向团队灌输自己的危机意识：我们需采取什么措施避免失败。在危机意识之下，该团队也就进入了紧急状态，一周工作 7 天，一天 15 个小时。由此，"黄金搭档"成为保健品市场成功的产品。

2004 年 11 月，上海征途网络科技有限公司正式成立。

2007 年，上海征途网络科技有限公司正式更名为上海巨人网络科技有限公司（以下简称巨人网络）。

2007 年 11 月 1 日，史玉柱带领巨人网络在纽约证券交易所成功上市。

2008 年 10 月，史玉柱创办的巨人投资有限公司正式开辟在保健品市场、银行投资市场、网络游戏市场之后的第四市场——保健酒市场。

2016 年 1 月，史玉柱回归巨人网络，带领全公司研发高管聚焦精品手机游戏研发。

2016 年 12 月 30 日，史玉柱回归民生银行董事会。

2023 年 3 月，在《2023 胡润全球富豪榜》上，史玉柱、史静父女以 320 亿元人民币的财富位列该榜单第 636 位。

资料来源：根据相关网络资料整理。

### 2. 通过创业学习丰富人生经历

丰富的人生经历能够帮助创业者积累经验，而经验是创业成功的一个重要因素。因此，在创业生涯规划的基础上，在创业初始阶段通过丰富的人生经历，获得创业所必需的各种知识、技能和社会网络等，是创业生涯取得成功的重要途径。

创业学习有利于丰富人生经历，可以克服大学生创业的明显弱点。

首先，一个人的阅历总是有限的，不可能拥有所有的知识、技能和信息，必须依赖大量的二手信息和经验来丰富和增强自己的能力。因此，通过参加大量的社会实践、积极开拓社会网络是一个人积累经验的重要途径。

其次，社会网络极大地丰富了创业者的个人信息库，它是寻找创业合作伙伴的主要来源，良好的社会网络也是创业者开展各项工作的有力支持。

最后，创业学习是成功的根本。创业者可以在创业经历中学习创业并得到成长。对于大学生创业者来说，通过不断地进行创业实践和学习，积累经验，可以保持对所在领域最新形势的把握，发现真正的创业机会。随着当前知识和技术的更新速度不断加快，创业学习的作用已经表现得更加明显。社会网络是基础，创业学习能力才是创业成功的关键因素。

### 3. 大学生创业应注意的问题

（1）避免急功近利的想法。大学生从学习知识、积累经验到输出知识、创新创业往往需要通过长期的探索和磨炼，非一朝一夕之功。而且有很多知识来自实践，而并非来源于单纯的书本学习和传授，例如在管理、财务、组织资源等过程中有很多技巧不是一朝一夕便能掌握的。当大学生创业者真正面对实际问题时，可能发现这些问题与学习的内容完全不同。因此，大学生创业不要眼里望着高科技，心里想着一夜暴富，要从小事做起，逐步积累经验。

（2）尽量丰富自己的社会实践经历。多次调查显示，社会阅历的缺乏是大学生创业者的最大弱点。因此，如何通过创业生涯规划、丰富的社会实践经历逐步弥补这一缺陷，对大学生创业者来说极为重要。大学生创业者可以通过参加学生社团活动、创业比赛及假期兼职和实习等方式，丰富自身的社会阅历和创业经验。

（3）养成善于观察和勤于思考的习惯。善于观察、勤于思考是创业成功的重要因素之一，正是这种习惯培养了创业者对创业机会的敏锐洞察力、恰当应对风险和处理创业复杂问题的能力。因此，有志于创业的大学生必须及早地训练和培养自己善于观察和勤于思考的习惯，善于分析和识别现象背后的本质，这对及时捕捉创业机会、规避风险是非常重要的。

## 本 章 小 结

本章主要介绍了创业者的含义及其个性特征、创业动机及其类型，创业者个体特质理论研究的主要观点和培养创业技能的主要途径，创业生涯规划的含义、方法以及大学生创业应注意的几个问题。创业者是指通过发现或创造机会，运用新技术和新方法，创造性地组合资源，开发新产品或新市场等，实现价值创造的个人或团队。他们具有独特的个性特征。大学生应该逐步具备复合化的创业素质。创业动机有多种类型：雄心壮志、经济需要与社会需要、机会拉动型和生存推动型、满足个人成就感、实现个人理想和分享幸福等。创业者个体特质理论研究的主要观点包括学习能力、人力资本、创造力、经验、社会网络和执行智能等。大学生应该掌握创业者个体特质理论，培养和提高创业技能。创业生涯规划是指根据自己的创业理想、目标，对一生中将要从事的创业活动进行设想和描述的过程，在选择创业项目之前应该对自己的特点进行评估。大学生创业具有明显的特点，如容易急功近利、知识与经验不均衡、抵御风险的能力较差等。因此，大学生应该通过创业学习丰富自己的人生经历。

## 习　　题

1. 简答题

（1）什么是创业者？他们有哪些鲜明的个性特征？

（2）大学生创业应注意哪些问题？

（3）什么是创业生涯规划？有哪些特征？

2. 论述题

（1）简述创业者个性特质理论研究的主要观点。

（2）简述大学生应该如何培养创业技能。

（3）简述大学生应该如何规划自己的创业生涯。

# 实际操作训练

根据孙正义的创业生涯规划和所学内容，制定一份适合自己的"创业生涯规划"，包括自我评价、具体规划框架和可行的实施方案。

课后案例

## 钱俊冬的创业经历与成长

三人行传媒集团股份有限公司（以下简称"三人行"）成立于2003年，2016年1月加入中国商务广告协会综合代理专业委员会，并于2020年5月28日成功在上海证券交易所主板上市。作为国内领先的整合营销服务商，"三人行"拥有超过1 500人的综合服务团队和行业领先的服务经验。为客户在全案数字营销、场景营销领域提供全方位、全流程的策划、创意、执行与传播服务。"三人行"通过先进的技术、创新的理念、线上线下全媒介与独创的营销方法论满足客户的营销需求，并积极布局智能科技和产业投资领域，形成"三驾马车"并进的业务体系。"三人行"的创始人钱俊冬从一名交不起学费的贫困生成为上市公司的董事长，他的创业经历是一个令人感动的创业故事，但它的意义不仅在于令人感动，还在于揭示了一些大学生创业的秘诀：从身边同学有迫切需求而又有现实负担能力的消费产品做起，尤其是学生的时尚消费产品，并在1～2个利基产品的基础上，不断进行外延的扩展，持续稳定地推进，这个创业模式非常适合大学生创业者，"收益小一些没有关系，只要风险不太大就行"。本案例的创业模式适合一些资本条件不太好的学生，该模式是保证在控制风险的前提下能够尽快获取收益的一条捷径。

1999年，钱俊冬高考失败，最终跟着"淘金"的父母从安徽来到天津，准备自学再战。一家人在天津大港区（现名滨海新区大港街）上古林村找了个小平房，邻居都是外乡人。每天一大早，父母支个炉子做烤鸭，6点赶去农贸市场，晚上12点才回来。

一张木桌，一个小灯泡，一张木床，大沓的考试书籍和励志书就是钱俊冬的世界。18岁，心事再轻也重，他更加发奋学习。2000年春季高考后，钱俊冬如愿收到首都师范大学的录取通知书。本可万事大吉，他偏偏这时又读到一句话："若想要生命更精彩，就要把自己推向狮口！"是，他渴望更精彩！不如再努力3个月，参加夏季高考，考上清华大学！他把录取通知书埋到箱底，对着半块缺口的镜子，用发锈的小刀剃掉了眉毛和头发，在日记本上写上："我的百日维新！"

父母当日回来，觉得儿子疯了。看到昏黄的灯光照着儿子光溜溜的头颅，母亲一拍双手，都要哭了。钱俊冬没有料到，接下来的日子，压力如此沉重，不久，他又患上鼻炎，每天头疼……

结果很残酷，钱俊冬没能考上清华大学，揣着家里七拼八凑的2 000多元，只身来到西安长安大学公路学院。站在交学费的队伍里，新生叽叽喳喳地谈笑，钱俊冬却神思恍惚：一会儿是父母的叹息和白发，一会儿是姐姐因昼夜加班产生的黑眼圈……钱俊冬一次

次退到队伍的最后面，最后申请了缓交学费。

不怕是贫困生，就怕贫困一生。到校第三天，钱俊冬就遇上"商机"。有位学长到寝室推销随身听，80元一部。钱俊冬故意说："老兄，我也卖这个，60元差不多了！"学长急了："你不也在康复路和轻工进货吗？干吗要砍价呢？"正说着，室友回来了，一人买了一部随身听。

钱俊冬顿时感觉此间大有市场！次日，钱俊冬打听到西安东郊有两个小商品批发城，他走遍了所有摊位，仔细对比随身听的性能和价格，并以15元的批发价拿到相同的随身听。下一步是推销。虽然挑了偏远的宿舍楼，钱俊冬在门外仍然忐忑，手心都汗湿了，活像《人生》里第一次卖馒头的高加林。敲开门了，他支吾地问："要随身听吗？"然后果然被轰了出来。"没关系"，他深呼一口气，一扇一扇门地敲！那一次，钱俊冬净赚300元。之后，他更加留心校园市场的消费趋势。卡式电话一流行，他马上找到IC卡经销商，批发到更低廉的电话卡。渐渐地，钱俊冬赢得更多的信任和稳固的客户群。

解决了生存问题，钱俊冬在课余时间不断读书，法律学、心理学、市场学、公关营销学等。不久，他参加了学校的第一届创业策划大赛，他获奖时，创业的种子渐渐生根发芽。

大一的假期，钱俊冬边走边看边打工。钱不够，他就买站票。寒假他在北京，缩着脖子看童谣里的天安门；暑假去深圳，22天挣了800元，但那里理发太贵，离开前他头上像顶着"锅盖"；国庆去了重庆，元旦又在无锡……他什么都做，做推销、做策划，甚至无偿为大公司进行市场调研，他一点点地将心得写到日记里："进行业务谈判时，言谈举止要大方得体；管理企业时，注重培养团队精神……"

在很多大学生沉溺于CS和QQ时，钱俊冬却在积累社会经验，并在实践中探寻真我。"虽然学的是公路专业，但我喜欢结交朋友，喜欢冒险，崇尚有挑战的工作，我更适合经商……时机合适，我就自己创业！"

2002年假期，钱俊冬去重庆大学玩儿，逛夜市时，与小摊的老板们闲谈，才知道他们都是在读研究生。小摊的老板们坦然地说："北大才子不还卖猪肉吗？社会竞争越来越激烈，我们必须做好准备，适应变化！"

他们的小规模创业，让钱俊冬茅塞顿开。回到西安，他边思索边在宿舍翻"处方笺"："大学生创业要点：①不一定在高科技领域；②创业不等于做老板，业务员、司机都得做；③均分股份最易散伙；④不能耽误学习，宁可毕业后再创业。"

之后，钱俊冬找来同学，谈到对校园市场的开发设想，他们一拍即合，决定成立"三人行校园信息服务中心"，并租借房子，招聘兼职大学生，开展介绍家教、策划校园活动等业务。

2002年9月，新生入校。当时宿舍只接入了电话线，电话机需要新生自己购买，惹得新生抱怨连连，电话亭、IC电话处挤满新生。钱俊冬立即召集"三人行"的成员，开了短会："我去争取学校相关部门的支持，崔蕾和马光伟负责购买电话机！"销路大好，短短几天，新生宿舍都装上了电话机。乘胜追击的钱俊冬带领成员把业务扩展到周边大学，每人负责一两所大学，电话机热销，有时一天销出2 000部，收入高达5万元。

钱俊冬信心大增，看电视也能看出"新商机"：上海APEC峰会期间，各国元首都穿唐装。西安曾是盛唐古都，钱俊冬认为唐装流行势在必行，丝绸肯定走俏！钱俊冬又与成员商议，去苏州、无锡进一批丝绸！但他还有一些疑惑："学生和商人交手会不会受骗？"

"把资金砸进去会不会赔?"钱俊冬不管,上网搜索了解丝绸的知识、流行花色和差价,再到当地多方比较。货还在路上就已被订完,稳赚近 10 万元。

钱俊冬触角更广,四处奔波,争取与中国移动西安分公司、中国电信陕西分公司合作,"三人行"相继代理了移动校园卡、诺基亚手机等业务,售出"动感地带"SIM卡近 3 万张,并策划了"中国移动西安 40 所高校金秋校园行"活动……2003 年上半年,"三人行"直接收益近 30 万元。

2003 年 8 月,"三人行"清点资产,已逾 50 万元。作为在校大学生,经过重重困难,他们终于在西安高新技术开发区的支持下,注册成立西安三人行信息通讯有限公司,这是西安第一家在校本科生全资创业公司。

2004 年 7 月,钱俊冬毕业,但是公司发展遇到瓶颈。他每天工作 14 个小时,没有假期,公司却发展缓慢!

"从前你是学生,还有人照顾,现在是商人,对方只跟你讲利益。有次与一个广告公司竞争,主办某公司露天演出的宣传活动,价钱从 1.5 万元降到 7 000 元,谈一会儿就出去打电话,各自找人帮忙……最终我们拿到了主办权,但利润非常微薄……",像这样的商业谈判,最苦恼的是什么?"不是所有人都像我们想象的那样有诚信,有的人手段很多。用非实力的关系干扰着事情的发展,这才是我最苦恼的!"

尽管前途艰辛,钱俊冬仍充满信心,正如他在新年计划书上所写的:"没有鸟飞的天空我飞过。"生命更丰富的体验,才刚刚展开。

2005 年,"三人行"转型传媒领域,成立西安三人行广告传媒有限公司,钱俊冬就任董事长兼 CEO。

2009 年,钱俊冬被评为"陕西省十大杰出青年""西安市青年创业形象大使"。

2014 年,"三人行"完成了股份改制,钱俊冬任职董事长兼 CEO,并于 2015 年 4 月 16 日成功挂牌新三板,该公司股票成为全国校园传媒第一股,同年,"三人行"将集团管理总部和营销总部迁至北京。2017 年 6 月 13 日,"三人行"退出新三板,同年开始计划申报主板 IPO。

2020 年 5 月 28 日,"三人行"完成在上海证券交易所主板上市。

资料来源:根据相关网络资料整理。

**思考与讨论:**

1. 从钱俊冬的创业经历中能够发现哪些大学生创业者的个性特征?
2. 你认为在校大学生应该如何培养创业技能?
3. 如何理解"不怕是贫困生,就怕贫困一生"这句话?
4. 创业者可以通过哪些途径和方法发现新商机?
5. 钱俊冬创业的经历对你的创业生涯规划有何启发?

第1章 创业测评

第1章 创业视频

# 第 2 章　创业学基本理论

## 本章教学目标与要求

（1）理解创业精神的内涵；
（2）理解创业的含义和特征；
（3）掌握创业学的研究内容和方法；
（4）理解创业模型；
（5）掌握创业过程；
（6）了解创业类型；
（7）理解创业对经济、社会的影响。

## 本章知识架构

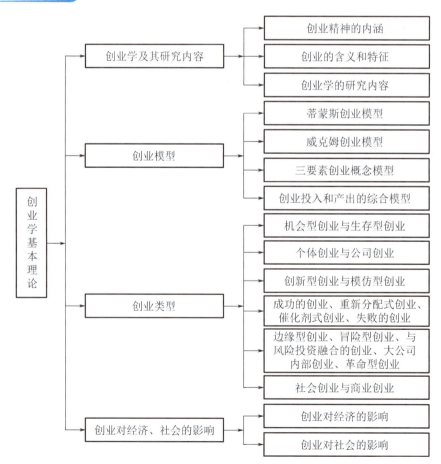

> 在我们这个社会里，要引进急需的创业精神。现在该是轮到我们对创新和创业精神付出努力的时候了：制定原则，努力实践并形成学科。
>
> ——P. F. 德鲁克

## 导入案例

### 0 到 1 和 1 到 N，施耐德电气的联创共赢

2023年3月，由工业和信息化部国际经济技术合作中心、施耐德电气有限公司（以下简称施耐德电气）联合主办的第三季绿色智能制造创赢计划（以下简称创赢计划）结营仪式，在上海成功举办。截至2023年，创赢计划吸引了350多家专注高新科技领域的中小企业报名，近40家企业进入联创方案阶段，覆盖20个工业场景。施耐德电气高级副总裁、工业自动化业务中国区负责人庞邢健表示："施耐德电气将依托这一平台，联合产、学、研、用，持续探索技术创新路径，加快构建创新生态圈，推动创新成果转化，为工业数字化转型提供源源不断的创新动能。"

**加速营和成长营并重**

本季创赢计划的一大亮点，是在加速营的基础上，推出了成长营。成长营帮助往届已经完成从0到1联创方案制定的企业，进一步实现从1到小规模复制。施耐德电气高级副总裁、战略联盟&创新投资中国区负责人李瑞认为，加速营的从0到1，是指不断试错，找出比较完美的方案，并解决客户痛点。成长营的从1到N，是指把复杂的事情简洁描述出来，把方案的两三个要点提炼出来，让合作伙伴能理解、客户能接受。

本季成长营企业聚焦APS高级计划排程套件与人员主动安全管理平台等多个主题，并在结营仪式上进行了方案展示。成长营企业的代表——上海辉度智能系统有限公司CEO许跃华，在2022年和施耐德电气的相关工作人员开了上百次会。"我们的目标是让解决方案持续优化迭代、更标准、可复制，为规模化复制做准备。"施耐德电气工业创新生态中国区负责人蔡婷婷介绍，施耐德电气会组织成长营企业定期交流分享，不仅从深度和广度上帮助这些企业提升对市场的认知，还会提供技术和客户资源等各方面的支持。

加速营则在前两季的基础上不断打磨、优化，形成了比较成熟的方法论。对企业而言，要实现快速成长必须实现规模化复制。针对所有选择的方案，需要分三步走：第一步，要对技术方案进行验证，验证技术是可行的、能够被客户认可的；第二步，要实现小规模复制，为后期规模化复制做好准备；第三步，借用施耐德电气现有的销售渠道网络实现规模化。

历经近10个月的培训、场景探访与联合方案开发，共5家加速营企业完成从0到1的初步方案验证，在结营仪式现场进行联创方案展示。比如，上海境腾信息科技有限公司打造了基于混合现实技术的远程协同及工作流指引的设备虚拟化检修解决方案，在操作人员的设备调试、维修以及培训的全过程中实现远程赋能，将"工业元宇宙"的发展愿景带入现实。

**施耐德电气、联创企业和客户共赢**

本季创赢计划的另一个亮点是成立了"绿色智能制造技术融合创新专家委员会"，由施耐德电气、亚马逊云科技、中科创达的专家组成，为入营企业提供市场需求调研、技术融合指导、成果落地转化与复制、市场拓展等"全生命周期"的系统规划与支持。随着创新成果的不断涌现，创赢计划已经成为工业

市场最受关注、最有价值的创业孵化、技术创新与成果转化平台之一。

蔡婷婷认为，做了三季创赢计划，施耐德电气也收获了很多。首先，施耐德电气对创新模式有了进一步的认识，并逐步探索出了一条相对可操作、可实践、有广阔发展前景的创新模式；其次，在探索创新模式的过程中，构建了良好的创新生态，实现了多方共赢；最后，联创共赢的模式正在为工业企业的创新带来参考和借鉴，带动企业共同助力中国工业创新发展。

在创新过程中，最大的挑战来自认知，对施耐德电气、联创企业和客户来讲都是如此。"最怕的是客户并不知道自己有痛点，我们也不知道能够给他们提供什么方案，这是距离创新最远的一个认知误区。"持续创新，持续和客户沟通，以及不断试错，才能不断拓展认知边界，实现施耐德电气、联创企业和客户的共赢。

资料来源：根据相关网络资料整理。

自20世纪70年代以来，创业活动蓬勃发展，在就业、创新和区域发展等方面作出了突出的贡献。但是，长期以来人们一直对"为什么有些人会选择创业"这个问题感到好奇，创业活动是怎样发生的？它的内在规律是什么？创业活动开始受到学者的关注，学者试图打开创业过程及其独特性这只"黑匣子"，创业研究开始蓬勃发展。从宏观层面研究创业活动的经济功能转向从微观层面研究创业活动的客观规律，从关注创业者特质转向关注创业过程，管理学家更是从把创业活动视为随机性偶然事件转向把创业活动看作可以管理并必须加以管理的系统性活动过程，从而极大地推动了创业研究的发展，创业学逐渐发展成为一个比较系统的独立学科。

## 2.1 创业学及其研究内容

作为新兴的学科领域，创业学在过去的20多年里得到了迅猛发展：在研究创业现象及其特殊性、透过创业现象挖掘创业要素的作用机理、创业行为特殊性和内在规律的研究等方面取得了重大进展。研究表明，创业者在形成创业意图、发现和开发创业机会的过程中存在特定的规律并表现出某些独特的行为特征，这些研究成果有助于我们深入理解究竟什么是创业精神、创业的含义和特征、创业行为是如何发生的以及创建新企业的基本过程。

### 2.1.1 创业精神的内涵

江泽民同志曾经指出："我们的社会主义现代化建设还处在艰巨的创业时期，伟大的创业实践，需要有伟大的创业精神来支持和鼓舞。解放思想、实事求是，积极探索、勇于创新，艰苦奋斗、知难而进，学习外国、自强不息，谦虚谨慎、不骄不躁，同心同德、顾全大局，勤俭节约、清正廉洁，励精图治、无私奉献，这些都应该成为新时期我们推进现代化建设所要大力倡导和发扬的创业精神。"习近平同志在2017年4月18日举行的中央全面深化改革领导小组（现名"中央全面深化改革委员会"）第三十四次会议上指出："企业家是经济活动的重要主体，要深度挖掘优秀企业家精神特质和典型案例，弘扬企业家精神，发挥企业家示范作用，造就优秀企业家队伍。"因此，要充分认识、培养企业家精神，更好地发挥企业家作用。

经济学家熊彼特指出："企业家精神是一个国家经济增长的发动机。发扬现代创业精神就是要树立创业意识，努力建设创业型社会和创新型国家，开拓文明、富强的现代化建设事业。"

关于什么是"企业家"和**"创业精神"（Spirit of Entrepreneurship）**，学者作出了确切的阐述。熊彼特指出："企业家所从事的工作是创造性破坏。"德鲁克在《创新与创业精神》一书中指出，创业精神是一种"超经济"的事物，它既对经济有着深远的影响，又能控制其发展，但它本身却并非经济的一部分。创业精神如此有效的原因，也许并非存在于经济事件本身，很有可能存在于价值、认知以及态度之中，也可能源于人口统计资料机构以及教育的改变。事实上，创业精神并不是一种"自然现象"，也不是一种创举，而是一种踏踏实实的工作态度。从这一点来看，任何一家企业都能拥有创业精神并从事创新工作。要实现这个目标，必须经过有意识的努力。诚然，创业精神和创新可以通过学习而获得。企业家将创业精神视为一种责任，他们重视创业精神，致力于创业精神，实践创业精神。

综合以上观点，创业精神是指创业者所具有的开创性的思想、观念、个性、意志、作风、品质等，是从事创业活动的心理基础。它是由多种精神特质构成的，如创新精神、开拓精神、进取精神等，表现为敢于打破常规，想前人未曾想过、做前人未曾做过的事情，如产品创新、市场创新、方法创新、技术创新等。创业精神是产生创业理想的原动力，是创业实践的精神基础，也是创业成功的重要保证。创业活动是创业精神的具体体现，没有创业精神，创业活动是很难展开的。离开创业实践空谈创业精神也是没有意义的。因此，理解创业精神，大力发扬现代创业精神，就要敢于创新、勇于探索，脚踏实地去开创未来的事业。

创业精神具有一些鲜明的特征。

（1）综合性。创业精神是由多种精神特质综合作用形成的，如创新精神、拼搏精神、进取精神、开拓精神、合作精神等，它们都是形成创业精神不可缺少的因素。

（2）超前性。创业精神具有超越时代、超越常人的超前性，想前人所未想，做前人所未做，开创新事业。

（3）时代性。不同时代的人所处的社会文化环境不同，创业精神的指导思想以及形成的社会基础各不相同，因此具有鲜明的时代特征。

## 2.1.2 创业的含义和特征

关于创业是什么、创业意味着什么等问题，学术界有各种解释。管理学家把创业描述为创新、变化、驱动、冒险、创造和增长导向，流行的说法将创业定义为创建和管理新企业。一些学者通过研究创业的本质、动力、独特性及其局限性等更加丰富了创业的内涵。事实上，创业不仅仅是创建新企业，创业者通过领导、管理、创新、研发，提高工作效率、竞争力、生产力并形成新的产业，对经济增长作出了关键的贡献。

### 1. 创业的含义

《辞海》对**创业（Entrepreneurship）**一词的解释为"创立基业"。《现代汉语词典》的解释是"创办事业"。"基业"是指事业发展的基础，"事业"是指人所从事的具有一定目标、规模和系统而对社会发展有影响的经常活动，例如革命事业、科学文化事业。可见，无论是创立有目标的事业,还是从事影响社会发展的活动、建立事业发展的基础,都可称为创业。目前,中国学者从各自的角度对创业的含义进行了研究,提出了多种观点(表2-1)。

表2-1　中国学者对创业含义进行研究的主要观点

| 观　　点 | 主要内容 |
| --- | --- |
| 机会价值说 | 捕捉创业机会、实现潜在价值 |
| | 识别创业机会、创造价值 |
| 财富目的说 | 有偿经营、商业活动、以营利为目的 |
| | 以创造价值为目的、有目的的经济活动 |
| 组织创新说 | 创建新企业、打造团队、提高组织能力、实现组织创新 |
| | 开创新业务、创建新组织 |
| 核心要素说 | 人才、资本、创业机会、资源 |
| | 创业者、能力、技术、市场 |
| 风险管理说 | 高风险创新活动、风险防范、风险管理 |
| | 认识创业风险、合理规避和化解风险 |

资料来源:刘沁玲. 中国创业学研究的现状与未来方向[J]. 科学学研究,2008,26(4):702-709.

在现代社会中,人们从狭义和广义的角度理解创业。狭义的创业指创建新企业或实现产品价值的过程;而广义的创业指具有开创意义的社会活动,它包含的内容更加广泛,除了创建新企业,还包括能够抓住创业机会,开创新的职业、创新工作业绩等各种社会活动。郁义鸿等认为,创业是一个发现和捕捉创业机会并由此创造出新颖的产品或服务,实现其潜在价值的过程。蒂蒙斯认为,创业是一种思考、推理和行动的方法,它不仅受创业机会的困扰,还要求创业者有完整缜密的实施方法和讲究高度平衡技巧的领导艺术。

目前被学术界公认的是史蒂文森提出的观点,他认为,创业是个人或者组织不拘泥于当前资源条件的限制对创业机会的追寻,将不同的资源组合,以利用和开发创业机会并创造价值的过程。这个定义包含几个要点:首先,创业的本意在于不受当前资源条件的限制以及对于创业机会的捕捉和利用,代表一种以创新为基础的做事与思考方式;其次,创业是一种发掘创业机会并组织资源创建新企业或开展新事业,进而提供新的市场价值的活动;最后,创业活动突出表现在机会导向、创新的强度、创造价值的程度以及对社会的贡献度等方面。识别创业机会并将有用的创意付诸实践,才能开创新事业。

### 2. 创业的本质和特征

根据创业的定义,创业的本质在于创新和创造价值,具体表现为以下几点。

(1) 机会导向:创业者必须优先识别和把握创业机会,探寻市场空间,才能生存、发展和获得潜在的收益。

(2) 顾客导向:指深入了解顾客的真正需求,在需求中寻找创业机会。

(3) 创造性地整合资源:运用自身知识、技能、社会关系等资源,整合资金、人力、物力,实现资源"新的组合"。

(4) 超前行动:强调创业机会的时效性,一旦确定创业机会就要快速行动。

(5) 创新：创新贯穿于创业活动，包括对产品、市场、技术、管理、制度等方面的创新。

(6) 价值创造：通过提供满意的产品或服务，为顾客创造利益的同时，为企业、社会创造价值。

创业作为发现创业机会和创造财富的社会行为，具有区别于其他事物的复杂性和独特性，创业又表现出明显的特征，具体有以下5点。

(1) 创造性：创业能够创造满足某种需求的新产品、新服务或新市场，是创造一个前所未有的新事物的过程。

(2) 风险性：创业活动具有明显的不确定性，可能面临政策的变化、资金的有限性、原材料价格、销售收入等各种风险。

(3) 功利性：价值创造、追求财富是创业者从事创业活动的直接动力。

(4) 自主性：创业是一种独立自主的行为，运用自己的知识、能力、资本等，自主地开发、生产新产品或提供服务。

(5) 市场化：只有把产品推向市场，满足市场的某种需求，才能实现价值创造。

### 3. 创业、创新与发明

在《现代汉语词典》中，发明的定义为创造新的事物和方法，如发明指南针。《中华人民共和国专利法》中指出："发明，是指对产品、方法或者其改进所提出的新的技术方案。"而创新是"抛开旧的，创造新的"，比如，要有创新精神。创新除了技术创新，还有理论创新、思想创新、方法创新、管理创新等。由此可见，创新不一定是技术性的，而发明要求提出新的技术方案，比创新更加强调技术性。与创新相比，创业则更加明确地强调顾客导向和价值创造。

熊彼特在1912年出版的《经济发展理论》一书中首次提出了创新理论，他认为创新是"新的组合"，是建立一种新的生产函数，也就是说，是把一种从来没有过的关于生产要素和生产条件的"新组合"引入生产体系中。

德鲁克认为，创新是一个经济和社会术语，创新不一定必须与技术有关，社会创新比发明蒸汽机车或电报更为重要。创新是展现创业精神的特定工具，能赋予资源一种新的力量，使之成为创造财富的活动。创新就是改变资源的产出。创新和发明是完全不同的任务，要求具有完全不同的才能。一项创新的考验并不在于它的新奇性、科学性或智慧性，而在于推出市场后的成功程度。这也就是说，创造产品的新概念或新的程序方法还不能称为"创新"，因为"创新"必须将新产品、新程序或新服务带到市场上，进而实现市场利益。因此，创业者不一定是发明家，但一定是创新者。但确实有不少成功的创业者同时也是发明家，例如诺贝尔和爱迪生。但更多的创业者不是技术的原创者或新产品的发明家。

发明与创新的目的不同：发明家——满足创造的兴趣和研究欲望，未必与现实经济生活相联系，具有"开发纯粹科学的倾向"；创业者——追求商业利益，具有"将科学应用于市场产出的倾向"。创业者不一定是发明家，他们需要的是在创业机会面前的独具慧眼。

## 2.1.3 精益创业

精益创业源于日本丰田公司的"精益生产"。精，即少而精，不投入多余的生产要素，在适当的时间生产必要数量的市场急需产品；益，即所有经营活动都要有益有效。精益生产方式是战后日本汽车工业遭到"资源稀缺"和"多品种、少批量"的市场制约的产物，它的优越性不仅体现在生产制造方面，还体现在人力资源、产品开发、成品库存、协作配套、营销网络、经营管理等环节，所有活动通过消除浪费来提高效益。以取消、合并、重排、简化为其改善原则，实现"零浪费"的终极目标。

硅谷创业者莱斯把精益生产、设计思维、客户开发和敏捷开发理念运用到自己的创业活动中，逐渐转化形成了精益创业的理论框架。莱斯将精益创业提炼为一个反馈循环：想法—开发—测量—认知—新的想法，该循环代表了一种不断创新的创业方法。他还提出了精益创业的五项原则，具体如下所述。

第一，创业者无处不在。精益创业的方法可以运用到各行各业的任何规模的企业中。

第二，创业即管理。创建新企业不仅代表一种新产品的问世，更是一种新机构制度的设立，新企业需要采用应对极端不稳定的新的管理方式。

第三，经过证实的认知。新企业不仅要制造新产品、服务顾客、赚取金钱，更要学习如何建立一种可持续的业务，创业者们可以以实验检测的方式验证其各个方面的认知，并得到证实。

第四，开发—测量—认知。新企业把创意转化为新产品，衡量顾客的反馈意见，然后认识到该改变还是坚守，整个流程步骤都应该加速这个反馈循环。

第五，创新核算。创业者要承担责任，提高创业效果，需要关注细节：衡量进度、确定阶段性目标等，这需要设计一套新的核算制度。

精益创业的核心思想是创业者应该通过实验检测来证实认知，以最小的成本、最有效的方法开发和验证自己的新产品，对产品快速优化，以满足市场和用户需求。莱斯认为，当人们面临各种挑战，要善用所获得的创业机会干一番事业，精益创业方法和原则可以使创业者拥有适用的工具，并通过不断创新来改变世界。

## 2.1.4 创业学的研究内容和方法

创业是个复杂的过程，创业管理并不等同于企业管理（表2-2），创业行为、创业活动、创业过程具有其特殊性和内在规律，这些都需要研究并得出科学的结论。目前，创业学借鉴管理学、经济学、社会学、心理学等学科的相关知识，得出了许多比较科学的研究成果，创业学逐渐成为一门比较系统的交叉学科。

表 2-2 企业管理与创业管理特征的比较

| 企业管理特征 | 创业管理特征 |
| --- | --- |
| 发展战略 | 创业计划 |
| 计划、组织 | 创意的产生 |
| 领导、控制 | 识别和把握创业机会 |
| 成长管理 | 生存管理 |
| 资源冗余 | 资源约束 |
| 组织惯性 | 组织生成 |

续表

| 企业管理特征 | 创业管理特征 |
| --- | --- |
| 成熟的负担 | 新进入缺陷 |
| 危机管理 | 风险管理 |

资料来源：张玉利，李新春．创业管理［M］．北京：清华大学出版社，2006．

### 1. 创业学的研究内容

创业学是研究创业活动及其规律的学科，它的主要研究内容应该包括创业者个体特征、创业的方法及其过程。具体内容涉及商业创意设计、创业机会评估、创新管理、创业团队组建、商业模式设计、创业计划制订、创业资源整合、创建新企业，以及社会创业等。

创业学研究的目的是揭示创业活动和创业过程的基本规律及其内在联系，为潜在的创业者学习创业知识、培养创业精神、提升创业技能、从事创业活动等提供科学的指导；同时，为建设创业型社会、促进经济和社会发展、政府决策等提供科学的理论基础。创业对促进经济和社会发展、促进就业和增强国家竞争力的重要作用，使创业学已经成为许多国家尤其是发达国家高等教育的通识教育、专业教育和研究生教育的重要内容。

### 2. 创业学的研究方法

创业学的研究方法吸收了管理学、经济学、社会学、心理学等学科的研究方法，从对创业者的实证调查发展到了更多的以过程为导向的研究，已经形成了几个具有代表性的思想学派。

（1）环境思想学派。

**环境思想学派（The Environmental School of Thought）** 主要研究影响创业者可能的活动方式的外部宏观因素，如制度环境、经济环境、文化环境、融资环境、教育环境等。这些因素在创业动机的形成过程中起着正面或者负面的影响，综合在一起就形成了对创业者的发展产生巨大影响的社会政治环境框架。例如，一个潜在的创业者如果能够得到支持自主开发的创意，或者创造的新方法、新产品，那么，这样的环境就会激励他追求创业并积极行动。

（2）资本思想学派。

**资本思想学派（The Capital School of Thought）** 基于寻求资金的过程展开研究，该学派强调的重点是寻求创业启动和发展的资金，把寻求资金看作创业过程的一部分，如怎样获取启动资金、风险投资的来源、财务分析与评估等。在任何情况下，投资过程对创业者和新企业的发展都是至关重要的。商业计划也强调重视此阶段，关注融资和资金应用过程。该学派主要从财务管理的角度来看待创业，并关注在创业过程的每个关键时刻如何进行财务决策。

（3）创业者特质思想学派。

**创业者特质思想学派（The Entrepreneurial Trait School of Thought）** 的研究者关注成功创业者的共同特点，他们认为这些共同特点如果能够被模仿，将提高创业者成功的概率。创造力、成就感、果断和技术知识被认为是成功的创业者通常具备的4个要素，家庭条件与教育程度也被看作创业者成长发展的重要因素。一些观点认为家庭条件较好或教育程度较高抑制了创造力的发展并阻碍创业动机的形成，另一些观点则主张增加新的教育计划将有助于创业者发展。良好家庭氛围的培养、早期生活中形成的特征和得到的支持对创业者成功具有重要影响。

(4) 创业机会思想学派。

**创业机会思想学派（The Venture Opportunity School of Thought）** 关注创业发展的机会，寻找创意的来源、把握创业机会和构思创业发展是该学派的主要研究内容。该学派认为，除了创造力和市场意识，把握机会，在恰当的时间、恰当的市场环境中发展恰当的创意是创业成功的关键。该学派的另一个观点是"走廊原则"，即新机会的出现将带领创业者走向不同的方向，而发现机会的能力和采取必要的行动步骤是把握机会的关键。"幸运"就是做好充分的准备来迎接机会，这构成了"走廊原则"的基础。做适当的准备将提高识别创业机会和把握创业机会的能力。

(5) 创业战略规划思想学派。

**创业战略规划思想学派（The Strategic Formulation School of Thought）** 将战略规划看作创业活动中特定要素的杠杆，该学派运用独特的市场、独特的人、独特的产品、独特的资源，并将它们融入有效的企业结构中，从而列出了战略适应性的各种明显特征。例如：**高山缝隙战略（Mountain Gap Strategies）**，指识别大市场中的主要细分市场及市场空隙（独特的市场）；**优化产品战略（Better Widget Strategies）**，指围绕新市场或者已经存在的市场进行产品创新（独特的产品）；**优秀厨师长战略（Great Chef Strategies）**，指具有特殊技能的人才，这些人共同建立新企业；**水井战略（Water Well Strategies）**，指长期积累或者利用特殊资源（土地、劳动力、资金、自然资源等）的能力，运用各学科知识的方法等能力。

(6) 创业生态网络思想学派。

**创业生态网络思想学派（The Entrepreneurship Ecosystem School of Thought）** 提出，应积极构建创业生态网络。自2015年以来我国出台了一系列大力推进创新创业的政策措施，各地兴起规模不一的双创园、创业基地、创业协同中心等，而打造健康的创业生态网络是这些双创园发展的趋势。创业生态网络是由政府、企业、高校和个人等主体相互作用、有效协同，集合政、产、学、研、资、介等关键资源要素，形成的一系列创业活动，具有协同效应并良性循环。例如，按照为创业提供全要素支撑、全周期服务的思路，打造"众创—孵化—加速—产业化"的完整创业链条。以硅谷形成的创业生态网络为例，在美国硅谷，创业者、专家（作家、艺术家）、研究型大学、企业、风险资本等，让创意、人才和资金能够以极低的成本流动，形成一个利益各方多赢、可持续的创业生态网络，不断将创新技术进行突破性融合。在中国深圳，已经形成政府规范、市场主导、企业主体、社会共创的分工协作系统，致力于为青年提供多元化的创新创业服务生态体系。

## 2.2 创业模型与创业过程

创业是一个复杂的资源组合和管理过程，正如德鲁克所指出的："创业是可以组织并需要组织的系统性的工作。"史蒂文森认为，创业是一种管理方法，可以从6个方面对这种管理方法进行描述：战略导向、把握机会、获取资源、控制资源、管理结构、报酬政策。吉尔伯特等认为，创业研究必须对新企业成长的实现路径作出合理的解释，而剖析创业过程的行为和要素之间的作用关系是解决这一问题的关键。研究创业模型与企业过程的具有代表性的观点具体如下所述。

### 2.2.1 创业的基本模型

#### 1. 蒂蒙斯创业模型

蒂蒙斯创业模型（图2.1）主要包括三个要素：**团队（Team）**、**机会（Opportunity）**和**资源（Resource）**，简称TOR三要素。在创业过程中，TOR三要素相互联系，相互作用，缺一不可。蒂蒙斯创业模型主要包含以下几层含义。

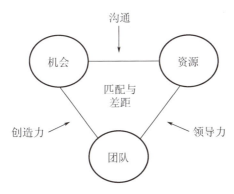

**图2.1　蒂蒙斯创业模型**

资料来源：TIMMONS J A. New venture creation: entrepreneurship for the 21st century [M]. 5th ed. Chicago: McGraw-Hill Education, 1999: 37-40.

（1）创业过程由机会驱动、团队领导、资源保证构成。

在TOR三要素中，创业过程始于机会，团队的作用是利用自己的创造力，在模糊、不确定的市场环境中发现机会，并发挥领导作用，利用资本市场等组织适宜的资源，引导创业走向成功，最终实现机会的价值。在创业过程中，资源与机会的关系是适应、差距、再适应的动态过程，资源要与机会相匹配，从而满足机会对各种资源的需要。在这个过程中，还需要精心设计创业计划，一份完整的创业计划书可以对三个要素的匹配和平衡做出必要的战略规划。

（2）创业过程依赖于匹配和平衡。

在TOR三要素中，团队为了推动创业的进程，必须把握三者之间的匹配和平衡。例如，分析新企业中TOR三要素之间是否基本达到匹配和平衡；评价这个团队是不是个好的团队；机会是否存在某些问题；外部环境存在什么样的机会和风险；怎样抓住机会、回避风险；实现创业目标需要什么样的资源；如何才能吸引到必需的关键人才；如何才能减少或消除可能遇到的竞争、资金、管理等方面的风险；如何才能筹集到创业所必需的资金等。当众多的因素能够尽快缩小差距，达到相互匹配的状态，创业成功的概率就会大大提高。

（3）创业过程是一个不断寻求平衡的动态过程。

在创业之初，TOR 三要素之间很可能处于不相匹配的状态，通过制订创业计划和团队协作，可使 TOR 三要素之间的差距缩小，逐渐趋向或接近平衡。尽管 TOR 三要素很难达到完全匹配且不存在绝对平衡，但是应持续不断地实现动态平衡，在出现差距、适应到再出现差距、再适应的动态发展过程中，不断寻求和推动企业发展。如果资源不能和机会相匹配，必然将影响机会价值的实现。例如，缺乏资金，将导致企业无法运行；缺乏必要的技术人才，则产品无法设计和生产。如果企业选择了错误的机会，则会极大地浪费资源，使创业陷入困境，甚至失败。当创业发展到一定阶段，达到一定目标时，必然会提出下一个目标或更大的目标，企业为了生存和发展，必须寻求新的机会，此时，企业必须重新考虑达到此目标是否具有足够的资源，怎样克服可能遇到的困难和风险。因此，TOR 三要素之间的匹配和平衡是一个持续不断的动态发展过程。

### 2. 威克姆创业模型

威克姆创业模型（图 2.2）主要包括四个创业要素：**创业者（Entrepreneur）**、**机会（Opportunity）**、**资源（Resource）** 和 **组织（Organization）**，简称 EORO 四要素。创业者处于创业活动的中心，必须处理好与其他三者的关系。该模型应至少包含以下几层含义。

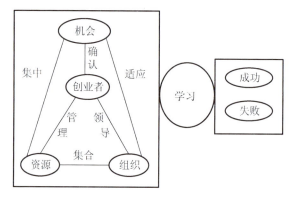

**图 2.2　威克姆创业模型**

资料来源：WICKHAM P A. Strategic entrepreneurship [M]. New York: Pitman Publishing, 1998: 30.

（1）创业者是 EORO 四要素中的核心因素。

在创业活动和创业过程中，创业者处于 EORO 四要素的中心位置，创业者必须发现并确认机会、管理创业所需的资源、领导一个高效的组织。创业者处于创业活动的中心，必须努力工作，协调好与其他三者的关系，以实现机会的价值。

（2）创业者必须有效协调机会、资源和组织三者之间的关系。

在威克姆创业模型中，创业者在协调各要素关系中具有核心作用，这使资源（包括人、财、物、技术等）被集中用于机会的开发上，在此过程中，应考虑资源利用的成本和可能遇到的风险，尽可能降低成本和风险带来的损失。同时，资源的集合形成了一定规模的组织。组织（包括组织结构、组织制度、组织文化、组织资产等）中各要素相互匹配，形成一个协调的有机整体，以适应所要开发的机会。总之，在创业过程中，创业者必须集合合适的资源形成组织，并将资源集中用于所要开发的机会，同时，形成的组织也必须适应于所要开发的机会。

(3) 创业过程是一个不断成功或失败的学习过程。

在威克姆创业模型中,组织不断从成功或失败中吸取经验和教训,从而发展壮大。组织必须根据环境和市场的变化调整自己,并能够随时对机会和挑战做出反应。组织的各种资源、组织结构、组织规模、组织制度等随着环境的变化和组织的发展不断得到改进和完善,从而使组织在不断地学习和成长中获得更大的成功。在现代竞争激烈的经济社会中,创业者必须开放性地坚持学习,才能不断获得成功。新企业的发展过程是从创建组织、学习到成功的一个动态发展过程。

威克姆创业模型提出了 EORO 四要素,强调了创业者在创业活动中的中心地位和在协调各要素关系中的核心作用,勾画出了一个学习型的组织从创建到成功的发展过程,并指明了开放性的学习在组织走向成功过程中的重要作用。该模型的构建比较新颖、内容全面,合乎现代企业创建与发展的规律。

### 3. 三要素创业概念模型

张玉利和杨俊以蒂蒙斯创业模型为理论基础,将机会感知、创业团队和资源获取三要素作为创业的内核,他们认为创新和冒险精神依附于个体,具有天生的属性,取决于个人特质,并受后天环境特别是个体所处的文化环境的影响;企业是利润导向的经济组织,特定的经济环境必然影响创业行为。综上所述,张玉利和杨俊以机会感知、创业团队和资源获取为创业内核,以个人特质、文化环境和经济环境为影响创业的外生因素,构建出三要素创业概念模型,如图 2.3 所示。

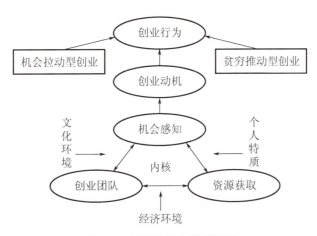

**图 2.3 三要素创业概念模型**

资料来源:张玉利,杨俊. 企业家创业行为的实证研究 [J]. 经济管理,2003(20):19-26.

### 4. 创业投入和产出的综合模型

莫里斯等围绕创业投入和产出,融合了影响创业活动的理论和实践的观念,试图将创业过程描述成各种因素的结合,提出了创业投入和产出的综合模型,如图 2.4 所示。

投入部分集中在创业过程,确定了对创业过程有贡献的五个主要因素:第一是环境机会,如人口变化、新技术发展、政策的变化等;第二是创业者个人,应确认机会并抓住市场机会(如一个解决特定顾客需求的创新方法),并承担实施创业的责任;第三是独特创意;第四是实施这个创意需要一些组织环境,即与创业者有关系的人或组织,可以是亲朋

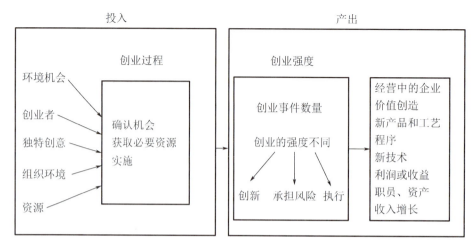

图 2.4　创业投入和产出的综合模型

好友、某个连锁店的特许经营商或商业团体；第五是各种资金和非资金来源。这些因素结合起来贯穿于创业过程的各个阶段，可以说，该模型为创业过程提供了一个组织创业投入的逻辑框架。

产出部分集中在创业强度方面，由于创业的形式多种多样，因此，创业过程中能够产生无数的创业事件，并且不同创业事件之间差异也很大，如在创新、承担风险、执行等方面，创业的强度可能是不同的。

基于创业的强度不同，产出可能不同，最后的产出包括经营中的企业、价值创造、新产品和工艺、程序、新技术、利润或收益、职员、资产和收入增长等，创业的结果也可能是失败的，并导致精神打击、经济损失或付出社会成本等。该模型不仅全面介绍了创业的投入和产出，而且从不同的层面，描述了创业过程中的各种现象。

### 2.2.2　创业过程

创业过程是一个从提出创意到制订创业计划，再到价值创造的基本转化过程。对于创业过程的研究，有利于人们识别创业现象的复杂性、把握创业活动的基本规律。目前对创业过程的研究主要有以下 3 种观点。

#### 1. 创业的基本过程

各国学者针对不同的创业群体和创业活动对创业过程的研究有多种观点。创业过程和创业活动虽然复杂多样，但其基本过程应该主要包括 5 个阶段，如图 2.5 所示。

图 2.5　创业的基本过程

#### 2. 奥利佛创业流程

奥利佛将创业过程分为 8 个阶段，如图 2.6 所示，他主张创业流程的重点是创建新企业阶段，创业实现获利回本，就是完成预期目标。至于新企业的继续经营，则不属于创业管理的范畴。奥利佛的结构化创业流程有助于加深创业者对创业管理复杂活动的认识和理解。

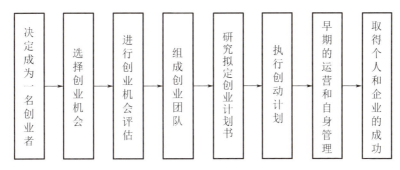

图 2.6　奥利佛创业流程

资料来源：张玉利，李新春. 创业管理［M］. 北京：清华大学出版社，2006：20.

### 3. 创业环境驱动下的创业过程

刘沁玲教授认为，任何创业活动都是发生在特定的社会、经济环境中的，因此，创业活动受当地创业环境的影响，包括创业政策、创业文化、创业教育、创业融资、创业信息等要素，如图 2.7 所示。

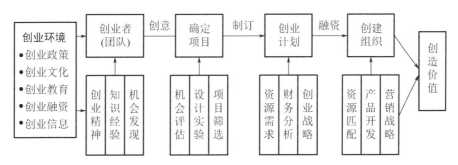

图 2.7　创业环境驱动下的创业过程

在创业环境的培育和驱动下，创业者（团队）的产生基于创业精神、知识经验、机会发现；创业项目的确定要经过对机会的评估，对已有创业项目设计实验并进行筛选；精心制订创业计划是寻求资源的重要工具和进行财务分析、实施创业战略的必要准备；组织的创建基于资源的匹配、产品的开发和营销战略的实施。总之，创业过程是一个由潜在的创业者成为现实的创业者，再发展到创造价值的动态发展过程，也是一个在创业环境的影响和驱动下，从产生创业精神、创业动机到实现创业目标的创业项目开发的实施过程。一个好的创业项目是否能够获得预期的成功，除了取决于创业者自身的知识和经验的多寡，在很大程度上还取决于他所处的创业环境的优劣。一个地区优良的创业环境会促使更多的人从事创业活动，人们在创业过程中也会享受到该地区优良创业环境的支持。

## 2.3　创业类型与创业的影响

由于创业环境和条件、创业目的的不同，人们会选择不同的创业类型，而创业类型的差异会导致不同的创业效果，进而对社会、经济发展产生不同的影响。国内外学者对此有比较丰富的研究成果。

### 2.3.1 创业的类型

基于对创业复杂性的分析，人们发现创业的类型不同，对经济发展、创新和就业的贡献也是不同的，应该对创业进行科学的研究和分类。目前关于创业类型的研究主要有 6 种观点。

#### 1. 创业的基本类型

**全球创业观察（Global Entrepreneurship Monitor，GEM）** 项目把创业分为两种基本类型：生存型创业和机会型创业。生存型创业是指出于生存目的不得不选择创业的一种创业活动，其基本特征是把创业作为个人获得生存的基本条件，如失业后创业等。机会型创业是指在发现或创造新的市场机会时进行的创业活动，其基本特征是把创业作为个人拥有更广阔发展空间的一种选择，进行市场机会的识别和把握，如政府工作人员辞职"下海"，寻求事业更大的发展和价值创造。

机会型创业与生存型创业产生的影响显著不同，在市场机会方面，生存型创业关心的是在现有市场上创业；机会型创业侧重于发现新的市场机会，并关注较大的市场。在预期的就业人数上，生存型创业对未来创造的就业机会的预期低于机会型创业；机会型创业对未来创造的就业机会的预期更高，因此，对于提高就业水平的作用更加明显。在出口预期增长方面，机会型创业对于出口的增长预期高于生存型创业。

生存型创业可以转化为机会型创业，二者并非对立关系。生存型创业和机会型创业一起构成了创业活动的整体。生存型创业是机会型创业的基础，一般情况下，初次创业者并没有太多的创业经验和资本，通过生存型创业，可以积累创业经验和资本。随着创业活动的发展，一旦遇到合适的时机，必然会转向机会型创业。机会型创业是生存型创业的目标和方向。统计数据说明，中国的生存型创业者主要在现有市场和小型市场上捕捉机会，很少考虑去捕捉大、中型市场上的机会。而新的产业出现都是大型市场创造出来的结果，生存型创业者随着创业活动的发展和经济的需求，必然以寻求发展的机会型创业为方向和目标，实现新的价值创造。

根据 GEM 的数据分析，2007 年中国已经实现了创业类型的转型，从以生存型创业为主导、机会型创业为辅助转变为以机会型创业为主导、生存型创业为辅助的创业形态，这表明随着创业环境的改善，人们的创业意识和创业技能得到了提升，使中国创业类型发生了明显的变化，具体见表 2-3。

表 2-3 中国创业类型的变化　　　　　　　　　　　　　　　　单位：%

| 年份 | 机会型创业（以机会型创业为主导） | 生存型创业（以生存型创业为主导） |
| --- | --- | --- |
| 2002 | 40 | 60 |
| 2005 | 47 | 53 |
| 2007 | 60.4 | 39.6 |
| 2016—2017 | 70.75 | 29.25 |

根据《全球创业观察（GEM）2016/2017 中国报告》，中国创业活动的质量在提高。从中国早期创业活动的结构特征来看，机会型创业比例由 2009 年的 50.87％ 提高到 2016—2017 年度的 70.75％。同时，中国创业者的产品创新性、创业成长性和国际化程度也在提高。2009 年，20.19％ 的创业者认为自己提供的产品/服务具有创新性，2016—2017 年度这一比例为 28.76％。

#### 2. 基于创业主体的分类

基于创业主体的不同，可将创业分为个体创业与公司创业。个体创业主要是指个人或团队的创业行为。公司创业是指已有组织发起的创新创业活动。个体创业和公司创业虽然都是创新创业活动，具有一些共同的特征，如机会导向、创造性地整合资源、价值创造、超前行动、创新和变革等，但是在组织形态、战略目标、承担的风险、决策速度、创业环境、资源等方面存在较大差异，具体见表 2-4。

表 2-4 个体创业与公司创业的主要差异

| 个 体 创 业 | 公 司 创 业 |
| --- | --- |
| 创业者承担风险 | 公司承担风险 |
| 创业者拥有商业概念 | 公司拥有与商业概念有关的知识产权 |
| 创业者拥有全部或大部分权益 | 创业者或许拥有公司权益的很小部分 |
| 从理论上讲，对创业者的潜在回报是无限的 | 在公司内，创业者所能获得的潜在回报是有限的 |
| 个体的一次失误可能意味着创业失败 | 公司具有更多的容错空间，能够吸纳失败 |
| 受外部环境波动的影响较大 | 受外部环境波动的影响较小 |
| 创业者具有相对独立性 | 公司内部的创业者更多受团队的限制 |
| 在过程、试验和方向的改变上具有灵活性 | 公司内部的规则、程序等可能会阻碍创业的策略调整 |
| 决策迅速 | 决策周期长 |
| 低保障 | 高保障 |
| 缺乏安全网 | 有一系列安全网 |
| 在创意上，可以沟通的人少 | 在创意上，可以沟通的人多 |
| 至少在初期阶段，存在有限的规模经济和范围经济 | 能够很快地达到规模经济和范围经济 |
| 严重的资源局限性 | 在各种资源的占有上都有优势 |

资料来源：MORRIS M，KURATKO D. Corporate entrepreneurship：entrepreneurial development within organizations [M]. New York：Harcourt College Publishers，2002：63.

#### 3. 基于创新程度的分类

基于创新程度的不同，可将创业分为创新型创业与模仿型创业。创新型创业与模仿型创业在创造就业、促进经济增长等方面存在较大差异。德鲁克认为："通过运用管理观念和管理技术,将产品标准化,设计科学的制作过程及操作工具,创立一个全新的市场氛围和新顾客群体,这就是企业家精神。"因此,创新型创业是指创业者能够识别具有创新性的创业机会,通过创造和使用新技术、新工艺、新方法等向市场提供新产品或者新服务,并进行创造价值的创业活动。其明显特征是具有新的商业模式,创造一个新行业或新产品,能够实现高速成长和创造更大价值等,因而对经济和社会发展的贡献比较大。同时,创新型创业也具有更高的风险和不确定性。学习能力、人力资本、创造力、先前经验、社会网络、执行力等都与创新型创业具有密切联系。而模仿型创业是在已有模式的基础上完全模仿别人的技术、运营方式、产品等建立自己的企业,因而没有创造新的产品、新的技术和新的服务。

### 4. 基于创业效果的分类

著名学者戴维森基于社会层面和组织层面的产出效果对创业类型进行了研究。他认为,组织层面、社会层面均为正的创业活动属于成功的创业,如星巴克公司在咖啡市场开创了一个全新的休闲社交及个性化周边产品模式;组织层面为正、社会层面为负的创业活动属于重新分配式创业,如我国钢铁行业的低水平重复建设现象;组织层面为负、社会层面为正的创业活动属于催化剂式创业,如万燕VCD的失败促进了一个新兴产业的出现和成长;组织层面、社会层面均为负的创业属于失败的创业,如破产的污染环境企业、被制裁的造假企业等,具体如图2.8所示。

| 组织层面的产出 | | |
|---|---|---|
| + | 成功的创业<br>组织、社会层面均为正 | 重新分配式创业<br>组织为正、社会为负 |
| − | 催化剂式创业<br>组织为负、社会为正 | 失败的创业<br>组织、社会层面均为负 |
| | + 社会层面的产出 − | |

**图 2.8 基于社会层面和组织层面的产出效果的创业分类**

资料来源:DAVIDSSON P,WIKLUND J. Levels of analysis in entrepreneurship research: current research practice and suggestions for the future [J]. Entrepreneurship theory and practice,2001,25(4):81-99.

### 5. 基于创业初始条件的分类

芝加哥大学的毕海德教授带领学生对美国成长最快的500家企业进行深入调研,出版了专著《新企业的起源与演进》,构建了一个"投资-不确定-利润"模型,将原始性创业概括为5种类型:**边缘型创业（Marginal Businesses）、冒险型创业（Promising Start-ups）、与风险投资融合的创业（VC-Backed Start-ups）、大公司内部创业（Corporate Initiatives）、革命型创业（Revolutionary Ventures）**,具体如图2.9所示。

### 6. 基于价值创造的分类

基于价值创造的不同,可将创业分为商业创业与社会创业。**商业创业（Business Entrepreneurship）**是指在商业领域经营,以获得经济收益、创造经济价值为目的的创业活动,也称经济创业。**社会创业（Social Entrepreneurship）**是指以创造社会价值为主要目的、以公益为出发点的创业活动,是创业精神与创业技能在非营利组织和部门的体现和应

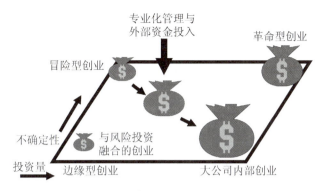

图 2.9 "投资-不确定性-利润"模型

注：钱袋的大小代表潜在利润的大小。

用。概括而言，社会创业是指个人在社会使命的激发下，在非营利领域运用商务领域的专业作风，追求创新、效率和社会效果，实现相应的使命和愿景。"社会创业"一词是由阿苏迦基金会创始人德雷顿在 20 世纪 80 年代率先提出的。社会创业者指创办非营利组织、致力于公益事业的创业者。

1911 年，美国"钢铁大王"卡耐基创立了"纽约卡耐基基金会"，开创了现代慈善事业的先河。他在积累了巨额财富后，转而致力于慈善事业。卡耐基于 1889 年发表的《财富的福音》一文阐明了他的慈善观，并激励了很多美国人投身慈善事业，包括与之同时代的洛克菲勒、福特，现今的盖茨、巴菲特等。

（1）商业创业与社会创业的比较。

在创业使命方面：商业创业的使命在于创造经济价值，社会创业的使命在于创造社会价值。

在机会感知方面：商业创业者以潜在机会所能带来的利润和顾客价值作为首要衡量标准，社会创业者以潜在机会是否有助于解决社会问题作为首要衡量标准。

在资源机制方面：商业创业者获取资源的能力能够显著影响创业的效果；对于社会创业者来说，社会价值难以衡量，因此社会组织更多依赖于慈善捐款、政府津贴、志愿者等资源。

在驱动机制方面：对于商业创业而言，市场机制是衡量企业运作效率和调配资源效率的有效机制；对于社会创业而言，市场机制本身不能有效衡量社会价值，如社会进步、公共福利等，但这些因素对社会创业的驱动作用十分显著。

（2）商业创业向社会创业的转型。

2007 年第 11 期《商务周刊》的一篇文章《企业家的"第二人生"》中写道："由'商业企业家'转型而来的'社会企业家'，正在一个更大的社会范畴内履行自己的职责。"例如，以奥康投资控股有限公司董事长名字命名的"王振滔慈善基金会"，帮助贵州、湖北、安徽、四川、重庆等地的上万名贫困学子进入高校继续深造。王振滔认为，商人最开始是在创造财富，后来就要去分配财富；分配财富有很多形式，搭建平台让别人来发挥是一种分配财富的方式，做慈善也是一种分配财富的方式；我们的财富取之于社会，最后要用之于社会。王巍专注的公益方向是创办亚洲商学院和金融博物馆，为培养金融人才作出贡献。2008 年汶川地震和 2010 年玉树地震刺激了中国慈善事业的发展，福耀玻璃集团董事长曹德旺的捐款，以及被称为"中国首善"的陈光标的"裸捐"都得到了社会的广泛赞扬。

胡润研究院发布的《2023年胡润慈善榜》的上榜门槛为1亿元，来自17个城市的34位慈善家达到这个捐赠数额，共计捐赠191亿元。前十位上榜慈善家的捐赠额占他们总财富的2%。在上榜慈善家中，向教育领域捐赠的人数仍然最多，有58%上榜慈善家都为教育的发展作出了贡献。社会公益领域的捐赠人数排名第二，占比19%。乡村振兴领域的捐赠人数排名第三，占比12%。《2023年胡润慈善榜》捐赠前十位的具体信息见表2-5。

表2-5 《2023年胡润慈善榜》捐赠前十位

| 排名 | 捐赠额/亿元 | 姓名 | 捐赠方向 | 企业 |
| --- | --- | --- | --- | --- |
| 1 | 59 | 杨国强、杨惠妍 | 社会公益 | 碧桂园 |
| 2 | 33 | 宿华 | 社会公益 | 快手 |
| 3 | 30 | 何享健 | 教育 | 美的 |
| 4 | 10 | 李西廷 | 教育 | 迈瑞医疗 |
| 5 | 8.3 | 虞仁荣 | 教育 | 韦尔股份 |
| 6 | 6 | 党彦宝 | 社会公益 | 宝丰 |
| 7 | 4 | 赵燕 | 教育 | 华熙生物 |
| 8 | 2.9 | 马化腾 | 社会公益 | 腾讯 |
| 9 | 2.5 | 吕志和 | 教育 | 嘉华集团 |
| 10 | 2.4 | 尤小平 | 教育 | 华峰化学 |

资料来源：根据相关网络资料整理。

中国社会科学院创新工程学术出版资助项目《慈善蓝皮书：中国慈善发展报告（2022）》的相关数据显示，截至2021年，我国社会组织总量为90.09万个，较2020年同期增长0.73%。全国累计慈善信托备案773单，财产规模39.35亿元。2021年，我国实名注册志愿者总数2.22亿人，较2020年增长15.63%。志愿者服务折合人工成本价值约1954亿元，较2020年增长20.62%。志愿服务指数相对于2020年增长26.41%。

2021年，我国公益慈善教育发展取得新突破，表现为国内高校的公益慈善学科建设取得长足的发展，成为助推慈善事业发展的重要支撑。2021年5月8日，浙江工商大学获得来自企业的3.5亿元大额慈善捐赠，用于建设全国首家慈善学院和慈善大楼，培养本硕博国民教育系列公益人才。

党的二十大报告指出，引导、支持有意愿有能力的企业、社会组织和个人积极参与公益慈善事业，这为我国公益慈善事业的发展提出了全面指导方针。公益慈善事业为实现共同富裕、乡村振兴、扩大内需、完善基层治理、碳达峰和碳中和等起到了重要的促进作用。

### 2.3.2 创业对经济、社会发展的影响

#### 1. 创业对经济发展的影响

《全球创业观察（GEM）2002中国报告》中指出，国家的创业活动水平在数量统计上与国家的经济增长水平显著相关。据《经济学家》报道，在美国，每年新注册的企业多达

60万家,大约是20世纪50—60年代的经济繁荣时期的7倍。1995年,在美国有807 000个新的企业成立,其中,增长较快的新企业占比15%,这些企业创造了94%的新工作,所有新企业雇用了53%的个体劳动者,所有新发明的67%是由新企业创造的。由此可见,美国通过鼓励和促进创业活动取得了经济的高速增长。

概括地讲,创业在两个方面对市场经济作出了必不可少的贡献。一方面,创业是推动市场经济更新过程发展的构成部分,创业可以改变市场结构,在促进技术变革和生产力增长的创新方面发挥了至关重要的作用。市场经济是一个动态的有机体,总是处在变化的过程中,创业是未来的期望,而不是过去的遗产。另一方面,创业是许多人加入经济主流的必要方式,能够使更多的人追求成功。创业为经济增长、机会平等、灵活性就业等提供了机会,扮演着至关重要和必不可少的角色。

1934年,熊彼特首先清晰地表达了创业对经济和社会发展的重要性。他的著作《经济发展理论》中提到,创业者开发新产品和新技术,并随时间推移不断淘汰当前的产品和技术。熊彼特把这个过程称为**"创造性破坏"(Creative Destruction)**,创建的新企业被称为"创新者"或"变革推进者"。由于新产品和新技术优于那些被取代的产品和技术,并且改进后的产品和技术的有效性促进了消费者需求的增长,因此"创造性破坏"刺激了经济活性。

新企业不断诞生,推出新的产品和技术,抢夺原有企业的市场份额,打破旧有的经济秩序,进行"创造性破坏",从而把经济发展推上新台阶。熊彼特认为可能发起创业活动的生产要素结合方式包括下列5种情形:①采用一种新的产品;②采用一种新的生产方式;③开辟一个新的市场;④开辟或控制原材料的一条新的供应渠道;⑤构建一个新的产业组织形式。

巴林格和爱尔兰认为,创业对经济产生重大影响的原因有3个。

(1) 创新:创新是创造新事物的过程,是创业的核心。创新型创业企业承担了美国全部创新的67%,完成了自第二次世界大战以来95%的激进式创新,并且许多创新有助于个人和企业更平稳、更有效地工作和改进绩效。

(2) 创造就业岗位:由于创新型创业企业专注于提升创新能力,1993—1996年,这些企业快速成长并创造了美国2/3的就业岗位。已成长为大企业的创新型创业企业(微软、戴尔等)也为社会提供了大量的工作机会。

(3) 经济全球化:美国97%以上的出口商是不足500人的小企业。1987—1997年,小企业出口商的数目增长了3倍,1992—1997年,小企业出口货物的价值也增长了3倍。创业促进了出口的发展,也为经济全球化贡献了力量。

2. 创业对社会的影响

创业不仅是一种经济现象,还涉及社会的各个方面,创业对社会的影响主要表现在以下5个方面。

(1) 使人们生活得更加舒适,如空调、微波炉、网络购物的使用和推广。

(2) 提升人们的工作效率和生产效率,如创业促进了个人计算机、自动化生产线的使用和推广。

(3) 改善人们的健康,如创业促进了生物科技产业的发展,生产了许多种显著改善人们健康的药品、保健品。

（4）提供娱乐的新产品和服务，如创业促进了数码照片、游戏的使用和推广。

（5）发展战略性新兴产业，如创业促进了新能源、5G 通信、物联网等产业的发展。如果没有它们，很难想象人们的生活会是什么样子。

## 本 章 小 结

本章的主要内容是创业学基本理论，包括创业学及其研究内容、创业模型与创业过程、创业类型与创业的影响等。创业是不拘泥于当前资源条件的限制对机会的追寻，是将不同的资源组合加以利用和开发机会并创造价值的过程。创业的特征表现为：创造性、风险性、功利性、自主性、市场化。创业学是研究创业活动及其规律的一门交叉性学科，研究内容具体涉及商业创意设计、创业机会评估、创业团队组建、商业模式设计、创业计划制订、创业资源整合、创建新企业以及社会创业等。创业学代表性的思想学派主要包括：环境思想学派、资本思想学派、创业者特质思想学派、创业机会思想学派、创业战略规划思想学派。创业过程一般分 5 个阶段：成长为创业者、开发商业创意、设计商业计划、创建新企业/新事业、创业发展/创造价值。创业的类型根据不同的分类方式有多种，基本的创业类型分为生存型创业和机会型创业。生存型创业是指出于生存目的不得不选择创业的一种创业类型，其基本特征是把创业作为个人获得生存的基本条件。机会型创业是指在发现或创造新的市场机会时进行的创业活动，其基本特征是把创业作为个人拥有更广阔发展空间的一种选择。社会创业是指以创造社会价值为主要目的、以公益为出发点的创业活动，是创业精神与创业技能在非营利组织和部门的体现和应用。熊彼特指出的"创造性破坏"是指创业者开发新产品和新技术，并随时间推移不断淘汰当前的产品和技术的过程，包括 5 种生产要素结合方式：采用一种新的产品、采用一种新的生产方式、开辟一个新的市场、开辟或控制原材料的一种新的供应渠道、构建一个新的产业组织形式。创业对经济和社会发展具有重要影响。

## 习　　题

### 1. 简答题

（1）如何理解创业的含义和特征？

（2）机会型创业与生存型创业有何不同？

（3）如何理解创业学的研究内容和研究方法？

### 2. 论述题

（1）如何理解熊彼特"创造性破坏"的含义？它包括哪些生产要素结合方式？

（2）简述创业学研究的代表性思想学派及其主要观点。

（3）简述创业对经济和社会发展的影响。

## 实际操作训练

1. 列举一些你熟悉的创业类型。
2. 结合本章学过的知识分析一个大学生创业案例，包括案例中讲到的创业类型、创业过程、对经济和社会的贡献等。

课后案例

### 0到1、1到N，汽车狂人李书福的全球化进击之路

在庆祝改革开放40周年大会上，李书福被授予"改革先锋"的荣誉称号。获此殊荣，他当之无愧。他立足国内，放眼全球，带领浙江吉利控股集团（简称吉利集团）不断探索跨行业的创新融合和超级协同，不断为用户带来极致创新体验。无论是收购沃尔沃汽车，还是成为奔驰母公司最大股东，吉利集团都为中国企业对外投资提供了范本。除了拓展商业版图，李书福还创办了各类民办院校，为社会培养了许多高级技术型人才。

《2023浙江省制造业百强企业》榜单显示，吉利集团以4 063亿元的营业收入，位列第二。截至2023年，吉利集团连续12年跻身"世界500强"。而作为吉利集团创始人的李书福，曾一度被媒体称为"汽车狂人"，他立志要让中国的汽车走向世界。

1963年，李书福在浙江台州出生，高中毕业后，19岁的他便选择了创业，找父亲借了120元，做起了照相生意。半年后，他用赚到的1 000元，开了一家自己的照相馆。靠着这家照相馆，他赚了人生的第一桶金。

1984年，偶然间他发现做冰箱配件很赚钱，于是与朋友合伙，成立了冰箱配件厂。在掌握了关键零部件蒸发器的制造技术后，李书福开始做自己的品牌——北极花冰箱，效益很好，不久销售额就达到了5 000万元。

1989年，国家电冰箱实行定点生产，民营背景、戴着乡镇企业"红顶"的北极花，自然没有列入定点生产企业名单。李书福一狠心，把设备、厂房等给了当地政府，自己则到深圳、上海、哈尔滨去进修。

在进修期间，从未接触过房地产的李书福，贸然进入了这个陌生的领域，结果血本无归。这件事给了他很大的教训，他总结道："我只能干实业！"

1993年，李书福收购了浙江临海一家有生产权的国有摩托车厂，并率先成功研制出了踏板摩托车。仅一年的时间，李书福的踏板摩托车就占据了国内踏板摩托车行业的龙头地位，还出口到美国、意大利等32个国家。

李书福的摩托车厂虽然做得非常成功，但他心中一直有个造车梦。1997年，李书福在浙江省临海市以扩大摩托车厂为由，建立了吉利集团第一个汽车生产基地。随后，吉利集团正式宣布投资5亿元，进军汽车业。消息传开后，引来很多人嘲笑。李书福回应道："造汽车没什么难的，不就是四个轮子加一个沙发嘛！"从此李书福也被业内人士称为"汽车狂人"，认为他想造汽车想疯了。

1998年8月8日，吉利集团第一辆车"吉利豪情"下线。"吉利豪情"下线后，李书福继续为吉利集团奔走，终于在 2002 年 11 月初，吉利集团如愿拿到了轿车的生产许可证。当时的车市，一辆桑塔纳售价 20 万元，便宜的夏利也要 9 万元。1998 年，"吉利豪情"上市，售价仅为 5.8 万元。很快便引爆了市场，吉利集团汽车的销量出现井喷之势。

由于起步晚、基础差，国产汽车长期得不到市场的信任。为了改变这种局面，李书福将目光投向国外，他决定通过收购来获得技术和品牌。李书福看准机会，果断出手。经过不懈努力，2010 年 3 月 28 日，吉利集团终于在瑞典哥德堡正式收购沃尔沃，一举改写了中国汽车的历史。

吉利集团收购沃尔沃后，一直伴随着争议和质疑。李书福首先在员工管理上做了调整，为了便于管理，李书福又做了件开创行业先河的事。李书福想出了根本性的解决方案：合伙人制。合伙人制通常存在于金融业、咨询业等服务业中，在汽车制造业中实行还是头一次。李书福将之引入吉利集团后，这种做法实现了双赢。事实证明，李书福的这一策略发挥了巨大作用。一线员工们把吉利集团当成自己的事业去经营时，不仅让零配件的损耗率大大降低了，而且质量也得到了很大提升。对吉利集团而言，在这个汽车制造业竞争激烈、人才流动加速的时期，这一机制有力地留住了人才。

在沃尔沃的技术支持下，吉利集团在短短几年间，制造水平大幅提升，推出帝豪、博瑞、博越等多款令人惊艳的汽车，与此同时，沃尔沃在全球尤其是中国的销量大幅增长，一举摆脱了其在福特治下的颓势。

很多人都想拥有一辆奔驰，而"汽车疯子"李书福的做法是买下它的母公司。据悉，李书福以 90 亿美元买入奔驰母公司戴姆勒（现称梅赛德斯-奔驰集团）的股份，并成为该公司的最大股东。这也是 2018 年开年后，李书福的首例越洋"买买买"，外界更是称此举系李书福目前为止"最有野心"的一项投资。之所以称为"最有野心"，是因为外界解读李书福此举能实现"一箭双雕"：一是李书福个人的财务投资收益的增加；二是促成吉利集团与戴姆勒在电动汽车领域的深度合作。不过，90 亿美元并非小数目，这超出了李书福和儿子李星星财富总额的一半。为什么要投资戴姆勒？李书福表示看好戴姆勒在电动化、智能化、无人驾驶与共享出行各领域的优势。

李书福在早期被誉为"汽车狂人"，他也是一个"技术狂人"，到现在我们再看，他还是一个"并购狂人"。除了收购沃尔沃并持股戴姆勒，吉利集团的并购之路并未停止。2017 年 6 月 23 日，吉利集团正式与马来西亚 DRB－HICOM 集团签署最终协议，确认收购该集团所持有的宝腾汽车 49.9% 的股权以及豪华跑车品牌路特斯 51% 的股权。2022 年 9 月，吉利集团宣布，已完成对英国超豪华性能品牌阿斯顿·马丁·拉贡达国际控股 7.60% 的股份收购，并于 2023 年 5 月增持股份至 17%。2022 年 5 月，吉利集团与法国雷诺集团的韩国子公司雷诺韩国汽车签订股份认购协议。

吉利集团旗下的吉利汽车发布的 2023 年财报显示，吉利汽车实现营业收入 1 792 亿元，同比增长 21%。截至 2023 年，吉利汽车超额完成销量目标，全年累计销量 168.7 万辆，其中新能源汽车销量 48.7 万辆，全年总销量与新能源汽车销量同步创下历史新高；全年累计出口 27.4 万辆，同比增长超 38%。

展望未来，对于吉利集团未来十年的路怎么走，李书福说："如果有一天我在吉利上失败了，那么不是市场的原因，也不是竞争对手的原因，一定是我的团队出了问题，是我在制度上出了问题。"李书福现在最大的理想就是，把吉利集团旗下的汽车做成世界汽车业的顶级品牌。毕竟这是李书福的憧憬和期盼，也是他萦绕心中的梦想。

有评论认为，李书福不断地尝试着跳跃性的创业，其目标并不是创造财富，而是把事做成。李书福选择的是一条做实业的道路，这个一直在"感悟世界、研究未来"的企业家当然知道这条道路的曲折和艰辛，但这是他的选择，他不后悔。"选择了这条路，就要无怨无悔地坚持。"这是李书福给出的创业秘籍之一，他给出的另一个创业秘籍则是"创业要找感兴趣的事来做。""如果能做到这两条，就会感动天、感动地，最终感动你自己。"

吉利集团过去的 20 多年就是一个从弱到强的成长经历。吉利集团 1997 年进入汽车行业，2005 年上市，2010 年收购沃尔沃。2013 年，吉利集团斥资 1 104 万英镑收购了英国锰铜控股有限公司的核心资产与业务，并将其更名为英国伦敦出租车公司。吉利集团从 2012 年到 2023 年一直位列"世界 500 强"。今天的吉利集团已覆盖汽车行业高端品牌和普通品牌，业务涉及汽车制造、出行服务、科技研发等多个领域。

资料来源：根据相关网络资料整理。

**思考与讨论：**

1. 吉利集团对经济、社会的贡献主要表现在哪些方面？
2. 通过阅读本案例，你对企业家精神有什么新的认识？
3. 简要描述李书福的创业过程和创业类型。
4. 请根据李书福的创业活动构建一个创业模型，并结合本章知识简要说明。
5. 对李书福的创业活动，你有哪些感悟？

第2章
创业测评

第2章
创业视频

# 第3章 商业创意

## 本章教学目标与要求

（1）理解商业创意的含义和功能；
（2）理解创新、创意与创业的关系；
（3）理解创意产业及其特征；
（4）了解世界各国创意产业的发展过程及现状；
（5）理解德鲁克提出的创新机会的7个来源；
（6）掌握以知识为基础的创新理论；
（7）掌握培养商业创意思维的方法；
（8）理解商业创意的来源和商业创意的形成过程；
（9）理解开发商业创意的方法和商业创意设计的基本原则。

## 本章知识架构

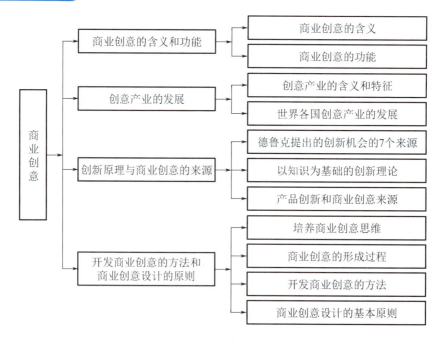

> 新创意会衍生出无穷的新产品、新市场和创造财富的新机会，因此新创意才是推动一国经济成长的原动力。
>
> ——P. 罗默

## 创意｜用科技打造世界最大的球形沉浸式体验中心

作为"世界娱乐之都"的拉斯维加斯堪称娱乐体验的奇迹，虽地处世界上最干燥和最热的沙漠之一，但近年来不断重点投资最新景点和娱乐场所。由麦迪逊广场花园娱乐公司（MSG）和拉斯维加斯金沙公司合作建造的世界最大的球形沉浸式体验中心——MSG Sphere，颠覆了传统的数字创意娱乐场地。该建筑总耗资 23 亿美元，约 165 亿元人民币。该建筑直径 157 米，高 111 米，建筑内部设有 1.7 万余个座位。MSG Sphere 拥有世界上最大和最高分辨率（19 000×13 500 像素）的 LED 屏幕，可以用裸眼享受震撼的沉浸式 VR 体验，从建筑空间角度重塑了沉浸式娱乐场景体验。

建筑外部——高亮度照明系统。MSG Sphere 的外部配备 54 000 平方米的可编程照明系统，场外观众也可感受场内演出盛况，打造真正全方位的体验感。

建筑内部——视听触觉系统。MSG Sphere 内部 LED 屏幕的覆盖面积堪比 3 个足球场，环绕舞台上方和后方，几乎横跨整个场馆的屋顶，场内观众在 150 米之外都可以看到清晰的影像。该建筑用顶级数字设备实现覆盖现场的全息投影，从而用裸眼享受沉浸式 VR 体验；该建筑利用自适应声学系统和波束成形技术，不仅能够把声音传递到指定区域，还能够将声音以均匀的音量从舞台扩展出去，让观众享受高保真的声音；该建筑通过次声触觉系统的振动感应让观众真正感受到周围的声音，而定制的触觉地板可以让座椅与低音音符一起震动，该振动系统也可以根据场景，制造不同的振动效果。

MSG Sphere 的建立，在场景的应用上能发挥高效作用，可以举办艺术展览、音乐会、颁奖典礼、产品发布、体育赛事等各种类型的活动。2023 年 6 月，MSG Sphere 首次"试运行点亮"。2023 年 9 月，爱尔兰摇滚乐队 U2 乐队在 MSG Sphere 进行了首演。

资料来源：https://www.d‐arts.cn/article/article_info/key/MTIwMTI2MzkyNjCDuY2rsXbGcw.html（2022‐02‐10）[2022‐03‐11].（有改动）

人们每天使用的各种移动设备、正在浏览的网站、驾驶的汽车中有很多都是创意的结果，创意每天在影响着人们的生活。好的创意不仅可以改善生活，还会让世界变得更加美好。中国在世界经济中正变得越来越重要，要建设从"中国制造"到"中国创造"的创新型国家，人们需要做些什么？可持续发展的问题比以往任何时候都更为重要，与生活也更加密切相关，普通人可以做些什么来使生活更加可持续化？从可持续建筑到生态城市，从无人驾驶的汽车、3D 立体大巴到太阳能动力的船只，从游戏、动画到 VR 交互娱乐等，这些对中国创意的未来意味着什么？

## 3.1 商业创意与创意产业

创意是什么？许多人试图对这个词进行解释。西方学者通常用 Idea（构思、主意）或者 Creation（富于想象力的作品、艺术作品）来表达创意的含义。中国学者对此也有多种解释，例如：创意是创造性思维的产物；创意是超越常规的想法；创意是深度情感和理性的思考；创意是创造未来的过程；创意是旧有元素的重新排列和组合；创意是致富的知识、想法；等等。总体上讲，创意就是与众不同的、创造性的、新颖的想法，即构思、立意、点子等。

创意不是天才的专利，创意是可学的，是普通人通过训练可以拥有的能力。一个好的创意能够改变人的命运，挽救一个企业。正如盖茨说过，好的创意才是价值之源。弗罗里达在其《创意经济》一书中断言："哪里有创意，哪里就必定有技术创新与经济增长。"创意产业已经成为世界各国尤其是发达国家创造财富的最重要来源。随着市场经济的发展和人类可持续发展问题的提出，"创意"一词被引入商业领域，越来越受到学者和企业家们的关注。

### 3.1.1 商业创意概述

#### 1. 商业创意的含义和功能

（1）商业创意的含义。

**商业创意（Business Idea/Creativity）** 是指运用创造性思维和方法，把产品的形象、风格、意境等构思出来，形成具有商业价值的独特、新颖的想法和方案。商业创意是创业计划的重要环节，也是创业的第一步。理解商业创意的含义需要把握以下几点：商业创意的产生需要运用创造性思维和方法；商业创意必须具有独特性、新颖性和价值性；商业创意是对产品形象、风格、意境等构思的过程。

一个商业创意的产生可能有多种途径，它可能源于新市场需求、新技术的出现，环境的变化，一个问题或困难的产生，也可能源于半夜做梦时的一个灵感。无论采取何种方法和途径，商业创意的产生，都需要运用创造性思维，提出与众不同的新想法，通过创新最终为顾客创造可利用的产品和价值。因此，一个好的商业创意应该具有创造性、适用性、价值性等特征。

从商业创意到商业创意产品需要很多要素，不同行业、企业的商业创意产品可能涉及的要素不同。但是，任何一个好的商业创意产品的产生都有它的独特的思考逻辑和构成要素。通常情况下，一个商业创意产品的形成应该包括三个要素。一是构思概念，即在充分调研的基础上，把商业创意产品的意境、形象、风格等构思出来。二是选择恰当的工具或素材，即在商业创意产品的意境、形象确定之后，就要寻找能够更好地表达这个意境、形象的工具或素材。例如，广告商业创意产品与工业商业创意产品所需要的工具可能是不同的，不同行业的商业创意产品所需要的素材可能也不同。三是表现技巧和方法，各种商业创意构思只有通过相应的工艺、技术和方法，才能把头脑中的商业创意变成现实的商业创意产品，巧妙地设计出深受消费者喜爱的商业创意产品。

根据商业创意产品的构成要素，人们设计了各种各样的商业创意产品。人们最熟悉的商业创意可能是文化创意，如动画创意、广告创意等。近几年，商业创意被广泛应用于工业产品设计中，从创意椅子、创意茶杯、创意牙签到绿色环保型创意房屋、创意汽车等，商业创意越来越贴近人们的生活。通过商业创意设计的产品，更受消费者喜爱，也大大提高了商业创意产品的价值。随着科技对农业的贡献越来越大，创意农业随之产生，如农田景观、农业主题公园等，通过商业创意把文化艺术活动、农业技术与农耕活动及市场需求有机结合起来，开拓了新的创意空间。概括地讲，可以将商业创意产品分为文化创意产品、工业创意产品和农业创意产品三大基本类型。

（2）商业创意的功能。

经济学家罗默指出，新创意会衍生出无穷的新产品、新市场和创造财富的新机会，因此新创意才是推动一国经济成长的原动力。从这个角度讲，商业创意对刺激经济活力具有不可替代的重要作用。具体来讲，商业创意本身应该具有三个重要功能：一是吸引消费者，通过商业创意设计，可以使普通产品更加富有个性、美感，增强可使用性，对消费者也更具有吸引力；二是增加产品的文化内涵，一个普通产品可能只是由冷冰冰的物质材料构成的，但是，经过商业创意设计给它注入文化内涵，便能丰富产品的内容和使用价值；三是提升产品经济价值，普通产品可能采取低价策略占领市场，而商业创意产品因具有独特性、新颖性和更多的知识、技术和文化内涵，深受消费者喜爱，它的经济价值自然得到提升。正如一位企业家所讲："产品是种子，市场是土壤，政策是阳光，商业创意是水，可以浇灌出有价值的美丽花朵。"也正是意识到了商业创意具有这些重要的功能，商业创意产品才能增加企业价值并提升企业持续发展的竞争力。目前，很多企业更加注重商业创意产品的设计与开发。

2. 创新、创意与创业

（1）创新与创意。

创新就是创造新事物，是用一种独特的方式来观察世界，发现别人没有发现的事物之间的联系。创新的本质是更新、突破和进取，创新可分为突破性创新、系统性创新、渐进性创新等。德鲁克认为："创新对创业有着特殊的意义……通过创新，创业者要么创造出新的财富来源，要么赋予现在的资源更大的创造财富的潜力。"创新过程需要发挥创造力（Creativity）的作用，从而产生系统功效。

创新在运用创意的过程中起关键作用。提出一个好的创意是重要的，但创新对创意的发展和完善起关键作用。有学者认为，创新是创业者将机会转化为创意的过程，创新的过程比提出一个创意要复杂得多。从单纯的思考中产生的创意与经过深思熟虑、调查研究、实践尝试后提出的创意是截然不同的。更重要的是，一个有远见的创业者还必须把一个好的创意继续发展下去。因此，创新不仅要有发掘创意的眼光，还要有实施创意的毅力和耐心。因此，创意与创新并不是完全相同的概念，二者之间既存在密切联系，又具有不同之处。

（2）创意与创业。

创意与创业同样有着密切的关系。创意的产生以人的丰富知识、创新精神和创造能力为基础，创意是对创业项目或产品的构思，创业是把创意变成产品的过程。因此，提出一个好的创意并不等于创业就能成功。人们通过创业把创意变成产品,才能使创意产生应有的价值。创业的过程是复杂的,提出一个好的创意只是创业的第一步,后面还有很长的路需要走。

从创意到产品也需要一个过程,每个产品起源于创意,但并不是所有创意都具备获取经济或商业成功的潜力,这取决于创意产生和筛选的质量,据估计,一个成功产品平均需要 60~70 个创意。创意产生是产品开发过程中最低成本的阶段,需要将重点放在筛选创意的适用性和质量方面。创意筛选过程的主要职能表现在两个方面:一是清除不能带来利润的创意;二是将可行的创意拓展到全部产品概念。

### 3.1.2 创意产业及其发展概况

由联合国教科文组织、世界知识产权组织、国际贸易中心等在内的 5 家机构共同完成的《2010 年创意经济报告》指出,如果能得到政府积极的政策支持,创意产业将成为全球化世界中推动经济增长和促进社会发展的强大动力。同时,该报告强调创意经济作为发展的新趋势对推动经济发展具有特殊作用。

#### 1. 创意产业的含义和特征

**创意产业**(Creative Industry),又称创意工业、创造性产业。1997 年 5 月,时任英国首相布莱尔为振兴英国经济,提议并推动成立了**创意产业工作组**(Creative Industry Task Force,CITF),以期调整产业结构,解决就业问题。1998 年,英国出台的《英国创意产业路径文件》,将创意产业定义为"源于个人创意、技能与才干,通过对知识产权的开发和运用,具有创造财富和提高就业潜力的产业"。根据这个定义,英国将广告、建筑、艺术和古玩、电影和录像、音乐、表演艺术、出版、软件、电视和广播等 13 个产业确认为创意产业。创意产业以创意为核心,向大众提供精神、文化等方面的产品,并快速成为英国经济发展的重要角色和新兴产业。2006 年,英国又公布《英国创意产业竞争力报告》,将创意产业分为 3 个产业集群:**生产性产业**(Production Industry)、**服务性产业**(Service Industry)、**艺术品及相关技术产业**(Arts and Crafts Industry)。经过 20 多年的努力,如今创意产业在英国已成为与金融服务业相媲美的支柱性产业。

此后,发达国家和地区相继提出了创意立国或以创意为基础的经济发展模式,发展创意产业已经被提到了发达国家或地区发展的战略层面。与此同时,西方学术界也率先掀起了一股研究创意产业的热潮。首先从研究创意本身,逐渐延伸到以创意为核心的产业组织和生产活动,即**"创意产业"**(Creative Industry)和**"创意资本"**(Creative Capital),其次又拓展到以创意为基本动力的经济形态和社会组织,即**"创意经济"**(Creative Economy),最后逐渐聚焦到具有特别创造力的创意人力资本,即**"创意阶层"**(Creative Class)。

凯夫斯从文化经济学的角度进一步将创意产业定义为:提供具有广义文化、艺术或仅有娱乐价值的产品和服务的产业。霍金斯则从知识产权的角度扩展了创意产业的范畴,他认为,知识产权法涉及的著作权、专利、商标和设计等方面的每一部分相对应的产业的总和组成了创意产业。霍金斯还指出:"英国排除了大部分商业创意以及几乎所有的科学创造……很难想象市场营销不属于商业创意,但广告却可以算。"凯夫斯的定义更多的是从微观层面研究创意的商业化路径,但缺乏对于商业创意的具体阐述。霍金斯的定义更加适合作为对创意产业研究的依据。因此两者对创意产业的定义都不够全面。具体而言，创意产业是指以创意人才和创意组织为基础，通过创新思维和技术手段，设计新颖、独特的方案和产品，创造就业和价值的新兴产业。它以创新为根本，以知识产权为核心，实现文化、技术与经济的有机结合，是目前各国发展经济的一个战略性产业，包含研发设计、建筑设计、文化传媒、咨询策划、时尚消费五大领域。

创意产业作为一个新的学术、政策和产业研究范畴，无疑捕捉到了大量新经济企业、高新技术企业的动态。创意经济理论建立在内生增长理论基础之上，声称找到了保证新经济可持续增长的发动机。该理论认为，知识和创意5个代替自然资源和有形的劳动生产成为创造财富和促进经济增长的主要动力。创意产业具有以下5个明显的特征。

（1）创意产业是知识密集型、高附加值产业。创意产业的核心生产要素是信息、知识、文化和技术等无形资产。创意是信息、知识、文化和技术等相互交融的产物。创意产业在技术、知识产权等要素的支撑下，以居于价值链高端的地位渗透所有产业。

（2）创意产业的从业人员主要是指能激发创意灵感的知识工作者和专门人才，即"具有高创造力的核心"（Super Creative Core）和"创造性的专门人才"（Creative Professionals）。创意产业的从业人员依靠知识、技巧、灵感和经验等不断创造新观念、新技术、新产品，其生产方式是智能化、信息化和现代化等手段的巧妙融合。

（3）创意产业是技术、文化集成创新、相互交融的产物。创意产业是新思想、新知识、新技术的物化形态，呈现出智能化、特色化、艺术化等特点，通过集成创新相互交融产生出新的价值。

（4）创意产业的组织呈现集群化、网络化、灵活性等特点。个人创作是集群创意的基础，创意产业的发展需要形成集群化、网络化、灵活性的环境。"少量的大企业，大量的小企业"成为创意产业组织的普遍现象。各个城市为了刺激经济增长，制定多样化的宽松政策，利用独特的本地优势打造各种创意产业基地。

（5）创意产业呈现多元化发展趋势。随着高新技术的发展和人们需求的变化，特别是数字技术和文化的交融和升华，使技术产业化和文化产业化交互发展，创意产业从广告创意、文化创意发展到工业创意、农业创意等，已经渗透到许多产业部门。

事实上，商业创意离人们并不遥远，在创业和企业管理过程中，随时都可以用到商业创意。作为新崛起的产业，创意产业既有建设装饰、工程勘察设计、软件开发、咨询、会展策划、产品设计等生产性服务的内容，也有体育娱乐、电影摄制、动画制作和游戏研发等消费性服务的内容。可以说，许多产业都需要商业创意来推动创新，如广告创意、文化创意、工业创意、农业创意等。创意产业是产业发展演变的新趋势，已经成为现代经济发展的新的增长点。

### 2. 世界各国创意产业的发展

霍金斯在《创意经济》一书中明确指出，全世界创意经济每天创造220亿美元，并以5%的速度递增。在一些国家，增长的速度更快，美国达14%，英国为12%。

英国创意产业具体包括出版、电视和广播、电影和录像、电子游戏、时尚设计、软件和计算机服务、设计、音乐、广告、建筑、表演艺术、艺术和古玩、工艺共13个子产业，创意产业是英国经济中增长速度最快的产业。

(1) 英国创意产业的发展。

进入21世纪以来，英国的创意产业蓬勃发展。英国已成为全球文化创意产业占GDP比重最大的国家，据统计，英国每户每周用于娱乐与文化上的平均消费约59英镑，仅次于交通。英国原文化、媒体和体育部（现称英国数字、文化、媒体和体育部）于2001年发表的《创意产业专题报告》指出，当年英国创意产业产值约为1125亿英镑，占GDP的5%，已超过任何制造业对GDP的贡献。2013—2023年，英国的创意产业的增长速度超过整体经济增长速度的1.5倍，这体现了英国经济从以制造为主向以服务创意为主的转型。2023年，英国创意产业增加值达809亿英镑，以增加值计算，软件业从2023年开始取代服装业成为英国最大的创意产业。

目前，英国的创意产业基本形成了三个聚集地区，分别位于伦敦、格拉斯哥和曼彻斯特。伦敦是英国文化创意产业的中心，是世界创意之都。创意产业工作组指出，从就业和产出衡量层面看，伦敦创意产业的经济发展的重要性已经超过金融业。毋庸置疑，走过工业时代的伦敦，对创意经济的理解也不再是单一产业园发展模式，伦敦也努力留住创意产业的人才，借此来赋能传统企业的转型。未来伦敦能不能成为全球创意产业的领导者，还不得而知。但在可持续发展声音高涨的未来，作为循环经济实践的先行者，伦敦的创意产业充满可能性。

英国是世界上第一个政策性推动创意产业发展的国家。在重视市场回报的目标和政策主导之下，政府的艺术补助经费政策被视为一种投资，而公共部门会从多方面衡量投资对象和项目的市场回报率。2023年，英国数字、文化、媒体和体育部发布"创意产业部门愿景"，英国已将创意产业确定为五大优先领域之一，承诺额外提供7700万英镑，计划到2030年英国创意产业产值再增加500亿英镑，并在十年内创造100万个就业岗位。其中，5000万英镑用于支持更多地区的创意产业集群。在出口方面，英国政府计划通过2年约320英镑的资助，在"音乐出口增长计划"下推动独立的音乐中、小企业在海外建立影响力。此外，英国计划在未来要继续扩大在创意产业商品和服务等方面的出口规模，并将中国、美国、日本等国家和地区列为优先出口市场，当前有超过250家英国企业参与这一产业的出口业务。

(2) 美国创意产业的发展。

美国是创意产业大国，也是世界上第一个进行文化立法的国家。美国的创意产业年产值占年GDP的20%以上，成为美国重要的支柱产业，并为2008年国际金融危机后美国经济复苏注入了强劲动力。2021年，美国国家艺术基金会与美国国家经济分析局联合发布的相关统计数据显示，创意产业尽管遭受了新冠疫情的严重打击，但仍对当年美国经济作出了显著贡献。2020—2021年，美国创意产业经济附加值增长率高达13.7%，大幅超越美国经济附加值的整体增长率（5.9%）。在经济活动方面，35个创意子产业中，有22个恢复甚至超过了疫情前水平。网络出版和流媒体服务首次成为规模最大的创意子产业，2020—2021年该创意子产业增长率高达27.3%，产值达1713亿美元。在影视领域，美国著名的互联网市场调研公司Comscore的相关数据显示，2023年全球电影市场总收入达339亿美元，北美（包括美国和加拿大）仍是全球第一大电影市场，年度票房达到90.7亿美元，较2022年上涨20.7%，全球占比26.8%。在好莱坞各影业巨头的厮杀中，环球影业以19.36亿美元领先，占据24.2%的市场份额；迪士尼以19.03亿美元，占据23.8%

的市场份额，排名第二；华纳兄弟以 14.30 亿美元，占据 17.9% 的市场份额，排名第三。另外，衍生品成为创意产业利润的主要来源。

美国创意产业的发展得益于自由的市场环境、完善的知识产权法律体系及科技与创意产业的深度融合。美国非常注重市场的作用，采取自由竞争政策促进创意产业发展，而发达的金融投资环境使年轻人较容易创业。同时，美国的商业创意产品主要以高科技内容为载体，大大提高了其附加值，并创造了全新的生活理念和文化需求。美国政府鼓励将高科技成果应用于创意产业。例如，数字制作技术在影视业中的应用和互联网技术在图书出版业中的应用等，促进了高新技术和商业创意的结合。另外，衍生品成为创意产业利润的主要来源。

(3) 韩国创意产业的发展。

韩国也极其重视创意产业的发展。文化产业在韩国的全称是"文化内容产业"，是指对文化内容产品的开发、制作、生产、流通、消费等及其相关的服务，属于创意产业。1998 年韩国政府提出"设计韩国"战略，把文化产业视为 21 世纪最重要的产业之一。为推动文化产业的发展，韩国政府还设立了文化产业局。1999 年，韩国国会通过《韩国文化产业促进法》，从法律层面推进文化产业的发展，明确鼓励文化、娱乐等创意产业的发展。《韩国文化产业促进法》作为国际上第一部文化产业促进法，具有里程碑意义。韩国还成立了文化产业振兴院，作为辅助机构努力将文化创意内容衍生成文化产品。韩国尤其重视电子游戏、音乐、网络等新产业，2003 年其影视、音乐、手机及电子游戏 4 个产业都有两位数的增长，出口额超过钢铁。2020 年韩国游戏呈现增长趋势，市场规模达到 18.9 万亿韩元（约 1 011 亿元），同比 2019 年的 15.58 万亿韩元（约 833 亿元）增长 21.3%。在整个韩国游戏产业营收结构方面，手机游戏在 2020 年的销售额约为 10.83 万亿韩元（约 580 亿元），占市场总营收的 57.4%。PC 网游的销售额约为 4.9 万亿韩元（约 262 亿元），占市场总营收的 26%。主机游戏的销售额约为 1.92 万亿韩元（约 103 亿元），占市场总营收的 5.8%。街机游戏的销售额约为 2 272 亿韩元（约 12 亿元），占市场总营收的 1.2%。

联合国贸易和发展会议于 2024 年发布的《韩流蓝图：从韩国创意产业中汲取灵感》中提出，当前，韩国大力倡导以内容为基础的创意产业的发展，将其作为经济增长的基石，促进高价值产出和高质量就业。韩国正从汽车和电子产品出口转向文化出口，韩国的流行音乐表演和影视剧在全球范围内收获了大批观众，该国的经济和全球影响力也日益增强。韩国创意产业的年增长率为 4%~5%，超过 60 万人在创意产业就业。2021 年韩国创意产业的出口收入为 124 亿美元，而韩国的电子设备出口收入仅为 47 亿美元。

韩国创意产业的发展并非偶然，政府和企业的创新战略在其中发挥着重要作用。第一，韩国构建了一个涵盖文化、体育和旅游等相关部门的全面体制框架。这一框架能够促进和协调韩国创意部门（如韩国国际文化交流基金会、韩国电影振兴委员会等）的工作。第二，韩国创意产业的发展也得益于来自政府的数万亿韩元的资金支持。政府的财政激励措施包括贷款和税收减免，以及知识产权保护等，这为创意产业的发展创造了一个有利的政策环境。第三，对韩国电影艺术学院和韩国国立艺术大学等教育部门的投资，使这些机构在培养创意人才方面发挥了关键作用。借助 YouTube 和 Netflix 等数字平台，创意人才产出的创意内容可以进一步扩大影响力。

综合来看，创意产业为世界经济作出了重大贡献。联合国贸易和发展会议统计的数据显示，2020年，创意产业占全球GDP的3.1%，创意产品和服务分别占商品和服务出口总额的3%和21%。此外，创意产业提供了全球6.2%的就业，创造了近5 000万个工作岗位，雇用的年轻人（15~29岁）比其他产业多。创意经济促进社会包容、文化多样性和人类发展。这些因素使创意产业成为实现2030年议程的关键产业。

全球创意商品的出口从2010年的4 190亿美元增加到2020年的5 240亿美元，而同期全球创意服务的出口从4 870亿美元增加到近1.1万亿美元。自2011年以来，发展中经济体出口的创意产品比发达经济体多。一小部分经济体占了全球创意产品出口的2/3以上。2020年，中国创意产品出口最多（1 690亿美元），接下来依次是美国（320亿美元）、意大利（270亿美元）、德国（260亿美元）。

### 3. 中国创意产业发展概况

要了解创意产业，首先就要区分"文化产业""文化创意产业"和"创意产业"之间的关系。研究发现，大多数学者认同"同心圆关系"学说。该学说首先将"创意"界定为文化领域的创新，进而提出创意产业和文化创意产业是等同的概念，但是文化创意产业和文化产业是同心圆的关系，其中文化创意产业是"文化产业蛋糕中那块最甜蜜的奶油""文化产业的源头与原动力也是基础与主干"。以下对中国创意产业的发展进行介绍。

2021年，我国文化和旅游部印发《"十四五"文化产业发展规划》，旨在加快健全现代文化产业体系，推动文化产业高质量发展，建设社会主义文化强国。同时，党的二十大报告指出，坚持把社会效益放在首位、社会效益和经济效益相统一，深化文化体制改革，完善文化经济政策；实施国家文化数字化战略，健全现代公共文化服务体系，创新实施文化惠民工程；健全现代文化产业体系和市场体系，实施重大文化产业项目带动战略。在政策的引导下，全国各地方政府从硬件设施和软件环境等方面支持和投入文化体制改革之中，使得创意产业取得较大发展。

中国创意产业研究中心隶属于北京市科学技术研究院，该中心发布的《中国创意产业发展报告（2023）》是记录我国创意产业发展的一部权威蓝皮书，也是我国第一本创意产业专项学术出版物。该报告通过记录北京、天津、石家庄、承德、常州、扬州、杭州、宁波、南昌、抚州、青岛、武汉、广州、重庆、贵阳、拉萨、西安、西宁18个城市创意产业的发展情况来反映全国总体情况。该报告关注各城市如何通过突出地方特色、挖掘活化乡村文化资源，将乡土文化创意融入农村农业生产活动中，推动文化创意赋能乡村振兴。该报告还详细阐述了这些城市创意产业的发展现状、创新模式与特点，总结了文化创意赋能乡村振兴的成功经验，发现问题与短板，结合创意产业所处国内、国际大环境，探索应对措施及发展方向。该报告指出"创意产业助力我国乡村振兴战略"具体的发展方向如下所示。

（1）北京：激活首都"三农文化"，赋能乡村全面振兴。

（2）天津：文化创意为乡村振兴添动力赋活力。

（3）石家庄：激发文化活力，赋能乡村振兴。

（4）承德：文化赋能乡村振兴的承德路径探索。

（5）常州：积极书写乡村振兴的文化创意答卷。

（6）扬州：文旅融合促进乡村振兴。
（7）杭州：坚持文化引领与城乡互促，助力文化产业赋能乡村振兴。
（8）宁波：指向共同富裕的文旅赋能乡村振兴。
（9）南昌：推进农文旅产业深度融合，新型文化产业赋能乡村振兴发展。
（10）抚州：开创文化产业赋能乡村振兴的新路径。
（11）青岛：推进乡村振兴，文化如此赋能。
（12）武汉：文化创意赋能乡村振兴开启新征程。
（13）广州：用数字文化产业激活乡愁。
（14）重庆：数字文创乡村元宇宙融合发展。
（15）贵阳：文化创意赋能乡村振兴发展。
（16）拉萨：文旅融合创新发展促进文化乡创。
（17）西安：文化创意赋能乡村振兴，奋力谱写高质量发展新篇章。
（18）西宁：培植文化旅游特色基因，乡村振兴内生动力不断增强。

此外，创意产业园区（或集聚区、创意基地）、创意旅游区、创意村镇沿着全国各个城市向农村辐射，展现着创意产业所具有的包括经济效益、社会效益、生态效益等在内的综合效益。可以看出，创意产业已经成为各地寻求经济发展最具活力的新兴产业。从制造到创造的演变，正是"创意"扮演着重要角色。当传统制造业的优势弱化时，"创意经济"成为治疗"制造业萎缩症"的良方，而在创意人才培养方面我国还有很多工作要做。不少学者认为，人才是发展创意产业的根本，中国仍缺少创意人才，创意普遍出现模仿能力强、创意不足的弱点，这与缺少创意教育具有直接的关系。

未来，我国创意产业将呈现以下四个发展趋势。

第一，数字化转型加速。随着互联网、大数据、人工智能、云计算等新技术的不断发展和应用，创意产业将实现从传统模式向数字模式的转型，提高生产效率和质量，拓展消费渠道和方式，创造新的商业模式和价值点。例如，数字出版、网络直播、虚拟现实、数字博物馆等新兴领域将成为我国创意产业的重要增长点。

第二，融合发展深入。随着创意产业与其他产业的跨界融合，创意产业将实现从单一领域向多元领域的拓展，提高产品和服务的附加值和竞争力，满足消费者的多样化需求，创造新的社会效益和经济效益。例如，文化与旅游、文化与教育、文化与体育、文化与医疗等融合领域将成为创意产业的重要支撑点。

第三，创新驱动引领。随着创意人才的培养和引进，创意产业将实现从跟随模仿向自主创新的转变，提高产品和服务的原创性和品牌性，增强文化自信和国际影响力，打造新的文化符号和文化名片。例如，动漫游戏、影视剧、音乐作品、设计作品等原创领域将成为创意产业的重要亮点。

第四，开放合作促进。随着"一带一路"倡议等顶层设计的实施，创意产业将实现从封闭保守向开放包容的转变，提高相关产品和服务的国际化水平，拓展国内外市场空间，加强与其他国家和地区的交流合作，推动全球文化多样性和共享。例如，中外合拍影视作品、中外联合出版图书、中外共建文化园区等合作领域将成为创意产业的重要突破点。

联合国贸易和发展会议发布的《创意经济展望（2022）》报告指出，创意经济对可持续发展至关重要。中国、美国分别是最大的创意产品出口国、创意服务出口国。创意经济促进社会包容、文化多样性和人类发展。这些因素使创意产业成为实现2030年议程的关键行业。

## 3.2 创新原理与商业创意来源

商业创意离不开创新，设计商业创意的过程也是创新的过程。因此，想要有好的商业创意，必须掌握创新的方法和工具。德鲁克在《创新与创业精神》一书中指出："创新是企业家的特定工具。他们利用创新改变现实，将创新作为开创与其他企业或服务项目不同的机会。创新能够成为一门学科，能够被人们学习和实践。企业家需要有目的地搜集创新的来源和变化，并且发现因变化而出现的成功创新机会的征兆。此外，他们也需要了解及运用成功创新的原理。"

### 3.2.1 德鲁克提出的创新原理

#### 1. 德鲁克提出创新机会的7个来源

德鲁克认为，想要系统化创新要关注以下所述创新机会的7个来源，其中前4项来源于企业或产业内部，后3项源于企业或产业以外的社会环境、哲学环境、政治环境以及知识环境的变化。

（1）出乎意料的情况——意外成功、意外失败等意外发生的事件。
（2）不一致——经济现状之间、现实和假设之间、顾客价值观和期望之间的不一致。
（3）以程序需要为基础的创新。
（4）企业结构与产业结构的改变。
（5）人口统计数据。
（6）认知、情绪和意识的改变。
（7）科学的及非科学的新知识。

德鲁克对以程序需要为基础的创新进行了比较详细的解释，他认为，程序需要是以有待完成的工作为开始，使现有程序更加完美，并完善薄弱环节；同时还围绕新得到的知识，重新设计旧程序；有时，通过提供"欠缺的环节"，使某个程序成为可能。就像通常企业内的每个人都知道这个需要确实存在，但没有人对它采取行动，而当创新出现后，不久就会成为标准。

德鲁克指出，以程序需要为基础的创新有5项基本准则。
（1）一个不受外界影响的程序。
（2）一个"薄弱的"或"缺少的"环节。
（3）制定明确的目标。
（4）解决方法的详细计划能够被清楚地加以确定。
（5）广泛地理解"应该有更好的方法"，即对新知识和新思想有高度接受性。

德鲁克对创新提出了一些重要告诫。第一，必须理解需要，仅仅"感觉到"是不够的，应该能够确定解决方法的详细计划。第二，也许了解程序需要，但仍然缺乏解决问题所需要的知识。第三，解决方法必须符合人们的工作方式或人们希望的工作方式。

### 2. 以知识为基础的创新理论

（1）以知识为基础的创新的特征。

德鲁克认为："以知识为基础的创新，是创业精神中的'超级明星'。"在创造历史的创新中，以知识为基础的创新占有重要地位，但这类知识并不一定是科学类或技术类的知识，社会类的知识能够产生同样或更大的影响。

以知识为基础的创新有以下两个特征。

第一个特征是需要很长的前置时间，从知识的出现到转变为可用的科技再到开始被市场所接受的时间间隔为25～35年。例如：1918年，所有研制计算机所需的知识就已一应俱全，但是1946年第一台计算机才诞生；1951年，福特汽车制造部门的一位管理人员创造了**"自动化"（Automation）**这个词，并且详细描述了自动化所需的整个生产过程，但直到1978年，日本的日立和丰田两家公司才把机器人引入他们的工厂，20世纪80年代初，通用电气公司才建造了一家自动化机车工厂。

第二个特征是知识的结合。以知识为基础的创新依靠多种不同知识的结合，而且不局限于科学性和技术性知识。例如，飞机的制造需要将空气动力学和汽油发动机相结合；计算机的制造需要将3种知识结合在一起，即一项科学发明——三极管，一项重大数学发现——二进制定理，一种全新逻辑——穿孔卡片的设计思想、程序和反馈的概念。

#### 小思考

新一代以知识为基础的创新型创业有何特征？

| | | |
|---|---|---|
| 马云 | 阿里巴巴 | 互联网（B2C） |
| 陈天桥 | 盛大网络 | 互联网（游戏） |
| 李彦宏 | 百度 | 互联网（搜索） |
| 张朝阳 | 搜狐 | 互联网（门户） |
| 马化腾 | 腾讯 | 互联网（及时通信） |
| 俞敏洪 | 新东方 | 教育培训 |
| 江南春 | 分众传媒 | 户外媒体 |
| 施正荣 | 尚德电力 | 新能源（光伏） |

（2）以知识为基础的创新的特定需要。

德鲁克认为，以知识为基础的创新自身的特征，决定了它与其他创新的需要截然不同。第一，需要对所有必需的要素（知识要素、社会经济要素、认知要素）进行分析，通过分析确定哪些要素还无法得到，缺少的要素是设法制造还是延期。如果不进行这类分析，则可能会面临失败或者丧失创新成果，只是"成功地"替别人创造了机会。特别具有启发意义的是青霉素的研发和制造案例，英国人发现了青霉素，但是首先通过青霉素获得经济利益的却是美国人。1928年，英国人弗莱明意外地发现了一种能够"溶解"葡萄球菌的霉菌，他把这种霉菌命名为青霉素。他确定了青霉素的用途，但是并没有将其视为一种重要的知识要素，也没有申请专利。美国的辉瑞公司了解到弗莱明对青霉素的早期研究之后，对其疗效做了进一步的调查，并采用其特有的深罐发酵技术实现了青霉素的大规模生产，辉瑞公司也由此成为世界上首个生产青霉素的公司。随着青霉素的大量生产，辉瑞公司赚到一大桶金，1946年，辉瑞公司的销售额就达到了4 300万美元。第二，需要把重点放在策略性位置上,有以下两个要点。其一,建立一个完整的系统,以控制这个领域,为自己的产品创造市场。美国化学家霍尔发明了降低铝成本的电解制铝法后,制铝公司便开始创建一个销售铝制锅、铝制盘子和其他铝制品的市场。这样自己生产最终产品,并通过自行创建的市场从事销售业务,阻止了潜在竞争者的出现。IBM公司早期采用了类似的方法,即把计算机租给客户而不是卖给他们,同时提供软件、程序、设计和服务等。其二,占据一个策略性位置。德国发明家戈培尔早在1854年就研制出了首个灯泡,以碳化棉线为灯丝。这个灯泡的寿命只有短暂的几分钟,但它却奠定了灯泡的基本原理。1860年,英国发明家斯旺发明了白炽灯的原型——半真空碳丝电灯。与此同时,爱迪生也在研发白炽灯。1878年,斯旺早于爱迪生一年获得白炽灯专利权。1879年,爱迪生成功制造出了世界上第一盏具有广泛实用价值的白炽灯。1883年,爱迪生通过与斯旺成立合作公司的形式,吸收了斯旺的研究成果,并用于自己白炽灯工厂的生产中,使白炽灯走入千家万户。同时他还确定了一个系统:为电力公司设计灯泡;为购买灯泡的顾客安装电线;安排配销系统;等等。因此爱迪生不仅发明了一种产品,还创建了一个产业。第三,以知识为基础的创新者,需要学习和实践企业管理。事实上,以知识为基础的创新比其他创新更需要企业管理。因为这类创新风险非常高,更需要财务与管理上的远见、市场导向和市场驱动。

德鲁克认为:"正是由于以知识为基础的创新,其固有风险非常高,企业管理就显得尤其重要且特别有效。"以知识为基础的创新之所以失败率高,多半是由于创新者自己的错误造成的,他们过于迷恋自己的专长,经常认为"品质"意味着技术的复杂程度,而不是向用户提供价值。许多企业的经验证明,如果综合运用企业管理方法,则可以大幅度地降低创新风险。

### 3.2.2　产品创新和商业创意来源

产品创新的源泉是市场需求,产品创新需要以市场需求为出发点,到有水的地方找水,没有水的地方是创造不出水来的。有两则流传的谚语:"机会是创新的来源。""需要乃发明之母。"产品创新是创业的一种工具,创业者应利用内外环境的变化,识别和捕捉创新的机会。

#### 1. 产品创新要以消费者需求为导向

消费者的需求有些是显性的,有些是隐性的。很多产品之所以同质化,是因为企业都盯着显性需求,而忽略了隐性需求。显性需求好比浮出水面的冰山一角,而真正庞大的那部分却在水下,需要靠产品创新去挖掘。有资料表明,较成熟的欧美市场商品总类比中国市场多出5倍以上,而它们高度同质化的产品只占20%;中国商品中高度同质化的产品却占60%。其主要原因是中国企业没有深入研究消费者的潜在需要,仅以模仿、跟进为主。

20世纪人类最伟大的创新产品有两类:第一类是方便面、铁丝网、针、抽水马桶、安全剃须刀、胸罩、创可贴、月经棉条、尿不湿、插拼玩具等;第二类是计算机、互联网、微处理器、传真机、复印机、空调、微波炉等。第一类产品所占的市场份额更大一些。

**小思考**

这些产品源自哪些需求?

**知识链接**

## 美国《时代》周刊刊发 2023 年最佳发明——机器人篇

1. Phoenix——机器人同事

一个仿人机器人在加拿大兰利的一家服装店挑选、包装、贴标签和折叠衣服。Phoenix 是该机器人的最新型号,由 Sanctuary AI 公司制造,并由软件平台 Carbon 提供支持,该平台利用复杂的人工智能让机器像真正的人类劳动者一样思考和行动。Sanctuary AI 公司的相关负责人介绍道:"我们的技术已经可以执行数十个行业的数百项任务,如医疗保健、酒店、物流、零售和仓储等。我们的目标是,我们的通用机器人将能够完成人类能够完成的任何工作。"

2. 改进型空腔进入机——销毁化学武器

2023 年 7 月,美国才销毁了最后一批芥子气迫击炮。CRG Automation 公司的相关负责人认为,几十年前的液态芥子气凝结成了一种"油滑的焦油状物质",这使销毁工作变得困难。包括 CRG Automation 公司在内的团队利用其设计和制造的机器人系统——改进型空腔进入机(Improved Cavity Access Machine),对芥子气迫击炮进行了拆卸、动力清洗和真空清洁。在该机器人系统的帮助下,美国成功安全销毁了约 47 000 个芥子气迫击炮。

3. ClearSpace-1——太空空间清理员

数以千吨计的碎片——包括旧卫星和火箭舱在我们的星球上方运行。而每增加一点新的太空垃圾,都会增加新的太空任务在地球轨道上航行的难度。瑞士 ClearSpace 公司的相关负责人表示,解决方案其实很简单:"就像高速公路一样,我们需要一辆拖车。" ClearSpace 公司研发了一种带有机器人抓手的无人机,将其送到地球轨道清理垃圾。无人机捕捉到垃圾后,就会放慢运行速度,掉入地球大气层,燃烧殆尽。ClearSpace 公司收到了欧洲航天局的委托,负责开发和执行世界上第一个轨道碎片清除任务,捕获一块质量超过 100 千克的太空垃圾并使其脱离地球轨道。该任务被称为 ClearSpace-1,合同价值约 1 亿美元。

4. Tally 3.0——零售机器人

据统计,因商品缺货、放错位置或定价失误,全球零售商每年的损失超过 1.75 万亿美元。Simbe Robotics 公司的自动货架扫描机器人 Tally 可以辅助完成库存管理任务。Tally 3.0 是这款机器人的最新版本,它在货架上来回移动,读取射频识别标签并捕捉图像,这些数据随后会被发送到云端,云端的算法会处理这些信息,并提醒商店需要补货的商品或摆放、定价不准确的商品。

5. 哥伦比亚大学机器人手——触摸算法

机器人已经彻底改变了我们的生活,但是现有机器人的灵活性有待改进,让它们操作电视遥控器等物品时,它们会显得力不从心。哥伦比亚大学副教授 Matei Ciocarlie 领导的研究人员正在解决这个问题。他们创造了一种机器人手,该机器人手除了装有 15 个可独立驱动的关节外,其"手指"末端还装有灵敏的触摸传感器。该传感器会向人工智能学习算法发送触摸数据,接收到触摸数据后,人工智能学习算法会分析物体在手掌的抓握下可能发生的移动,然后向关节发出移动信号。Matei Ciocarlie 说:"把所有这些东西结合在一起,就能得到一只真正灵巧的机器人手。"

6. Lunar Excursion Vehicle 2——扮演宇航员

日本宇宙航空研究开发机构于 2023 年 9 月执行了一项月球任务,其开发的小型探测器 SLIM 在月球表面着陆。SLIM 搭载的有效载荷与众不同:这是一个球形小物体,名为 Lunar Excursion Vehicle 2(简称 LEV-2)。LEV-2 的直径只有 8 厘米，质量不到 250 克。一旦到达月球表面，LEV-2 的两半部分就会分离，变成车轮，在月面上穿行。LEV-2 配有一个尾部稳定器，可以应对凹凸不平的月面环境，它能把两台机载相机拍摄的画面传回地球。

7. OSIRIS-REx——探索来自宇宙的答案

2016 年，美国国家航空航天局的 OSIRIS-REx 飞船前往一颗名为"101955 贝努"的小行星，采集了岩石和尘埃，然后将样本送回地球。2023 年 9 月，它最终通过降落伞将样本投放到犹他州的沙漠中。回收的样本可能会给科学家提供行星如何形成的线索，甚至提供水或外星生命迹象的证据。科学家们已经开始分析这批样本，其包含的数据数量超出了他们的预期。

资料来源：https://mp.weixin.qq.com/s/72j96QZqhIkAJmBUEpEMiw（2023-10-31）[2024-03-05]. (有改动)

产品创新不一定要"眼里瞄着高科技，心里想着一夜暴富"，只要能满足市场需求并兼具可行性，也能解决大问题。

(1) 英国的可折叠式自行车，在英国乘坐公共交通工具时可携带。
(2) 贵州布依族村寨的"簸箕画"，旅游者都喜欢买。
(3) 成都的"导吃"业，指导去餐馆就餐的人根据自己身体条件和需求健康饮食。
(4) 日本的机器人套装，穿上就能帮助腿脚不灵便的人轻松爬楼梯。
(5) 法国的"梨子白兰地"，在梨子小时塞入瓶中，待其长大后再向瓶中装入白兰地。
(6) 印度的环保塑料袋，只需要放在沸水里 15 秒就可以完全分解消失。
(7) 循环水淋浴器，安装上这种净化器可节水 70%。
(8) 英国一家汽车厂开发的水陆两用车。
(9) 美国特拉弗吉亚公司研制的会飞的汽车。
(10) 具有设计感的公共椅子，方便散步的人在上面休息，没人坐时是一条靓丽的装饰灯带。
(11) 人参果娃，让植物结出像娃娃一样的果实，形似神话故事中的人参果。

根据德鲁克的观点，创新就是工作，是人们工作和生产方式的变化。创新者必须依靠自己的长处，并且必须符合市场需求。产品创新必须具备 3 个条件：创新需要知识和智慧，创新必须重要而有意义，创新必须以市场为导向。

### 2. 商业创意的来源

(1) 澄清对商业创意的误解。

人们可以从各种媒体中看到很多企业家致富的绝妙商业创意和故事。但是，这些故事容易使人们对商业创意有误解。因此，研究商业创意的来源，先要澄清对商业创意的一些误解并了解现实情况，具体如下所述。

① 商业创意是偶然产生的。但事实上，伟大的商业创意往往是以一种有组织的系统方式获得的，创业者通常不会花太多时间等待闪电般偶然出现的商业创意。

② 商业创意可以从顾客提供的尚未满足的需求信息中获得。尽管顾客可以提供尚未满足的需求信息，但让一个商业创意变得可行还有许多事情要做。

③ 没有愚蠢的商业创意。很多最初的商业创意看起来可能是不合逻辑的，甚至是愚蠢的，但是，有时看起来不可能的商业创意却是非常有效的。

④ 坐着开会就能获得所需要的商业创意。开会讨论可以得到一些新想法和方案，但是，这些想法是否可行，还需要仔细筛选，并进行设计和试验。

（2）来源途径。

商业创意从何而来？这是一个非常值得研究的问题。一些学者对此进行了研究，发现商业创意的来源是多种多样的。一项调查显示，60%的被调查者认为在同一个行业中，工作是商业创意的主要来源，71%的被调查者复制或修改了在原来的工作中所获得的想法，另有20%的被调查者表示他们是偶然间获得商业创意的。调查中发现了类似这样的话语："在工作中恰巧看到这个行业""在意大利度蜜月时想到的主意""作为个体消费者，想要某些产品或服务""一个想要却得不到的产品"等。根据调查可以发现，商业创意的来源可能有以下几种途径。

① 个人兴趣和爱好。兴趣是最好的老师，有些创业者喜欢工业设计，有些创业者喜欢传统艺术，还有一些创业者喜欢品尝美食。创业者会在兴趣的引导下，设计出各种各样的商业创意产品。

② 直觉，即"本能的感觉"。直觉是一个认知过程，在这个过程中，基于自己积累的知识和经验，产生新想法。尽管有组织的系统方法对形成商业创意很重要，但最有效的方法可能是把直觉和系统方法结合起来，先听从直觉——"内心的声音"，然后使用更系统的方法对商业创意进行设计。

③ 工作经验、知识和技能。它们可能是比较普遍的商业创意来源。创业者从长期的工作中获得某一行业或市场的知识、技能和未来发展的信息，看到某些需求或机会，从而产生某些新的想法，这些想法逐步演变为商业创意。

④ 需要某些产品或服务。很多创业的案例表明，创业者在需要某种产品或服务却购买不到的情况下，产生了自己设计并解决问题的想法，从而达到自己所希望的状态和目的。

⑤ 环境的变化和趋势。经济、政策、技术、人口、产业结构等因素的变化，会带来各种创新的机会。正如德鲁克所认为的，内外部某些环境的变化是创业者商业创意的来源。

## 3.3 开发商业创意的方法和商业创意设计的基本原则

开发商业创意的方法有很多，但要开发出一个真正有价值的商业创意并不容易。许多商业创意的产生是为了寻找利用机会的最佳途径。有些技术可被用来激发和促进新产品和新服务创意的产生。创业者们可以综合运用多种方法开发新的商业创意并加以测试。

### 3.3.1 培养商业创意思维

#### 1. 走出思维定式

经验会受时间和空间条件的限制，想要拥有商业创意思维必须走出思维定式。思维定式有多种类型，如从众型思维定式、权威型思维定式、书本型思维定式、自我中心型思维定式、经验型思维定式等。除此之外，还有一些影响商业创意思维的因素，例如：对于自已认可的东西就认为是最好的，对于新的东西则不能接受；对于事物的发展只考虑单一因素；当一件事情成功之后拒绝再做改变等。培养商业创意思维，走出思维定式，需要经常进行联想和想象力训练，举例如下。

（1）一个玻璃杯子有什么用途？可以用它插花、养鱼……

（2）给你几个三角形，可以组合成哪些物品？风筝、漏斗……

（3）科幻小说的因果推理，可以训练商业创意思维。在科幻小说的"假如"部分，允许提出各种打破陈规、超越常理的假设，可以充分发挥想象力和创造力，通过推理得到可能的商业创意。

（4）语言组合训练也可以培养商业创意思维。当看到报纸上的新闻、街上的招牌、电视里的广告时，看到的不仅是文字和图案，也是人们生活中的变化，可以由此联想到商业创意。

除此之外，创业者在日常工作和生活中还可以采取一些方法，如花时间培养好奇心，不要轻易否定，多看漫画故事，寻找陌生人聊天等，来培养商业创意思维。当有了好的商业创意之后，更重要的是采取行动。只有商业创意，没有行动，商业创意永远不会实现。

#### 2. 挖掘商业创意潜力

挖掘自己的商业创意潜力，关键在于个人的态度、意志、勇气、力量和智慧。要拥有积极的创新意识，才可能构思出好的商业创意。积极的创新意识至少可以产生以下成果：增强自信心、进取精神、创造性、领导力，并找到发展的机会，探索出取得成功的路径等。

"商业创意库"（Business Idea Bank）是一种保存商业创意的有形或数字化的知识库。建立自己的"商业创意库"是一种挖掘商业创意潜力的有效方法，可以将自己每天想到的商业创意记录下来，以便收集、评估和保护商业创意。当潜在有价值的商业创意产生时，就应该及时采取行动，将商业创意转变为现实，并创造价值。例如，孙正义的事业成功就来自积极的创新意识和勤奋工作。他上大学时通过每日"5分钟商业创意思维"，挖掘个人商业创意潜力。他将自己的商业创意记录在一个小笔记本里，一年记录了200多个商业创意。最后经过评估，他选择了"多国语言翻译机"进行产品的设计开发，获得了1亿日元的专利费，为后来事业的发展奠定了基础。

### 3.3.2 商业创意的形成过程

创意的形成是一个革新的、创造性的过程，也是一个需要花费时间的过程。当创业者面对某些事物或特定场景时可能产生某些联想，思维得到升华，不断迸发出灵感的火花，就可能产生一些商业创意。但是，真正形成有价值的商业创意，需要知识、经验和资源的积累，更需要智慧和对商业创意本质的把握，甚至还需要具有相当的技能和专业水平。根据库洛特克和霍志茨的观点，一个好的商业创意的形成往往需要一个过程，即包括知识积累、构思、商业创意产生、评估和实施4个阶段（如图3.1所示）。

第一个阶段是知识积累阶段。想要形成成功的商业创意需要对市场进行调查、收集信息、与相关人员交流、参加专业会议等，通过积累相关的知识和经验，探索形成这个商业创意的各种可行的思路和方法。

第二个阶段是构思阶段。在这个阶段，需要对收集的大量信息进行分析，思考如何形

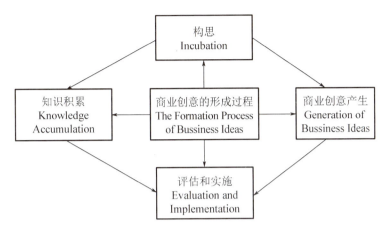

**图 3.1　商业创意的形成过程**

资料来源：KURATKO D F，HODGETTS R M，2004．创业学：理论、流程与实践：第 6 版［M］．张宗益，译．北京：清华大学出版社：140-142.

成有价值的商业创意。构思过程中有时可能感到问题无法解决，可以采取一些启发思维的方法，例如，在睡觉前想想问题，有时可能需要暂时抛开问题，让潜意识来思考，这样商业创意可能会不断产生。

第三个阶段是商业创意产生阶段。在这个阶段，一直苦苦思索的商业创意或解决方案终于有了令人兴奋的突破。有时商业创意会源源不断地涌现，但是，多数情况下，解决方案是逐渐变得清晰的。为了加速商业创意的产生，可以多构思解决方案，畅想未来，并将已有的想法记录下来。在这个阶段产生的商业创意可能是粗略的，需要修正、检验才能最终定型，这就需要进入下一个阶段。

第四个阶段是评估和实施阶段。创业者必须对所有方案进行评估，研究每一种可能性，以便筛选出可行的、有能力实施的商业创意，就像人们在购买大件商品时，会研究每一个选择并进行对比。通过评估商业创意，可以确保充分利用有限资源，并使风险最小化、利润最大化。商业创意的具体实施需要创业者有勇气、毅力和自我约束力，在遇到困难时不会轻易放弃。有时创业者的想法会与原来的商业创意背道而驰，有时在实施原商业创意的过程中会发现新的更可行的商业创意。因此，可能需要不断地对原商业创意进行改进，在经历多次失败后才能成功地开发出最佳商业创意。

这四个阶段存在内在的联系，而且在商业创意的形成过程中出现的顺序不一定相同。如果在某个阶段遇到大的困难，则需要反复尝试。例如，当一个人始终不能获得商业创意或解决方案时，可以重新回到第一个阶段，潜心于知识积累，潜意识就会重新处理知识，这样更有可能形成可行的商业创意。

### 3.3.3　开发商业创意的方法

开发商业创意的方法有很多，一些学者罗列了许多开发商业创意的线索，如把一件产品颠倒过来、缩小、改变颜色、弯曲、倾斜、折叠、软化、轻便化、脱水、缠起来等。但是，真正独创的、好的商业创意的产生，就像德鲁克讲的"聪明的创意"（Bright Idea）一样，"风险最高、成功概率最低，每 100 项这类商业创意中，能够赚回研制成本和专利申请费用的仅为1‰"。喷雾器为什么会成功？拉链容易卡住，可为什么还会被市场接受？这些都引人深思。因此，开发商业创意通常需要人们采用一些系统有效的方法，以便产生更好的效果。

### 1. 逆向思考法

**逆向思考法（Reverse Thinking）** 是一种从事物存在的性质、发展的过程、相互关系的反面思考和分析问题的方法，可能产生一种与原事物相反的新功能。比如，快节奏的生活使都市里的人们变得烦躁、无奈，现在人们又开始向往慢节奏的生活。有人喜欢同质性，有人偏爱异质性。逆向思考法产生的商业创意产品有很多，人们通过把热的变冷、动的变静、圆的变方、长的变短、香的变臭等，生产了许多不同寻常的产品，例如：吹风机与吸尘器、热风机与空调、香豆腐与臭豆腐、圆形西瓜与方形西瓜等。

### 2. 组合创意法

**组合创意法（Combination of Creation）** 就像拼图游戏，把不相关的东西拼凑在一起，通过组合产生另一种有用的东西。例如，电子笔是把手表和笔的功能组合在一起；音乐贺卡是把音乐与贺卡组合在一起。通常有一些不同效果的组合方法：①优点组合法，将多种产品的优点集中起来，创造出新的产品；②多功能组合法，将多种产品的单一功能进行组合，创造出一种多功能的产品，如多功能床、多功能牙刷、多功能治疗仪等；③主体附加法，以某一特定产品对象为主体，然后置换或插入其他附加产品功能，从而创造出新的产品，如掌上电脑就有6种附加功能，即阅读、游戏、计算器、闹钟提醒、速记与通讯录、多媒体功能等。

### 3. 自由联想法

**自由联想法（Free Association of Ideas）** 是指通过一条由词汇联结的链条发掘商业创意的方法，也是创业者所能使用的最简单、有效地开发新的商业创意的方法之一。它有助于人们产生对某一问题的全新看法。许多发明和创新源于发现事物、材料、技术和人之间的关系，培养认识事物之间关系的能力，寻找人和事物之间不同寻常的关系，能够产生新的商业创意。例如，思考水果、饮料和人之间的关系，就产生了果汁饮料。

为了培养这种联想能力，可以尝试写商业创意链的方法。首先，写下一个与问题有关的词或短语，然后由这个词或短语写出更多的词和短语，每一个新的词和短语都要在前面的词或短语的基础上增加点内容，如此不断往下写，会得到一条商业创意链，最后就可能出现一个新的商业创意产品。可以试着用想象力罗列出一个玻璃杯的用途：插花、装笔、当听筒、用杯口画圆圈、当蜡烛台、装水后敲击演奏音乐……由蓝天想到白云，由白云想到飞机、火箭、卫星、宇宙等，不受约束地随意联想。

### 4. 强迫关系法

**强迫关系法（Forced Relations）** 是通过分析产品组合开发新商业创意产品的方法。具体地讲，就是在一些产品组合之间强制性地建立关系，通过问问与目标或商业创意有关的问题来开发一个新的商业创意，例如在纸张和肥皂之间强制性地建立关系，具体见表3-1。新的商业创意是通过5个步骤开发出来的：①将问题的各个要素孤立开来；②找到这些要素之间的关系；③以一定的顺序记录这些关系；④对找到的各种关系进行分析，以发现商业创意或模式;⑤从这些模式中开发出新的商业创意。

表 3-1 强迫关系法举例:纸张和肥皂

| 形　　式 | 关系/组合 | 商业创意/模式 |
| --- | --- | --- |
| 形容词 | 像纸的肥皂<br>像肥皂的纸 | 薄片<br>有助于在旅行中清洗时使用 |
| 名词 | 纸肥皂 | 用浸透肥皂的硬纸来清洗 |
| 与动词关联的短语 | 上过肥皂的纸<br>肥皂将纸打湿<br>肥皂清洁纸 | 装订成小本的肥皂纸片<br>浸渍和上皂过程<br>墙纸清洁用品 |

资料来源:赫里斯,彼得斯,2004.创业学:第5版[M].王玉,王普,楼尊,等译.北京:清华大学出版社:162.

例如,纸与手机本来没有什么关系,但是,加拿大人研发了像纸那样轻薄的手机。由加拿大女王大学研究人员开发的"纸手机",得到美国亚利桑那州立大学的技术支持。"纸手机"厚度和信用卡的厚度差不多,质量不足苹果 iPhone 4 手机的 1/6,显示屏约长 9.4 厘米。"纸手机"采用电子墨水技术,触摸屏是超轻薄、可弯曲的"薄膜"。"纸手机"不仅能拨打电话、发送短信,还能储存电子书和播放音乐等,也可谓"纸电脑"。

5. 调查法

**调查法(Survey)** 是一种从个体样本收集信息的方法。样本通常只是所研究人群的一小部分,可以通过电话、邮件、网络等方式对样本进行调查。最有效的调查是对研究的人群总体进行随机抽样,调查的目的是获得对研究的整个人群的综合认识。调查能产生产品、服务的新商业创意,这是因为调查询问问题能获得具体答复。

例如,一家公司可能对它的一种产品拥有者抽取随机样本进行调查,询问参与者,如果下列增强功能被添加到这种产品上去,他们愿意为哪些功能支付额外费用:语言能力、文字信息、互联网接入、页面调度、GPS 功能等。调查也可能询问参与者:愿意为每项增强功能支付多少额外费用。史玉柱对"脑白金"的亲自调查取得了良好的效果。史玉柱说,他曾经一次又一次地跑去商场,问那些买"脑白金"的人的购买原因;在"脑白金"最早起家的江苏省江阴市,他甚至挨家挨户去问农村老太太,怎样才会买保健品,最终得出的结论是:很多老人想吃保健品,但不舍得自己买。著名的一句广告词就在这种上千次的调查中得出:"今年过节不收礼,收礼只收脑白金。"

6. 头脑风暴法

**头脑风暴法(Brainstorming)** 是一种以得到新商业创意为目的的小组会议形式,为寻求创造性的解决方法而鼓励尽可能多地产生商业创意,再对大量的商业创意进行分析和筛选。这种方法相对简单,并被广泛使用,一般由 6~12 名不同知识背景的小组成员组成,针对某个特殊主题提供商业创意。小组负责人要求小组成员共享商业创意,一个小组成员提出商业创意,一个小组成员对该商业创意提出意见并提供新的商业创意,其他小组成员又对新商业创意提出意见并提供新商业创意,如此循环下去,记录所有商业创意。为轻松愉快、开诚布公地提出并分享更多商业创意，必须遵守以下 4 个原则。

（1）大声说出或写下想到的每一个商业创意。

（2）欢迎荒唐可笑的商业创意。稀奇古怪的想法可能引出更好的商业创意。

（3）对任何商业创意都不允许批评，但可以提出意见。

（4）会后整理。商业创意的数量越多，有价值的商业创意出现的可能性越大。

### 7. 焦点小组法

**焦点小组法（Focus Group）**是与讨论议题相关的 5～10 人构成的小组，就某一议题进行讨论，以便产生新的商业创意。小组负责人要保持小组成员的思维"聚焦"并产生活跃的讨论。例如，星巴克召集由 7～10 人组成的焦点小组，询问"你们不喜欢我们咖啡店的什么方面""有多少人愿意购买每包 200 克或 400 克的咖啡"。如果有 5 人举手，咖啡店就可能发现一个有关新产品线的商业创意。

其他方法还有：戈登法、列举清单法、科学法、梦想法、价值分析法、属性列举法、集合笔记本法等。在开发商业创意时，创业者可能会根据需要选择多种方法。

## 3.3.4 商业创意设计的基本原则

有些商业创意设计看似奇特，但并不实用，或者存在某些安全问题。而有些商业创意设计因存在某些技术问题而难以实现。因此，商业创意设计需要遵循一些基本原则，以保证能够设计出真正有价值的满足消费者需求的商业创意产品。

### 1. 发挥想象力锁定商业创意的正确方向和主题

想象力是商业创意的催化剂，它可以将脑中存在的感知能力、专业技能和生活经验，转化为精彩的商业创意。首先，寻找商业创意的正确方向，紧紧锁定产品及主题，知道子弹要射向何处极其重要。其次，深刻地揣摩消费者的心理需求，商业创意才容易引起消费者的共鸣。符合消费者实际需求的商业创意才会改变和影响消费者的消费态度和行为。先求对再求妙，最好的商业创意应该能不露痕迹地把产品、主题和点子三者有机结合。精彩的商业创意会令人眼前一亮，印象深刻。

### 2. 同时构思多个好点子

多构思一些好点子，再从中挑选、组合最好的点子，往往会有惊喜的收获。无论你是设计一件家具，还是制作一部动画电影，一开始都不能只抱着一个点子，至少应该有 3 个点子在脑袋中。同时想出 3 个非常好的点子，好到自己都难以评判哪个是最好的，然后，再来决定实现哪一个点子。如果全神贯注地只研究一个点子，结果是限制了自己的选择空间。因此，创业者应该考虑同时构思 3 个点子的做法，去思考从来没有思考过的东西，必然会发现新大陆。这个世界上永远会同时有 3 个好点子供你去思考。

### 3. 追求高质量和适用性最重要

并不是所有的商业创意都具备获取商业成功的潜力，这取决于商业创意的质量和适用性。一个永远都不能妥协的重要原则是摆脱制作周期或是经费上的限制，一定要对商业创意认真推敲，一旦有了更棒的想法，就要重新设计。要有"别人也会想到的想法我不用"的勇气，目的在于自我超越。作为创业者应知晓："把写好的文案放进抽屉里隔天再看，会发现更多需要修改润色的地方。"修改商业创意时一定要兼顾"商业创意的好或坏"和"是否符合消费者需求"这两个标准，缺一不可，将重点放在识别商业创意的质量和适用性上。

乔布斯创造 iPhone 时，就体现了他对高质量和适用性的追求。乔布斯最被津津乐道的是他追求极致的精神，这既源于他是个不折不扣的完美主义者，也源于他的想法——重复与别人一样的事情毫无价值。有人说："消费者想要什么就给他们什么。"乔布斯却认为："提前一步搞清楚他们将来想要什么。"在决定让 iPhone 重新定义手机那一刻，乔布斯就已下定决心："要让它的每一个细节都与众不同、领先于时代。"他曾运用头脑风暴法，花了半年时间协助研发人员完善 iPhone 的屏幕显示。例如，手机放在口袋里会不小心碰到按键，导致手机播放音乐或自动拨号，解决方案之一是设置切换开关。但乔布斯很讨厌这使用切换开关，他觉得手指轻轻划过屏幕的动作更优雅。因此，iPhone 屏幕上的滑块应运而生。

罗特林顿在《点亮你的创意灯泡》一书中指出："创意能够使个人、企业、国家自己决定他们所希望达到的目的，从而创造出真正属于自己的未来，而不是一个由外部力量来决定的未来。"21 世纪的今天，将商业创意转变成可行的事业仍然是人们面临的巨大挑战，掌握本章的知识是解决问题的方法之一。

## 本 章 小 结

　　本章的主要内容包括商业创意、创意产业、创新理论与商业创意来源、开发商业创意的方法和商业创意设计的基本原则等相关内容。商业创意是指运用创造性思维和方法，把产品的形象、风格、意境等构思出来，形成具有商业价值的独特、新颖的想法和方案。创意产业是指以创意人才和创意组织为基础，通过创新思维和技术手段，设计新颖、独特的方案和产品，创造就业和价值的新兴产业。它以创新为根本，以知识产权为核心，实现文化、技术与经济的有机结合，是目前各国发展经济的一个战略性产业。德鲁克提出了著名的创新原理，德鲁克指出，创新机会有 7 个来源：出乎意料的情况；不一致；以程序需要为基础的创新；企业结构与产业结构的改变；人口统计数据；认知、情绪和意识的改变；科学的及非科学的新知识。以程序需要为基础的创新有 5 项基本准则：一个不受外界影响的程序；一个"薄弱的"或"缺少的"环节；制定明确的目标；解决方法的详细计划能够被清楚地加以确定；广泛地理解"应该有更好的方法"。以知识为基础的创新有两个特征：需要很长的前置时间；依靠多种不同知识的结合。以知识为基础的创新的特定需要有 3 种：需要对所有必要的要素（知识要素、社会经济要素、认知要素）进行分析；需要把重点放在策略性位置上；以知识为基础的创新者，需要学习和实践企业管理。开发商业创意的主要方法包括：逆向思考法、组合创意法、自由联想法、强迫关系法、调查法、头脑风暴法、焦点小组法等。逆向思考法即从事物存在的性质、发展的过程、相互关系的反面思考和分析问题，可能产生一种与原事物相反的新功能。组合创意法是把不相关的东西拼凑在一起，通过组合产生另一种有用的东西。商业创意设计的基本原则包括：发挥想象力锁定商业创意的正确方向和主题；同时构思多个好点子；追求高质量和适用性等。

# 习 题

### 1. 简答题

（1）什么是商业创意？商业创意具有哪些功能？

（2）如何理解创意产业的含义？请列举一些目前出现的创意产业。

（3）开发商业创意的主要方法有哪些？

### 2. 论述题

（1）德鲁克提出的创新机会的7个来源是什么？举例说明人口数据的变化会带来哪些创新机会。

（2）根据德鲁克的观点，以知识为基础的创新有哪些特定需要？

（3）商业创意设计应遵循哪些基本原则？

（4）"提出一个绝妙的创意是不够的。你必须得把它放对地方——正确的市场，来从中获取价值。"你认为这句话的意思是什么？

## 实际操作训练

1. 张新是一家中型企业营销部的管理者，他计划运用头脑风暴法，以提出向客户提供产品和服务的新商业创意。张新从你的简历中发现你曾经学习过创业学课程，因此请你到他的办公室，询问如何通过头脑风暴法提出新商业创意的方法。请运用所学知识，准备一份材料提供给张新。

2. 通过消费者调查，结合本章学习的知识，运用合适的商业创意方法，设计一个具有商业价值的独特商业创意。

课后案例

### 科技的力量｜Petit Pli——让衣服与孩子一起快乐成长

我们知道，孩子成长是极为快速的，因此没穿多久的新衣服很快就会穿不下，而这些衣服马上就会被当成垃圾丢弃。这不仅加大了父母的经济开支，还造成了资源的浪费。英国的Petit Pli品牌创造的衣服恰好可以解决这个问题，该公司成功地为儿童设计出了可以随意变大变小的衣服。

Petit Pli公司由Ryan Yasin于2017年在英国创立，是一家专门针对6个月至3岁儿童的创新服装设计公司。Ryan Yasin利用自己的航空工程的知识，不断地进行布料测试，

设计出可随意延伸、呈现褶皱样的童装。该童装不只轻巧、能防水，还很容易清洗，最重要的是，可以从儿童 6 个月大穿到 3 岁。该童装采用了折纸的概念，让其可爱又充满童趣。

进入 21 世纪后，人们越来越关注时装业对环境的影响。知名全球循环经济慈善机构——艾伦·麦克阿瑟基金会的有关数据显示，时装业每年会产生并排放 12 亿吨温室气体，约占全球排放的碳总量的 10%。一个致力于在全球范围内实现可持续时尚的组织——全球时尚议程，在时装业的自然资源消耗问题上进行了估计，2015 年，地球上的时装业消耗了 790 亿立方米的水，产生了 17.15 亿吨二氧化碳和 9 200 万吨废物。该组织还预估，到 2030 年，这些数字将至少增长 50%。随着时装业所面临的环境问题，科技创新者们正在寻找解决这一系列问题的办法。

创立 Petit Pli 公司之前，Ryan Yasin 在伦敦帝国理工学院学习航空工程，在学习接近尾声时，他把注意力转向了纳米级的可展开结构的研究，这就需要对折纸技术进行研究，具体研究如何将尽可能多的材料折叠成一个紧密的空间。接着，Ryan Yasin 利用在学校里学到的技能，进入了另一个行业：时装业。他说："我发现这个行业很吸引人，因为你可以通过自己的产品对人们的心理产生影响。当人们穿上具有设计感的服装时，他们的信心会得到巨大的提升。同时服装的讨论和交流也可以将一个社区的人都聚集在一起。从本质上讲，我意识到，时装业不一定像表面上看起来那么肤浅，如果我们能够抓住这个价值，把它集中到实际为人们的生活增加利益的层面上，它就能帮我们进行更深层次的探索。"

"我们的任务是如何平衡可持续性、道德与商业可行性。""如果这三者中的任何一个失败，都意味着一个产品不能成功地提供给消费者，因此我的目标是创造一种可以平衡这三者的产品。"Ryan Yasin 在为他刚出生的外甥买童装时，就有了实现这个目标的灵感。他说："我买了一件童装寄给我的外甥，但当他收到的时候，他已经长大了，这绝对是进入时装业的信号。"他说："我们创造的童装可以和你的孩子一起成长，我们将可持续性和创新相结合起来，且不需要顾虑。我们要做的是考虑为未来的人类穿上衣服，那我们就要从我们的下一代开始。"为了生产这些童装，Petit Pli 公司目前使用回收塑料水瓶制成的材料，并将其发展成单纤维结构，使最终产品易于回收。Ryan Yasin 还说："我认为人们的消费决策正在转变，我认为人们的理解和知识正在从消费者的角度转变，人们越来越了解服装是如何制作的，他们可以开始在这些决策中优先考虑自己的价值观。"

2019 年，Petit Pli 公司获得了德国红点最佳设计大奖，评委是这样评价该公司的产品的："令人着迷的伴随成长服装的概念为儿童家长提供了一个功能强大和儿童友好的选择。这些智能轻薄的服装由创新材料制成，可适应 7 种不同尺寸儿童的成长。此外，它们穿着舒适，透气性好，很容易清洗。在通常不太可持续的时装业中，它们体现了一种创新的产品解决方案。"

资料来源：https://zhuanlan.zhihu.com/p/101665172(2020 - 01 - 08)[2024 - 03 - 06].(有改动)

**思考与讨论：**

1. 这个商业创意设计的目的是什么？
2. 如何理解这个产品的商业创意理念？
3. 简要分析这个商业创意产品成功的原因。

4. 你如何理解商业创意产品设计的过程?
5. 怎样才能设计出既具有吸引力,又能解决问题的商业创意产品?

# 第 4 章 创业机会

## 本章教学目标与要求

（1）理解创业机会的概念；
（2）了解创业机会的分类及特点；
（3）掌握创业机会的识别方法；
（4）掌握创业机会的来源；
（5）掌握创业机会评价的基本方法；
（6）掌握大学生创业机会的筛选原则；
（7）了解创新型创业机会的思维训练。

## 本章知识架构

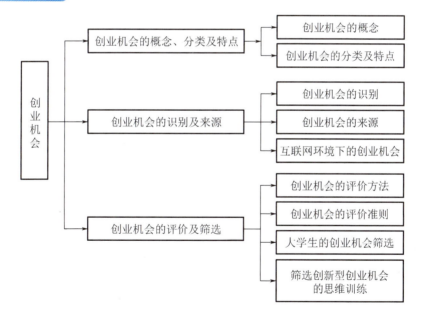

> 一个明智的人总是抓住机会，把它变成美好的未来。
>
> ——T. 富勒

## 返乡创业青年用"画笔"描绘乡村振兴新图景

位于伏牛山腹地的河南省洛阳市嵩县黄庄乡三合村（以下简称三合村），曾经是个远近闻名的贫困山村，山高沟深，偏远闭塞，村民世代走不出大山，苦不堪言。

思路一转天地宽。如今，这里的道路整洁交错，白墙黛瓦点映山水之间。每年春天来临之际，一群写生大军相约而来，他们用灵动的画笔，描绘这里的美景。而这主要归功于返乡创业青年、河南省青联委员会、三合村党支部副书记、团支部书记冯亚珂。

冯亚珂认为："瓶颈变'杠杆'，劣势变优势，乡村的广阔天地上，果真大有可为。"他创建伏牛山写生基地，带领村民探索写生经济，让一个贫困山村变为"手绘小镇"，焕发勃勃生机。

**大学生返乡打造"手绘乡村"**

"要么出去打工，要么守着家里的土地，挣钱门路太少了！"三合村多年的党支部书记武松生说。冯亚珂就是这里土生土长的孩子。2004 年，他考入洛阳师范学院学习绘画，成为村里为数不多的大学生。每年跟随老师到山区采风时，面对写生基地的老屋、老树，他都会想到自己的家乡。"古朴自然的三合村，不就是一个天然的写生基地吗？"彼时的三合村，还只是一个普通的贫困山村，全村近 1/3 是贫困户。而原生态的山水意境和朴实的古村落景象，成了画家眼中"乡愁"的灵感来源。

2011 年，毕业后入伍的冯亚珂从部队转业，在郑州与朋友共同经营一家画室，从事艺术培训。"带学生来村里写生时，白天画画，晚上要住在 10 公里外的乡镇上，因为村里连一家饭店都没有，吃住都是问题。"冯亚珂回忆道。

此后几年，冯亚珂走遍了河南省内外的写生基地，积累了不少资源，创业愿望也愈加强烈。"有了想法就去做，我相信自己能在家乡蹚出一条路来。"终于，2015 年 10 月，冯亚珂毅然离开了城市，回到了家乡三合村。回到家乡，冯亚珂开始用一位画家的眼光，去打量这个熟悉的村庄——屋后的山峦、门前的河流、古朴的土房，还有那墙根的老汉……每一个场景都恰如其分，这不就是画家眼中的宝藏吗？冯亚珂决定立足家乡优势，创办伏牛山写生基地，立志带领村民致富。

**一支画笔带来的希望**

"与旅游景区的精致相比，写生基地更加追求原生态，无须大量投资、过分雕琢。只需一个落脚的地方，大家便会欣然而至。"因此，冯亚珂创业的第一步，便是修建民宿。

"谁愿意来看穷山沟？这傻孩子真是瞎折腾。"村民嘴上没说，但心里并不理解。

2016 年 8 月，冯亚珂张罗许久的四层民宿落成。不久后，写生团队纷至沓来。短短两个月时间，冯亚珂便接待了 1 500 人，数十家高校、画室慕名而来。

人气带来了商机。2017 年春天，黄庄乡专门成立了建设指挥部，对废弃民居进行改造，建设了写生亭、展示墙，并搭建了文化广场、路标路牌等基础设施。一年间，三合村的民宿从 1 家增至 25 家，还修复了老井、旧宅、豆腐坊等景观，"手绘乡村"的美丽画卷徐徐展开……

正如冯亚珂所说："三合村的希望，是画笔带来的。"

**老百姓的"新营生"**

"作为一名村干部,什么事都要想在老百姓前面,每一位村民都享受到发展的红利,这才是最重要的。"冯亚珂说。如今,三合村成为近百家画室的写生基地,接待全国各地写生绘画师生逾3万人次,民宿稳定客源突破10 000人,年户均增收3万余元,带动群众200余户……

来写生的人多了,三合村脱贫光荣户张嵩现的蜂蜜也打开了销路。"现在我养了60箱蜜蜂,每年能赚不少钱,生活越过越好了。"张嵩现露出满脸幸福的笑容。他成立蜜蜂养殖专业合作社,并且注册了"铁拐张"蜂蜜商标,准备带领更多村民增收致富。

"写生经济"的发展,还催生了一批山村新业态。年过花甲的村民张寿娃无法从事体力劳动,冯亚珂就给张寿娃安排了一个"农民模特"的工作。一开始,张寿娃还有些不好意思:"我这么老,怎么能当模特呢?"但渐渐地,他习惯了这份工作,空闲时间还喜欢和写生的年轻人聊天逗乐。他笑眯眯地说:"在门前石头上坐一晌,就能挣上百块,这营生真划算!"

"老百姓的腰包鼓了,脸上都挂着笑,我看着也乐呵。"冯亚珂说。由于在乡村振兴舞台上的出色贡献,他获得了第十一届"全国农村青年致富带头人"、第22届"河南青年五四奖章"、2018年度"河南省脱贫攻坚奋进奖"等多项荣誉称号。

"择一事、终一生,我的愿望就是让人们望得见青山,记得住乡愁,乡村是我终生奋斗的'战场',这是永远不会改变的。"冯亚珂说。

资料来源:根据中国青年报相关报道编写。

随着社会变革及信息技术的发展,来自市场各方的竞争压力和动态复杂的外部环境使创业者必须对**创业机会(Entrepreneurial Opportunity)**进行深入的分析和评价,以选择优质的创业项目。从创业的过程来看,创业是一个各种影响因素动态交互的过程,创业是创业者在面对大量的不确定性因素时分析、识别相关的创业机会,并在对各种创业机会进行评估后进行决策的行动。创业因创业机会而存在,而创业机会具有很强的时效性,甚至转瞬即逝,创业者要根据事物的发展变化审时度势地做出机智果断的决策。创业机会总是存在的,但需要创业者去发现、识别和筛选。通过本章的学习可以了解创业机会的概念、分类、特点及来源,掌握创业机会识别、评价及筛选的基本方法,提升对创业机会的识别能力。

## 4.1 创业机会的概念、分类及特点

创业始于创业机会,并因创业机会而存在。如何发现并抓住创业机会、实现创业机会的价值,是潜在的创业者需要关注的重要问题,首先要理解创业机会的概念,把握创业机会的特点,才能在模糊不清的环境中识别并捕捉真正有价值的创业机会。

### 4.1.1 创业机会的概念

一直以来,创业机会在整个创业过程中都处于非常重要的位置,学者们从不同角度对其进行了大量的研究。Schumpeter于1934年指出,创业机会是指通过把资源创造性地结合起来,满足市场的需要,创造价值的一种可能性。Timmons于1994年指出,创业机会"具有吸引力、持久性和适用性,并且伴随着能够为客户创造或增加使用价值的产品或服务"。Kirzner于1997年指出,创业机会就是"未明确定义的市场需求或未充分使用的资源或能力"。从学者们对相关概念的阐述中可以看到,创业机会是创业的源头,创业就是

从发现、挖掘、利用某个创业机会开始的。因此，创业机会是指一种具有吸引力的、较为持久的、对创业具有时间性的有利情况，并最终体现在能够创造价值的产品或服务之中。

### 1. 商业机会与创业机会

创业机会属于**商业机会（Business Opportunity）**的范畴，但是创业机会是一种特殊的商业机会。根据价值创造流程的"目的—手段"关系，商业机会代表着"目的—手段"关系的任意局部或全盘变化，而创业机会则是对"目的—手段"关系的全盘甚至颠覆性变化。创业机会必须能经受住市场的考验，有持续获得潜在利益的可能。创业机会有其市场定位，有其价值脉络与竞争的前景。由此可见，创业机会和商业机会之间存在着紧密的联系，创业机会能够为企业带来超额经济利润，是孕育商业机会的源泉，而一般商业机会则注重改善现有利润水平。把握一般商业机会同样能够创业，其差别在于把握创业机会的创业活动的风险更高，相应的回报也更高。

### 2. 商业创意与创业机会

商业创意即有创造性的想法、构思，它存在于人们的头脑思维中，并具有获得利益的潜在可能。一个商业创意可以在市场环境中行得通，不仅要具有创造性、新颖性，而且还要有现实意义。创业者不仅要让这个商业创意能够吸引人们的眼球，还要有能力实现盈利，并能为人们提供产品或服务。

有一个好的商业创意也并不意味着就一定有创业机会。一般来说，在有了商业创意之后，创业者需要进行市场研究，并且在此基础上对创业机会进行辨别和筛选。最先获得商业创意也并不能决定创业活动的成败，还要看创业者能否迅速抢占市场份额以及是否设置进入市场的壁垒。

对创业机会的识别源自商业创意的产生，而商业创意是同时具有创业指向性和创新性的想法。创业者需要将商业创意转化为目标消费者的现实需求，并有能力将商业创意的点子转化为利益。此外，就创业者而言，商业创意具有创业指向性，在产生商业创意后，具有创业意愿的人会很快把商业创意发展为可以在市场上进行检验的商业模式。

## 4.1.2 创业机会的分类及特点

### 1. 创业机会的分类

Ardichvili等学者根据创业机会的来源和发展情况对创业机会进行了分类。在他们的创业机会图中有两个标准：其一，横向以探寻到的价值（即创业机会的潜在市场价值）为标准，这一维度衡量创业机会的潜在价值是否已经较为明确；其二，纵向以创业者拥有的创造价值的能力为标准，创造价值的能力包括通常的人力资本、财务能力及各种必要的有形资产等，这一维度衡量创业者是否拥有能够有效开发并利用这一创业机会的能力。按照这两个标准，把不同的创业机会划分成4个类型，如图4.1所示。

在图4.1的左上角中，探寻到的价值并不确定，也不确定创业者拥有创造价值的能力，Ardichvili等学者称这种创业机会为"梦想"。在右上角中，探寻到的价值已确定，但拥有创造价值的能力尚未确定，Ardichvili等学者认为这种创业机会是一种"尚未解决的问题"。在左下角中，探寻到的价值尚未确定，但已确定创业者拥有创造价值的能力，这一

图 4.1 创业机会的 4 个类型

创业机会实际上是一种"技术转移",创业者或者技术的开发者的目的是为手头的技术寻找一个合适的应用点。在右下角中,探寻到的价值和拥有创造价值的能力都已确定,这一创业机会可称为"市场形成"。Ardichvili 等学者认为,相比右下角的创业机会,右上角的创业机会成功的可能性不大。

2. 创业机会的特点

创业机会的特点主要可以归结为以下几点。

(1) 创业机会的可行性。

看到创业机会、产生商业创意并发展成清晰的商业模式意味着创业者识别到创业机会。一些未经系统论证调查的或偶然发现的创业机会给人们带来了初步的创业想法,至于发展出的商业模式是否值得投入资源开发,是否能成为有价值的创业机会,还需要对创业机会的可行性加以论证。

(2) 创业机会的机会窗口特性。

**机会窗口(Windows of Opportunity)** 是指市场中存在的、能够使创业者在一定时段中创立企业,并获得投资回报的时间空间。创业者必须善于识别并准确把握机会窗口。若竞争者已经有了同样的商业创意,并已把产品推向市场,随着该产品市场的基本成熟,机会窗口也就关闭了。创业机会存在于一个动态的、发展变化的背景下,机会窗口打开的时间有限,在机会窗口关闭之前把握和抓住创业机会非常重要。机会窗口有三个发展阶段。如图 4.2 所示,第一个阶段是机会窗口尚未开启的阶段(0~5 年),第二个阶段是机会窗

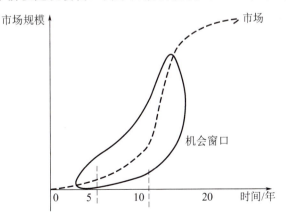

图 4.2 机会窗口的发展阶段

口开启到关闭的阶段（5~10年），第三个阶段市场已基本成熟（10~20年），此时机会窗口基本关闭了。

机会窗口对创业者主要有以下几点启示。

一是创业者在机会窗口的哪个阶段进入市场，在很大程度上决定了创业的成败。创业者最好在机会窗口敞开时开展创业活动，这能够增加创业成功的可能性。

二是市场规模的大小和机会窗口敞开时间的长短对于创业成功与否起关键作用。一般而言，市场规模越大，特定机会窗口的时间跨度越大，创业成功的可能性越大。

三是创业者需要具备前瞻性的市场判断能力。如果创业者一定要等到"天时、地利、人和"各种条件都具备的时候再开展创业活动，那么机会窗口可能已经不复存在，适度的前瞻性和对市场变化趋势的判断能力是创业者必须具备的素质。

（3）创业者具有相关的创业资源。

创业机会能否被成功地开发出来，进而形成创业活动，通常取决于创业者掌握和能整合到的创业资源，以及对创业资源的利用能力。创业资源可分为外部资源和内部资源两种。内部资源主要是指创业者个人的能力，包括创业者自身的专业知识、技能、执业资格、社会声誉等资源。外部资源主要是指人脉资源，即创业者拥有的社会网络或社会资本等。

综合起来，创业机会有以下几个方面的特点：首先，创业机会应具有基本的商业可行性，即创业机会能在当前或不久的将来的商业环境中行得通；其次，创业者需要在机会窗口存在的期间把握创业机会，进行创业活动；最后，创业者需要具备相应的创业资源，包括人、财、物、信息、时间和技能等，这是将创业机会转化为现实生产力的基础。

## 4.2　创业机会的识别及来源

创业机会识别是指借助职业经验和商业知识，通过调研了解特定创业机会的方方面面，对拟创业的项目进行理性的分析与思考，进而判断特定创业机会的商业前景如何。创业机会的识别是一个动态的过程，创业机会评价活动贯穿于整个创业的全过程。从创业过程角度来讲，创业过程就是围绕着创业机会进行识别、开发、利用的全过程。面对创业机会，创业者需要进行创业机会识别。能正确识别创业机会是创业者应当具备的重要技能。

### 4.2.1　创业机会的识别

对于创业机会的特性的进一步认识有助于创业者更进一步了解如何发掘创业机会。识别与评价创业机会是创业者在运用创业机会开展创业活动的前提，创业机会识别被认为是创业活动的关键环节，在这一环节稍有疏忽就会使创业活动产生较大的偏差。

#### 1. 创业机会的识别环节

创业机会的识别环节主要包括以下内容。

（1）具有创业意愿，创业意愿驱使创业者去发现和识别创业机会。

（2）形成商业创意或者某种商业点子。

（3）创业机会的信息收集和整理。

(4)创业机会与创业环境的综合分析。

(5)确定合适的创业机会,并对候选方案进行评价。

### 2. 能够识别创业机会的创业者具备的个人特征

创业学的学者和实务专家们都一直试图回答这样的问题:为什么有些人能识别创业机会而其他人不能?这些能识别创业机会的创业者有什么独特之处?在影响机会识别和开发的各项因素中,Shane 和 Venkataramen 认为主要可以分为两个方面,即创业机会本身的属性和创业者的个人特征。对于创业机会识别来说,更重要的因素应当来自创业者的个人特征,因为从本质上来说,创业机会识别是一种主观色彩相当浓厚的行为。一般而言,下面 4 类影响因素,被认为是能够识别创业机会的创业者具备的个人特征。

(1)具有创造性思维和创新意识。从某种程度上讲,创业机会识别实际上是一个创造的过程,创造性思维贯穿始终。在许多新产品、新服务和新业务的形成过程中,需要人们用全新的视角审视存在的问题,而具有创造性思维和创新意识的创业者通常可以突破传统,获得原创性的分析问题、解决问题的思路。

(2)具备专业的知识储备。在通常情况下,对某个领域专业知识了解较多的创业者,本身对相关专业内容存在的问题、发展的现状较为敏感,会比其他创业者对该领域内的创业机会更具警觉性。例如,在通常情况下,一位外语口译专业人员会比一位医学专业的研究人员对翻译市场内的商业机会和市场需求更为警觉与敏感。

(3)具有之前的从业经验、学习经验。在某一特定行业领域中的先前从业经验、学习经验有助于创业者识别创业机会。多数创业者的创业想法是在以前从事行业的基础上复制或修改的,一些刚毕业的大学生缺乏社会实践,在创业活动中大多需要自己去摸索,这势必会影响其对创业机会的识别判断。

(4)社会网络。在通常情况下,拥有良好的社会网络资源的创业者,会比那些拥有少量社会网络资源的创业者容易得到更多创业机会。

尽管上述个人特征并不是使创业成功的必然条件,但具备了这些个人特征,往往较其他创业者具有更多的优势,创业也更容易获得成功。

### 4.2.2 创业机会的来源

按照创业机会发现观,典型的创业过程包括发现、评价和开发创业机会等一系列活动,创业者在这个过程中不断获取资源、选择组织方式和制定创业战略。然而,创业者所采取的具体行动和对创业资源的配置取决于创业机会的来源和特征。

Holcombe 提出创业机会的来源可归纳为以下 3 种:①打破市场平衡点的因素;②提高产量可能性的因素;③创业机会来源于其他创业活动。创业者创造出一种新产品或新服务,由此带来的资源的重新组合过程本身就是新创业机会的创造过程,因此 Holcombe 认为创业活动本身创造了更多的创业机会。

我国学者对创业机会的来源进行了探索。刘常勇指出创业机会的来源有 4 个:①现有产品和服务的设计改良;②追随新趋势、潮流,如电子商务与互联网;③合适的时机;④通过系统研究来发现创业机会。综上所述,创业机会来源众多,然而由于在信念、偏好、信息拥有等方面的不同,创业者并不能完全采用同样的方式来对创业机会进行识别和评价,因此选取的创业项目也千差万别。

创业机会大多产生于不断变化的市场环境，市场环境变化了，市场需求、市场结构必然发生变化。这些变化将带来产业结构的变动、消费结构的变化、人们思想观念的变化、政府改革的变化、人口结构的变化、居民收入水平的变化等。归纳起来，创业机会主要包括以下4个来源。

### 1. 新的市场需求

发现新的市场需求首先需要对已有的市场进行细分，找到适合自身发展的"利基市场"（Niche Market），即"缝隙市场"。出色的创业者通常擅长利用市场空白创建一些成功的缝隙企业。大行业中往往存在很多市场空白，如果从中找到合适的市场空白点，就可以抓住创建一家能够持久成长且能够盈利的企业的创业机会。例如，越来越多的高收入人群开始注重提升自身审美品位、文化修养，但他们因平时工作应酬繁多，无暇做此类事情。有人做过实地调查，在高档社区内的新装修房屋的业主，大多有打造精品书架的需求。有创业者就看到了这类缝隙市场，选择了专门提供设计精品书架的服务，根据客户的职业特点、兴趣爱好采购相应的图书，并设计出美观且合理的书架陈列格局，赚取相应的采购、咨询及服务费用。

### 2. 新技术及新知识的出现

新的技术及新知识有助于创业者创造出消费者需要的新产品或新服务。随着互联网的普及，网购已经成为一种基本的购物方式，但仍有相当数量的消费者出于对网购的安全性的担忧，不愿尝试这种消费模式。在这样的背景下，线下代购店应运而生。在线下代购店，消费者可以通过网上浏览或者线下宣传册获取产品信息，选择所需的产品，确认型号尺寸之后告诉线下代购店，由线下代购店负责在线订购，消费者只需要和线下代购店进行简单的线下交易即可。由此，线下代购店的出现很好地解决了特定人群对新技术的不适应问题。

### 3. 新利益的创造

新利益能够提升产品或服务的性价比，使产品或服务的功能更加完善，并有可能创造出多方共赢的局面。例如，传统的团购网站通常的运作方式是先与商家沟通，由商家发起团购，而"反向团购"则是采取逆向思维的创新模式，由消费者看到喜欢的产品后自发地组织团购，在适当相同的时间，聚合一帮有同样主动需求的人，购买同一种产品，使得商家可以在薄利多销的情况下主动提供更多优惠。在"反向团购"中，商品议价权向消费者方向转移，并且消费者知道自己想要的是什么，只要商家提供的价钱合适，质量也符合要求，就可以进行团购。"反向团购"不仅可以在规定时间内集合大量消费者以增强与商家的议价能力，使消费者得到实惠，而且商家也可以以极低的成本从消费者及社会化媒体口碑传播中获得收益。

### 4. 政策、法规新变化带来的人的行为规则变化

2011年5月1日，《中华人民共和国刑法修正案（八）》正式实施，该修正案将醉酒驾驶定义为危险驾驶罪，从此开始追究醉酒驾驶人的刑事责任。由此过去"叫好不叫座"的酒后代驾服务开始走俏。中国的酒文化源远流长，亲朋好友聚会，应酬接待，人们常常很

难推却喝酒的邀约。随着"醉驾入刑",酒后代驾服务很好地解决了亲朋好友饮酒助兴与驾车安全的矛盾,赢得了有车族的青睐。

此外,社会经济大环境发生宏观变化也会带来新的创业机会,这些变化主要包括:①产业结构变化;②人口结构变化;③政府监管政策变化;④经济发展方式的变化;⑤消费者消费观念变化;⑥人们生活方式的多元化等。这些变化交织在一起,会给各行各业带来新的发展方向,人们通过这些变化,就会发现新的创业机会。

### 4.2.3 互联网环境下的创业机会

互联网最初只是为了沟通的方便而设计的,现在已经变为新产品、新服务、新商业模式不断产生的平台,它不仅给人们提供了新的信息传播方式,而且催生了新的分销渠道、新的资源配置模式。这些新的变化、发展趋势为创业者发现新的创业机会提供了可能,同时也体现了电子商务"技术创新引领商业模式变革"的核心价值。

#### 1. 长尾理论揭示出的创业机会

2006 年,美国 *Wired* 杂志前任主编安德森在《长尾理论》一书中指出:新技术正在将大规模市场转变为无数的小市场,而后者盈利的总和并不比热门产品小。长尾理论认为,因成本和效率的限制,过去人们只能关注重要的人或重要的事,如果用正态分布曲线来描绘这些人或事,人们只能关注该曲线的"头部",而将处于该曲线"尾部"、需要更多的精力和成本才能关注到的大多数人或事忽略。

2002 年,孙雨田创办了孔夫子旧书网,它现已成为世界最大的中文旧书网上交易平台,2022 年,其成交额突破 12 亿元。这个基于 C2C 模式经营旧书的网站找到了当当、淘宝之外的一片"蓝海"。购买旧书的读者是分散的,在传统市场环境下,一般只能通过旧书市场交易,费时费力而且局限于本地市场,这给旧书网络销售留出了很大的发展空间。此外,在网上旧书卖家不需打折,一些二手书凭借其珍贵稀少的属性就能卖出一个好价格,旧书的长尾效应显现。孙雨田关注了传统市场忽略的二手书交易市场,利用互联网平台为供求双方提供了一个全新的交易平台,充分展示了长尾理论的精髓。

针对创业项目的选择,创业者如果仅关注一小部分重要的大客户的常规需求,则会错过来自大量的小客户形成的"非常规"的市场需求。在互联网应用普及的时代,关注的成本大大降低,创业者有可能以极低的成本发现并关注上述曲线的"尾部",其中蕴含的商业能量甚至超过了上述曲线的"头部"。对创业机会的识别,可以通过网络渠道挖掘长尾效应的力量,这与更多依赖于传统的"二八理论"的市场策略有着非常明显的差异。

#### 2. 众包模式下的创业机会

**众包(Crowdsourcing)** 又称为网络化社会生产,指的是一个企业或组织把过去由员工执行的工作任务,以自由、自愿的形式外包给非特定的个体或组织的做法。众包可以使企业或组织"更开放、更简单、更低成本"地利用内外部智力资源。

问题以公开招标的方式在网络上传播给未知的解决方案提供者群体,众多网民组成在线社区并提交解决方案。经过筛选,最优的方案最终由提出问题的一方——**众包人(Crowdsourcer)** 所有,胜出的个体能够获得物质激励。

众包与传统的**外包(Outsourcing)** 行为有着根本的区别。在外包过程中,出于降低成本的考虑，企业将非核心业务委派给外部的专业公司，外包业务存在明确的承包方。而采用众包模式的企业，会将一些核心业务，比如重要产品的设计，或是关键技术的开发，委托给并不明确的个体。与外包相比，众包通常能够给企业节省更多的成本。更重要的是，众包能够带来企业自身资源无法产生的核心价值，以及全新的营销理念。众包模式凭借 Web 2.0 的交互沟通应用，使大众参与创新创业的成本和门槛大幅度降低。

互联网的发展，促成了众包市场的繁荣，这是技术创新带来商业变革的又一次体现。通过众包，企业可以发现用户的潜在需求，通过用户创造、传播价值的方式，使用户紧密围绕在自己周围。互联网的出现导致大众沟通成本的大幅降低，这是使现代意义上的众包活动成为可能的直接原因。近年来出现的**威客（Witkey）**理论，可以理解为众包模式的具体表现。国内知名威客网站包括猪八戒网、威客牛、任务中国、一品威客网等。这类平台通常允许任何企业、个人发布任务，并设置奖励。承包方在提交任务解决方案后，需要等待发包方审核。如果其解决方案能在若干候选方案中脱颖而出，被发包方选中，承包方就能获得相应的奖金。

众包的思想和方法对于创业活动来说是完全可以借鉴的，如对于创业者而言，刚刚起步的新企业不需要专门招聘人员，不需要设立专门的办公场所，便可以节约运营成本。同时，还能将众包平台融入新企业内部，突破固定工作地点和工作时间的限制。企业既可以将众包作为一种营销策划或者解决问题的求助方式，又可以整合企业内外部资源，形成可持续盈利的创业方案。

互联网时代的创业者可以更多地借助于众包的模式，通过互联网创建众包信息平台、建立信息共享机制、建立知识贡献的激励机制，并可以重新审视自身的业务流程，哪些是可以外包的，哪些是可以众包的，通过对某个项目进行招投标或者悬赏，并从中获得众包资源，最终产生更大的价值。通过众包征集的创意、方案的费用相比咨询公司、专业服务机构的报价具有极大的优势，大大减少了创业企业的运营成本。

此外，随着众包商业模式的不断丰富完善，衍生出一些新的内容，一种新型的创业融资方式——**众筹（Crowdfunding）**应运而生。在国内网站上，一些创业者将个人创业点子作为项目发起，通过视频、图片、文字介绍项目及具体的执行方式，设定需要的目标金额和达成天数，并给出对集资者的承诺，一些有创意的想法依靠集合众多网民的点滴力量得以实现。

### 3. 社会化媒体营销带来的创业机会

社会化媒体是一种通过人与人之间的联系而产生的新媒体形式，每个人或组织在社会网络中，同时扮演着信息传播者与接受者的角色。它是一种基于用户关系的内容生产与交换平台，允许用户创造、交流内容并进行互动。社会化媒体的具体形式多种多样，包括但不限于微博、微信、论坛、抖音等。这些平台通过不同的形式和功能，满足了用户分享信息、交流观点、建立社交关系的需求。大部分的社会化媒体都鼓励人们评论、反馈和分享信息，参与和利用社会化媒体中的内容几乎没有任何的障碍。

微博，即**微博客（MicroBlog）**的简称，是一个基于用户关系的信息分享、传播及获取的平台，用户可通过网络终端以140字左右的文字更新信息，并实现即时分享。这种超简单的应用，现已升级为朋友间互动交流、分享信息的平台。Twitter是最早也是最著名的微博，国内有新浪微博、腾讯微博等。

**SNS（Social Network Services）** 是指社交网络服务，它包括了社交平台和社交网站。人们可以在这类站点上建立个人的主页，在朋友之间分享内容并进行交流。国外最主流的SNS平台有Facebook、Twitter、Linkedin、Instagram等，国内的微信、抖音、QQ、微博、快手、哔哩哔哩、小红书、知乎等也是知名的社交平台。通过上述社交平台可以轻易找到生活在不同地方、兴趣相同的人，并且把他们聚集起来，这为企业宣传营销提供了一个契机。企业可以通过举办产品体验活动把SNS上的粉丝聚集起来，由品牌的口碑贡献者来宣传本企业的产品，以达到更好的效果。企业还可以通过SNS来开展营销、销售、公共关系处理和客户服务维护及开拓活动。

河南开封一名"90后"女孩贾梦，2011年3月和父母一起出资20多万元人民币在郑州西郊开办了一家绿色养鸡场，并利用微博在网上火爆卖鸡，得到众多网友的支持。2011年9月16日，她发出了第一条关于卖鸡的微博："让人吃上放心肉放心蛋，搞生态养鸡，这是我的创业选择。"她又连发了四条微博，分别上传了关于鸡场养殖环境的照片，以及对于生态养鸡的想法。让贾梦意外的是，网友的热情转发，使她的微博得到了郑州媒体的关注。当年"十一"期间，她通过微博卖掉了300多只柴鸡。①

必胜客在新浪微博举办了一个幸运粉丝活动。在活动中，用户可以评论感兴趣的新品，同步到自己的微博，即可获得当日的"你的粉丝号"，并预设"幸运传递粉丝号"。凭借"你的粉丝号"，用户有机会在"当日美味头条"公布后，获得100元美食券。借助这样的活动，必胜客在短时间内积累了22万名粉丝。在社会化媒体的作用下，线上用户的声音传播得更快、影响更大。举手之劳的转发，可以在短时间内将企业产品或服务的口碑传递给成千上万的人。②

 **知识链接**

### "创业教育之父"——蒂蒙斯

从20世纪60年代后期开始，蒂蒙斯就一直是美国创业学教育和研究的领袖人物之一，有"创业教育之父"的称号。他在创业管理、创业融资和风险投资、创业教育等方面被公认为世界级的权威。1985年，他设计并发起了普莱兹-百森项目，旨在通过组织成功创业者和富有经验的教师一起教学来提高教学和科研水平。蒂蒙斯提出的创业机会评价框架，已经成为创业者机会选择以及风险投资机构甄选创业项目的重要标准。

## 4.3 创业机会的评价及筛选

看到创业机会、产生商业创意并发展成清晰的商业模式意味着创业者识别到创业机会，至于发展出的商业模式是否值得投入资源开发，是否能成为有价值的创业机会，还需要认真地论证和评价。创业者对创业机会的评价来自他们的初始判断，而初始判断通常就

---

① 中国新闻网：《河南开封"90后"女孩微博卖鸡生意火（图）》，2011年10月12日，https://www.chinanews.com/sh/2011/10-12/3384456.shtml，访问日期：2023年6月12日。

② 刘炼：《社会化媒体营销例说》，《企业管理》，2012年第2期。

是假设加简单计算。创业机会转瞬即逝，如果都要进行周密的市场调查，经常会难以把握创业机会。假设加上简单计算只是创业者对创业机会的初始判断，进一步的创业活动还需依靠调查研究，对创业机会价值进行进一步的评价。一般来说，创业者和投资人会对创业企业的商业计划进行全面的评价，这些评价有助于创业者进一步调整自身的创业方案并发掘新的创业机会。

### 4.3.1 创业机会的评价方法

#### 1. 综合性评价方法

最有代表性的是蒂蒙斯提出的创业机会评价框架（表4-1）。蒂蒙斯于1999年在 *New Venture Creation: Entrepreneurship for the 21st Century* 中概括了一个创业机会评价框架，涉及8类指标：行业和市场、经济条件、收获条件、竞争优势、管理团队、致命缺陷、创业者的个人标准、理想与现实的战略差异，共计53项条目的评价因素，对创业机会进行评估，具体如下所示。

表4-1 创业机会评价框架

| 指标 | 评价因素 |
| --- | --- |
| 行业和市场 | ① 市场容易识别，可以带来持续收入；<br>② 顾客可以接受产品或服务，愿意为此付费；<br>③ 产品的附加价值高；<br>④ 产品对市场的影响力高；<br>⑤ 将要开发的产品生命长久；<br>⑥ 项目所在的行业是新兴行业，竞争不激烈；<br>⑦ 市场规模大，销售潜力达到1 000万元到10亿元；<br>⑧ 市场成长率在30%～50%甚至更高；<br>⑨ 现有厂商的生产能力几乎完全饱和；<br>⑩ 在五年内能占据市场的领导地位，至少占据20%的市场份额；<br>⑪ 拥有低成本的供货商，具有成本优势 |
| 经济条件 | ⑫ 达到盈亏平衡点所需要的时间在2年以内；<br>⑬ 盈亏平衡点不会逐渐提高；<br>⑭ 投资回报率在25%以上；<br>⑮ 项目对初始资金的要求不是很高，能够获得融资；<br>⑯ 销售额的年增长率高于15%；<br>⑰ 有良好的现金流量，能至少占到销售额的20%；<br>⑱ 能获得持久的毛利，毛利率要达到40%以上；<br>⑲ 能获得持久的税后利润，税后利润率要超过10%；<br>⑳ 资产集中程度低；<br>㉑ 运营资金不多，需求量是逐渐增加的；<br>㉒ 研究开发工作对资金的要求不高 |

续表

| 指　标 | 评价因素 |
| --- | --- |
| 收获条件 | ㉓项目带来的附加价值具有较高的战略意义；<br>㉔存在现有的或可预料的退出方式；<br>㉕资本市场环境有利，可以实现资本的流动 |
| 竞争优势 | ㉖固定成本和可变成本低；<br>㉗对成本、价格和销售的控制较高；<br>㉘已经获得或可以获得对专利所有权的保护；<br>㉙竞争对手尚未觉醒，竞争较弱；<br>㉚拥有专利或具有某种独占性；<br>㉛拥有发展良好的社会网络，容易获得订单和合同；<br>㉜拥有杰出的关键人员和管理团队 |
| 管理团队 | ㉝创业者团队是一个优秀管理者的组合；<br>㉞行业和技术经验达到了本行业内的最高水平；<br>㉟管理团队的正直廉洁程度能达到最高水准；<br>㊱管理团队知道自己缺乏哪方面的知识 |
| 致命缺陷 | ㊲不存在任何致命缺陷 |
| 创业者的个人标准 | ㊳个人目标与创业活动相符合；<br>㊴创业者可以做到在有限的风险下实现成功；<br>㊵创业者能接受薪水减少等损失；<br>㊶创业者渴望进行创业这种生活方式，而非单纯为了获利；<br>㊷创业者可以承受适当的风险；<br>㊸创业者在压力下状态依然良好 |
| 理想与现实的战略差异 | ㊹理想与现实情况相吻合；<br>㊺管理团队已经是最好的；<br>㊻在客户服务管理方面有很好的服务理念；<br>㊼所创办的企业顺应时代潮流；<br>㊽所采取的技术具有突破性，不存在许多替代品或竞争对手；<br>㊾具备灵活的适应能力，能快速地进行取舍；<br>㊿始终在寻找新的创业机会；<br>(51)定价与市场领先者几乎持平；<br>(52)能够获得销售渠道，或已经拥有现成的销售网络；<br>(53)能够允许失败 |

对于上述的53项条目的评价因素，作出简单的“是”“否”判断，然后将回答为“是”与“否”的问题分别相加，求得两者的比值，比值越大，则意味着创业机会的价值与可行性越高。

此外，Zimmerer等于1995年描绘了创业机会评价过程的主要步骤。第一步，判断新产品或新服务将如何为顾客创造价值，判断使用新产品或新服务的潜在障碍，以及如何克服这些障碍，根据对新产品或新服务的市场认可度的分析，得出新产品或新服务的潜在需求、早期顾客的行为特征、新产品或新服务达到创造收益的预期时间；第二步，分析新产品或新服务在目标市场投放的技术风险、财务风险和竞争风险；第三步，进行机会窗口分析，在新产品的制造过程中是否能保证足够的产量和可以接受的产品质量，提供的新服务顾客是否满意；第四步，估算新产品或新服务的初始投资额，使用何种融资渠道；第五步，在更大的范围内考虑风险的程度，以及如何控制和管理风险因素。

### 2. 定量评价方法

以下列出 3 种常见的定量评价方法。

（1）评价因素标准打分表。

通过选择对创业机会有重要影响的因素，并由专家小组对每一个因素进行极好（3分）、好（2分）、一般（1分）3个等级的打分，最后求出对于每个因素在各个创业机会下的加权平均分，从而可以对不同的创业机会进行比较。其中10项主要的评价因素见表 4-2。

表 4-2　评价因素标准打分表

| 评价因素 | 专家评分 | | | |
|---|---|---|---|---|
| | 极好（3分） | 好（2分） | 一般（1分） | 加权平均分 |
| 易操作性 | 8 | 2 | 0 | 2.8 |
| 质量和易维护性 | 6 | 2 | 2 | 2.4 |
| 市场接受度 | 7 | 2 | 1 | 2.6 |
| 增加资本的能力 | 5 | 1 | 4 | 2.1 |
| 投资回报 | 6 | 3 | 1 | 2.5 |
| 专利权状况 | 9 | 1 | 0 | 2.9 |
| 市场的大小 | 8 | 1 | 1 | 2.7 |
| 制造的简单性 | 7 | 2 | 1 | 2.6 |
| 广告潜力 | 6 | 2 | 2 | 2.4 |
| 成长的潜力 | 9 | 1 | 0 | 2.9 |

表 4-2 中列出了影响因素中 10 项主要的评价因素，在实际使用时可以根据具体情况选择对其中部分或者全部因素进行评价。

（2）温斯丁豪斯法。

这实际上是计算和比较各个创业机会的优先级。具体公式如下所述。

技术成功率×商业成功率×（价格－成本）×投资生命周期收入/总成本 ＝ 创业机会优先级

式中，技术成功率是指衡量创业机会在技术上的可行性和成功概率，通常以百分比（0%～100%）表示。商业成功率是指评估创业机会在市场上的接受度和商业化潜力，同样以百分比（0%～100%）表示。价格与成本的差异可以反映产品或服务的盈利空间，是价格与单位产品成本之间的差值。投资生命周期收入是指预期在创业机会的整个生命周期内可以获得的总收入。总成本则包括研究、设计、制造和营销等环节的所有成本之和。对于不同的创业机会将具体数值代入计算，特定创业机会的优先级越高，该创业机会就越有可能成功。

(3) 泊泰申米特法。

这种方法可以让创业者针对不同因素的不同情况来填写，通过预先设定好权值的选项式问卷方法，来快捷地得到特定创业机会的成功潜力指标。对于每个因素来说，不同选项的得分范围为-2分到+2分，通过对所有因素得分相加，得到最后的总分，总分越高说明该创业机会成功的概率越大，只有那些最后得分高于15分的创业机会才值得创业者进行下一步的策划，而低于15分的都应被淘汰（表4-3）。

表4-3 泊泰申米特法评分表

| 因　　素 | 得　　分 |
| --- | --- |
| 对于税前投资回报率的贡献 |  |
| 预期的年销售额 |  |
| 生命周期中预期的成长阶段 |  |
| 从创业到销售额高速增长的预期时间 |  |
| 投资回收期 |  |
| 占有领先者地位的潜力 |  |
| 商业周期的影响 |  |
| 为产品制定高价的潜力 |  |
| 进入市场的难易程度 |  |
| 市场试验的时间范围 |  |
| 销售人员的要求 |  |

3. 贝蒂的选择因素法

在贝蒂的选择因素法中，通过设定11个选择因素来对创业机会进行判断。如果某个创业机会只符合其中的6个或更少的因素，通常情况下这个创业机会是不可取的；相反，如果某个创业机会符合其中的7个或者7个以上的因素，那么这个创业机会是非常值得考虑的（表4-4）。

表4-4 贝蒂的选择因素法

| 选择因素 |
| --- |
| 这个创业机会在现阶段是否只有你一个人发现了？ |
| 初始的产品生产成本是否可以承受？ |
| 初始的市场开发成本是否可以承受？ |
| 产品是否具有高利润回报的潜力？ |
| 是否可以预期产品投放市场和达到盈亏平衡点的时间？ |
| 潜在的市场是否巨大？ |
| 产品是不是一个高速成长的产品家族中的第一个成员？ |
| 你是否拥有一些现成的初始顾客？ |

续表

| 选择因素 |
| --- |
| 是否可以预期产品的开发成本和开发周期? |
| 是否处于一个成长中的行业? |
| 金融界是否能够理解你的产品和顾客对其的需求? |

### 4.3.2 创业机会的评价准则

创业活动具有综合性、多变性、复杂性的特点。创业活动的这些特点在很大程度上决定了人们对创业机会的评价难以通过简单的非此即彼的逻辑进行判断，也不能采用片面的财务或是技术指标加以筛选，因为创业机会的评价和后续开发在相当程度上需要依赖于创业者的主观价值判断。

一些大学生对创业的认识过于理想化、简单化，对自身的创业基础条件缺乏足够的认识和科学评价，由此产生的"非理性创业"很难经受住市场的考验，因此，在选择创业机会时，应对创业项目实施的各个方面进行综合评价。针对创业机会的市场评价与效益分析，有研究者提出一套市场评价准则，并说明各准则的内涵，旨在为创业者提供是否创业的决策参考。

#### 1. 市场评价准则

市场评价准则主要包括市场定位、市场结构、市场规模、市场渗透力、市场占有率、产品的成本结构等，具体如下所述。

(1) 市场定位。一个好的创业机会，必然具有特定的市场定位，专注于满足顾客需求，同时能为顾客带来增值的效果。因此评估创业机会的时候，可由市场定位是否明确、顾客需求分析是否清晰、顾客接触通道是否流畅等，来判断创业机会可能创造的市场价值。创业机会带给顾客的价值越高，创业成功的概率也会越大。

(2) 市场结构：要进入一个市场，首先要分析市场的竞争态势，包括竞争对手的数量、规模、市场份额等。其次要识别市场中的主要参与者，包括领导者、挑战者、追随者和细分市场参与者。最后还要评估市场进入壁垒，如技术难度、资金要求、政策法规等。了解了市场的结构才能正确评估是否能够进入该市场。

(3) 市场规模。市场规模与成长速度也是影响创业成败的重要因素。一般而言，市场规模较小，进入障碍会相对较低，市场竞争激烈程度也会较小。如果要进入的是一个十分成熟的市场，那么纵然市场规模很大，但是由于市场难以扩张且竞争激烈，利润空间必然很小，因此这个创业机会恐怕就不值得再投入。

(4) 市场渗透力。对于一个具有巨大市场潜力的创业机会，市场渗透力将会是一项对其非常重要的影响因素。聪明的创业者知道选择在最佳时机进入市场，也就是市场需求正要大幅成长之际，他们已经做好准备，等着接单。

(5) 市场占有率。从创业机会预期可取得的市场占有率目标，可以显示这家新企业未来的市场竞争力。一般而言，要成为市场的领导者，至少需要拥有20%的市场占有率。如果市场占有率低于5%，则这个新企业的市场竞争力不高。尤其处在高科技产业领域，新企业必须拥有成为排名市场前几位的能力,才有可能被投资者青睐。

(6) 产品的成本结构。产品的成本结构,也可以反映新企业的未来前景。例如,从物料与人工成本所占比重的高低、变动成本与固定成本的比重,以及经济规模产量大小,可以判断新企业创造附加价值的幅度和未来可能的获利空间。

### 2. 效益评价准则

效益评价准则主要包括合理的税后净利、达到损益平衡所需要的时间、投资回报率、资金需求、毛利率、退出机制与策略等,具体如下所述。

(1) 合理的税后净利。一般而言,具有吸引力的创业机会,至少需要能够创造15%的税后净利。如果创业机会预期的税后净利在5%以下,那么这就不是一个好的创业机会。

(2) 达到损益平衡所需要的时间。合理的损益平衡时间应该为两年以内,如果超过三年,恐怕就不是一个值得投入的创业机会。不过有的创业机会确实需要经过比较长的耕耘时间,通过这些前期投入,制造进入障碍,保证后期的持续获利。在这种情况下,可以将前期投入视为一种投资,才能容忍较长的达到损益平衡所需要的时间。

(3) 投资回报率。考虑到创业可能面临的各项风险,合理的投资回报率应该在25%以上。一般而言,15%以下的投资回报率,是不值得考虑的创业机会。

(4) 资金需求。资金需求量较低的创业机会,投资者一般会比较欢迎。通常,知识越密集的创业机会,对资金的需求量越低,投资回报率反而会越高。因此在创业开始的时候,不要募集太多资金,最好通过盈余积累的方式来获取资金。而比较低的资金量将有利于提高每股盈余,并且还可以进一步提高新企业未来上市的价格。

(5) 毛利率。毛利率高的创业机会,相对风险较低,也比较容易取得损益平衡。反之,毛利率低的创业机会,风险则较高,遇到决策失误或市场产生较大变化的时候,企业很容易就遭受损失。一般而言,理想的毛利率是40%。当毛利率低于20%的时候,这个创业机会就不值得考虑。软件业的毛利率通常都很高,因此只要能获取足够的业务量,从事软件创业在财务上遭受严重损失的风险相对会比较低。

(6) 退出机制与策略。所有投资的目的都在于回收,因此退出机制与策略就成为一项评价创业机会的重要准则。新企业的价值一般也要由具有客观鉴价能力的交易市场来决定,而这种交易机制的完善程度也会影响新企业退出机制的弹性。由于退出的难度普遍要高于进入,因此一个具有吸引力的创业机会,应该为所有投资者考虑退出机制与策略。

## 4.3.3 大学生的创业机会筛选

在现实经济生活中,适合大学生创业的机会并不是很多。大学生需要进行一层又一层筛选,才能在众多创业机会中筛选出真正适合自己的创业机会。

面对较好的创业机会,大学生需要进行"自我质疑","自我质疑"的内容应至少包括:为什么这么好的创业机会之前没有人将其发展成创业项目;关于该创业机会自己能否获得与其他创业者相比较难获得的资源;遇到竞争时,自己是否有能力与之抗衡;自己是否可能创造新增市场;自己是否有能力承受利用该创业机会带来的各种风险。

### 1. 大学生创业机会的识别能力

创业活动中的成功者在把握创业机会时,难能可贵的是他们能发现其他人所看不到的创业机会，并迅速采取行动来进一步挖掘创业机会并实现创业机会的商业价值。创业环境为创业机会的存在提供了客观条件，但只有创业者意识到创业机会的存在并且清楚知道其创业价值，才能获得利润。作为一名当代的大学生，不怕没有创业机会，就怕自己不能发现创业机会。概括来讲，创业者的个体能力与发掘并利用创业机会有关，因此，大学生创业者应具备挖掘创业机会和合理利用创业机会的能力，这些能力来源于大学生的知识结构、坚韧品质及抗压能力、创新创业精神、认知能力、社会网络及社会人脉资源等。

（1）知识结构。大学生的知识结构来源于大学生的教育背景。通过高等教育的学习，专业知识的积累是创业成功的充分条件。虽然大学生的主修专业为大学生创业提供了进入与之相关行业的基本专业知识，但是由目前已有的自主创业案例可知，大多数大学生创业者并没有选择自己的专业领域作为创业领域。有学者对我国中部地区高校的一项调查显示，94.6%的大学生创业者所从事的行业与自己所学专业无关，大学生创业的范围局限在服务咨询、饮食行业、娱乐业等服务性行业。这与大学生另外一种专业知识，即创业相关理论的缺乏有关。由于我国创业教育发展基础较为薄弱，多数大学生在创业意识、创业方法和创业能力培养等方面缺乏系统的理论学习，因此我国大学生在创业过程中的创新能力不足，不能将自身的知识结构与所从事行业充分结合，学以致用。

（2）坚韧品质及抗压能力。一个成功的大学生创业者应具有较强的抗压能力。生活中确实存在着大量的创业机会，关键的问题是是否有耐心不断寻找，即便是暂时没有得到很好的创业机会，也不要轻易放弃。大学生在大学校园轻松单纯的氛围中养成的浪漫的、理想的心理状态，往往难以经受社会的"风吹日晒"。创业者在创业的过程中还有许多随之而来的压力，包括心理焦虑、挫折、孤独感。大学生创业者应勇于面对压力，在逆境中能够坚持目标，顽强坚韧，提升自身创业机会的识别能力。同时，这些性格品质也是大学生创业者建立创业团队、吸引风险投资必有的精神品质。

（3）创新创业精神。大学生创业者应该而且必须具备创新创业精神。创新创业精神是企业家精神的主要内涵之一。企业家或创业者需要在不确定的状态下做出决策。他们面临的是完全没有出现的崭新情况，是具有不可重复性的那种不确定性。大学生凭借其年轻的生机和活力，拥有更多的创造性和创意激情，他们头脑灵活，充满想象，不墨守成规，具备勇于打破常规的性格特质，同时掌握一定程度的人文知识和现代科技知识，这些特征使大学生能够更好地迎接创新活动的挑战。

（4）认知能力。成功的创业者比其他人更容易看到创业机会，这与其具有较强的认知能力有关。大学生创业者应该具有敏锐的观察力与准确的市场判断力。大学生要把创业看成一种机会而不是风险，同时对信息的发掘要形成独特的认知，打破陈规惯例的束缚。

（5）社会网络及社会人脉资源。社会网络的深度和广度影响着机会识别，这已是不争的事实。在通常情况下，建立了大量工商领域及相关专业领域社会网络的大学生，会比那些只拥有少量社会网络的人容易得到更多创业机会。

### 2. 大学生创业机会的行业筛选

缺乏资金、经验不足、缺乏社会网络等原因，使大学生的创业败多成少。以下对大学生创业机会的行业筛选进行具体论述。

（1）高科技要素聚集行业。大学是科研成果和科技人才聚集的地方，大学生在高科技领域创业具有得天独厚的优势。作为大学生，如果在某一领域有自己的科技成果，则可以利用自己的专业背景、科技成果走高科技创业的道路。常见的大学生高科技创业领域包括互联网应用开发、生物医药、新能源技术等。在高科技领域进行创业时，大学生能否将科技成果转化成产品，是衡量用科技成果创业能否成功的一个重要因素。创业投资者更看重的是创业计划真正的技术含量有多高，在多大程度上是不可复制的，以及市场盈利的潜力有多大。同时应当注意的是，并非所有的大学生都适合在高科技领域开展创业活动，一些科技成果在从理论到实际投入生产、包装上市的整个过程中需要投入大量人力和物力，这需要该项目能吸引到风险投资和其他一些创业基金的支持。

（2）智力服务行业。随着社会经济的发展，服务行业在我们的生活中已占据越来越重要的地位。智力是大学生创业的资本，大学生应发扬自己的智力优势，选择一些需要知识和专业的**智力服务**（Intellectual Services）行业，如翻译、教育培训、活动策划等。大学生如果能够充分利用高校资源或专业背景，那么更容易实现自身的创业目标。

（3）创新创意行业。创新创意行业是指从个人的创造力、技能和天分中获取发展动力的企业集合，以及通过对知识产权的开发可创造潜在财富和就业机会的经济活动的集合。创新创意行业的创业机会主要包括个性化礼品定制、时尚设计、互联网多媒体制作、表演艺术等。创新创意行业是知识密集型的行业，其实现程度越来越依赖于大量富有创新精神的、高学历的从业人员。大学生凭借其生机和活力，拥有更多的创造性和创业激情，并且不墨守成规，同时接受过高等教育，掌握一定程度的人文知识和现代科技知识，这些特征使大学生能够更好地在创新创意行业发展。

### 3. 大学生创业机会的筛选策略

主动识别、筛选创业机会？等待创业机会？——作为一名有创业意愿的大学生，需要做好哪些准备，需要从何做起？大学生创业机会的筛选应该采取下列6点策略。

（1）扬己之长，避己之短。不与行业强者展开硬碰硬的直接竞争，集中优势做强自身的特色。

（2）筛选创业机会时应发挥兴趣主导的优势，将兴趣爱好发展成为具有商业可行性的创业项目。

（3）在新技术研发报道、专利公告等信息面前做一个有心人。新技术的出现、新产品的研制意味着生产及生活条件的改善，随之而来的是人们行为和生活方式的改变，这其中都可能蕴含着大量未被开发的创业机会。

（4）筛选过程需谨慎论证、大胆实践。前期做好充足的调研论证工作，抓住创业机会并想办法付诸实施，在实干中摸索，逐步确定发展方向。

（5）挖掘缝隙市场。查找他人创业项目的不足，思考如何改进。善于从别人忽视之处下手，以此做到"标新立异，见缝插针"。

（6）关注政府的相关产业发展引导政策。政府为了更好地贯彻其产业政策，促进相关产业的健康发展，通常会对相关产业采取相应的优惠政策以鼓励和引导其发展，大学生筛选创业机会的时候可以充分地考虑这些优惠政策，关注国家政策优先支持的产业。

## 4.3.4 筛选创新型创业机会的思维训练

创新型创业机会有别于人们常见的模仿型创业。创新型创业是指创业者能够识别具有创新性的创业机会，通过使用新技术或新商业模式向顾客提供新产品或者新服务，创造更高价值的创业活动。而模仿型创业是指创业者通过模仿已有的成功企业、产品或服务模式，来开展自己的创业活动。这种创业活动通常基于已验证的市场需求和商业模式，风险相对较低，因为创业者可以借鉴他人的成功经验，避免一些初期的探索成本和风险。然而，模仿型创业也可能面临市场竞争激烈、差异化不足等问题，难以在市场中脱颖而出。

想要发现常人无法发现的创业机会，就需要从模仿型创业活动中跳出来，具备创新思维。创新型创业强调选择创业项目的新颖性、原创性，这也意味着一定程度的领先性。通过思考下述 8 个问题来训练创新思维，以此为创新型创业者筛选和发现创业机会提供一个较为简易的创新思维训练方法，经过对这些问题的思考，可以使想象活跃起来。

（1）现有的产品或服务有无其他盈利点可以开发？对传统创业机会稍加改变，能否产生新的价值？

（2）现有的业务范围能否扩大？能不能增加一些新的商业元素？能否对现有业务范围进行进一步的精准划分？能不能舍弃一些不必要的商业元素？

（3）能否从别人的创业机会中得到启发？其他人的创业经验或理念能否借鉴？

（4）对于某个成熟的产品或服务，还能用什么新颖的营销手段？

（5）现有的创业机会能否引入其他的创新型创业构想？有什么东西是可供模仿的？

（6）创业所需的各种要素是否能找到更合适的东西来代替？例如，是否能找到新的融资渠道来代替？是否能找到其他的经营场地来代替？产品或服务存在的缺陷是否能引入新的技术、工艺来代替？

（7）通过逆向思维发现创新型创业机会，将传统主流模式换个方向来思考会怎么样？将商业模式倒过来会怎么样？

（8）从综合的角度分析问题。把几种商业要素组合起来怎么样？组合起来会产生哪些正、负效应？

对于创新型创业机会，其本身的新颖性可以是新的技术和新的解决方案，可以是新的盈利模式，还可以是差异化的经营理念。新颖的创新型创业机会不仅会吸引到投资者和消费者，还可以加大其模仿难度，避免同质化竞争。

# 本 章 小 结

从创业过程角度来说，创业过程就是围绕着创业机会进行识别、开发、利用的过程。识别、评价创业机会是创业者应当具备的重要技能。本章主要阐述了创业机会的概念，创业机会是指一种具有吸引力的、较为持久的、对创业具有时间性的有利情况，并最终体现在能够创造价值的产品或服务之中。

本章归纳了创业机会的分类、特点及其识别、评价方法，分析了创业机会的来源，如新的市场需求、新技术及新知识的出现、新利益的创造、政策法规新变化带来的人的行为规则变化等，特别提出了互联网环境下的新型商业模式给创业者带来的创业机会，介绍了创业机会评价的综合性评价方法、定量评价方法、贝蒂的选择因素法。

> 大学生筛选创业机会应该采取以下 6 点策略：扬己之长，避己之短；发挥兴趣主导的优势；在新技术研发报道、专利公告等信息面前做一个有心人；筛选过程需谨慎论证、大胆实践；挖掘缝隙市场；关注政府的相关产业发展引导政策。最后本章针对大学生创业机会的筛选，提供了创新型创业机会筛选的思维训练方法。

# 习 题

### 1. 简答题

（1）对创业机会进行评价，主要有哪些指标？
（2）结合自己的理解，阐述一下什么是机会窗口。
（3）创意和创业机会的关系是什么？

### 2. 论述题

（1）你认为好的创业机会应具备哪些基本的条件。
（2）结合自身的情况，说一说自己应如何识别并筛选创业机会。

### 3. 讨论题

（1）商业机会等同于创业机会吗？谈谈两者之间的区别和联系。
（2）从不同渠道联系 3~5 位不同专业的同学，举行一次头脑风暴活动，针对某一领域，让大家从各自专业出发，分析一下自己身边的创业机会。创业机会分别源于以下 6 个方面。
① 个人的生活经历和工作经历。
② 偶然发现（在日常生活中、参加活动中、旅行中……）。
③ 有目的地深入调查研究（阅读相关报刊、资料、书籍等）。
④ 教育（专业课程）。
⑤ 个人兴趣爱好。
⑥ 个人的家庭环境、家庭成员从事的职业及相关的行业背景等。
（3）在大学校园当中，有为数不少的同学对创业很感兴趣，但同样有创业意愿的人，为什么有一些人能够发现创业机会，而另一些人却看不到创业机会呢？谈谈你的想法。

## 实际操作训练

蒂蒙斯提出的创业机会评价框架，已经成为创业者创业机会自我评价以及风险投资者筛选创业项目的重要参考依据。选择一两位身边认识的从事创业活动的亲友，做现场调查。看看他们如何理解创业机会的特点，并与蒂蒙斯提出的创业机会评价框架进行对比，看他们把握的创业机会价值如何？你又会据此给他们提供什么建议？

同时，简单列出判断理由，并提出对创业的亲友的建议或意见。

 课后案例

## 字节跳动的蜕变之路

正所谓"抖音五分钟，人间三小时"，作为近两年最火的短视频软件，其背后的母公司——北京字节跳动科技有限公司，简称字节跳动（ByteDance，图4.3），成立于2012年，2022年更名为北京抖音信息服务有限公司。其创始人张一鸣，曾在酷讯、饭否、微软等公司工作多年，有着丰富的技术背景和领导经验。从初创小公司到估值3 000亿美元，字节跳动的成长速度可谓坐上了火箭。作为全球最有价值的独角兽公司之一，字节跳动经历了信息平台的多个发展阶段，始终站立在浪潮之巅。因此本案例梳理其发展历程，分析其底层逻辑，对我们理解市场竞争，掌握增长逻辑，非常具有借鉴意义。

**图 4.3　字节跳动的 Logo**

2012年3月，字节开始跳动。在知春路锦秋家园的一套住宅里，张一鸣开始了自主创业之旅。张一鸣看到移动互联网的发展大潮，认为移动端的信息搜集与分发大有可为，而当前市场上却没有同类型的公司。他的定位非常清晰，就是利用算法，向用户推荐可能感兴趣的内容。字节跳动本身不生产内容，也没有编辑，只提供纯粹的技术。怎样判断用户是否感兴趣呢？对于新用户，就推荐别人点击最多，浏览最多的内容。对于老用户，就推荐其看得最多的那一类内容。张一鸣首先从网友喜闻乐见的爆笑图片、网络段子、心灵鸡汤等开始做起，一口气推出了"内涵段子""搞笑囧图""内涵漫画""好看图片""今晚必看视频""早晚必读的话""我是吃货"等几十款内容社区类App，投放到各个应用商店，看哪个效果最好。最后，"内涵段子"脱颖而出，很快就积攒了巨量用户。张一鸣的商业模式，一投入市场，就得到了证明。2012年7月，字节跳动获得了海纳亚洲创投基金（SIG）100万美元的A轮融资。2012年8月，字节跳动成立5个月后，今日头条上线。2016年9月，抖音上线。

### 一、为什么是张一鸣

**（一）张一鸣的成功在很大程度上来源于其独特的做事和决策逻辑**

首先，张一鸣的决策非常理性。他会基于一组给定的条件，让复杂的决策过程变得简单。比如，他买房的方法与众不同。他开发了一个检索软件，收集所有关于北京住房市场的在线数据，并将其存入数据库。在生成了多个Excel电子表格之后，他仔细分析了这些数字，对所有选项进行了排序，最后得出了他的最佳答案。他把结果交给一个房地产中介，简洁地告诉中介："给我在这个小区里找一套房子。"最终，他选择的小区是周边地区

房价涨幅最大的。这就是九九房的雏形。

（二）长期坚持做正确的事

字节跳动的发展其实并不是一帆风顺的，抖音前期的数据表现其实并不好，在这种情况下，如果单看数据，创始人做出放弃这个项目的决策也是合理的。但张一鸣有足够的定力坚持下来了，他的坚持理由是："逻辑上正确的事一定是对的。别人已经验证过（这条路）可行，我们数据差是我们自己没做好。"在不断总结复盘的过程中，抖音最终走出临界点，获得爆发式增长。

**二、字节跳动快速崛起的秘密**

分析字节跳动的成功，一方面有天时的因素，彼时手机和4G网络刚刚普及，用户在手机上的时间暴涨带来了巨大的创业机会。另一方面也有地利的因素，因为短视频用户交互比较多，能搜集到更多隐形的推荐数据，更符合字节跳动个性化推荐的基本盘。相比之下，长视频提供的数据就少得多，人们看一集45分钟的电视剧，都不用碰一次屏幕。但是，抖音并不是首先入局短视频领域的，甚至在抖音入局之前，当时短视频领域已经是红海市场了。当然，除了这些客观因素，字节跳动做对了以下五点。

（一）敏锐地把握到了未来信息与人连接的趋势

在今日头条、抖音等App出现之前，都是信息去找人的。例如，人们知道自己想看什么视频，就会上YouTube搜索这些视频。但字节跳动要做的是：人们即便不知道自己想看什么，App也能满足其需要，这其实就是推荐系统本质要完成的事情。字节跳动商业模式的本质就是创新人和内容连接的模式，借用张一鸣对今日头条的描述："就像扎克伯格创办Facebook连接了人和人，卡兰尼克创办Uber连接了人和车，今日头条是让信息和人实现更广泛和高效率的匹配。"对于传统用户主动搜索的推荐模式来说，其与字节跳动研发的创新型推荐模式相比，就相当于马车遇到了汽车，弓箭遇到了火枪，长期来看，前者总会被颠覆。

（二）构建了一套敏捷迭代体系

提起敏捷迭代、ABtest，在现在的互联网领域当然并不陌生，但是在2011年前后却并没有多少互联网企业重视。张一鸣从创业之初就打造了一套快速试错的体系，而且他是在做App级的ABtest。比如在为九九房开发房产咨询App的时候，张一鸣已经开始采用前后中端分离的做法：上层多端口应用，中层面向上层做过滤分发，底层通用服务。这样做的好处是，通过能够抽离出所有App的公共能力，极大缩小开发一款App的工作量，他可以快速铺开大量的App，验证哪个名字、风格的App更受欢迎。而且当时App应用程序包普遍很大。相比之下，字节跳动因为把数据都部署到服务器上，通过远程调用服务器数据的方式提供服务，这样既可以保证程序安装包非常小，又可以保证应用程序的内容的不断更新。

（三）先模仿，再创新

在前期大量铺开App的时候，为了想出名字，字节跳动团队重点研究新浪微博上排名靠前的账号，他们发现通常使用直白语言的网名效果最好。像"搞笑囧途""内涵段子""好看图片""今晚必看视频"等简明的描述性标题已经被大量博主验证过能吸引巨大流量。因此可以看到，早期字节跳动的App都是类似这样的名字。这种模仿极大提高了为App起名的效率。抖音的发展也是同理。2014年4月，来自安徽的朱骏，基于Vine上传到 GitHub 上的源码发布 Musical.ly，在美国爆火。字节跳动紧随其后，三管齐下，其策略包括：西瓜视频模仿全球在线视频领头羊 YouTube，火山小视频对标当时俨然已经成为中国短视频市场领导者的快手，同时开始模仿 Musical.ly，最后诞生了抖音这款明星产品。

（四）在实践与试错中不断前进

在刚开始开发抖音的时候，字节跳动团队对抖音的前景并不乐观。一方面，Musical.ly 本身就未能成功打入中国市场，而在国际市场上也处于增长停滞状态。在美国，Musical.ly 很受青少年的青睐，但中国的青少年却没有那么多空闲时间，他们有很多作业，课后还要参加补习班。另一方面，之前国内也有类似的先例：在国内爆火的搞怪搞笑视频拍摄 App 小咖秀在 2015 年上线之际曾大受欢迎，上线 2 个月后就冲入 App Store 排行榜第一名，但人气很快下滑，结果只昙花一现。如果只是从逻辑上进行分析，抖音根本没有做的必要。但是实践证明了，这种逻辑是错误的。

（五）全方位发力

字节跳动最容易被看到的，是它做产品的能力。它不仅有抖音、今日头条、番茄小说这些日活过亿的王牌产品，还进入了教育、房产、金融等多个领域。据统计，字节跳动同时运营着 20 多个 App。全方位发力的战略降低了运营的风险。由此可见，任何一件事的成功，其实并不是某一个因素单一作用的结果，一定是诸多显性或者隐形因素叠加的结果。

资料来源：根据相关网络资料整理。

**思考与讨论：**

1. 案例中的字节跳动选择了一个怎样的缝隙市场？该公司是如何在这个缝隙市场实施自身的市场战略的？

2. 为什么张一鸣选择了这个创业机会？结合蒂蒙斯提出的创业机会评价框架，分析一下他选择这个创业机会的优势。

3. 请思考抖音是如何选择目标客户的？

4. 如果你来做创业决策，你会如何选择创业机会？

第4章
创业测评

第4章
创业视频

# 第 5 章 创 新 管 理

**本章教学目标与要求**

（1）了解创新的意义；
（2）掌握创新和技术创新的内涵；
（3）能够区分技术创新与发明、专利的区别；
（4）熟悉创新的类型和发展趋势；
（5）掌握创新的基本过程和基本模型；
（6）掌握创新管理的框架结构和发展趋势；
（7）掌握知识产权的内涵、类型；
（8）了解企业如何保护自己的知识产权。

**本章知识架构**

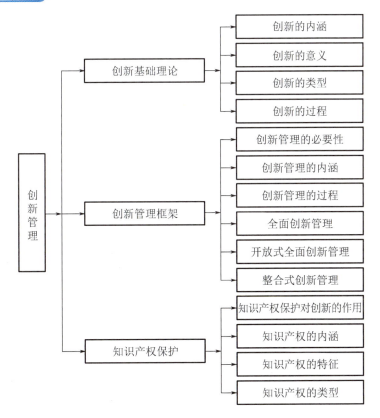

> 创新像受到飓风吹袭的海洋表层下的暗流，操控着人类的命运。
>
> ——P. F. 德鲁克

### 比亚迪：从模仿到创新，新能源汽车领域的逆袭者

在新能源汽车领域，比亚迪股份有限公司（简称比亚迪）如今已经与特斯拉汽车公司（简称特斯拉）并驾齐驱，位列波士顿咨询公司发布的"2023年全球最具创新力公司"榜单第9名。这家以电池起家的中国企业，在过去的几年中经历了飞速发展，如今已经成为全球领先的新能源汽车制造商之一。然而，比亚迪的崛起之路并非一帆风顺，该公司也曾经历过模仿、挣扎和创新的过程。

1995年，王传福创立了比亚迪，最初该公司专注于生产小型电池。在初期，比亚迪的产品主要是模仿日本三洋和索尼的产品。然而，王传福明白，仅仅依靠模仿是无法取得长期成功的。因此，在进军汽车行业之初，王传福就决心自主生产汽车最重要、最昂贵的部件。随着新能源汽车市场的兴起，比亚迪开始专注于电动汽车的研发和生产。凭借在电池领域的优势，比亚迪迅速成为电动汽车市场的领军者之一。比亚迪的纯电动汽车在全球市场上获得了巨大的成功，销量逐年攀升。2023年，比亚迪卖出302万辆电动汽车，远高于特斯拉2023年181万辆的销量。

比亚迪的成功并非偶然。瑞银集团分析师表示，和欧美传统制造商相比，比亚迪拥有成本优势。这主要得益于比亚迪在电池领域的自主研发和生产能力。此外，比亚迪在产品设计和品质上也下了不少功夫。比亚迪的电动汽车不仅拥有时尚的外观和内饰设计，还配备了先进的智能驾驶辅助系统。除了在国内市场上取得了巨大成功，比亚迪在海外市场上也不断扩大影响力。在欧美市场上，比亚迪的电动汽车也受到了消费者的热烈欢迎。比亚迪在美国加州设立了研发中心，并与当地企业合作生产电动巴士和卡车。在欧洲市场上，比亚迪与多家汽车制造商合作，提供电动汽车零部件和解决方案。

从模仿到创新，比亚迪的发展历程是一个典型的逆袭故事。通过自主研发和创新，比亚迪在新能源汽车领域取得了巨大的成功。未来，随着新能源汽车市场的不断扩大和技术的不断进步，相信比亚迪将继续保持领先地位，为全球消费者提供更好的产品和服务。

资料来源：https://baijiahao.baidu.com/s? id=1778900118283388039&wfr=spider&for=pc(2023-10-05)[2023-11-12]．（有改动）

## 5.1 创新基础理论

### 5.1.1 创新的内涵

#### 1. 具体内涵

熊彼特是美籍奥地利经济学家，堪称"创新理论"的鼻祖，他在经济学史上的地位与斯密、凯恩斯、马歇尔等著名经济学家并列。1912年，熊彼特在《经济发展理论》一书中首次提出"创新"及其在经济发展中的作用。他认为，创新就是建立一种新的生产要素或供应函数，是生产体系中引进一种生产要素和生产条件的新组合。

 **知识链接**

### 创新理论鼻祖——熊彼特简介

熊彼特（1883—1950）于1901年至1906年在维也纳大学攻读法学和经济学，1906年获法学博士学位，他是一位有深远影响的美籍奥地利政治经济学家。后来熊彼特移居美国，一直在哈佛大学任教，他和同时代的凯恩斯，两人既惺惺相惜，又充满了论争，用"既生瑜，何生亮"来形容他们的关系再贴切不过了。1912年，熊彼特出版了《经济发展理论》一书，提出了"创新"及其在经济发展中的作用。熊彼特以"创新理论"解释资本主义的本质特征，阐释资本主义发生、发展和趋于灭亡的结局，轰动了当时的西方经济学界，被誉为"创新理论"的鼻祖。近年来，熊彼特在中国声名大噪，特别是一谈提到"创新"，熊彼特提出的5种创新形式必然被人们引用和提及，几乎到了"言创新必提熊彼特"的程度。

资料来源：http://baike.so.com/doc/5351674－5587132.html[2023－12－26].(有改动)

熊彼特所谓的创新包括了5种形式：①引入一种新的产品或赋予产品一种新的特性；②采用一种新的生产方法或新的工艺过程；③开辟一个新的市场；④获得原材料或半制成品新的供给来源；⑤采用一种新的组织方式。这5种形式本质上就是产品创新、工艺创新、市场创新、营销创新、资源配置创新和组织创新。产品创新和工艺创新一般合称为技术创新，而其他的创新形式一般称为非技术创新。非技术创新的形式除了这里讲到的市场创新、营销创新、资源配置创新、组织创新，在创新理论的后续发展中，又被许多学者拓展到管理创新、服务创新、制度创新、商业模式创新等领域（图5.1）。非技术创新的作用也越来越受到重视。

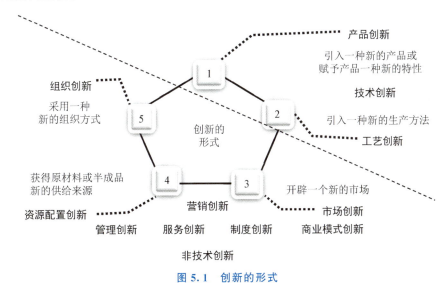

图5.1 创新的形式

### 2. 技术创新

**技术创新**（Technological Innovation）是诸多创新形式的一种，不同学者对"技术创新"的定义各不相同。**经济合作与发展组织**（Organization for Economic Co－operation and Development，OECD）的经济顾问弗里曼认为，技术创新是指在首次引进某种新产品、新工艺的过程中,所涵盖的设计、技术、生产、管理、财务和市场活动等诸多步骤。我国诸多学者也对技术创新进行了定义。傅家骥认为,技术创新是指将技术转化为商品并在市场上进行销售得以实现其商业价值,从而获得经济效益和社会效益的过程和行为。吴贵生等认为,技术创新是指从技术的新构想开始,经研究开发或技术的组合,到获得实际应用,并产生经济效益和社会效益的商业化全过程的活动。陈劲等认为,从企业管理的角度来看,技术创新就是一种从技术的新思想的产生,到研究、发展、试制、生产制造,再到首次商业化的过程。由此可见,技术创新的本质是将技术的新构想推向市场实现商业化的过程,技术创新强调技术与市场的整合。

### 3. 技术创新与发明、专利的关系

技术创新与发明、专利的定义有相似之处,容易产生混淆。三者既有区别又有联系。技术创新是经济行为,是把发明或者其他科技成果引入生产体系,获得商业化的应用。发明是科技行为,是一种新概念、新设想,或者新产品、新工艺的产生。专利是申请保护的发明或技术,包括发明专利、实用新型专利和外观设计专利。发明涵盖的范围最大,发明可以申请专利也可以不申请专利。发明成果有的被商业化应用,有的不被商业化应用,被商业化应用的就是技术创新。专利也是如此,只有被商业化应用的专利才是技术创新。三者的关系如图 5.2 所示。

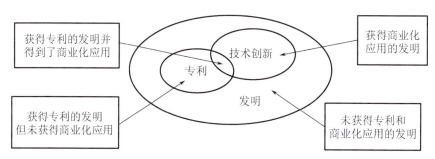

图 5.2 技术创新与发明、专利的关系

 **知识链接**

### 爱迪生是一位创业家

爱迪生,最为世人所熟知的身份是发明家。而实际上爱迪生既是一位家喻户晓的发明家,更是一位鲜为人知的创业家。在爱迪生的一生中,拥有 1 000 多项的发明专利,包括今天大家所熟知的电灯、留声机、电影摄影机。然而爱迪生最大的成就是,他能够使一项发明,不仅在技术上可行,而且在商业上也可行,并引发市场需求,为投资者和企业创造丰厚的利润。以电灯的发明为例,爱迪生认为仅仅在实验室里使一盏灯发亮,那只能说这是在科学上的伟大发明。除非电灯能批量生产,并具有千小时以上持续发亮的性能,否则电灯就只能成为实验室中的样品。爱迪生最杰出的贡献就是,他针对电灯进行商业化应用,为其建构了整个配套系统,包括:提升电灯的性能、开发电力联网系统、设置发电厂、提高量产能力等。因此爱迪生不仅是一位发明家,而且是一位真正伟大的创业家。

资料来源:http://www.doc88.com/p-0989361978558.html(2015-02-13)[2023-12-27].(有改动)

## 5.1.2 创新的意义

### 1. 创新是促进世界经济发展的决定性因素

科学技术是第一生产力。人类历史上经历了三次主要的工业革命（科技革命），其特点如表 5-1 所示。通过对三次工业革命的比较，不难看出，人类的每一次具有划时代意义的进步无一不是由科技创新带来的，三次工业革命均极大提高了社会生产力水平，促进了经济的发展，改变了人们传统的生活方式，极大丰富、提高了人们的生活质量，改变了人类社会的总体面貌。创新是促进世界经济发展的决定性因素。

表 5-1 三次工业革命的比较

| 项目 | 第一次工业革命（蒸汽革命） | 第二次工业革命（电气革命） | 第三次工业革命（信息技术革命） |
| --- | --- | --- | --- |
| 时间 | 18 世纪 60 年代—19 世纪中期 | 19 世纪 70 年代—20 世纪初 | 20 世纪中期至今 |
| 主要标志 | 蒸汽机 | 电气的广泛使用 | 原子能、电子计算机、航天工程、生物技术 |
| 代表国家 | 英国 | 美国、德国 | 美国、中国 |
| 特点 | 以蒸汽机为主要标志；机器生产代替手工劳动；人类进入蒸汽时代 | 电气革命同时发生在几个国家；一些国家两次工业革命交叉进行；人类进入电气时代 | 科学技术转化为直接生产力的速度加快；科学技术的各个领域相互渗透；人类进入网络信息时代 |

### 2. 创新是一个国家在国际竞争中立于不败之地的保证

人类社会的发展史反复证明，创新是引领发展的第一动力，只有不断推进创新，才能不断解放和发展生产力、提高劳动生产率。创新能力，特别是战略性前沿科技的创新能力，最能体现一个国家的国际竞争力。谁占领了战略性前沿科技的制高点，谁就能抓住机遇，获得领先发展优势。创新成果在社会生产过程中广泛运用，它通过改变生产方式而对国家发展产生深刻影响。科技创新水平较高的国家通常可以顺利完成经济转型，在快速发展的基础上不断提升国家实力。而那些科技创新能力较弱的国家则因无法为经济发展提供持续强有力的动力而导致国力衰颓。我国全球创新指数（GII）排名从 2012 年的第 34 位上升至 2022 年的第 11 位，我国成功进入创新型国家行列，开启了实现高水平科技自立自强、建设科技强国的新阶段[①]。

例如，第一次工业革命主要发生在英国、法国等少数欧洲国家，这些国家因此成为当时世界格局的主导力量。第二次工业革命影响的国家也仅限于美国、德国等少数国家。这

---

① 北京日报：《科技部：排名上升至第 11 位，我国成功进入创新型国家行列》，2023 年 2 月 24 日，https://baijiahao.baidu.com/s?id=1758680881656227830&wfr=spider&for=pc，访问日期：2023 年 12 月 23 日。

些国家也都成为当时的世界强国，美国更是凭借其科技领先地位，成为第二次世界大战后世界首屈一指的超级大国。冷战结束后，特别是自21世纪以来，新兴经济体的科技创新能力不断增强，成为推动国际格局新一轮调整的重要力量。当今世界，科技发展突飞猛进，信息技术更是日新月异，并强力引领社会发展方向。信息技术与物质生产过程的融合，使人工智能（AI）产业蓬勃兴起，并成为科技创新的重要标志和经济增长的重要引擎，近期广受关注的ChatGPT就是这方面的最新代表。

### 3. 创新是企业可持续竞争优势获取的源泉和根本动力

对企业来说，没有创新就没有竞争力。技术发展日新月异，市场环境瞬息万变，即便是已经通过创新获取了强大竞争力的企业，如果失去了持续性的创新能力和快速响应能力，也会走向衰亡。在全球商业发展史中，我们不难发现，一些企业正是靠创新在商界叱咤风云，成为影响世界的商业巨头。但我们同样看到，这些拥有创新基因，曾经无比辉煌的商业巨头，有一天依然有可能因为跟不上时代变化而惨遭淘汰，最终留存在高校的失败企业案例库中①。

众所周知，诺基亚曾经是全球移动电话领域的领军企业，诺基亚的股东们曾经为企业的高额利润而欣喜若狂。然而就在此时，互联网的发展突飞猛进，更多的企业开始把自己的业务与互联网联系起来。许多企业已经意识到大数据、算法、人工智能才是通信行业的未来，而诺基亚的态度就是立志要做"手机第一"，而不去关注互联网的发展动态。2013年，诺基亚的大部分手机业务和部分专利被微软收购，诺基亚的辉煌时代最后被终结。诺基亚失败的一个重要原因是，只把注意力集中到手机及其销售上，没有准确把握住信息技术革命的浪潮。诺基亚的核心优势是手机，但最终也因此被困其中，难以自拔，终难摆脱衰败的命运。

从波士顿咨询公司历年公布的"全球最具创新力公司"榜单前10名比较（表5-2）来看，具有国际竞争能力的公司无一不是通过强大的、持续的创新来实现的。

表5-2 "全球最具创新力的公司"榜单前10名比较

| 名次 | 年份 | | |
| --- | --- | --- | --- |
| | 2023年② | 2022年③ | 2021年④ |
| 1 | 苹果 | 苹果 | 苹果 |
| 2 | 特斯拉 | 微软 | 字母表 |
| 3 | 亚马逊 | 亚马逊 | 亚马逊 |

---

① 商会研究院：《柯达、诺基亚、雅虎……昔日巨头陨落真是因为不创新吗？》，2021年3月20日，https://www.163.com/dy/article/G5I68PIE053875TM.html，访问日期：2023年12月24日。
② 数码Geak：《2023全球最具创新力公司榜单公布，华为第八！比亚迪第九！》，2023年7月20日，https://baijiahao.baidu.com/s?id=1771951891225442484&wfr=spider&for=pc，访问日期：2023年12月24日。
③ 买购网：《2022年全球最具创新力公司50强榜单正式发布（附完整名单）》，https://www.maigoo.com/news/643359.html，访问日期：2023年12月24日。
④ 新浪网：《2021全球50家最具创新力公司，华为、阿里等5家中国公司上榜》，2021年4月18日，https://guba.sina.com.cn/?bid=9906&s=thread&tid=4059，访问日期：2023年12月24日。

续表

| 名次 | 年份 | | |
|---|---|---|---|
| | 2023 年 | 2022 年 | 2021 年 |
| 4 | 字母表 | 字母表 | 微软 |
| 5 | 微软 | 特斯拉 | 特斯拉 |
| 6 | 莫德纳 | 三星 | 三星 |
| 7 | 三星 | 莫德纳 | IBM |
| 8 | 华为 | 华为 | 华为 |
| 9 | 比亚迪 | 索尼 | 索尼 |
| 10 | 西门子 | IBM | 辉瑞 |

### 5.1.3 创新的类型

#### 1. 按创新的对象划分

按照创新对象的不同可以将创新分为技术创新和非技术创新，其中技术创新一般包括产品创新和工艺创新。

（1）产品创新。

产品创新是指在企业中引入一种新的产品，或者赋予原有产品一种新的特性，它是在产品技术变化的基础上进行的技术革新。通俗来讲，它是企业向市场上首次推出技术上有某种改变的新产品的过程。在技术上有某种改变，可以是原有产品性能的提高，外观的改善，耐用程度的增强，也可以是推出性能、外观等完全不同的全新产品。对 OPPO 广东移动通信有限公司（以下简称 OPPO）来说，创新是企业文化的一个组成部分，它已然形成了一种生活方式。OPPO 之所以能获得巨大的成功，很大程度上归因于其较强的产品创新能力。在过去的十几年里，OPPO 通过产品创新，不断推陈出新，仅手机主系列产品，平均 6 个月就推出一款受消费者热爱的新产品，具体如表 5-3 所示。

表 5-3 OPPO 手机主系列产品的创新特点

| 发展阶段 | 主张用户体验至上 | 主张技术应用创新 | 根据用户需求快速迭代 |
|---|---|---|---|
| 成立阶段<br>（2006—2010 年） | 外观设计<br>产品质量<br>音乐质量 | 像素远超同行 | 直板手机<br>滑盖手机<br>翻盖手机 |
| 成长阶段<br>（2010—2015 年） | 自拍功能<br>充电技术 | 全球最薄智能手机<br>拍照更美更清晰 | 超薄手机<br>自拍手机 |
| 成熟阶段<br>（2015—2023 年） | 操作便捷性<br>系统流畅度 | 充电更快更安全 | 闪充手机<br>拍照手机 |

资料来源：陈思诚. OPPO 公司手机产品微创新模式案例研究［D］. 南昌：江西财经大学，2023.

(2) 工艺创新。

工艺创新又称过程创新,是指采用一种新的生产方法或新的工艺的创新形式,它是在生产过程中进行革新基础上的技术创新,包括新工艺、新设备和新的组织管理方式。它可以是采用新的原材料或半成品,可以是采用新的或改善的模具,也可以是采用新的或改善的新设备、新工序或新的加工形式,又可以是采用新的或改善的生产组织管理方式。

产品创新和工艺创新都是为了提高企业的经济效益和社会效益,但二者的途径不尽相同,方式也大不一样。产品创新侧重于技术创新活动产生的结果,而工艺创新侧重于技术创新活动的过程;产品创新的成果重点体现在能看得到的物质形态的产品上,而工艺创新的成果既可以渗透于劳动者、劳动对象和劳动资料之中,又可以渗透到各种生产力要素的组合方式上。

(3) 非技术创新。

弗里曼在熊彼特创新理论的基础上提出了创新不仅包含技术创新,还包含商业模式、服务、管理、制度等非技术方面的创新。与此同时,众多学者也发现产业发展中除了技术创新,非技术创新也越来越重要,技术创新与非技术创新共同构成了创新的全部,因此,有学者再回望熊彼特早期所提到的 5 种创新,就指出 5 种创新中的后 3 种创新其实就是非技术创新。国际认可的创新调查指南和世界各国测度创新指导书——《奥斯陆手册:创新数据的采集和解释指南(第 3 版)》也将非技术创新纳入了创新数据采集的范畴,但至今学术界对非技术创新的定义并未统一。对于技术创新与非技术创新两者的区分更多是从主要关联活动进行的,具体如表 5-4 所示。

表 5-4 技术创新与非技术创新的主要关联活动

| 创新类型 | 主要关联活动 |
| --- | --- |
| 技术创新 | ①进行内部研发或从外部获得专利、非专利的使用权;<br>②开发新产品、升级产品功能或拓展产品应用场景;<br>③获取新生产或流通设备、提高效率的技术工具;<br>④实施新的工艺生产、新的交付方式 |
| 非技术创新 | ①采用新的产品外观与包装设计;<br>②开发新市场、新销售渠道,采用新促销、新定价策略;<br>③变革组织结构、业务流程结构;<br>④进行新的职责划分、决策模式;<br>⑤采用与其他企业关联的新方式 |

资料来源:李鑫. 基于非技术创新视角的休闲农业高质量发展研究 [J]. 湖北经济学院学报(人文社会科学版), 2023 (10): 31-35. (有改动)

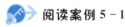
阅读案例 5-1

## 胖东来的非技术创新

在商品同质化日益严重的今天,服务已成为零售企业给顾客提供附加价值、实现差异化竞争的有效手段。用服务增值,就是要在商品之外提供更多、更好的附加服务来满足消费者的需要。成立于 1995 年的望月楼胖子店是许昌市胖东来商贸集团有限公司（简称胖东来）的前身。其创始人于东来带着"比别人价格便宜点、态度好点"的朴素经营意识开启了创业之旅。

当时，针对充斥着假货、次品、过期商品的市场，于东来提出"用真品，换真心"的理念，获得了出人意料的成功。更重要的是，于东来由此赢得了顾客的信任，初步塑造了胖东来货真价实的市场形象。于东来还提出了"不满意，就退货"的全新理念。结果，一下子出现了不少恶意退货的现象。如有的人要结婚，就到胖东来买一套西装，等办完婚礼后再退货。于东来并未因此放弃，反而劝员工们说，这毕竟是少数，不能因为少数人的行为而取消大多数人应该享受的服务；而且，这些人明明有需要，为什么还要退货？说明他们有困难，就当帮他们一把。也是在这一年，胖东来率先推出了包括存车、打气、饮水、电话、衣服熨烫、裁缝裤边等在内的免费服务。

不仅如此，无论产品是否购于胖东来，其电器维修部还提供免费的维修服务。如果一时难以修好或排在等待名单靠后的位置，为了不耽误使用，胖东来准备了常用小家电让顾客拿回家备用。一些高端电子产品在许昌没有维修点，胖东来就帮消费者去郑州维修，除收取厂家维修点的维修费用，跑路费、代修费等胖东来分文不取。在胖东来或许昌其他商店买不到的商品，胖东来可以原价代购，不加费用。这些服务抓住了顾客的心。胖东来的优质服务可以看作一种补贴，它既是对广大消费者的感恩和回馈，同时也成为吸引消费者的强大武器。

资料来源：https://www.sohu.com/a/252492712_167028(2018-09-07)[2023-12-28].（有改动）

### 2. 按创新的创新程度划分

（1）渐进性创新。

渐进性创新，是指对现有技术局部的改进和完善，是非质变性的技术创新。渐进性创新是以持续技术创新为基础的，其目标是对企业现有产品的客户所关注的产品性能进行持续改进、提高产品服务质量。很多洗护用品的创新都属于渐进性创新。例如一些护肤品进行技术升级，提高了纯度或在里面添加某种新精华。这些新产品在原有产品的基础之上进行改进，但并无实质性的突破。在技术特性方面，渐进性创新可能具有技术上的跨越和突破，但是不管这种革新困难有多大、跨度有多大，只要它的性能改进的轨道仍然是其主流用户所需要的性能轨道，它就仍然是渐进性创新。例如Intel的微处理器的研发无论多么困难，性能有多少改进，但只要创新的轨迹仍然是让微处理器运行速度更快，那么这样的创新就属于渐进性创新。

（2）突破性创新。

突破性创新是指源于突破性技术的创新（技术有重大的突破或改变了原有的技术轨迹），或者是那些不按企业主流客户的需求改进轨道进行的创新，或者是暂时还不能满足企业主流客户需求的创新。汽车、青霉素、电、互联网，这些都是突破性的发明和发现。浙江大学的陈劲教授认为，相较于渐进性创新，突破性创新的主导力量往往是规模较小的企业。这些小企业由于面临着较大的生存压力，有时候他们只能在夹缝中寻找机会。因此，起初他们的客户对象往往是处在边缘的低端客户。而大企业的生存压力较小，他们占据了很大的市场份额，财务状况稳定。起初大企业会注意到小企业的创新，但不会认为小企业能对自己构成威胁，因此不会把小企业纳入自己的战略规划中。小企业不断进行突破性创新，最终形成不可阻挡之势，大企业可能因此而败下阵来。电子商务的发展，特别是淘宝，就是由小变大的一个发展过程。在传统零售业一统天下的格局下，马云大力推动电子商务的发展，最初也举步维艰，但随着电子商务的便捷性和经济性的优势逐渐被越来越多的客户所接受，它成了时代发展的潮流。相比传统零售业，这就是一次突破性创新。成千上万的卖家通过淘宝完成了自己的创业梦想，新兴电子商务抢占了传统零售业很大的市场。

### 3. 按开放程度划分

（1）封闭式创新。

封闭式创新是企业在封闭状态下完全依靠自己的力量进行研究与开发，同时对其所涉及的所有关键要素实行严格的专利权控制，全凭内部研究与开发的优势地位形成对竞争对手的技术壁垒的创新模式。封闭式创新的特征是企业自身的研发能力强、风险投资少、外部的科研院所对企业不具有影响力。在封闭式创新模式下，企业研究与开发活动能够形成良性自循环系统：基础性的技术突破→研发出新产品或产品的新性能→通过实现商业化应用获得更高的销售额和利润额→增加研究与开发投入→基础性的技术突破。20世纪80年代，大多数企业采取封闭式创新，即企业主要是通过依靠自身的力量增加内部的研发投入从而获得基础性的技术突破，进而提高产品或服务的质量与性能，最终实现更高的利润。杜邦公司的杜邦实验室、朗讯科技的贝尔实验室、IBM的沃森实验室等都是采用封闭式创新的代表。但是随着经济全球化发展和风险资本市场的兴起，企业采取只依靠自己的封闭式创新使其难以适应瞬息万变的外部环境，很多企业的创新模式逐渐由封闭式创新走向开放式创新。

（2）开放式创新。

开放式创新是指企业同时利用内部和外部的力量实现创新，以达到创新资源优势互补的创新模式。企业技术的商业化路径既可以从内部进行，也可以从外部得以实现，它是在创新链条的各个阶段与多方合作伙伴开展多个角度动态合作的创新模式。开放式创新使得有价值的创意可以从企业内、外部同时获得，创意的商业化路径也可以从企业内、外部同时进行。企业外部包括客户、竞争者、供应商、政府机构、高校、技术中介等。企业创新管理是近些年来管理学中发展较为迅速、综合性极强的新兴学科。企业创新管理也由封闭式创新逐渐走向开放式创新乃至协同创新。

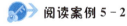
阅读案例 5-2

## 海尔的开放式创新平台

海尔集团控股有限公司（以下简称海尔）于2012年建立了开放式创新平台HOPE，成立的初衷是为其内部服务，在全球范围内寻找创新资源，响应内部技术需求，攻克技术难题，持续创新，后期拓展成为全球用户、创客和创新资源实现零距离交互，最终完善企业持续创新的生态系统。

HOPE由简单明晰的四大模块构成："需求发布""方案收集""方案评估""创意提交"。在"需求发布"板块，海尔和用户都可以发布自己的技术需求，当需求被相关技术提供方发现后，技术提供方会将相关技术指标发布到"方案收集"板块，并依靠"方案评估"模块进行专业评估，判断技术方案的可行性和可靠性。

HOPE的成立是海尔走出"舒适区"的一大步，海尔在过去的研发中，用户和资源就像一条线段的两端，无法产生交集，HOPE打通了用户和资源间的壁垒，这种让产品需求方与技术提供方直接进行技术互动的方式也是属于海尔的颠覆式创新，提高了产出效率。HOPE所有参与成员分为两类团体：第一类团体是这个新理念价值实现得益者,他们在"需求发布"板块发布自己的技术需求;第二类团体是能够帮助这个新理念价值实现的提供者,即一些与海尔合作的研发中心和研发工程师,当需求被他们发现后,这些工程师和技术人员会把相关技术指标发布到"方案收集"板块,HOPE 平台用自身的核心能力把这两个团体连接起来,有效地平衡两个团体的利益,实现团体成员间的协同效应。

HOPE 1.0 于 2013 年正式发布,其主要使命是为海尔提供服务。2014 年,HOPE 2.0 正式发布,HOPE 2.0 不仅要满足海尔内部的用户需要,还要注重与企业之间的快速互动,共享创新资源。在 2015 年,HOPE 第一次提出要构建一个创新的生态体系,并让这个生态体系中的每一个角色都能以"为用户创造价值"为核心,获得各自的利益。同时,HOPE 还引进了微洞察和 IWS,强化了其服务能力。在 2017 年以后,HOPE 将重点放在了构建一个全球资源网络和用户社群上,并将其运营成一个全球创新中心,从而达到提升企业中长期竞争力的目标。作为网络平台方,HOPE 使用互联网平台技术,整合了大量的创新资源,这为向用户及时准确地提供资源提供了保障。为了更好地打消用户对 HOPE 的顾虑,HOPE 还积极引进社会上的第三方机构参与到对其工作的监督管理上来,以此来保障其合理有序地运行。在此基础上便建立起了多方共同参与维护的平台运行模式。

资料来源:马力. 海尔集团开放式创新模式及其绩效评价研究[D]. 武汉:武汉纺织大学,2020;熊亚辉. 海尔智家开放式创新模式及创新绩效评价研究[D]. 石河子:石河子大学,2023.(有改动)

### 4. 自主创新

在对**自主创新**(Independent Innovation)的研究中,陈劲教授最早使用了"自主创新"的概念[①]。他研究了从技术引进到自主创新的学习模式,认为研究与开发中的学习应该是自主创新过程中的主导学习模式,只有通过研究与开发才能把握技术的本质。较为全面地论述自主创新内涵的研究出现在近几年,而且我国学者对自主创新的理论研究是在吸收西方研究成果的基础上展开的。自主创新比较全面的定义是:企业通过研究与开发活动,不断地进行技术学习,探索技术前沿理论,突破技术难关,获得具有自主知识产权的技术。自主创新的核心内容是主要依靠自身的力量完成创新的过程,摆脱技术引进和技术模仿对外部技术的依赖性,本质就是把握创新核心环节的主动权,掌握核心技术的所有权。自主创新主要包括 3 个层面,分别是:原始创新、集成创新和引进消化吸收再创新。

(1)原始创新。

原始创新是指前所未有的重大科学发现、技术发明、原理性主导技术等创新成果,主要包括科学研究和技术开发。科学研究或基础研究寻求新的科学知识,即新的理论、新的规律、新的技术和新的方法,其重要的结果就是获得新发现,体现科技的最高水平。这是新生产力的主要来源。技术开发是把科学知识转化为实物,即新的仪器、新的设备、新的产品和新的处理方法,其重要的结果就是发明创造。原始创新是最根本的创新,是最能体现智慧的创新,是一个民族对人类文明进步作出贡献的重要体现。原始创新活动主要集中在基础科学和前沿技术领域,原始创新是为未来发展奠定坚实基础的创新,其本质属性是原创性和第一性。

(2)集成创新。

集成创新是指通过对各种现有技术的有效集成,形成有市场竞争力的产品或者新兴产业。它与原始创新的区别是,集成创新所应用到的所有单项技术都不是原创的,都是已经

---

[①] 陈劲:《从技术引进到自主创新的学习模式》,《科研管理》1994 年第 2 期。

存在的，其创新之处就在于对这些已经存在的单项技术按照自己的需要进行了系统集成并创造出全新的产品或工艺。集成创新相对于单项创新而言，是系统的创新活动，创新主体、创新载体、创新环境等系统要素并非孤立地发挥作用，而是通过选择、整合、优化等创造性的集成活动，形成一个由适宜要素组成、相互优势互补、相互匹配的有机体，形成"1+1＞2"的集成放大效应。

（3）引进消化吸收再创新。

引进消化吸收再创新是指在引进国内外先进技术、装备的基础上，学习、分析、借鉴，进行再创新，形成具有自主知识产权的新技术、新产品。引进消化吸收再创新注重对外部知识的学习，在学习过程中不断增强自我的"消化吸收"能力，将外部知识转化为内在的创新积累及创新能力提升。引进消化吸收再创新是最常见、最基本的创新形式。其核心概念是利用各种引进的技术资源，在消化吸收基础上完成重大创新。

需要注意的是，不要曲解自主创新的内涵。一般而言，有以下两点曲解。一是把"自己创新"当成"自主创新"，遵循封闭式创新模式。二是把自主创新当成纯粹的技术开发与创造，而不与战略、组织、市场、制度等非技术因素协同。自主创新不是自己创新、全封闭创新，也不是纯粹的技术研发，其本质是摆脱对外部技术的依赖性，把握创新核心环节的主动权，掌握核心技术的所有权，实现技术创新与非技术创新的全面协同。

 阅读案例 5-3

### 自主创新打破国际垄断 国产人工心脏何以成功闯关？

心衰被比作心脏病中的"癌症"，一旦进入终末期，现有药物和心率控制器械难以逆转病程进展，死亡率极高。而作为传统疗法的心脏移植则面临供体有限的困境，无法满足临床需求，大量患者在等待中遗憾离世。人工心脏的出现，彻底改变了这一现状。被业界誉为医疗器械"皇冠上的明珠"的人工心脏，目前运用最广泛的要数"左心室辅助装置"（LVAD），其功能类似于一个血泵，安装在心脏的心尖处，替代或部分替代心脏的供血功能。在美国等发达国家，人工心脏技术经过数十年的迭代发展日趋成熟，并占据了国际市场的垄断地位。十多年前，我国的人工心脏研发处于几近空白阶段，一些参与人工心脏研发的中国科学家和工程师意识到，如果中国不能填补这项技术的空白，迟早会被国外"卡脖子"。

2008年，人工心脏专家陈琛回到祖国，创立了同心医疗科技股份有限公司。那时全球还没有一款超小型全磁悬浮人工心脏问世，但根据多年的研发经验，陈琛判断，全磁悬浮技术未来将成为人工心脏产品的主流技术路线。因此，陈琛便提出一个完全独立自主的创新技术方案，带领团队用了近7年时间奋力攻关，反复交叉验证，终于创新研发出一款地道"中国心"。这一技术判断在全球范围内被印证是正确的，美国雅培公司的人工心脏产品HeartMate 3与这颗"中国心"不约而同地采用了全磁悬浮技术，目前HeartMate 3已经在国际市场中独占鳌头。而这款"中国心"涉及的各项核心技术也均在美国、日本等地申请了专利，突破了国际知识产权壁垒。"我们从底层技术开始都是原创的，拥有完整的自主知识产权。不存在抄袭模仿的情况，因此也获得了国际业界的高度认可和尊重。"陈琛说。2017年6月，因终末期心衰已经病危的李先生，在中国医学科学院阜外医院接受了这款国产人工心脏的植入手术并获得圆满成功，开创了我国人工心脏应用的历史先例。时至2023年，他的身体机能在人工心脏辅助下得到恢复，能和正常人一样工作、运动、享受生活，并且创下了我国携带人工心脏最长时间的纪录。

作为我国第一款具有完全自主知识产权的全磁悬浮心室辅助装置，它标志着我国在心血管领域最复杂的植入医疗器械的研制方面迈出了重要一步，中国心脏衰竭外科治疗也因此进入人工心脏时代。国产人工心脏能够研发出来并投入临床应用，是我国在高端医疗器械科技创新方面的重大突破，不仅打破了被国外"卡脖子"的局面，更有望造福千万心衰患者，让他们重燃"生"的希望。"心衰已经成为巨大的公共卫生负担，我们研发人工心脏的初衷就是让患者不但能够摆脱病痛，而且还要让他们重回家庭、重回工作岗位，享受长期高质量的生活，这是人工心脏最大的社会价值所在，也是我们企业的责任所在。"陈琛说。

资料来源：王兴亮．自主创新打破国际垄断 国产人工心脏何以成功闯关？[N]．经济参考报，2023-07-20(3)．(有改动)

### 5.1.4 创新的过程

#### 1. 创新的基本过程

从创新的定义我们了解到创新逻辑上的基本过程是，从产生创意到研究开发、中试，再到批量生产，最终进行市场营销，如图 5.3 所示。创意的产生，主要表现在创新思想的来源和创新思想的形成两个方面。创意可能来自科学家或从事某项技术活动的工程师的推测或发现，也可能来自市场营销人员或用户对环境、市场需要、机会的感受，但是这些创意要变成创新还有很长时间。研究开发阶段的基本任务是创造新技术，一般由科学研究（基础研究、应用研究）和技术开发组成。企业从事研究开发活动就是开发可以或可能实现实际应用的新技术，即根据本企业的技术、经济和市场需要，敏感地捕捉各种技术机会和市场机会，探索应用的可能性，并把这种可能性变为现实，研制出可供利用的新产品和新工艺是研究开发阶段的基本内容。有些企业也可能根据自身的情况购买技术或专利，从而跳过这个阶段。中试阶段的基本任务是完成技术开发到实验生产的全部技术问题。批量生产阶段的任务是实现由知识生产力向现实生产力的转化。一般会在该阶段生产出新的产品，并解决大量的生产组织管理问题和技术工艺问题。市场营销阶段，探索创新成果的市场接受程度并进一步考察技术的完善程度。

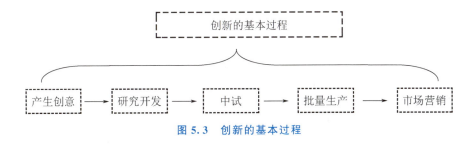

图 5.3　创新的基本过程

#### 2. 创新基本过程的特点

（1）创新的基本过程是一个多阶段的复杂过程。

创新的基本过程作为联系科技发展与经济增长的中间环节，涉及产生创意、研究开发、中试、批量生产及市场营销等一系列活动。它不仅伴随着技术的变化，而且伴随着组织创新、制度创新、管理创新和营销创新。由此可见，它是一个由一系列活动构成的多阶段决策过程。同时，各个阶段的创新活动不仅是按线性序列递进的，有时还存在着过程的多重循环与反馈及多种活动的交叉进行，各个阶段相互区别又相互联系和促进。并且在这个过程中,每一个环节之间都充满着风险和不确定性。因而在进行创新活动时,必须明白各个阶段的相互联系与作用。

(2) 创新基本过程的不确定性。

创新基本过程的不确定性,首先是1962年由阿罗提出的。他指出,创新过程具有不确定性、不可分割性和创新利润的非独占性3个特征。并且在这3个特征中,就其对于创新过程的影响而言,核心特征是创新过程的不确定性,它存在于创新过程的每一个环节,影响着创新过程中的每一项决策。创新的程度越高,不确定性就越大,未来投资的价值也就越大。创新过程中主要存在以下几种不确定性。

第一,技术创新的不确定性。它是指企业在技术创新的发展方向、速度和所能达到的最终结果方面存在的不确定性,这是因为,人们往往是同时在众多技术研究开发领域中进行创新的,但很难确定新的技术突破将在哪个方向、以何种速度开始,以及这种新的技术突破对现有技术结构将会产生何种影响及后果。也就是说,在技术创新初期,新技术是不成熟的、粗糙的。对于在现有技术知识条件下能否很快使其完善起来、向哪个方向发展以及在多长时间内取得成功,这些都没有确切的把握,因而使得新技术的发展前景表现出不确定性。

第二,市场的不确定性。它是指生产商对于其创新产品所需满足的消费者需求类型和程度、市场规模、市场成长速度等都无法确定,很难准确判断和预测。造成市场不确定性的原因包括:技术的复杂性和先进性导致消费者难以理解;创新产品的出现往往会导致一个全新的产业或市场的产生和成长,而有关这个全新产业和市场的信息与知识是稀缺的;创新产品的多用途性使其市场范围不易确定,消费者类型无法预先判断;当一种创新产品推向市场时,是否能向消费者提供更大的满足,消费者能否接受、如何尽快地接受,以及如何使创新向其他领域扩散等也都无法预先做出准确的判断。

第三,制度环境的不确定性。它是指政府行为和公众偏好所组成的制度环境直接参与到创新的过程中,并且对其发展的速度、方向以及创新的最终结果产生影响,但是产生何种影响,及其影响程度如何,这些都是不确定的。也就是说,创新产品在何时、何地以何种价格和规模进入市场,在很大程度上并不是由技术或市场决定的,而是由这种制度环境决定的。

### 3. 创新过程的基本模型

创新过程的基本模型有技术推动模型、市场拉动模型和交互模型,复杂模型有链环模型、综合模型等。本章仅对其基本模型进行介绍。

(1) 技术推动模型。

这种模型的特点是创新是由技术成果引发的一种线性过程,起始于研究开发,终止于市场实现,市场是研究开发成果的被动接受者,如图5.4所示。技术推动模型下的创新大多是根本性的技术推动,如激光、半导体、无线电、计算机、互联网等。西方发达国家最开始的创新大多都采用技术推动模型。

**图 5.4　技术推动模型**

（2）市场拉动模型。

这种模型是由市场需求引发的。在市场拉动模型中，市场需求为创新创造了机会，刺激了研究、开发并为之寻找可行的技术方案，最终实现生产、营销，如图5.5所示。有相关研究表明，有超过60%的创新行为是由市场需求引发的，因此，对于大部分的企业和科研单位来说，市场拉动模型下的创新在实际中占据很重要的位置。在该模型中，市场需求为创新提供了机会，而创新是市场需求拉动的最终结果，例如随身听、笔记本电脑的发明。

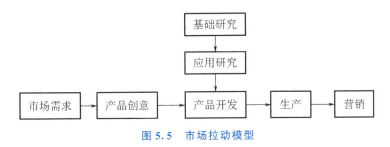

图 5.5　市场拉动模型

（3）交互模型。

这种模型更为真实，它强调技术与市场的有机结合。该模型认为，创新是由技术和市场两者的共同作用引发的，社会与市场的需求和新的技术能力都可以导致创意的产生；同时，创新过程中的各个环节之间、创新与市场需求以及技术进展之间存在着交互作用的关系，如图5.6所示。与技术推动模型和市场拉动模型相比较，交互模型加强了市场与技术的连接，这就说明企业的创新管理是要将市场需求和新的技术能力进行匹配的。

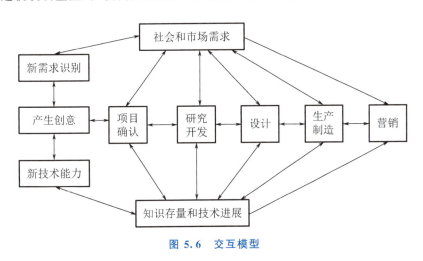

图 5.6　交互模型

## 5.2　创新管理框架

### 5.2.1　创新管理的必要性

1. 创新是一项高失败率的活动

成功的研究、开发可以使企业成为领头羊，给企业常年带来丰厚的收入与利润，但与此同时，研究、开发也具有高度的不确定性与风险性，一旦管理不当，将使企业陷入困境。创新是一项高失败率的活动。很多创意都不一定能最终转变成新产品。研究表明，许多创意都不能最终成为技术上可行的产品，即使技术上可行，也不一定能获得市场的认可。一项研究显示，一些行业的创新成功率很低。以新药开发为例，在3 000个初始的创意中，往往仅有1个能够最终在商业上获得成功。而且有些新药往往从开发到上市要经过12年或者更长的时间，如图5.7所示。当然，并不是每一个创新案例都像上述所列举的那样损失惨重。对大多数创新型企业而言，其创新的结果通常都是成功与失败并存的，因此需要加强创新管理。

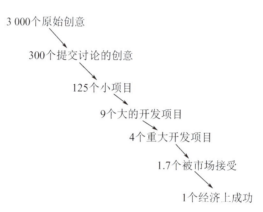

图 5.7　新药的开发过程

### 2. 创新的风险

创新的过程充满了不确定性，涉及许多相关因素：技术因素、市场因素、社会因素、政治因素等。创新的主要风险如表5-5所示。

表 5-5　创新的主要风险

| 风险种类 | 主要风险因素 |
| --- | --- |
| 管理风险 | ①组织协调不力、其他部门配合不好；②高层领导关注不够；③调研不充分、市场信息失真；④创新主体的领导人做出错误的决策；⑤风险决策机构机制不健全、研发过程不协调 |
| 技术风险 | ①技术开发难度大；②技术无法获得；③关键技术难以突破；④存在技术障碍和技术壁垒；⑤实验基地、设备和工具的缺乏 |
| 生产风险 | ①难以实现大批量生产；②工艺不合理或现有工艺不适应；③生产周期过长或生产成本过高；④原材料供应无法解决；⑤检测手段落后、产品质量难以保证、性能差 |
| 财务风险 | ①创新资金不足；②融资渠道不畅 |
| 政策风险 | ①不符合国家或地方的环保政策、能源政策、科技政策和外贸政策；②无法获得产品、原辅材料、设备、技术的进口许可证 |
| 市场风险 | ①新产品因性能、稳定性或消费者惯性等因素一时难于被市场接受；②市场需要开拓且难度较大；③因价格等原因市场需求不旺盛或增长不快；④市场定位不准，营销策略、营销组合失误；⑤新产品寿命短或开拓的市场被更新的产品代替 |

续表

| 风险种类 | 主要风险因素 |
| --- | --- |
| 社会风险 | ①"三农"问题；②腐败问题；③国有资产流失问题；④贫富差距问题；⑤就业问题；⑥金融风险的加剧；⑦安全生产问题；⑧诚信危机 |
| 自然风险 | 地震、台风等不可抗力导致创新项目受阻等 |

只有在整个创新过程中进行周密管理，才有获得成功的可能性。创新管理的关键就是精心设计和控制创新过程，使其失败的概率最小化。

### 5.2.2 创新管理的内涵

**创新管理（Innovation Management）**是对创新过程的全程管理，对从创意到进入市场实现商业化的全过程进行管理。为了完成从创意到市场价值的转化，创新管理需要从战略、组织、资源、文化等方面进行精心设计。总体来说，创新管理需要纵横论，横向管理需要创意、研发、制造、营销的整合，纵向管理需要战略、组织、资源、文化的系统协同。创新管理框架如图 5.8 所示。

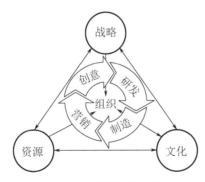

图 5.8 创新管理框架

#### 1. 创新战略

创新管理需要企业的创新战略引导。我国企业自主创新不足与企业自身创新战略管理能力的薄弱有很大的关系。许多企业只有利润和销售额指标，而没有基于自主知识产权及创新的增长指标。企业要自主创新，首先要突破企业的传统发展模式，实现从简单的经营到整合国内外新兴、突破性科学技术和商业资源，创造更高附加值、更环保的产品或服务的转型。世界创新典范 3M 公司一直在战略上要求当年开发的新产品与新服务要为下一年的销售收入创造 10% 的贡献，这样的创新战略目标使 3M 公司每年开发的新产品高达 1 500 件。因此，增强创新战略管理能力，加强企业战略与创新的良性互动，是实现创新管理的重要条件。

#### 2. 创新组织

实现创新管理，要重视并持续进行对创新组织结构的优化。传统的中国企业延续的是工业社会的等级制的组织结构，这使得研发、生产与营销等之间的联系很容易被割裂，即使高强度的研究、开发也不足以冲破部门的藩篱，市场需求与技术供给难以得到真正匹配,科技成果转化为生产力在企业这一组织中的实现变得更加困难。现在创新型企业必须从根本上改革企业的组织结构,使之成为面向用户的流程化组织形式,更快、更有效率地将创意孵化成可实现、有商业价值的产品。宝马集团在创新的中心协调上做得一丝不苟,每当开始研发一款汽车时,宝马集团下属的包括工程、设计、生产、营销、采购及融资部门在内的200~300名项目组成员都得从各个地方集中到该集团的研究创新中心一起工作3年。这种紧密的关系可以促进面对面交流,从而减少营销部门和工程部门在后期产生的矛盾。

### 3. 创新资源

创新管理就是创造性地实现资源的重新组合,这些资源包括信息、资金、人才、品牌、知识产权等一系列有形与无形的资源。实现创新管理,要求企业不断丰富与扩大创新资源,特别是信息与知识产权资源。为了加快这一进程,企业对内需要充分调动员工参与创新的积极性,逐步实现企业创新管理的全员参与。宝钢集团每年人均提出4条合理化建议,就是国内企业在这方面的有益尝试。丰田公司更是以每年人均35条,总共200万条建议的水平,成为世界上极具创新力的企业。我国企业的市场研究能力仍待提高,在市场需求日益细分的情形下,仅仅依靠企业经营者的直觉是完全不够的。用于战略与市场分析的情景分析、技术预见、竞争情报等工具手段,大部分中国企业还不会应用。在开放式创新体系下,企业不能仅依靠内部有限的资源实现创新,获取外部知识的能力变得越来越重要。用户尤其是领先用户直接参与创新,将加快创新的速度并提高创新的成功率。总之,创新管理是一个资源多元化整合的过程,也是企业创新网络建立的过程,创新资源和创新网络相辅相成,共同推进创新管理。

### 4. 创新文化

创新文化对创新管理的有效开展具有重要意义。海尔的创新之所以比较成功,是因为其有效地将中国的儒家文化、美国的创业精神、日本的团队文化、德国的质量文化有机整合在了一起。价值观、制度体系、行为规范、实物载体是创新文化的4个维度。

## 5.2.3 创新管理的过程

创新管理要求从构建创新系统入手,对企业创新进行全过程管理,这被证明是非常有效的。组织的创新行为并不是随机选择的,而是在总体创新战略的指导下确定发展方向,并在对创新战略进行详细的计划分解后,按项目展开运作的。创新管理的全过程模型可以参见图5.9。

创新管理的全过程可以分为4个阶段、8个过程。

第1阶段是创新的总体部署阶段,该阶段包括过程①,过程①的任务是:根据组织内外环境特征、组织整体战略等选择发展方向,并据此制定创新战略。通常来说,创新战略包括创新发展的有关内容,还必须包括资源规划以及相关组织要素的设计规划和再设计规划。

第2阶段是创新战略执行的详细计划阶段,该阶段包括过程②和过程③。过程②的任务是:按照创新战略设定阶段创新目标,并据此制订阶段性(通常为计划周期,如一个会计年度)创新计划。过程③的任务是:按照创新战略部署确定中长期创新项目,并按照本

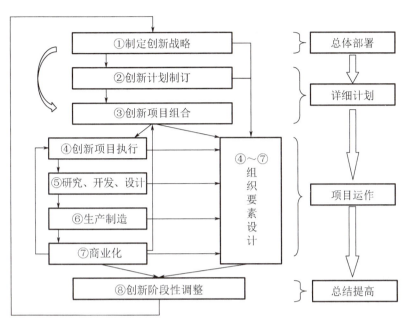

图 5.9 创新管理的全过程模型

阶段的创新计划确定阶段性创新项目，并将短、中、长期项目合理组合。

第 3 阶段是创新的项目运作阶段，该阶段包括过程④、⑤、⑥、⑦和过程④～⑦的并行过程。过程④是创新项目执行，又称模糊前端，其任务是：按照创新项目发展的要求在项目小组内展开交流，进一步识别和评估机会，并廓清创新项目的概念和项目成果的定义，按计划执行创新项目。过程⑤的任务是：执行研究、开发和设计任务，如有必要可进行质疑并反复讨论和修改。本过程也可以提前终止没有商业化前景的创新项目。过程⑥的任务是对研究、开发和设计的成果安排批量生产方案并执行。过程⑦的任务是对进行到生产制造方案阶段的成果安排商业化运作方案并执行。过程④～⑦的任务是，根据创新项目开展需要，对按照创新战略、创新计划和创新项目组合确定的组织要素进行调整，最常见的组织要素调整为人员调整。过程④～⑦是个循环过程，每一个过程是下一个过程的输入，对于不合理的输入，后续过程有权提出修改或者放弃请求。

第 4 阶段是总结提高阶段，该阶段包括过程⑧。过程⑧的任务是，在本过程期末对本期的创新及其管理结果进行审计，并对本期的创新及其管理行为进行评估，总结经验和教训，进行创新阶段性调整。

创新管理的全过程模型表现出非线性发展和循环发展的特征，其每个过程阶段的任务特征各有异同并相互衔接，以短期市场竞争和中长期技术发展为目标共同完成组织的创新职能。在创新管理的全过程模型及其各阶段任务特征的基础上，组织可以清楚地找出创新管理的切入点和控制点。

### 5.2.4 全面创新管理

#### 1. 全面创新管理已成创新管理的发展趋势

随着知识经济时代的来临，越来越多的企业发现，仅有良好的生产效率、足够高的产品或服务质量、较强的灵活性已不足以保持市场竞争优势。研究表明，许多创新项目不成功的重要原因之一，就是技术创新缺乏与组织、文化、战略等非技术因素方面的协同配合，这使企业的技术创新游离于其他要素的创新之外，还使技术创新绩效难以提高。许多非技术创新，如管理创新、组织创新、制度创新、市场创新等，正变得越来越重要。自 20 世纪 90 年代以来，经济全球化趋势更加明显，企业面临的环境更加复杂，竞争日益激烈，顾客需求的个性化及对速度的要求对企业提出了更高的要求，全面创新管理是当前企业创新实践发展的需要，全面创新管理日益成为企业生存与发展的不竭源泉和动力。

### 2. 全面创新管理的内涵

**全面创新管理**（Total Innovation Management）以培养核心能力、提高持续竞争力为导向，以价值创造或价值增加为最终目标，以各种创新要素（如技术、组织、市场、战略、管理、文化、制度等）的有机组合与协同创新为手段，通过有效的创新管理机制、方法和工具，力求做到人人创新、事事创新、时时创新、处处创新。

### 3. 全面创新管理的特征

全面创新管理的特征为"三全一协同"，即全要素创新、全员创新、全时空创新及全面协同。全要素创新是指以技术创新为中心的企业各创新要素的全方位创新，包括组织结构创新、文化创新、制度创新、战略创新和市场创新等。全员创新中，狭义的"全员"是指企业各部门和全体员工人人参与创新，广义的"全员"涉及企业的全部利益相关者，包括员工、顾客、合作伙伴、股东等。全时空创新是指全时、全地域创新等全时空维度的立体化持续创新。全面协同是指各创新要素间在时空范围和全员参与背景下的全面协同创新。

## 5.2.5 开放式全面创新管理

**开放式全面创新管理**（Comprehensive Open Innovation Management）需要企业同时开展开放式创新管理和全面创新管理。开放式创新管理要求企业高度重视内外创新要素的系统集成，包括内部各创新职能部门间、企业与外部利益相关者的创新合作。全面创新管理则需要企业实现内部各类要素创新的全面协同，包括技术创新与非技术创新的全时、全地和全价值链的动态整合。开放式全面创新管理以提高企业核心能力、增强企业持续竞争优势为目标，通过开放式创新实现内部创新源和外部创新源的紧密结合，通过全面创新管理实现包括观念创新、战略创新、技术创新、组织创新（主要包括组织结构创新、流程创新和组织文化创新）、管理创新、制度创新和市场创新等的有机整合与匹配。开放式全面创新管理旨在改变传统的企业创新管理中只重视输入或输出、忽视技术研发之外的其他创新要素的弊端，致力于创造企业内外创新和内部各要素创新的"混沌的边缘"，把利用外部创新源、集成技术与非技术要素的创新作为企业创新管理的新方向。

## 5.2.6 整合式创新管理

**整合式创新管理**（Integrated Innovation Management）的理论框架以创新战略导向为方向指引，以技术创新和开放式创新为主的模式创新为两大支柱，三者相互联系，有机统一。整合式创新管理理论源于对中国传统文化中创新因素的探索，该理论在适应国际前沿技术窗口、中国时代发展趋势的基础上提出，是具有中国特色的创新理论。整合式创新管理理论和传统创新管理理论最大的区别在于，整合式创新管理理论倡导创新战略导向，强调从系统观和全局观出发，思考企业技术创新体系的建设和对创新过程的管理，重视对国内外环境、行业竞争趋势、技术发展趋势的战略研判，以战略创新引领技术要素和非技术要素的融合发展。展望未来，企业在应用整合式创新管理打造自身动态核心能力和颠覆性技术的同时，要进一步加强科技创新的整合思考，以未来使命和战略视野持续引领创新的跃迁。企业在提升经济效益之外，也要不断促使组织内外提高能力、实现价值和提升幸福感，在此基础上创造更多、更可持续的社会价值，推动产业、国家乃至全球的可持续发展。

 阅读案例 5-4

## 中国中车的整合式创新管理

2021 年 10 月，《财富》杂志发布了"2021 年最受赞赏的中国公司榜单"，50 家公司上榜，其中位居前 3 名的分别是中国中车、华为、小米。中国中车从 2020 年该榜单的第 10 位直接登顶，成为整合式创新管理的最好践行者。中国中车的历史可以追溯到 1881 年，经过多年的分分合合，2015 年，由中国南车、中国北车合并组成了现在的中国中车。作为"大国重器，产业引擎"，中国中车在以强国使命、国家意志和人民需求为导向的战略引领下，一方面通过设立中车工业研究院实现全产品链、全技术链自主创新能力的提升和全生命周期保障能力的提升；另一方面通过其与青岛市合作设立的国家高速列车技术创新中心搭建了开放、协同、一体化、全球布局的科技创新生态体系。

**战略导向：强国使命、国家意志和人民需求**

中国中车的发展阶段经历了以下 4 个主要阶段，具体见表 5-6。

表 5-6 中国中车的发展阶段

| 阶段 | 技术积累阶段 | 引进学习阶段 | 正向设计阶段 | 交通成和阶段 |
|---|---|---|---|---|
| 时间 | 2003 年及以前 | 2003—2010 年 | 2010—2015 年 | 2015 年以后 |
| 创新战略 | 内部研发 | 国际化战略 | 新型举国体制 | 开放生态，跨界融合 |
| 策略 | 模仿国外先进的整车理念和转向架 | 大规模的整车购买和签订技术转让合同 | 核心技术自主化 | 借助"一带一路"推广高铁技术，深度自主化 |
| 成果 | 第 1～4 次铁路大提速，自主探索"中华之星"等多种高速动车组 | 第 5、6 次铁路大提速，与外企合作，成功研制了 CRH 系列高速列车、HXD 系列电力机车 | "和谐号"高速动车组，拥有完全自主知识产权；XM-1500MBG 型钢轨铣磨车展开研制 | "复兴号"中国标准动车组；碳纤维地铁列车；高速磁悬浮列车 |
| 高速铁路建设 | 各速段铁路线延长 | 京津城际铁路正式运营 | "四纵四横"高速铁路客运专线投入运营 | 建设"八纵八横"高速铁路客运专线 |

**自主创新：科技自立自强，承担技术创新主体责任**

自主创新是中国中车与生俱来的基因。中国中车坚持"国家需要至上，行业发展至上"的原则，坚持自主创新、开放创新和协同创新，坚持正向设计方向，建立与完善适应国际化发展需要的技术创新体系，主动承接国家科技体制改革先行先试任务。中国中车以高速动车组的技术标准为主要研究目标，结合产品设计、生产制造和自主创新高速动车组项目以及国家科技支撑计划项目等内容，采取"聚焦优势，三步实施"：第一步，等效采用国际标准，快速提升产品和技术进入全球市场的能力；第二步，攻克核心及关键零部件技术，形成优势，成熟一个、制定一个，打造自己的标准；第三步，由点到面，形成领先的整机及配套产品标准体系的实施策略。中车工业研究院通过中国中车拥有的国家级研发机构、国家级企业技术中心、中国中车大学、中车专项技术研发中心和海外研发中心等提升了全产品链、全技术链的创新能力。中国中车建立了高速列车"顶层设计、系统匹配、指标分解、性能优化"全链条开发方法，形成了以高速列车技术要素为牵引、产业要素为拉动，"技术促产业，产业拉技术"为总体框架的中国高速列车创新工程方法体系。中国中车形成了以承担国家科技体制改革试点任务为主线的"一体"和以体系创新平台、聚智创新平台、研发创新平台、协同创新平台"四大平台"为"四翼"的"一体四翼"创新体系。习近平总书记曾指出，我国自主创新的一个成功范例就是高铁，从无到有，从引进、消化、吸收再创新到自主创新，现在已经领跑世界。

**开放创新：构建科技创新生态体系**

中国中车通过其与青岛市合作设立的国家高速列车技术创新中心（以下简称创新中心）搭建了开放、协同、一体化、全球布局的科技创新生态体系。创新中心一方面为中国中车新增科技资源、共建共享提供了一个平台，另一方面可以促进协同研究、开发，降低研究、开发成本。例如基于全生命周期的轨道交通装备健康管理关键技术研究项目，由美国密歇根大学董平沙教授领衔，7家科研单位与中国中车的子公司共同参与，降低了研发成本。创新中心为中国中车需要统筹、凝练的集团重大攻坚问题上升为国家战略或国家重大科技项目提供了平台支撑，可以充分利用创新中心"四链"集聚的优势组织实施，提高中国中车的研发效率。在产学研合作方面，中国中车倡导共建、共享、共赢理念，突破科研院所、参研企业、专业学科等限制，先后与清华大学等62家高校、科研单位、企业签订战略合作协议，聚集70多位院士、近千名教授、2万多名工程技术人员，组建高效研发团队，共同开展技术攻关。在国际化方面，2020年，中国中车在新西兰、土耳其、俄罗斯、印度、韩国、智利、阿联酋等国家成功取得多项新项目。2021年，拳头产品"复兴号"首次出海，飞驰在中老铁路；2023年，中国中车子公司——中车株洲电力机车有限公司独立组建联合体承建的墨西哥城地铁1号线整体现代化改造项目投入运营。从2015年至今，中国中车在美国、澳大利亚、俄罗斯等国家设立了18个海外研发中心，并购世界知名海工企业 SMD 公司、橡胶企业 BOGE 公司、德国福斯罗机车车辆有限公司等多家业界著名企业，国际影响力和知名度大幅提升。

资料来源：陈劲，魏巍．中国中车：整合式创新践行者［J］．企业管理，2022（1）：66-70．（有改动）

## 5.3 知识产权保护

**知识产权（Intellectual Property）** 是权利人对其所创作的智力劳动成果所享有的专有权利。它是依照各国法律赋予符合条件的著作者、发明者或成果拥有者在一定期限内享有的智力劳动成果所有权。知识产权保护制度的设立是为了守护自主创新者的创新成果，防止其他人模仿。如果没有知识产权保护，那么经济历史上会有一大部分创新不能得以实施。

## 5.3.1 知识产权的内涵

2021年1月1日起施行的《中华人民共和国民法典》第一百二十三条规定："民事主体依法享有知识产权。知识产权是权利人依法就下列客体享有的专有的权利：（一）作品；（二）发明、实用新型、外观设计；（三）商标；（四）地理标志；（五）商业秘密；（六）集成电路布图设计；（七）植物新品种；（八）法律规定的其他客体。"换言之，中国现阶段知识产权主要包括：著作权、专利权、商标权、商业秘密、地理标志权、集成电路布图设计权、植物新品种权等。后文将对前四者进行介绍。

## 5.3.2 知识产权保护对创新的作用

### 1. 知识产权保护对创新具有推动作用

在创新的初始阶段，知识产权保护对创新也起着至关重要的推动作用。在创新的准备和开发阶段，企业需要专利文献的引导。从专利文献中可以详细了解本专业技术领域里的最新技术情报，这有助于开阔设计人员的视野，避免重复开发，提高研究与开发的效率。据统计，有90%～95%的最新技术资料首先反映在专利文献上，查阅专利文献可以缩短约60%的科研时间，节省40%的研发费用。因此，企业的创新需要专利文献的引导，美国有学者对创新进行了一次调查，得出的结论是：不重视专利文献，凭空构思，只有1%～3%的创新能够成功。

### 2. 知识产权保护对创新具有保护作用

在创新的实施阶段，知识产权保护的制度可以维护企业的权益。创新的成果在科技高速发展的今天，特别容易被仿冒、仿造和复制，给创新者造成巨大的经济损失。知识产权保护具有"产权激励"作用，同时是维护创新者利益的有力武器：专利相关的法律给予专利权人一定期限的垄断权，任何人未经许可不得以营利为目的实施其发明创造；对于某些特定的工业技术，如计算机软件、半导体、集成电路图、生物技术等，也可以相应的知识产权法律保护创新者的权益；对于大量的专有技术，也可以通过商业秘密相关的法律加以保护。离开了知识产权保护，创新者在仿冒、仿造与复制的打击下就会失去创新的动力。

### 3. 知识产权保护对创新资源具有最优配置作用

创新的终极目标是使企业实现商业化、产业化和市场化，只有这样才能对经济发展产生推动作用。如果说企业的创新成果不向市场进行应用和推广，并防止其创新技术被非法仿制，那么既浪费了前期的研发投入，又使得创新失去了意义。而知识产权保护的制度从资源配置方面提供了解决途径。一方面，知识产权保护的制度可以提高创新成果的利用率，形成相关交易制度。比如说，授权使用、技术许可等形式，创新企业可以合理转让其创新成果，非创新企业可以对创新成果进行有偿使用，从而使得创新企业和非创新企业都能通过对创新成果的合法使用，提升创新成果的利用率。另一方面，创新成果申请知识产权保护以后，需要完整地公开其成果的说明书，这样其他创新企业能以最快的速度获得创新的方向和途径，也能在该创新成果的基础上再进行创新，从而减少盲目的研发，极为有效地节约了继续创新的成本，使得创新资源能达到最优的配置。因此，知识产权保护的制度可以通过合理有效的市场配置模式，使得创新资源（包括资金、设备和人力等一系列的资源）得到最合理的配置和最大程度的使用。这提高了创新资源的利用效率，提高了对创新技术的质量要求，加速了创新能力的发展进程。

### 5.3.3 知识产权的特征

#### 1. 专有性

专有性也称垄断或独占性，是指知识产权的所有人对其权利的客体（如专利、注册商标）享有实施、占有、收益和处分的权利，别人要享有这种权利，必须经知识产权所有人同意。这种专有性是通过法律来保证的。未经专利权人许可而实施他人专利的行为是侵权行为，要受到法律的处罚。著作权和注册商标权也是如此。

#### 2. 地域性

地域性是对权利人的一种限制。任何一个国家和地区所授予的知识产权，仅在那个国家和地区具有专有性，而在其他国家和地区不具有专有性，即不受到法律保护。例如，在美国申请并获得的专利权仅在美国受到法律保护，在我国则不起作用，商标权也是如此。著作权比较特殊，由于著作权不需进行申请而自动保护，因此外国的作品无论在中国或外国发表，都受到中国著作权相关法律的保护。正确理解和掌握知识产权的地域性，对于我们在对外经济交往中防止上当受骗是非常重要的。

#### 3. 时间性

时间性指知识产权的保护受到时间的限制。超过规定的时间，就不再得到法律的保护。发明专利的保护期限为 20 年，实用新型专利的保护期限为 10 年，外观设计专利的保护期限为 15 年。超过各自规定的期限，就不再是专利了，从而成为公共财产。注册商标的有效期为 10 年，但期满前可以续展 10 年，并且还一直可以续展下去。如果不办理续展手续，可以给予 6 个月的宽展期，期满仍未办理续展手续的，该注册商标会被注销。著作权的修改权、署名权以及保护作品的完整性的权利均不受时间限制，但作品的使用权、发表权、获得报酬的权利等为作者终生及其死亡后五十年。

### 阅读案例 5-5

## "中国黄金"同名商标侵权案

中国黄金集团黄金珠宝股份有限公司（以下简称珠宝公司）成立于 2010 年 12 月，系中国黄金集团有限公司（以下简称黄金集团）的控股子公司，经营范围为委托加工、销售、收购黄金等。2011 年 3 月，国家工商行政管理总局商标局（现名"国家知识产权局商标局"，以下简称商标局）授予黄金集团两款注册商标，明确黄金集团享有"中国黄金""China Gold"（以下简称案涉二商标）注册商标所有权，核定使用商品为：贵重金属锭、贵重金属合金、银制工艺品、装饰品（珠宝）等。上述商标的注册有效期至 2021 年 3 月，后续展至 2031 年 3 月。2016 年 4 月，黄金集团与珠宝公司签订商标使用许可合同，约定黄金集团排他许可珠宝公司在中国范围内使用案涉二商标，授权期限至商标有效期限届满。2018 年 12 月，黄金集团授权珠宝公司许可关联企业和加盟商等，在许可期限及地域范围内使用案涉二商标，并享有对侵害商标权和不正当竞争行为提起行政投诉、起诉、举报、鉴定等权利。经黄金集团及珠宝公司长期经营、宣传及使用，"中国黄金"作为珠宝公司的企业简称和字号，在我国黄金珠宝行业具有了一定的知名度。为提升案涉二商标的知名度，黄金集团及珠宝公司多年来多次参加行业评比活动，先后获得多项荣誉，并被认定为驰名商标。

2020年7月，福建省永安市尊百福珠宝商行（以下简称尊百福商行）经永安市市场监督管理局登记注册，类型为个体工商户，经营范围为一般项目：珠宝首饰零售。尊百福商行对外经营后，珠宝公司发现其在店面门头、店面内外装饰、产品包装上大量使用"中国黄金珠宝"的字样。由于这六字中包含"中国黄金"字样，珠宝公司认为尊百福商行涉嫌侵权，遂开展维权活动，派人委托当地公证部门陪同前往该店铺购物，并拍摄该门店内、外景取证。维权过程中，珠宝公司支付费用3万元。2020年12月4日，珠宝公司以尊百福商行侵害商标权为由，向福建省三明市中级人民法院（以下简称三明中院）提起民事诉讼，要求法院判令被告停止商标侵权行为，在报上刊登声明以消除影响，并赔偿其经济损失及合理支出费用10万元。在法庭上，围绕"中国黄金珠宝"是否对案涉二商标构成侵权，双方展开激辩。2021年1月，三明中院对外公布本案一审判决结果：尊百福商行立即停止在其经营场所、店面装潢、广告宣传、产品、产品包装、销售票据等中使用"中国黄金珠宝"字样的行为，于判决生效之日起10日内在报上刊登声明，消除影响，并赔偿珠宝公司经济损失8.5万元（含各项合理维权费用）。尊百福商行不服，提起上诉。福建省高级人民法院经审理后，于2022年2月作出终审判决：驳回上诉，维持原判。

根据《中华人民共和国商标法》的相关规定，未经商标注册人的许可，在同一种商品上使用与其注册商标近似的商标，或者在类似商品上使用与其注册商标相同或者近似的商标，容易导致混淆的，以及销售侵犯注册商标专用权的商品的，属于侵犯注册商标专用权的行为。商标近似是指被控侵权的商标与原告的注册商标相比较，其文字的字形、读音、含义或者图形的构图及颜色等近似，易使公众对商品的来源产生误认，或者认为其来源与原告注册商标的商品有特定的联系。案涉二商标由"中国黄金""China Gold"及图形组合而成。就中国消费者而言，"中国黄金"系其主要识别部分；案涉二商标已具有较高的知名度和显著性，其构成要素"中国黄金"具有区别于国家名称"中国"和商品类别名称"黄金"的含义和识别作用，与原告形成了相对固定的联系。案涉二商标具有较高的知名度和显著性，尊百福商行作为黄金珠宝经销商，应在其经营活动中对案涉二商标进行合理避让。尊百福商行店铺位于中国，并无特别标注"中国"的必要性，其在店面门头、店内装潢等处突出使用"中国黄金珠宝"，容易使公众产生混淆误认，故构成对案涉二商标的侵权。

资料来源：秋实．"中国黄金"同名商标侵权案[J]．检察风云，2022，(13)：64-65．(有改动)

## 5.3.4 知识产权的类型

知识产权的类型很多，但与企业最为相关的知识产权主要有版权（我国称著作权）、专利权、商标权和商业秘密。

### 1. 著作权

著作权又称版权，狭义的著作权是指自然人、法人或者非法人组织对文学、艺术和科学作品依法享有的人身权和财产权的总称。广义的著作权还包括邻接权，即作品传播者因传播作品而享有的专有权利。著作人身权又被称为著作权中的精神权利，是与著作财产权或经济权利相对的一个概念，指作者通过创作表现其某种思想感情、个性特点的作品，从而获得名誉、人格等人身利益方面的权利。著作人身权包括发表权、署名权、修改权、保护作品完整权。著作财产权又被称为著作权中的"经济权利"，指作者或其他著作权人享有的以特定方式利用作品并获得经济利益的专有权利。著作财产权包括复制权、发行权、出租权、展览权、表演权、放映权、广播权、信息网络传播权、摄制权、改编权、翻译权、汇编权等。受著作权法保护的作品，是指文学、艺术和科学领域内具有独创性并能以一定形式表现的智力成果，包括：文字作品；口述作品；音乐、戏剧、曲艺、舞蹈、杂技艺术作品；美术、建筑作品；摄影作品；视听作品；工程设计图、产品设计图、地图、示意图等图形作品和模型作品；计算机软件；符合作品特征的其他智力成果。

### 2. 专利权

专利权是国家按专利的相关法律授予申请人在一定时间内对其发明成果所享有的独占、使用和处分的权利，简称专利。专利包括发明专利、实用新型专利和外观设计专利。发明专利是对产品、方法或者改进所提出的新的技术方案。实用新型专利是对产品的形状、构造或者其结合所提出的适于实用的新的技术方案。外观设计专利是指对产品形状、图案，或者其结合以及色彩与形状、图案的结合所作出的富有美感并适于工业应用的新设计。专利的核心是政府（代表公众）和发明者的讨价还价——以公开换垄断。发明者：向世界公开一项发明创造。国家知识产权局专利局：授予专利权利人对其发明成果在一定时间和地域内的使用、制造、销售等的独占权利。

 **知识链接**

**先发论文还是先申请专利？**

在我国，专利审批采用先申请原则，即两个以上的申请人向国家知识产权局专利局提出同样的申请，专利权授予最先申请专利的个人或单位。因此申请人应及时将其发明申请专利，以防他人抢先申请。由于授予专利的条件必须具有新颖性，发表论文、参加展览、开鉴定会都会公开技术而丧失新颖性，因此发明人有了技术成果之后，应首先申请专利，再发表论文，以免因发表论文而公开技术，再也不能申请专利的情况。

资料来源：https://www.zhihu.com/question/598074457/answer/3047364704［2023－12－29］.（有改动）

### 3. 商标权

商标权是指商标所有人在法律规定的有效期内，对其经商标主管机关核准注册享有的对该商标独占的、排他的使用和处分的权利。商标所有人提出注册申请，经国家知识产权局商标局（以下简称商标局）核准注册后，完成商标注册程序。任何能够将自己的商品或服务与他人的商品或服务区别开来的标志，如文字、图形、字母、数字、三维标志和颜色组合等，都可以作为商标，到商标局去申请注册。没有经过商标局核准注册的商标是未注册商标，难以受到法律保护，在这种情况下，任何企业想用都可以。注册商标之后就不同了，商标所有人在注册商标后成为商标权人，他就取得了商标专用权，该注册商标也能够受到法律的保护。这就是说，没有经过商标权人的许可，其他人不能使用这个注册商标。商标权人还可以转让自己的商标，或许可他人使用自己的商标，收取转让费用或许可使用费。如果有人侵犯商标权人的权利，就要受到法律的惩罚。商标权人可以向工商行政管理部门举报，制止他人的侵权行为并要求赔偿。需要注意的是，一个企业即使有使用了很长时间的商标，如果没有及时注册，而被其他企业先注册了该商标，那么这个企业再使用这个商标就需要得到商标权人的同意,这样造成的损失很大。这样的例子有很多,例如广东省佛山市就出现过好几个申请人抢注"黄飞鸿"商标的情况,广东省还发生过几所学校为抢注"培正"商标发生纠纷的情况。如果没有征得商标权人的许可就使用他人的注册商标,是违法行为,会受到执法部门的查处,严重的甚至会构成犯罪。

#### 4. 商业秘密

商业秘密是指不为公众所知悉、能为权利人带来经济利益、具有实用性并经权利人采取保密措施的技术秘密和经营秘密。商业秘密与专利不同,其区别如表5-7所示。

表5-7 商业秘密与专利的区别

| 项目 | 商业秘密 | 专利 |
| --- | --- | --- |
| 取得程序 | 所有权人自行取得 | 申请后国家主管机关授予 |
| 保护方式 | 权利人采取合理的保密措施 | 公开后换取法律保护 |
| 保护期限 | 没有固定期限 | 发明专利为20年;实用新型专利为10年;外观设计专利为15年 |
| 专有程度 | 他人可通过正当手段获取 | 享有独占权 |
| 保护成本 | 采取保密措施的成本 | 申请费、年费等 |

商业秘密包括技术秘密和经营秘密。技术秘密一般包括产品、工艺、配方、设计、实验记录、研究报告、计算机程序等。经营秘密一般包括商业数据、商业方法(商业模式、管理诀窍、产销策略)、客户名单等。具体来说,主要有以下几项。

(1)产品。企业的新产品在投入市场之前,是企业的商业秘密,这些产品包括各种设备、器械、仪器、零部件等。一般来讲,进入市场的成熟产品不是商业秘密,但与用户签订保密协议需要秘密使用的产品除外。处于研制过程中的产品,如样品、样机等,也是商业秘密。

(2)工艺。工艺包括工艺流程、制作工艺。工艺是劳动者利用生产工具对各种原材料、半成品进行增值加工或处理,最终使之成为制成品的方法与过程,工艺涉及工业、农业、医疗卫生及国防等领域。不同的工艺可能带来的劳动生产率也不同。工艺中凝结了科研人员及生产技术人员的创造性劳动,其具有商业价值,能够产生商业上的竞争优势,因此工艺是商业秘密。

(3)配方。配方是指为某种物质的配料提供方法和配比的处方,如常见的药品配方、化学制品配方、冶金产品配方等。物质中成分不同、配比比例不同,产生的功效及作用也不同。配方的选取往往要经过科研人员或生产技术人员多次、大量的实验。像一些祖传秘方更是经过代代相传且代代加入创造性劳动发展而来的,其具有相当高的商用价值。当代一些著名化工企业、生物制药企业,其产品配方是这些企业的核心商业秘密,其所采取的保密措施也是相当严格的。

(4)设计。设计是把一种计划、规划、设想通过视觉、听觉、触觉或嗅觉等感官感受传达出来的活动过程。设计包括工业设计、环境设计、建筑设计、室内设计、网站设计、服装设计、平面设计、影视动画设计等。设计往往是通过设计草图、蓝图等图纸展现的。

设计方案是智力活动的凝结,往往凝结了设计人员的创造性劳动,具有很高的商业价值。

(5) 实验记录。实验是指为了观察某事的结果或验证某物的性能而从事的某种活动。一件新产品、一项新技术的产生和问世,均离不开反复的实验,很少有一蹴而就的。实验往往是不断试错但最终取得成功的过程,该过程往往需要投入大量的人力、物力及财力,并且该试错过程同时凝聚了科研人员的智慧。实验记录包括实验数据和实验过程、实验结果的记录。

(6) 商业数据。企业在经营、生产中会产生大量的数据,包括生产数据、销售数据、人力资源数据、客户数据、经营统计数据、行业数据等。对这些商业数据进行分析和加工,往往可以得到有价值的新信息。商业数据是企业生产经营中积累的财富,一旦泄露,将给企业造成不可弥补的损失。当代企业对自身的商业数据整理、分析所形成的商业数据库,是企业重要的商业秘密。

(7) 商业方法。商业模式、管理诀窍和产销策略等统称为商业方法,它能够给企业带来好的经济效益,为维护和增强企业的竞争优势产生推动力。而商业模式、管理诀窍和产销策略往往是经过长期的摸索、反复的验证和修正后形成的,凝聚了企业大量的心血,一旦泄露,将对企业的生产经营造成严重损害。

(8) 客户名单。客户名单是商业秘密非常重要的组成部分。长期稳定的客户名单是企业经年累月积累下来的无形财富,能为企业带来稳定的利润。长期性和稳定性是客户名单成为企业商业秘密的基本属性。《最高人民法院关于审理不正当竞争民事案件应用法律若干问题的解释》第十三条中对商业秘密中的客户名单给出了明确的定义,即"一般是指客户的名称、地址、联系方式以及交易的习惯、意向、内容等构成的区别于相关公知信息的特殊客户信息,包括汇集众多客户的客户名册,以及保持长期稳定交易关系的特定客户"。

(9) 其他的技术秘密及经营秘密。商业秘密中包含的商业信息种类繁多,像当今企业中所常用适合自身生产、经营的拥有自主知识产权的计算机软件、货源、销售渠道以及招投标书内容等信息,都将对企业参与市场竞争产生影响,都是企业的商业秘密。

商业秘密的保护措施分为内部措施和外部措施。

(1) 内部措施,具体包括以下几点。

①制定保密制度、落实保密责任。企业内部要做好保密工作,首先就应当制定保密制度并落实执行。企业经营者制定的保密制度中,应当明确保密工作的管理部门、商业秘密的范围、保密工作的要求、相关人员的职责、违反保密职责应承担的责任等。保密工作的管理部门还应该定期调研保密工作的开展情况,组织保密教育,以提高企业经营人员的保密意识。

②加强商业秘密载体的管理。企业应当对商业秘密的载体进行统计分类,并实行严格的管理。在管理过程中,可以采取多种方式,比如设定专人保管、控制接触范围、根据权利人的保密需要对各类载体设定不同的保密级别(绝密、机密、秘密)等。

③重视对涉密人员的管理。在人才流动频繁的市场环境下,重视对企业员工,特别是对掌握技术秘密或经营秘密的涉密人员的管理尤为重要。一般可采取完善的人事信息、严格的入职和离职管理、与员工签订保密协议或竞业禁止协议、创造良好环境留住人才等措施。而实践中最常见也最重要的是采取以下两种措施。一是与员工签订保密协议。企业可以与员工签订包含保密条款的劳动合同,也可以单独与员工签订保密协议,内容一般包

括:保密的范围、要求、期限,以及违反保密职责应承担的责任等。二是与员工签订竞业禁止协议。该协议中,企业与知悉商业秘密的员工约定在解除劳动关系后的一定时间内,该员工不得自己经营或在生产或经营与商业秘密信息相关竞争行业的其他企业任职,在员工遵守的情况下,企业会给予其一定的经济补偿。

(2) 外部措施,具体包括以下几点。

企业作为市场的主体,在日常经营过程中不可避免地要与其他主体进行沟通往来。而在对外交往中,出于交易、咨询、考察等多种原因,都可能需要披露企业的相关信息,其中很可能涉及商业秘密。在现实中,接触企业商业秘密的主体往往包括为企业提供产品或服务的供应商、制造商、销售代理商、项目承包人,以及前往企业洽谈业务的生意伙伴,或者是到企业进行考察学习的同行业企业。这些人与企业存在密切的关系,往往也是商业秘密泄露的重要主体。因此,在企业对外交往中,可以采取以下几点措施防止泄露商业秘密。

①在与他人洽谈业务或开展磋商之前,如需披露商业秘密的,企业应当与信息接受方签订保密协议,其中约定未经企业同意,信息接受方不得将企业的商业秘密用于双方约定内容以外的事项中,也不得擅自向任何第三方披露,否则将承担违约和赔偿责任。在形式上,企业可以要求商业秘密信息的接受方单方出具保密承诺书,也可以双方共同签订保密协议。

②企业在对外签订的经济合同中,如涉及披露商业秘密的,则除应明确约定与交易相关的权利义务条款,还应包含保密条款,或将双方共同的签订保密协议作为合同的附件。保密条款或保密协议应约定:信息接受方对于因履行本合同所获悉的企业的商业秘密,不得用于为履行本合同之外的其他目的,也不得擅自向任何第三方披露,否则应承担相应的违约及赔偿责任。

③在接受其他企业的参观、学习、考察等过程中,建议尽量避免将核心的商业信息进行披露,比如避开参观关键工艺的生产车间、不介绍产品的配方、不介绍详细的工艺等。如有必要,企业还应在接受参观、学习、考察之前,要求相关人员签署保密承诺书。

## 本 章 小 结

创业离不开创新,创新是创业的灵魂。

创新是促进世界经济发展的决定性因素,是一个国家在国际竞争中立于不败之地的保证,是企业获取持续竞争优势的源泉和根本动力。

创新的本质是将创意推向市场进行商业化的过程。创新类型根据不同的标准分为:产品创新、工艺创新、渐进性创新、突破性创新、封闭式创新、开放式创新、自主创新等。

创新的基本过程是从创意到研究开发、中试,再到批量生产,最终进行市场营销。创新过程的基本模型有技术推动模型、市场拉动模型和交互模型。

创新具有高风险性,必须对其进行有效管理才能降低失败率。创新管理的本质是全过程管理，横向需要创意、研发制造、销售的整合，纵向需要战略、组织、资源、文化的系统协调。

知识产权保护制度对创新活动的推动和成果的保护起着至关重要的作用。

# 习　　题

## 1. 简答题

（1）创新的内涵是什么？创新的形式有哪些？
（2）技术创新与发明、专利的区别和联系是什么？
（3）创新的基本过程是怎样的？
（4）创新管理的框架是什么？
（5）创新管理未来发展趋势是什么？

## 2. 论述题

（1）找一个创新管理成功的案例，详细分析其属于何种创新？其创新过程如何？企业对其创新过程是如何管理的？
（2）中国如何走自主创新的道路？

## 实际操作训练

深入一个企业开展调研，了解他们有哪些创新活动？他们是如何进行创新管理的？日常是如何保护自己的知识产权的？

课后案例

## 华为的创新之路

华为技术有限公司（简称华为）是全球领先的信息与通信（ICT）基础设施和智能终端提供商，致力于把数字世界带入每个人、每个家庭、每个组织，构建万物互联的智能世界。华为在通信网络、IT、智能终端和云服务等领域为客户提供有竞争力、安全可信赖的产品、解决方案与服务，与生态伙伴开放合作，持续为客户创造价值，释放个人潜能，丰富家庭生活，激发组织创新。华为坚持围绕客户需求持续创新，加大基础研究投入，厚积薄发，推动世界进步。

2023年12月29日，华为发布了轮值董事长胡厚崑的2024年新年致辞。他在致辞中表示，华为经过数年的艰苦努力，经受住了严峻的考验，企业经营基本回归常态。其中ICT基础设施业务保持稳健，终端业务好于预期，数字能源和云业务实现良好增长，智能汽车解决方案竞争力显著提升。2024年3月，华为公布的2023年年度报告显示，该年华为实现销售收入 7 042 亿元人民币。

华为从一个 21 000 元起步的民营企业发展成为如今信息与通信技术（ICT）行业的领军企业，并且作为在全球持有专利最多的企业之一，它的创新模式值得我们深入探究和学习。从 1997 年华为就意识到了创新对企业发展的重要性，开始了在创新道路上的不断探索。华为经历了由封闭式创新走向开放式创新的过程，并且在这个过程中，不断加以调整，以此来适应外部环境以及企业在不同时期不同的发展阶段，从而为企业自主创新谋篇布局。从华为的创新历程中我们发现，华为在吸收外部资源时并不仅仅是简单的模仿，而是通过不断完善自身的创新体系，加强对外部资源的利用，重视对资源的整合能力，是一个"引进—消化—吸收—再创新"的过程。这种站在巨人肩膀上的创新，使得华为的自主创新能力有了质的飞跃。

**华为的创新实践之一：技术创新**

截至 2023 年 12 月 31 日，华为员工总数约为 20.7 万名，研发员工约为 11.4 万名，占总员工数量的比例约为 55%。华为在全球共持有有效授权专利超 14 万件。从 1992 年开始，华为就坚持将每年至少 10% 的销售收入投入研发，什么事情都可以打折扣，但"研发的 10% 投不下去是要被砍头的"——这是华为研发部门的共识。2023 年，华为研发费用支出为 1 647 亿元，占全年总收入的 23.4%，近 10 年，华为累计投入的研发费用超过 11 100 亿元。华为在全球拥有众多研发中心，分布在俄罗斯、印度、德国、印度尼西亚、土耳其、瑞典、意大利、芬兰、日本、波兰、爱尔兰、法国等国家。

**华为的创新实践之二：制度创新**

华为最大的颠覆性创新应该就是其员工持股计划，这也是华为创造奇迹的根本所在。创始人任正非作为自然人股东持股约 1%，其余员工则高达 99%。从常理上讲，任正非完全可以拥有华为的控股权，但创新一定是反常理的。最新的股权创新方案名叫时间单位计划，外籍员工也可加入，华为无疑是人类有商业史以来未上市公司中员工持股人数最多的企业，员工持股计划无疑也是一种创举，既体现着创始领袖的奉献精神，也考验着管理者的把控能力：如何在如此分散的股权结构下，实现企业的长期使命和中长期战略，满足股东、管理者、员工、用户的不同利益，从而达成多种诉求的内外部平衡，这其实是极富挑战的——前无经验可循，后面的挑战依然很多。从这一角度上看，这种创新是颠覆性的。

**华为的创新实践之三：产品微创新**

曾经，华为交换机卖到湖南，一到冬天许多设备就短路，是什么原因呢？把一台出故障的设备拉回深圳，华为的工程师们黑天白夜琢磨到底是什么问题。最后发现外壳上有不知道是猫还是老鼠的尿液，就研究是不是症结在这？经过多次实验，最终确定，尿液里面所含的成分是断电的原因。湖南冬天的时候，老鼠在屋内流窜，它们撒尿导致华为交换机断电，华为的工程师们就针对这一具体问题进行产品改造，很快问题就解决了。华为能够从一家小公司成长为让全球客户信赖的大企业和行业领导者，必须承认，不间断地贴近客户的微创新是一个重要因素。

华为的创新哲学之一：客户需求是创新之本。华为的成功，首先是哲学与文化的成功，同时也是创新的成功，但华为创新的基础理念是，紧紧抓住市场需求、客户需求。华为投入了世界上最大的力量进行创新，但华为反对盲目创新，反对为创新而创新，华为推动的是有价值的创新。任正非呼吁研发人员要做工程师商人。IBM 在流程方面所建立的一套流程，验证了这一导向。华为副董事长徐直军很自信地说，过去管 3 000 人的研发队伍，我们都觉得要失控了，现在 7 万多人我们管得好好的，你再给我 7 万人，我们照样可以管得很好。这是为什么呢？原来，由于华为整个的研发建立在理性决策的基础上，即建立在市场需求——显性的客户需求与隐性的客户需求之上，因此失误率降低了很多，成本浪费大大减少，组织对个人的依赖也降低了。

华为的创新哲学之二：开放式合作是创新的基石。一是坚持以"土地"换和平的技术路线。这里面包括专利互换、支付专利费等。光支付给美国高通公司的知识产权费用，累计已经超过 7 亿美元。华为的创新原则就是坚持脚踏实地，坚决反对投机。二是与竞争对手、客户等建立战略伙伴关系。华为官方数据显示，2020 年华为在全球新增 5 000 多个注册合作伙伴，累计已与 1 600 多个注册合作伙伴联合发布超过 2 000 个解决方案，并不断加强对可复制性联合方案的激励。

华为与很多竞争对手都建立过合作研发的组织，例如，华为与德州仪器、摩托罗拉、IBM、英特尔、朗讯等企业成立联合实验室，与西门子、3Com、赛门铁克等外企成立合资企业。华为在研发体制上的重大创新之一，是与全球诸多运营商建立了 36 个联合创新中心，这不仅是创举，而且华为的竞争对手们也曾经仿效，却因成本较高等因素，而鲜有成功。但正是这种创新体制，使得华为在面向未来和面向客户的长远需求的研发领域，赢得了无数先机和众多突破。

华为的创新哲学之三：基于开放式、学习型的创新理念。一个就是向先进企业学习，例如，端到端的研发流程变革，是由 IBM 主导的。还有供应链变革、人力资源变革、财务体系变革、市场体系变革等，华为都花巨资聘请了美国、英国、日本、德国等国家的顶尖咨询公司以期实现创新管理，这使得华为的管理创新能力、组织创新能力以及整体的运营管理能力都有了巨大的进步，由此奠定了华为成为一家全球化企业的根基。

华为的创新哲学之四：基于尊重和保护知识产权基础上的创新。尊重和保护知识产权为全球的开放式创新提供了安全稳定的环境，是创新的必由之路。阻碍开放式创新的一个重要原因就是企业的知识产权问题，很多大型科技企业担心自己的技术被泄露模仿，丧失竞争能力而拒绝与其他企业合作创新。开放式创新要求企业之间不仅要构建良好的合作伙伴关系，还要尊重和保护彼此的创新成果，只有这样，各个利益主体之间才能形成良好的共享氛围，为后续更长远的合作奠定基础。对人的智力所创造的成果进行市场定价，体现了对知识产权的尊重与认可，这是科技进步的根本前提。华为的知识产权战略相对于其他技术型企业来说是非常完善的，具体包括三个方面。第一个方面是坚持企业自身的专利研究。华为一直坚持对企业核心能力的塑造，这离不开对知识产权的尊重和保护，因此，华为一直坚持将总销售收入的至少 10% 拿出来投入企业的产品研发和技术创新，这有助于对专利的研发，从而更好地参与市场竞争并提升企业自身的实力。第二个方面是华为积极主动地参与行业内标准的制定，这样不仅可以获得专利方面的话语权，还能够更好地融入市场，参与行业竞争。第三个方面是遵守国际上标准的知识产权规定，所有的专利交换和知识产权纠纷都遵循国际上的相关规定，以期更好地与其他合作伙伴进行商业合作。

华为的创新哲学之五：开放、包容、鼓励试错是创新之源。有创新就会有风险。任何创新活动都不可能保证 100% 成功。那么要想鼓励创新，企业不仅要营造良好的积极的创新氛围，还要有容错的勇气，这才是为那些勇于尝试创新的员工提供的最大的支持和保障。华为为了鼓励员工积极地进行创新,加强创新的有效性,专门设立蓝军参谋部,其主要任务就是对企业提出的各种决策和创新活动提出反对意见,提前预设项目可能遇到的各种问题。这样一来,研发人员就能够在企业内部尽可能地将各种错误的可能降到最低,降低员工的试错压力,鼓励他们大胆地进行创新,同时也为企业降低了试错成本。华为一位高管这样说:"在华为,所有坐在第一排的人都犯过无数的错误,领导力、创新力是用钱砸出来的……"允许试错,鼓励试错,才是创新文化的核心特质。

资料来源:根据相关网络资料和文献整理。

**思考与讨论:**

1. 华为的创新实践有哪些?
2. 华为的创新哲学有哪些?

# 第6章 创业团队

## 本章教学目标与要求

(1) 把握创业团队的含义及类型；
(2) 识别创业团队的基本构成；
(3) 了解创业团队对创业成功的重要性；
(4) 了解组建创业团队要考虑的主要问题；
(5) 理解创业团队的组建原则；
(6) 掌握创业团队发展应具备的条件；
(7) 把握创业团队的发展和演变过程。

## 本章知识架构

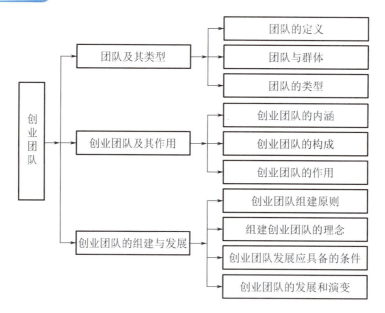

> 选择了正确的团队，就是完成了 80% 的工作。好团队是创业的首要条件，没有完美的个人，只有完美的团队。
>
> ——B. 盖茨

## 小米联合创始人团队的组建

小米科技有限责任公司（简称小米）于 2010 年 3 月成立，是一家专注于高端智能手机自主研发的移动互联网公司。2011 年 8 月 16 日，公司成立仅 1 年零 5 个月，小米就发布了第一款性价比极高的智能手机。之所以能够成就如此速度，是因为小米拥有一个堪称超豪华的联合创始人团队。

雷军，金山软件的董事长和著名天使投资人。林斌，原谷歌中国工程研究院的副院长。洪锋，原谷歌中国高级产品经理。黄江吉，原微软工程院首席工程师。黎万强，原金山软件设计中心设计总监，原金山词霸总经理。周光平，原摩托罗拉北京研发中心高级总监。刘德，来自世界顶级设计院校——美国艺术设计中心学院毕业的工业设计师。

雷军是如何组织起这样的联合创始人团队，怎么找到这些合作伙伴，如何说服这些合作伙伴来和他一起创业的呢？

在 2008 年的时候，中国的移动互联网还不像今天这样红火。但是雷军已经看到了移动互联网的未来，当时雷军就已经认定，手机在不久的将来，将会替代个人计算机成为大家最常用的工具。雷军觉得，他的手机之梦，终于时机成熟了。他要开始为了这个梦想，构建队伍。

雷军发现林斌对产品有发自内心的热爱，他在谷歌工作的时候非常投入，所做的产品"下功夫"。那个时候，雷军开始经常去找林斌聊天，聊着聊着，两个人从合作伙伴聊成了好朋友。

黎万强曾在金山集团担任高管，和雷军有 10 余年的共事关系。雷军说："我这里有个创业方向，要不你来跟我一起干？"黎万强回答道："没问题。"

雷军与洪锋见面时，抱着面试洪锋的态度。但是没想到，实际上这次见面成了洪锋来检验雷军作为一个创业者是否合格的试炼。洪锋准备了上百个问题问雷军，越问越细致，越问越难。雷军发现洪锋提的问题比他们自己想到的问题都要细致，他也就越来越想要拉洪锋入伙。雷军告诉洪锋他打算怎么做手机，小米能给洪锋什么。最后，洪锋说："这件事情够好玩，梦想足够大。很有挑战性，我决定来挑战一下。"

刘德说："这么多年来我都是自己干的，非常累，就是因为没有一个好团队。"雷军说："我们想拉你入伙。"刘德说："我非常愿意加入这个团队，因为找到一个好团队太难了！"刘德第二次来北京时，双方再次沟通。最终，"小米选择了刘德，刘德选择了小米，这是一个双向选择。"为了加入小米，刘德放弃了在美国的工作和生活。后来，刘德除了承担小米手机的设计工作，还肩负起了小米手机供应链的工作，这简直是雷军的意外之喜。

黄江吉是不到 30 岁就成为微软工程院的首席工程师。雷军和他一起聊各种电子产品，从手机到计算机，从 iPad 到电子书，一聊就是几个小时。后来，黄江吉也选择加入小米。

雷军找到了能够做手机系统的人、做手机软件的人、做手机设计的人，就是还没有找到能把手机做出来的人。雷军说："很多人跟我讲创业公司招人困难所以业务搞不起来。我认为这就是借口，其实那是你作为老板还不够努力。"在 2010 年的夏天，3 个月时间里，雷军面试了超过 100 位做硬件的人选。

周光平博士是一位从 1995 年就在摩托罗拉工作的高级工程师。雷军和周光平在小米的办公室里，从中午 12 点一直聊到晚上 12 点，从互联网聊到硬件设计，从用户体验聊到手机发展趋势，两个人连出去吃饭的时间都舍不得花，叫了 2 次盒饭来填饱肚子。最终周博士同意加入小米。至此，雷军的小米联合创始人拼图终于完成了。

资料来源：根据百度文库相关资料整理。

# 6.1 团队及其类型

团队可以使组织更加有效地完成任务并提高绩效。作为已被众多组织采用的管理模式，团队正在纷繁复杂的市场竞争中发挥着越来越重要的作用。那么，到底什么是团队？团队与群体有何区别？团队有哪些类型？本节将进行详细阐述。

## 6.1.1 团队的定义

作为一个广泛的概念，团队的定义往往强调了不同的方面。例如从协作的角度，Francis 和 Young 认为团队是"由人组成的充满能量的群体，人们努力完成共同的目标，热爱自己的工作并彼此很好地协作从而实现高质量的成果"；Adair 认为团队是"由个人组成的群体，其中每个成员都拥有共同目的，并且他们的工作和技巧能协调一致"。从关注团队成员的角度，Katzenbach 和 Smith 认为团队是"一个小型的群体，群体成员不仅在技术上互补，而且拥有一致的目的、绩效目标和工作方法，并相互承担责任"；Salas 等学者认为团队是两人或者两人以上组成的集合，成员为了促成共同和有价值的目标动态地、相互依赖地和适应性地互动，每个成员具有各自的角色、职能和有限的参与时间。此外，团队也被 Johnson 等学者认为是"用于完成既定目标而构建的一个人际关系的集合""处于变革和稳定之间的，具有目的性、开放性的社会技术系统"。国内学者廖泉文提出"团队是由为数不多的、相互之间技能互补的、具有共同信念和价值观、愿意为共同的目的和业绩目标而奋斗的人们组成的群体。团队的意义在于，群体成员间通过相互的沟通、信任和责任承担，产生群体的协作效应，从而获得比个体绩效总和更大的团队绩效"。该定义清晰、完整、准确和简洁地界定了团队的概念。此外，他还给出了优秀团队的特征，包括非常明确的团队目标、非常清晰的团队角色、强有力的团队领导、高度的团队信任、成员得到充分的授权、良好的团队学习氛围、硬激励和软激励的有机结合等。

综合上述国外学者与国内学者对团队的定义，可以从以下 5 个特征界定团队的概念。
（1）团队成员的个体技能或专长具有互补性。
（2）团队成员之间存在相互协作并相互影响的关系。
（3）团队成员存在共享价值观和共同的目标。
（4）团队成员为共同的业绩目标相互承担责任。
（5）团队成员的整体绩效优于所有单个团队成员的绩效之和。

一般具备上述 5 个特征的群体可称作团队。例如，某趟长途汽车上的乘客，虽然他们具有共同的目的或目标——安全及时到达某个目的地，但因缺乏界定团队的其他要素（如相互协作并相互影响），显然不能称之为一个团队。当然，若该辆车上的乘客在旅途中共同解决了一些突发的故障或事故，最终顺利到达目的地，可称之为"临时性团队"。另外某些在一起工作的集体表面上类似团队，如每年的美国职业篮球联赛（NBA）结束后，常会从各个优胜队中挑出最优秀的队员，组成一支"梦之队"赴各地比赛，以制造新一轮高潮。但并不能将该"梦之队"称为严格意义上的团队，虽然他们都是最顶尖的篮球选手，而且队员在每场球赛上都有相互的分工与协作，但是由于他们平时分属于不同球队，无法培养长期的协作精神，相互之间的长期影响作用甚小，因此"梦之队"仅仅是一群人的机械组合，不应属于团队的范畴。

### 6.1.2 团队与群体

团队并不等同于一般意义上的群体，有些学者认为二者的根本区别在于，在团队中成员所作的贡献是互补的，而在群体中，成员之间的工作在很大程度上是互换的。其他区别主要体现在：团队的成员对是否完成团队目标一起承担责任，而群体的成员（除领导者）则只承担个人成败的责任；团队的绩效评估以团队整体表现为依据，而群体的绩效评估则以个人表现为依据；团队的目标实现需要成员间彼此协作且相互依赖，而群体的目标实现却不需要成员间的相互依赖，其成员的协作性也没有团队成员那么强。此外，团队较之群体在信息共享、角色定位、参与决策等方面程度更深。

具体而言，团队和群体之间有 6 点根本性的区别。

(1) 领导方面。作为群体，应该有明确的领导人；而团队可能就不一样，尤其是团队发展到成熟阶段时，成员可以共享决策权。

(2) 目标方面。群体的目标必须跟组织保持一致；而在团队中除了这点，成员还可以产生自己的目标。

(3) 协作方面。协作性是群体和团队最根本的区别，群体的协作性可能是中等程度的，有时成员还有些消极、有些对立；而在团队中非常强调协作性。

(4) 责任方面。群体的领导者要负主要责任，群体成员则只承担个人责任；而团队中除了领导者要负责，每一个团队成员都要负责，甚至要一起相互承诺，共同负责。

(5) 技能方面。群体成员的技能可能是不同的，也可能是相同的；而团队成员的技能是相互补充的，他们把知识、技能和经验不同的人综合在一起，形成角色互补优势，从而实现整个团队的有效组合。

(6) 绩效方面。团队成员通过共同努力创造团队绩效，团队的绩效以团队整体表现为依据，而群体的绩效则以个人表现为依据。有的企业把几个员工聚集在一起做一件事，就号称建立了一个团队，这显然是对团队本质的不了解。在建立一个团队之前要弄明白，为什么要建立一个团队？建立团队有什么好处？马云用阿里巴巴的成功阐述了建立团队的重要性。对马云来说，他不懂电脑，对软件、硬件更是一窍不通，但是，他却通过建立一个优秀的团队成就了阿里巴巴的辉煌业绩。

马云最欣赏的就是唐僧师徒团队，他认为："唐僧是一个好领导，他知道要管紧孙悟空，因此他要会念紧箍咒；猪八戒小毛病多，但不会犯大错，可以偶尔批评；沙僧则需要经常鼓励一番。这样，一个明星团队就成形了。"在马云看来，一个企业里不可能都是"孙悟空"，也不可能都是"猪八戒"，更不可能都是"沙僧"，"要是企业里的员工都像我这么能说，而且光说不干活，会非常可怕。我不懂电脑，销售也不在行，但是企业里有人懂就行了"。

马云认为，很多时候，中国的企业往往是领导人成长最快，能力最强，其实这样并不对，他们应该学习"唐僧"，用人用长处，管人管到位即可。毕竟，企业仅凭一人之力，永远做不大，团队才是企业不断成长的基石。即使是已经成熟的企业，也需要精英团队的带动才能持续地发展。在全球经济一体化的框架下，通用电气、飞利浦、施乐、摩托罗拉、丰田、索尼等跨国企业早已广泛运用团队建设与改善策略，来获得企业的持续发展。如果没有精英团队的带动，很难说这些企业还是否能继续保持现有的竞争优势。对任何一家企业来说，仅仅把员工聚集起来是不够的，要让聚集起来的员工互相取长补短，形成协作效应，这才是最重要的。

因此，团队是群体的特殊形态，是一种为了实现某一目标而由相互协作、相互依赖并共同承担责任的个体所组成的正式群体。具体而言，团队由两个或两个以上具有不同技能、知识和经验的人所组成，具有特定的工作目标，成员间相处愉快并乐于在一起工作，互相依赖、技能互补、成果共享、责任共担，通过成员的协调、支援、合作和努力完成共同目标。真正的团队不只是徒有其名的一群人，而是总能超过同样的一组以非团队模式工作的个体集合，尤其是当绩效由多样的技能、经验和判断所决定时更是如此。

在一个团队中，每位成员往往具有不同的优势和劣势，在团队中发挥的作用也不尽相同。一般而言，成员在团队中扮演的角色有9种，具体见表6-1。如果把具有某些特性的成员安排在最能够发挥其个人能力的位置上，就有利于实现团队绩效的最大化。

表6-1 9种团队角色

| 角色 | 角色描述 | 可允许的缺点 | 不可允许的缺点 |
| --- | --- | --- | --- |
| 栽培者 | 解决难题，富有创造力和想象力，不墨守成规 | 过度专注思想而忽略现实 | 当与别人合作会有更佳结果时，不愿与他人交流思想 |
| 资源探索者 | 外向、热情、健谈，发掘机会，增进联系 | 热情很快冷却 | 不遵循安排而令顾客失望 |
| 协调者 | 成熟、自信，是称职的主事者，阐明目标，促使决策成功制定，分工合理 | 如果发现其他人可完成工作就不愿亲力亲为 | 完全信赖团队的努力 |
| 塑形者 | 激发人心、充满活力，在压力下成长，有克服困难的动力和勇气 | 易沮丧与动怒 | 无法以幽默或礼貌的方式平息出现矛盾的局面 |
| 监控者 | 冷静，有战略眼光与识别力，对选择进行比较并做出正确决定 | 理性地怀疑 | 失去理性地讽刺一切 |
| 团队工作者 | 协助的、温和的、感觉敏锐的、老练的、建设性的、善于倾听的、防止摩擦，平息争端 | 面对重大事项优柔寡断 | 逃避承担责任 |
| 贯彻者 | 纪律性强，值得信赖，有保守倾向，办事高效利索，把想法变为实际行动 | 坚守教条，相信经验 | 阻止变化 |

| 角色 | 角色描述 | 可允许的缺点 | 不可允许的缺点 |
|---|---|---|---|
| 完成者 | 勤勤恳恳，尽职尽责，积极投入，找出差错与遗漏，准时完成任务 | 完美主义 | 过于执着的行为 |
| 专家 | 目标专一，自我鞭策，甘于奉献，提供专门的知识与经验 | 为了学而学 | 忽略其研究领域之外的技能 |

资料来源：BELBIN R M. Team roles at work［M］. Oxford：Butterworth-Heinemann，1996：58.

### 6.1.3 团队的类型

国内外许多学者对团队类型的划分进行过不同侧重点的阐述。

国外学者 Goodman 依照概念与行为的程度，将团队分为概念化团队、行为化团队和中间化团队 3 类：研发团队所执行的任务的概念化程度较高，属于概念化团队；生产与业务推广团队偏向于行为方面，属于行为化团队；而管理团队介于两者之间，属于中间化团队。

Sundstrom 等学者依据团队任务的性质和团队成员的技能水平，将团队分为 4 种不同类型：生产和服务团队、行动和磋商团队、计划和发展团队、建议和参与团队。生产和服务团队是在制造、生产和服务中常见的团队，他们的工作按部就班，并且保持生产或服务的稳定；行动和磋商团队由拥有较高技能的个人组成，他们共同参与专门的活动，每个人的作用都有明确的界定，如医疗团队、军队战斗团队、销售开发团队等；计划和发展团队的工作时间跨度比较长，一般由技术较高的科技或专业人员组成，研究领域涵盖许多不同的专业，他们为了一项任务走到一起，一旦完成任务，该团队可能解散，也可能共同接手新的任务；建议和参与团队向组织提供建议和决策，最典型的就是高层管理团队、人事团队或财务团队，他们的作用是提出构想、建议，并通过一些提议。

Susanne 和 Walter 等学者将"成员配置及任务复杂性"这两个维度作为团队分类的划分标准。其中**成员配置（Membership Configuration）**指的是团队预期的存在时间、成员的稳定性、成员工作时间的分配等。**任务复杂性（Task Complexity）**可以从常规到非常规的角度来衡量任务的两个极端情况。常规任务是指完成这项任务通常不需要进行太大的创新。而非常规任务一般都比较偶然，完成任务的方法以及完成后的结果一般都不可能提前预测到，完成任务的期限也不确定，且时间周期一般也都比常规任务的时间要长。他们进一步根据这两个维度，将团队类型分为工作团队、项目团队和虚拟团队。工作团队是一个发达的社会系统，团队成员之间相互信任，有着共同的目标和兴趣。另外，工作团队成员通过自己的知识和经验可评估彼此的工作行为，以此来改进团队目标。项目团队与工作团队的区别在于期望目标不同，项目团队是为特定目标而组建的，任务完成即解散，团队成员通常来自不同的职能领域，有着不同的技能和知识背景，但缺乏对彼此的了解。虚拟团队有着自身的特点，其团队成员不受时间和空间的限制，主要通过相关信息技术进行协作，再者，虚拟团队成员的配置也是动态的，会根据任务的不同、需求的变化而变化。

Suan 和 Diane 等学者总结了大量文献中的团队研究，划分了 4 种团队类型及各自的团队特征（表 6-2），其分类方式与 Sundstrom 等学者的分类方式很相似：**工作团队（Work**

Team)、并行团队（Parallel Team）、项目团队（Project Team）和管理团队（Management Team）。

表 6-2　Suan 和 Diane 等学者划分的 4 种团队类型及各自的团队特征

| 团队类型 | 团队特征 |
| --- | --- |
| 工作团队 | 长期的稳定的成员，如生产服务型的团队 |
| 并行团队 | 由跨部门人员组成，是非正式组织单元，如以提高产品质量为目的或者员工参与决策型的团队 |
| 项目团队 | 有时间周期，如新产品服务开发型、市场定位型的团队 |
| 管理团队 | 通过判断、整合来协调指导企业整体层次的事务，以帮助企业提高业绩或竞争力，如高层管理团队 |

工作团队就是产品和服务由较为稳定的成员组成长期的组织单元，内部成员通常全职并且经过严格筛选。工作团队一般有主管领导，不过近年也出现了一些更受欢迎的形式，如自我管理团队、授权管理团队等。

从不同部门和岗位抽调工作人员完成正常组织之外的任务，这种团队与正常的组织结构并存，被称作并行团队。并行团队是为了解决问题或者为了促成有针对性的提高活动组建而成的，如质量提高团队等。

项目团队具有时间界限，往往制造一次性的"产品"，如研发企业的某个新产品或者构建一个新的信息系统等。项目团队的任务一般是非重复性的，并且需要大量知识、判断和专业技术的应用。项目团队的成员可能从所需具体技术的不同部门中选拔，例如新产品发展团队的成员可能来自营销、工程和生产部门。当项目完成后，该团队成员又返回原先的岗位。

管理团队对所属的子部门在各自权限之下进行协调并进行指导，同时在关键的商业流程中对相互依赖的各部门进行整合。管理团队一般对于包括各个部门的总体绩效负责，它的权威来自团队成员的行政等级差别。管理团队的成员一般包括各个部门的管理者，例如负责研发或者营销的总经理。高层的管理团队一般考虑企业的整体战略发展和绩效，管理团队可以运用整体的智慧帮助企业赢得竞争优势。

罗宾斯根据团队成员的来源、拥有自主权的大小以及存在目的的不同，将团队划分为问题解决型团队、自我管理型团队和多功能型团队。

问题解决型团队一般由来自同一个部门的 5～12 个成员组成，他们每周有几个小时的时间聚集在一起，来讨论如何提高产品质量、生产效率并改善工作环境。在问题解决型团队里，成员就如何改进工作方式和工作方法，互相交换看法或提供建议。但是，问题解决型团队几乎没有权力根据这些建议单方面采取行动，在调动成员参与决策过程的积极性方面，尚显不足。20 世纪 80 年代，最为人所熟悉的问题解决型团队就是"质量小组"。

自我管理型团队是一种真正独立自主的团队，该类型团队不仅注意问题的解决，还执行解决问题的方案，并对工作结果承担全部责任。自我管理型团队通常由 10～15 个成员组成，他们承担着一些管理上的责任。一般说来，他们的责任范围，包括把握工作节奏、决定工作任务的分配、安排休息时间。彻底的自我管理型团队，甚至可以挑选自己的成员，并让成员相互进行绩效评估。现在，美国很多公司采用了这种团队形式。

多功能型团队是由来自同一等级、不同工作领域的成员组成的，他们组成团队的目的是完成某一个复杂的项目。多功能型团队的成员甚至可扩展到包括不同地区的其他分公司的专家。通过这种方式，能有效地使组织内（甚至组织之间）不同领域成员之间交换资讯，激发出新的观点，以解决问题和协调复杂的项目。

德鲁克按照对团队成员行为的要求，将团队类型划分为棒球队型团队、足球队型团队、网球双打队型团队。

福特汽车公司和外科手术队伍属于棒球队型团队。在该类型团队中，所有成员都在团队里发挥作用，但不是作为一个团队发挥作用。该类型团队的每位成员都有固定位置，他决不能离开这个位置，因此每位成员完全是在孤军作战。

交响乐团和深夜急救心脏病人小组属于足球队型团队。该类型团队的成员虽然有固定位置，如足球队中的后卫或前锋，但前锋可以回来防守，后卫也可以助攻，这些成员是作为一支队伍在发挥作用，而且每位成员和其他成员相互配合。

企业高级管理人员、科研开发小组、创业者团队及小型爵士乐队都属于网球双打型团队。在该类型团队里，成员有他最喜爱的而不是固定的位置，他们相互掩护，随时调整自己以适应其他成员。该类型团队的规模一般较小，7~9人可能是最大的规模。该类型团队如果配合得好，可能是上述3种团队中最能够发挥力量的类型。

国内学者通过对团队的研究，也对其提出了不同的类型划分方法。例如，黄赤钧等学者按照团队是否具备在市场上成为独立交易对象的能力对其进行划分，具备成为独立交易对象的能力称为功能性能力，不具备成为独立交易对象的能力称为结构性能力，从而分别将团队划分成独立型团队和依附型团队。具有功能性能力的团队称为独立型团队，具有结构性能力的团队称为依附型团队。结构性能力不具备成为独立交易对象的能力，因此必须和互补的结构性能力结合，进行"捆绑式销售"方能进行交易。而一般功能性能力由2个或2个以上的结构性能力构成。

樊耘等学者按照工作的时间和空间独立性将团队划分为传统型团队和虚拟型团队。传统型团队一般是基于作业分析的长期性团队，它一般是组织内的部门，由固定的成员组成，生产一种规定的产品或执行一种职能，并且团队领导是通过已设定的管理体系指定的，该类型团队在时间和空间上的独立性较差，不能够有效地克服地域限制，成员之间更多的是面对面地交流；而虚拟型团队是为了开发一种特殊产品或者解决一个特定的问题而设置的短期性团队，其成员可能是跨越城镇甚至跨越国界的，在时间和空间上具有较强的独立性，该类型团队以网络为依托建立组织架构，在团队成员的选择上可以克服地域的限制，成员之间的交流大多通过信息网络进行。

文章代等学者按照团队营运氛围将团队划分为民主型团队和专制型团队。民主型团队和专制型团队的区别主要在于团队内的领导方式是民主的还是具有专制色彩的。民主型团队的主要特点就是团队内的决策大多由成员协商决定，领导者鼓励和支持团队成员参与决策，团队成员协商解决问题，并安排工作的程序及进度。与民主型团队相对的专制型团队，其特点就是团队领导管理一切，具体的工作程序和步骤均由领导指示。在缺乏监督时，民主型的团队能较好地进行自我管理，而在专制型团队中，容易产生推卸责任和消极应对的现象。

廖泉文归结了多种团队类型的划分标准，列举了比较系统的分类：按团队的功能分为产品开发团队、项目团队、管理团队、质量提高团队、服务团队、生产团队；按团队存在的时间分为临时团队和固定团队；按跨越组织的边界分为企业内团队和企业间团队；按团队成员的多样化分为同质团队和异质团队；按团队所处周期阶段分为构造期团队、震荡期团队、规范期团队、表现期团队、休整期团队。

彭红超和赵佳斌认为，线上线下混合学习将成为教育新常态的趋势，因此将混合学习中的团队分为理想型团队、自信型团队、潜力型团队和消极型团队4种，其中消极型团队占比最高。理想型团队的学习力最高，学习效能感最强。自信型团队的学习力较低，学习效能感较强，虽然该类型团队具有较强的学习效能感，但是在应对各种学习挑战时缺乏足够的能动性、毅力。潜力型团队的学习力较高，且学习效能感较强，有很大的转变和发展潜力。消极型团队的学习力最低，学习效能感最低，既缺乏对完成合作任务的信心，也缺乏学习过程所需的综合素质。

还有众多学者根据任务目标的不同将团队划分为工作型团队、促进型团队、整合型团队和自主管理型团队。工作型团队是为完成组织的基本工作任务而组建的团队，如完成企业的研发、采购、生产、销售等基本活动而组建的团队。工作型团队通常是永久性团队，存续时间长，相对稳固。促进型团队的任务不是为了完成组织的基本工作任务，而是为了提高完成基本工作任务的能力和效率，如品质管理团队、工艺重组团队、企业流程再造团队等。整合型团队的任务是使组织内部不同部门的工作相互协调，提高组织整体的凝聚力，通过协调合作来解决各部门的矛盾冲突。整合型团队可以是临时性的，如建立临时协调小组；也可以是永久性的，如建立高层管理委员会。自主管理型团队的成员合作处理日常事务，自行为整个工作流程负责。该团队获得充分授权，充分发扬民主精神，共同决策。该类型团队的成员接受各种技能的交叉培训，也进行岗位轮换，能够胜任多种岗位。该类型团队不受外部监督，实行自我监督，自我管理。

可以看到，学者对团队类型的划分方式有多种，划分结果各异。本书根据任务或工作领域的不同对团队的类型进行划分。团队能被运用于几乎任何工作情况中和不同水平的组织中，从节省成本到做出高层决策，从设计和生产产品到解决组织问题等，由此可以组成各种层次与类型的团队。

（1）管理团队。该团队可能是一个董事会、一个部门经理组等，他们定期会面制定组织章程和处理组织业务。

（2）技术团队。该团队由来自其他组织的技术顾问或技术专家及本组织内的技术人员组成，当企业引进新技术时，需要组织这样的技术团队，对新技术进行考察、评估、论证等，团队将延续至整个引进新技术的方案结束。

（3）项目团队。该团队由专家群体组成，团队成员是因组织实施计划中的一个新项目而被挑选并组织起来的。团队成员定期会面，讨论方案，解决问题，项目完成后团队解散。

（4）质量改进团队。在采用质量管理的组织中，可以组成质量改进团队，研究改进质量的方案和技术能力，长期为提高产品质量而工作。

（5）业务团队。该团队负责实施组织的某一项具体明确的业务。一个业务团队通常包括生产人员、行政人员、会计人员、团队领导或管理者。

（6）"用户—供应商"团队。该团队由几个组织的员工和供应商组成，负责商讨改进供应商所提供的服务的相关问题，同时将组织的一些标准和好的做法分享给供应商。

（7）解决问题团队。为解决某个问题，选择各部门中的有关人员并组织在一起，定期会面解决特定的问题。

（8）特定目的团队。该团队是为了实现某一特定目的而组织起来的团队，该团队的重要特征是团队具有自主权。

（9）自我管理团队。该团队有一个清晰限定的工作领域，不必等待上级领导拿主意，有权力做出改动或裁减某些标准，并可以自主对环境的改变做出迅速回应。

（10）销售团队。该团队共同的终极目标无疑就是达成高销售额，因所在行业、所处职位的不同，销售团队成员之间分工协作的紧密程度和重要程度一般也不同。

选择不同类型的团队是复杂的事情，需要考虑成员、生产、技术、组织结构和文化因素等，使组织的任务与所选择的团队相匹配。组织必须选择能够最大限度发挥生产技术、服务活动和成员能力等方面优势的团队，并把目前与将来的发展趋势结合起来进行考虑。

## 6.2 创业团队及其作用

随着经济发展的多样化、知识的进步、技术的更新、生活方式的转变，我国目前创业环境下的企业也在发生着巨大的变革，新企业层出不穷，创业已成为引领我国经济增长和社会生活进步的一种重要的方式。但是，创业并不是个人的活动，在创业过程中，创业者需要整合和利用多种资源和机会，单靠个人难以完成。从企业数量上来看，无论是传统企业，还是高科技企业，以团队创业形式组建的企业比以个人创业形式组建的企业要多。因此为了成功创业，创业团队就显得非常重要。

### 6.2.1 创业团队的内涵

**创业团队**（Entrepreneurial Team）的概念是建立在团队概念基础之上的。目前国内外学者对创业团队的定义并没有一个公认的标准，而主要争论的焦点集中在所有权、人员构成及参与时间上。

Kamm等学者首先对创业团队进行了以下的定义："创业团队是指2个或2个以上的个人参与企业创立的过程并投入相同比例的资金。"这个定义的描述中要求创业团队的成员必须在创立的企业中拥有相等的股份，并且这些成员在企业的管理过程中处于相同地位，他们之间只存在合作的关系，显然这个定义的出发点着重于创业团队的创建和所有权这两大特性之上。

Ensley等学者延伸了创业团队的定义，他们认为创业团队"包含了对战略选择有直接影响的个人"，也就是说企业里的董事会特别是占有一定股权的投资人也包含在他们对创业团队的定义之中。

Vyakarnam等学者更多的是从职能的角度来定义创业团队。他们认为，创业团队是指在企业的启动阶段，2个或更多的成员共同努力同时投入个人资源以达到目标，他们共同对企业的创立和管理负责。

袁彦鹏等学者从心理学的角度拓展了创业团队的定义，他们认为创业团队的组建遵循"物以类聚，人以群分"的原则，人们会被与自己有相似特征的人吸引，产生信任和理解，进而衍生出更强的团队联结;而团队的集体心理倾向性是创业团队的关键基础要素,主要包括团队共享价值、团队集体效能、团队共享心智模式和团队心理安全。他们还认为,在逆境或负面事件等刺激因子的作用下,触发团队应激反应,并通过团队成员互动过程生成团队韧性。有韧性的创业团队会在应对负面事件中形成稳定的团队韧性,并不断强化从而产生增益循环。

从已有学者关于创业团队的定义中不难看出,创业团队概念的界定是随着创业理念的发展而逐渐变化的,大体上呈现出以下两个方面的发展趋势:一方面是从人员构成的角度来研究创业团队的定义;另一方面是从职能的角度来研究创业团队的定义。综合以上观点,创业团队是指由2个或2个以上具有一定利益关系,彼此间通过分享认知等合作行动,共同承担创建新企业的责任、参与新企业创建过程的工作团队。狭义的创业团队是指具有共同目的、共享创业收益、共担创业风险的创建新企业的群体;广义的创业团队则不仅包括狭义创业团队,还包括与创业过程有关的各种利益相关者,如风险投资者、专家顾问等。

总体而言,对创业团队的内涵把握可以从以下四点入手。

首先,创业团队是一个特殊群体。创业团队的成员在创业初期把创建新企业作为共同努力的目标。他们在集体创新、分享认知、共担风险、协助进取的过程中,形成了特殊的情感,创造出了高效的工作流程。

其次,创业团队的总体工作绩效大于所有个体成员独立工作时的绩效之和。虽然每个创业团队成员可能具有不同的特质,但是他们相互配合、相互帮助,通过坦诚的意见沟通形成了团队协作的工作风格,能够共同对拟创建的新企业负责,并具有一定的凝聚力。曾有研究得出这样的结论:工作群体绩效主要依赖于成员的个体贡献,而团队绩效则基于每一位团队成员的不同角色和能力所产生的乘数效应。

再次,创业团队对成功创业具有重要的价值。"创业教育之父"蒂蒙斯在其所提出的创业理论经典框架中,将创业团队、资源、机会一起视为创业的三大核心要素,弱化其中任一要素都会破坏三者之间的平衡。其中,创业团队在这种从不平衡到平衡的状态变化过程中发挥着重要的作用。

最后,创业团队是高层管理团队的基础和最初的组织形式。创业团队处在创建新企业的初期或新企业成长的早期,团队成员在现实中往往被称为"元老",而高层管理团队则是创业团队组织形式的延续。虽然在高层管理团队中既可能存在部分创业时期的"元老",也可能所有创业时期的"元老"都已离开,但高层管理团队的管理风格在很长一个时期内是很难彻底改变的。

表6-3所示为创业团队与一般团队的比较。

表6-3 创业团队与一般团队的比较

| 比 较 项 目 | 创 业 团 队 | 一 般 团 队 |
| --- | --- | --- |
| 创业目的 | 开创团队或拓展新事业 | 解决某类具体问题 |
| 职位层级 | 创业团队成员担任高层管理者职位 | 一般团队成员并不局限于高层管理者职位 |

续表

| 比较项目 | | 创业团队 | 一般团队 |
|---|---|---|---|
| 权益分享 | | 一般情况下，创业团队成员拥有企业股份 | 一般团队成员并不必然拥有企业股份 |
| 组织依据 | | 基于工作原因而经常性地在一起共事 | 基于解决特定问题而临时性地一起共事 |
| 影响范围 | | 影响组织决策的各个层面，涉及的范围广 | 只是影响局部性的、任务性的问题 |
| 关注视角 | | 战略性的决策问题 | 战术性的、执行性的问题 |
| 领导方式 | | 以高层管理者的自主管理为主 | 受团队最高主管的直接领导和指挥 |
| 冲突化解过程 | 表现方式 | 认知性冲突隐性化；情感性冲突缓慢堆积而成 | 认知性冲突公开化；情感性冲突瞬间对峙形成 |
| | 解决机制 | 内部沟通 | 内部沟通，借助向上申诉途径请高层管理者仲裁 |
| 团队成员对团队的承诺 | | 高 | 较低 |
| 团队成员与团队之间的心理契约关系 | | 心理契约关系特别重要，影响到企业家精神强度 | 心理契约关系尚未正式建立，其影响力很小 |

资料来源：陈忠卫. 创业团队企业家精神的动态性研究［M］. 北京：人民出版社，2007.

创业团队成员加入创业团队的动因比较复杂，主要有以下3种。

（1）商机拉动，即存在一个商机，且创业团队感知到了商机，出于把握和利用商机的需要，组成创业团队进行创业。

（2）资源缺补，即创业过程中需要大量的、各种各样的资源，而单个创业者往往不具备所有的资源，因此需要通过引入掌握资源的成员来获取所缺少的资源。

（3）风险共担，由于创业活动具有较大的风险，而单个创业者抵御风险的能力较弱，或不愿意承担过大的风险，因此需要引入合作者为其分担风险。

创业团队可以分为以下3种。

（1）有领导的创业团队，即创业团队明确了一个最高的、最终可以拍板的、资源控制力强的主导性成员，并且，其领导地位通过职务、章程或其他明确的方式予以确认（如任命为董事长等）。

（2）无领导的创业团队，即创业团队没有明确谁是主要领导，也没有默认或自然形成一个话语权明显重于其他团队成员的"权威者"；这时，团队的决策主要以相互协商的方式来进行。

（3）半领导的创业团队，即制度尚未明确规定最高领导者是谁，但某个成员因资历高或者贡献大等原因，具有较高威信而形成一种非制度权力或默认权威。

## 6.2.2 创业团队的构成

从 20 世纪 80 年代末开始，创业团队的成功带来的巨大经济效益及其产生的广泛社会影响，引起了学者对创业团队研究的兴趣。创业团队常被视为组织取得成功和创造知识的基本单位，它能够有效突破单个创业者在能力、经验、资源等方面所受到的限制，通过多个创业者之间的优势互补，来为成功创业奠定基础。大量的研究表明，一流的创业团队能够带来大量的知识、经验、技能，并增强创业团队成员对新企业的责任感，进而促进创业的成功。但创业团队成员能否做到优势互补，这在很大程度上取决于创业团队成员的选择和组合是否合适。创业团队成员之间的团结和合作状况往往是决定创业成功的关键。许多学者从不同的角度对创业团队构成多元化或多样性问题进行了大量的研究。

创业团队虽小，但是"五脏俱全"。创业团队成员不能是清一色的技术流成员，也不能全部是搞终端销售的，优秀的创业团队成员应各有各的长处，大家结合在一起，正好相互补充，相得益彰。

相对来说，一个优秀的创业团队必须包括以下几类成员：一类创新意识非常强的成员，这些成员可以决定企业未来的发展方向，相当于企业的战略决策者；一类策划能力非常强的成员，这些成员能够全面周到地分析整个企业面临的机会与风险，考虑成本、投资、收益的来源，甚至还包括制定企业管理规范章程、长远规划设计等工作；一类执行能力非常强的成员，这些成员具体负责以下执行过程，包括联系客户、接触终端消费者、拓展市场等。此外，如果是一个技术类的企业，那么应该有一些研究专家，当然，一个创业团队还需要有成员掌握必要的财务、法律、审计等方面的专业知识。一般创业团队中还必须有可以胜任的领导者，而这种领导者，并不是单靠资金、技术、专利来决定的，也不是谁出的点子好谁担任的。领导者是创业团队成员在多年同窗、共事过程中发自内心认可的成员。许多创业团队在很短的时间内就消亡了，很重要的原因在于创业团队的领导者其实根本不是一个合格的领导者。而领导者的作用，直接来讲，就是"决定一切"。自主管理型创业团队比较特殊，该团队管理更偏于民主化，协商决策。只有这样，创业团队才能算是比较合格的。

创业者组建创业团队是向潜在投资者、合伙人和成员传递一种重要信号。一些强势的创业者不愿意与其他人合作或招募能力比自己强的成员。相反，有些创业者能敏锐地意识到自身存在的局限性，并会努力吸收富有经验的成员加入创业团队。与此类似，一些新企业从来没有组建过顾问委员会，而另一些新企业却会极力邀请他们所能发现的优秀人才为企业提供咨询和建议。一般而言，给潜在投资者、合伙人和成员留下深刻印象的做法是组建尽可能强大的创业团队。创业团队一般由创建者、核心成员、董事会、专业顾问构成。

### 1. 创建者

创建者特征及其早期决策会对新企业的被接受方式和创业团队形成的风格产生重要的影响。其中，创建者的人数和素质是两个最重要的方面。

大多数创建者面对的第一个关键问题是，自己单独创建企业还是组建团队去创建企业。研究表明，50%～70%的新企业是由一个以上的创建者创建的。人们普遍认为，团队创业要比个人创业更具有优势，因为团队为新企业带来的资源、创意和专业联系，要远远多于个人所能做到的。除此之外,新企业的共同创建者互相给予的心理支持也是成功创业的重要因素。有些因素会影响创建者之间的关系。首先,从前共事过的创建者要优于首次合作的创建者。如果人们曾在一起工作过并计划合作创建一家企业,那么他们通常会亲密相处并彼此信任。他们比那些相互陌生的人能更有效地进行沟通和互动。其次,如果创建者是异质性(Heterogeneous)的,意味着他们的专业技能领域各不相同;如果创建者是同质性(Homogeneous)的,则意味着他们的专业技能领域非常类似。异质性团队更可能对技术、雇佣决策、竞争策略和其他重要活动产生不同观点。这些差异性的观点很可能引发争论和成员间的建设性冲突,从而降低匆忙决策或缺乏对其他观点公开讨论的可能性。创建者人数有可能太多,从而带来沟通问题和逐渐增多的潜在冲突。创建者的规模如果超过4人,那么明显不可行。

与创建者有关的第二个关键问题是创建者具备的素质。在企业创建初期,创建者的知识、技术和经验是企业所具有的最有价值资源。正是由于这点,人们对新企业的评判主要依据其"潜力"而非当前的资产或绩效。在大多数情况下,这就导致人们通过评估创建者和最初管理团队的能力来判断新企业未来发展的前景。以下几个因素对创建者取得成功至关重要。第一,创建者的受教育水平非常关键,因为人们相信通过大学教育可以提高包括研究能力、洞察力、创造力和计算机技术在内的创业能力。第二,前期创业经验(Early Entrepreneurial Experience)、相关产业经验(Relevant Industry Experience)和社会网络(Social Network)是创建者取得成功的重要保证。第三,对创建者来说,具有成熟的社会网络是一项尤为重要的能力。创建者必须经常与他们的社会网络"打交道",以企业名义筹集资本或获取其他关键资源。对于一些创建者而言,关系网络化是一件轻而易举的事情,这已经成为他们日常例行工作的一部分;而对于另一些创建者,关系网络化还是一种需要学习的技能。

由此推知,由具备下述特征的创建者最有可能成功(表6-4)。

表6-4 最有可能成功的创建者的特征

| 特 征 | 说 明 |
| --- | --- |
| 团队创业 | 与个人创业相比,团队创业能为新企业提供更多的资源、更多样的观点和更广泛的项目选择 |
| 受教育水平较高 | 事实表明,高水平的教育能够提升创建者重要的创业技能 |
| 前期创业经验 | 具有前期创业经验的创建者要比刚刚接触创业的创建者更熟悉创业过程,更有可能避免犯重大错误 |
| 相关产业经验 | 与没有相关产业经验的创建者相比而言,具有新企业所在行业经验的创建者更有可能拥有良好的社会网络以及实用的营销和管理经验 |
| 广泛的社会网络 | 具有广泛的社会网络的创建者,很有可能获取额外的技能、资金和消费者认同 |

资料来源:巴林格,爱尔兰.创业管理:成功创建新企业[M].3版.杨俊,薛红志,等译.北京:机械工业出版社,2010:158.

### 阅读案例 6-1

## 以人为本的创建者

华为技术有限公司（简称华为）在数十年的发展中取得了很多成就。论及获取这些成就的原因，有产品研发、市场销售的优势或任正非的个人魅力等。若从时代的角度出发，促使华为一步一步迈向制高点的最关键因素，则在于任正非作为创建者对人才的积极培养与提拔。

**一、潜力第一，经验第二**

在华为，任正非提拔过的人才不胜枚举，如年少得志的李一男、持重稳健的刘平等，虽然他们与任正非有过不愉快，甚至有的最终选择离开华为，但还是有更多的科技人才选择为自己、为华为奋斗终身。任正非每年都会派人深入名牌大学，招聘大批科技人才。在招聘上，任正非衡量一个人是不是人才看的不是经验，而是潜力。

**二、是人才，就有平台**

当华为以大放异彩的姿态走过了 20 世纪的最后几年时，任正非更加重视华为的人才机制建设。21 世纪的人才扩编工程，对于华为的生存和发展至关重要。为了让更多的科技人才转投华为帐下，华为接下来的"内部培养"制度为其提供了充足的人才储备。另外，华为在招聘新人上狠下功夫的同时也有着应对人才饱和的办法：第一，借助末位淘汰机制，每年辞退一批业绩不佳的员工，以此保证整体的生命力；第二，现场招聘补空缺。即使再出现类似核心员工突然离职的事件，任正非也不用担忧，他会将这个意外空缺的岗位马上公布到招聘网站上，以现场招聘的方式遴选合适的人才。

**三、"炒干部"**

任正非运用了经济学原理中的"鲶鱼效应"，让华为的人才队伍时刻充满着活力和朝气。任正非为了调动整个队伍的士气，做出了一个极为大胆的决定：市场部中所有的正职干部，需要马上提交两份报告：一份是述职报告，另一份是辞职报告。随后采取竞聘的方式，根据阶段性表现、个人的发展潜力和企业发展的特殊需求等，展开干部之间的随机对决。胜利者便可就职，失败者只能离职。历经一番龙争虎斗，大约有 30% 的干部被"炒"了。华为这起大规模的"炒干部"事件，震惊了整个商界。

**四、"制造"人才**

首先，任正非为了进一步让"劳动与知识合二为一"，在华为内部推出了导师制度。员工签署正式劳动合同后，老员工就会成为一个或几个新员工的导师，负责教授新员工以及对新员工进行绩效考核。这种导师制度的推行，有效推广了华为的企业文化，提升了员工的工作效率。其次，任正非十分注重职业发展中的通道设计模式，通过级别晋升制度化解了竞争中框架空虚的问题。最后，任正非建立起了一套非常完美的绩效考核体系，使得华为已经从吸引人才的平台，化为诞生人才的摇篮。

**五、从群众中来，到群众中去**

为了在华为内部走"群众路线"，任正非不时地改变自己过于"集权"的风格，并在华为内部制定了民主生活会制度，开展"批评与自我批评"，号召全员积极融入集体。自我批评不是为批评而批评，也不是为全面否定而批评，而是为优化和建设而批评。总的目标是要提升企业整体的核心竞争力。

**六、从"狼性"到"人性"**

任正非推崇"狼性"文化，崇尚"狼"的团结。但随着时代的发展，任正非越来越意识到"狼性"只是一个过程，"人性"才是企业所追求的结果。通过对华为企业文化艰难的转型，华为也唱响了"人性"的主旋律，现在的华为仍旧保留"狼性"文化的精华，并将其与"人性"理念完美结合。

资料来源：孙力科. 任正非传 [M]. 杭州：浙江人民出版社，2017. （有改动）

小思考

创建者应具有哪些特质?

### 2. 核心成员

新企业需要认识的重要问题就是用错人要付出高昂的代价。与成熟的大企业不同,新企业的用人不能以"善意的"或"态度好但行动差"为标准,而是要重视一个成员能否实现价值增值。创业团队中的每一位成员都十分重要,每一位团队成员的工作都直接影响新企业的价值创造,如果某位团队成员无法为新企业创造任何价值,那么他就应该离开创业团队。

创建者所面临的一项紧迫的任务就是要设法招募到成功经营企业所需要的核心成员,这项任务不一定要等到正式注册成立了新企业之后才开展。创业团队往往不是一开始就彻底组建起来的,而是随着新企业的成长,需要不断地物色和招募优秀的核心成员,并最终将其吸收到创业团队中来。对不少新企业来说,其核心成员往往也是创建者的创业伙伴。

 阅读案例 6-2

#### 星巴克核心成员的招聘

星巴克的创建者舒尔茨首批招募的成员之一就是戴夫,他是西雅图大学区一家非常有名的咖啡店的老板,而西雅图正是星巴克诞生的地方。舒尔茨在他的自传中回忆如何招募戴夫的事情。会面那天,舒尔茨向戴夫展示了他的计划和蓝图,并和戴夫谈起了他的创意。戴夫马上就心领神会了。自会面后的十多年来,戴夫一直穿着专业围裙、站在柜台后面为顾客提供蒸煮的浓咖啡。无论在自己的咖啡店还是在意大利,戴夫都亲身体会到人们对蒸煮咖啡的喜爱。舒尔茨不必说服戴夫相信这个创意有巨大潜力,戴夫从骨子里就理解他的想法,他们之间有一种不可思议的默契。舒尔茨的优势在于外部:推介愿景、吸引投资者、筹集资金、寻找房产、设计店面、创建品牌并为未来做计划。而戴夫深谙内部工作:经营咖啡店的具体细节、招聘和训练咖啡师(咖啡调配师)、保证咖啡质量。

戴夫后来成为星巴克新创企业团队的核心成员。

资料来源:巴林格,爱尔兰.创业管理:成功创建新企业[M].3版.杨俊,薛红志,等译.北京:机械工业出版社,2010.

 小思考

创建者如何招聘并选拔核心成员?

### 3. 董事会

当创业团队组建一家企业时,就要依法成立董事会,它是由企业股东选举产生以监督企业管理的个人小组。董事会一般由内部董事和外部董事构成,内部董事在企业中任职,而外部董事则不在企业中任职。董事会有3项基本职责:任命企业的高级管理者、公布红利、监督企业重大事件。安然有限公司(Enron Corporation)和世界通信公司

（WorldCom）的会计丑闻，进一步强调了董事会在确保企业经营的道德规范上发挥的作用。这些丑闻所带来的结果之一是，企业开始在董事会中增加更多的外部董事。这种趋势产生的原因是，不在企业供职的外部成员要比供职于企业的内部成员更有动力仔细检查企业的管理行为。大多数董事会一年召开两次会议，大企业为董事们的服务提供报酬。在新企业中，企业很可能给董事们发放该企业的股票，或对其工作不支付直接报酬（至少在企业盈利以前如此）。相关法律要求，上市企业的董事会必须有审计委员会和薪酬与考核委员会。许多董事会也有提名委员会，以选择股东来填补空缺的董事岗位。

如果处理得当，企业董事会能够成为新企业创业团队的重要组成部分。董事会可通过提供指导和提高资信两种方式，帮助新企业拥有一个良好开端并形成持久竞争优势。例如，如果两名计算机软件程序员想要创建一家软件企业，而他们又都没有市场营销经验，这时候在董事会中配备一位营销管理者就十分必要。又如，假设某个企业宣布马斯克或扎克伯格已经同意加入该企业董事会，那么这个消息对该企业将会产生积极影响。这种现象被称为发信号，如果没有可信赖的信号，潜在消费者、投资者或成员就很难识别出高质量的新企业。

 **阅读案例 6-3**

## 中核集团：配齐建强专职董事队伍推动子公司董事会建设

中国核工业集团有限公司（简称中核集团）深入贯彻习近平总书记在全国国有企业党的建设工作会议上的重要讲话精神，在国务院国有资产监督管理委员会（简称国资委）的具体指导下，2017年起扎实推进子公司规范董事会建设，不断加强专职董事管理，截至2021年已经形成了由近60位党组管理干部组成的专职董事队伍，覆盖51家重要子公司。专职董事政治素质好、业务能力强、管理经验丰富，已经成为行使股东权利的重要途径、落实母子公司管控的重要桥梁和完善子公司董事会的重要依托，专职董事在促进子公司董事会科学决策、防范风险、规范管控等方面发挥了重要作用。

**一、建章立制 明确权责义务**

中核集团始终坚持制度先行，明确专职董事责权利，规范子公司董事会建设和专职董事履职行为。第一，持续完善管理制度。2017年，中核集团首次发布了所投资公司董事会建设的管理办法，修订了派出董事管理办法，对专职董事的任职资格、履职要求和考核薪酬作出规定；2019年发布了涉及专职董事选派和日常管理服务的12条举措，并不断转化为制度性安排，着力解决管理中存在的问题。第二，落实履职待遇。鉴于专职董事原任职单位与现任职单位在地域、业务等方面存在较大差异，为保持团队稳定，中核集团明确了将专职董事原任职单位作为其常驻办公地，其组织、人事、劳资关系等保留在原任职单位，由原任职单位提供其日常办公服务保障；因履职所发生的费用由任职单位承担，由此帮助12位专职董事协调解决办公地点和人事关系问题。第三，完善派出原则。为强化各级股东责任，中核集团逐步完善了专职董事派出原则。二级公司的专职董事由集团直接派出，三级及以下子公司的专职董事由其上一级公司自行派出或从集团董事库中选派。对于产权关系和管理关系不一致的，明确由管理单位按照章程规定的席位数推荐董事人选，产权单位协助办理相关手续，减少分歧。

**二、勤勉尽责 突出作用发挥**

中核集团要求全体专职董事恪尽职守，以科学、严谨、审慎、客观的工作态度，积极参与任职单位重大经营管理事项的决策，努力维护股东和任职单位合法权益。第一，建立双向沟通反馈机制。中核集团总部可直接向专职董事了解其所任职单位重要情况，专职董事也可向中核集团对口部门反映情况、征询意见。涉及征询决策意见建议的，如中核集团已决策，专职董事需按照相关部门提供的文件进行表决；如中核集团尚无明确意见，专职董事可就沟通事项与相关部门交换意见，沟通意见仅供参考，专职董事需独立发表意见并行使表决权。对于二级子公司未经其董事会决策而需先行上报集团总部决策的事项，决策前集团总部承办部门应征求派出专职董事意见，供决策时参考。第二，执行报告制度。专职董事每年需向集团报送半年和年度履职报告，在每次董事会会议结束后的10个工作日内要将会议情况、本人发表的意见、董事会运作情况等形成简报上报。专职董事在履职期间发现所任职单位存在重大决策风险、重大违规事项和重大生产经营问题等，应及时向公司董事会提出警示并向中核集团报告，必要时提供专项分析报告。第三，发挥专业特长。除日常履职外，可设置研究课题，由董事长委托专职董事牵头组织，着眼于公司的长期可持续发展客观地分析问题，提出建议。

三、选优建好 加强队伍建设

中核集团加强对专职董事的选聘、培训和评价工作，不断提升其履职能力和责任担当，推动子公司董事会"定战略、作决策、防风险"作用有效发挥。第一，优化队伍结构。根据子公司董事会多年运作实践，中核集团制订了专职董事管理工作计划。通过组织遴选和自愿报名相结合的方式，持续选聘一定数量候任专职董事充实专职董事库。同时优化年龄结构，保证专职董事至少能担任一个任期。合理调整专业结构，优先选择熟悉法律、财务和公司治理的领导干部转任专职董事。第二，开展履职培训。通过现场教学与网络教学相结合的方式，中核集团每年至少组织两次对专职董事、子公司董事会秘书和董事会办公室相关人员的培训，以提升规范意识、履职能力和业务水平。培训主题涵盖企业战略、公司治理、风险防范、财务管理、依法治企和提质增效等方面，由内部教师与外部专家联合授课，兼顾理论性和实操性，取得了切实效果。结合培训，召开中核集团情况通气会和专职董事座谈会，贯彻战略意图、传达管控要求、把握发展重点，保证中核集团和专职董事的沟通交流顺畅，提升专职董事履职的针对性和精准性。第三，健全考评机制。中核集团组织了对专职董事的年度考核评价工作，按照"谁派出、谁考核"原则，从日常履职评价、出资人评价和任职单位年度考核结果维度计算得分，其中，20%的专职董事的考评结果为优秀。2020年，根据第一年考核情况对派出董事管理办法再次升级，进一步细化了考核要求，明确了考核结果与任职单位经营业绩考核结果挂钩。通过开展考核评价，调动专职董事的积极性，独立报告事项数量明显增多。

资料来源：https://www.sohu.com/a/514341158_100082376（2022-01-04）[2023-01-04].（有改动）

小思考

董事会的职责有哪些？

### 4. 专业顾问

除创业团队成员，在许多情况下，新企业的发展还要依赖一些专业顾问，可以通过他们获取重要的信息和建议。顾问委员会、贷款方和投资方、咨询师等专业顾问通常都会成为创业团队的重要组成部分。

顾问委员会是企业管理者在经营过程中向其咨询并能得到建议的专家小组。和董事会不同，顾问委员会对企业不承担法定责任，只提供不具约束力的建议。组建顾问委员会的目的既可以是一般意义上的，也可以是满足特定主题或需要的，因此，顾问委员会要尽可能涵盖较为广泛的专业和技术领域，并且在经验和技能方面应当是相互协调和彼此补充的。

贷款方和投资方会为企业提供有用的指导，并保证发挥基本的财务监管作用。在一些情况下，贷款方和投资方还会通过多种途径积极帮助企业，如帮助企业识别和招募高级管理者、洞察企业计划进入的行业和市场、完善商业模式、扩充资本来源渠道、吸引消费者、安排商业合作以及在企业的董事会或顾问委员会任职等。

咨询师是提供专业或专门建议的个人。当新企业需要从专家那里获取诸如专利、缴税计划和安全规章等复杂问题的建议时，咨询师的作用不会太大，但是，当企业开展可行性分析研究或进行行业深入分析时，咨询师的作用就十分关键。由于这些研究任务要花费一定的时间，无法让董事会或顾问委员会来承担，因此就可以借助咨询师来完成。

 阅读案例 6-4

## 雅安市多部门联合组建"金融顾问"团队服务民营企业

自 2020 年 3 月开展民营企业"金融顾问"工作以来，雅安市金融工作局联合雅安市民营经济发展局，由分管领导任团队组长，以县（区）为单位，组建由政府人员、银行信贷管理人员、担保企业人员、法律工作者、税务人员等构成的金融顾问团，为民营企业排忧解难，努力为民营企业提供高质量金融服务。

**一、线上线下：全面纾解民营企业发展难题**

"为了建成高标准的园区厂房，我们投入了 7 000 万元现金，因为流动资金的问题，我们这个项目的进度一直很慢"。四川金黄河建设工程有限公司负责人说，"多亏了金融顾问团的牵线搭桥，短时间内我们就拿到了 1 180 万元的贷款"。

四川金黄河建设工程有限公司是一家以钢结构生产、加工、安装为主，涵盖建筑、桥梁、市政工程为一体的综合性建筑公司。2020 年 7 月入驻成雅工业园区后，建成了一个年产量 6 万吨，年销售额达 5 亿元的装配式建筑基地。但购置新厂房、新设备已经用去了大量的资金，日常的资金周转成了困扰该企业的一个大难题。在金融顾问团的积极帮助下，雅安市银行机构与该企业充分对接。经过银行机构的详细调查，该企业前景较好，资质符合雅安市"应贷尽贷"原则，因此在最短时间内，通过农商银行"园保贷"的方式为该企业发放贷款，有效满足了民营企业融资需求。

在雅安市，像四川金黄河建设工程有限公司一样，有融资需求的民营企业不在少数，如何帮助这些企业跨过这道坎，是金融顾问团的重要工作方向。

据介绍，雅安市金融顾问团首先从金融角度了解民营企业高质量发展面临的问题，倾听民营企业诉求，整合多种金融资源，力争帮助民营企业及时解决。帮助民营企业更好地了解经济和金融政策，合理运用各类金融工具，提升经营管理水平，增强风险控制能力。

其次，不断细化金融服务措施，积极推动金融机构不断创新符合当前经济发展和民营企业需求的信贷产品，切实提升从金融角度服务民营企业的能力，重点提升对工业园区入园企业和转型升级入园企业的融资贷款服务能力。

再次，通过实地走访和日常联络等"线上线下"的方式，实时了解民营企业金融服务需求和困难，为民营企业提供融资建议，打通民营企业金融服务"最后一千米"，及时缓解民营企业融资难题。

最后，深入了解民营企业的生产经营和资金状况，掌握民营企业经营发展及所在行业的动态，帮助民营企业科学安排融资结构，合理选择融资产品，提醒民营企业加强财务约束，规范关联交易，提升财务稳健性，帮助民营企业做好财务规划，提前做好金融支持准备。

"我市金融顾问团里的成员主要来自金融监管部门、金融机构等多个领域，大家共同聚焦民营企业在生产经营过程中的难点、痛点问题，全面精准把脉，有针对性地提供专业化、个性化的金融服务。"雅安市民营经济发展局的负责人介绍，通过这样的形式，及时满足了民营企业对政策和融资的需求。

## 二、优化结构：全力帮助民营企业排忧解难

通过混合所有制改革盘活不良信贷资产，是金融顾问团为加快民营企业发展抛出的"橄榄枝"。

荥经县华森铸造有限公司是2012年于雅安市成立的民营企业，由于前期内部管理、产品市场定位、环保达标等方面出现问题，因此该企业经营困难，面临停工停产，此前的贷款也面临逾期。

在得知该情况后，金融顾问团积极介入，多次深入该企业了解情况、分析问题，并向相关职能部门及时汇报沟通。针对该问题，相关职能部门人员到四川省省外实地考察论证了该产品的市场前景，向政府建议以"混合所有制"的形式改造该企业，让该企业重新脱困向好。"我们对接了县属国有企业，以现金形式入股该企业，帮助该企业归还所欠银行利息，银行完善相关信贷手续后重新与该企业签订贷款合同，一方面银行盘活了信贷资产，另一方面该企业也满足了银行相关要求。"雅安市民营经济发展局相关负责人介绍，满足再次贷款的条件后，该企业进行了二期生产线建设，投产后，可实现年产12万吨建筑扣件，预计年产值约7亿元。如今，金融顾问团帮助该企业完善内部管理制度、财务制度，引导该企业逐步建立现代企业制度，并随时关注该企业动态，帮助该企业解决遇到的实际困难。

事实上，通过混合所有制改革，盘活不良信贷资产只是雅安市金融顾问团优化融资结构、全面帮助民营企业融资的举措之一。

近期，雅安市金融顾问团不断向民营企业普及资本市场知识，提供规范改制、发债、挂牌上市等咨询服务，引导民营企业通过股权融资、并购重组、债权、私募股权基金等方式，优化资本结构，提升资本运作能力和核心竞争力，帮助民营企业进入资本市场融资，合理控制负债率。同时，指导民营企业完善治理结构，建立现代企业制度，明晰发展战略，提高经营管理水平，有效防控债务风险。

金融顾问团结合信贷政策，对符合国家产业政策、信贷政策的民营企业，力争做到应贷尽贷，积极助推民营企业发展。对于不符合信贷政策的民营企业，积极为民营企业提出建议，以帮助民营企业优化融资结构进行融资，对民营企业的经营管理人员、财务人员进行培训帮扶，指导民营企业合理规划扩张规模，有效控制财务成本，促进民营企业生产经营的完善与发展。

资料来源：https://www.sc.gov.cn/10462/jdxw/2020/10/10/ec0a4c6094ba4f228dc9ff017851c9e8.shtml (2020-10-10) [2023-12-30]．（有改动）

 小思考

由此案例能够得到什么启示？

### 6.2.3 创业团队的作用

正确认识创业团队的作用，对于创业团队的积极组建和有效运行具有重要作用。没有创业团队的新企业不一定失败。但是，没有创业团队而要建立一个具有高成长潜力的企业是极其困难的。某些创建者确实不喜欢合伙人介入，他们更倾向于在新企业中处于完全控制地位，他们想要的是员工而不是合伙人，他们不愿受合伙人或投资者的控制或制约。这类企业能够生存，但难以发展壮大，特别是难以迅速发展壮大。因为创建者个人的资源、视野和能力等因素限制了企业的迅速发展壮大。而拥有高素质创业团队的新企业，不仅可以取长补短，拥有更多的资源，更广阔的视野和更强的能力，而且有更强的吸引私人资本和风险投资的能力，因而具有更高的增长潜力。

创业团队的凝聚力、合作精神、立足长远目标的敬业精神会帮助新企业度过危难时刻，加快新企业的成长步伐。另外，创业团队成员之间的互补、协调以及平衡，对新企业

起到了降低管理风险、提高管理水平的作用。一项针对 104 家高科技企业的研究报告指出，在年销售额达到 500 万美元以上的高成长企业中，有 83.3% 是以创业团队的形式建立的；而在另外 73 家停止经营的企业中，仅有 53.8% 有数位创建者①。这一模式在一项关于"128 号公路 100 强"的调查研究中表现得更为明显。"128 号公路 100 强"是指在波士顿市郊地区 128 号公路的两侧有包括新型风险企业在内的成功企业，在这些企业中，成立 5 年以上的企业平均年销售额达到 1 600 万美元，成立 6~10 年的企业平均年销售额达到 4 900 万美元，而那些成立时间更为久远的企业的平均年销售额则可达到几亿美元。这项调查还发现，在这些成功的企业中，70% 有多名创建者，17% 的企业创建者在 4 位以上，9% 的在 5 位以上，还有一家企业是由一个 8 人创业团队组建的②。

由此可见，创业团队在创建新企业并创造价值和实现收益方面有着重要作用。具体而言，围绕创业机会这一核心问题，创业团队至少具有以下几个优势。

第一，创业团队的创业机会识别能力较强。创业团队是由具有不同机会识别能力的成员组成的，因为创业团队内每一位成员具有不同的知识结构、处理信息的方法和机会评价的标准，从而比个体创业模式能获得更为科学的评价结果，并形成一种为创业团队成员所认同的创业机会评价标准。创业机会是具有非对称性的信息，而创业团队要比个体具有更大的可能性来认知某一创业机会的必要信息。同时，创业团队内的信息分享机制也有利于创业团队所有成员达成对创业机会的共识。

第二，创业团队的创业机会开发能力较强。识别创业机会并不意味着一定去开发这一创业机会。创业机会本身影响到创业团队开发创业机会的意愿，相对于个体创业模式，团队创业模式开发创业机会的能力以团队成员的异质性为基础，从而具有更强的创业机会开发能力，具体表现为：创业团队能更为全面、准确地比较不同的开发方案，避免创业决策失误；创业团队具有更为广泛的社会联系，可以有效地获得开发创业机会所需要的资源；创业团队内部有更多的经验积累，从而可以提高创业团队开发成功的可能性。

第三，创业团队的创业机会利用能力较强。创业机会的利用可以有两种方式：一是自己利用创业机会，充分发挥其规模经济和范围经济优势，通过利用先动优势以获取创业利润；二是把创业机会以一定价格售出，获得利润。具体来看，创业团队在第一种创业机会的利用方面具有显著优势的原因有以下三点：一是能够提供重大决策的时间保证，更有利于企业获得足够时间思考企业战略等问题；二是共商创业之计，避免个人主观臆断；三是确保创业方案稳定，避免因高级管理者变动而给企业带来负面影响，保证创业团队决策的连续性。

### 阅读案例 6-5

**组建优秀创业团队的八大秘诀**

**一、扬长避短，恰当使用**

人有所长，必有所短。创业团队成员之间最好呈优势互补关系。选择创业团队成员的时候要看清其

---

① 王旭：《科技型企业创生机理研究》，博士学位论文，吉林大学管理学院，2004，第 67 页。
② [美] 杰弗里·蒂蒙斯，小斯蒂芬·斯皮内利：《创业学》，周伟民、吕长春译，人民邮电出版社，2005，第 199—215 页。

长,以后也要学会包容其短。所谓取长补短,是取别人的长补自己的短,此为创业团队的真正价值,长城不是一人筑成的,想做出点成绩,就得有做事情的开放心态。当一个人是内向型的性格,不善于交际,适合从事技术工作时,那他就最好找富有公关能力、会沟通、能处理复杂问题的搭档;当一个人是急性子,脾气比较暴躁时,那最好找慢性子、脾气温和的搭档,这是因为合作中的摩擦是在所难免的,一急一缓可以相得益彰。

## 二、既要讲独立,也要讲合作

在创业过程中,创业者既要讲独立,也要讲合作。适当的合作(包括合资)可以弥补双方的缺陷,使弱小的企业在市场中迅速站稳脚跟。春秋时期战国七雄尚讲合纵连横,创业者更需要从创业整体规划出发,明确哪些方面的技能和资源是自己所欠缺的,再以此来寻找相关具备此类技能和资源的创业团队成员,由此大家的资源和技能实现整合,共同发展。

## 三、志同道合,目标明确

创业团队的成员应该是一群认可创业团队价值观的人。创业团队的目标应该是每位加入创业团队的成员所应认可的,否则的话,就没有必要加入。在明确了一个创业团队目标时,作为创业团队的领导者,应该以这个共同的目标为出发点,来召集创业团队的成员。创业团队是不能以人数来衡量的。如果有一群人,没有共同的理想和目标,那这就不是一个团队,而是一群乌合之众。这样的团队是打不了胜仗的。创业团队成员应该志同道合,有共同的或相似的价值追求和人生观。

## 四、知彼知己,百战不殆

优秀的创业团队的成员都应该非常熟悉彼此,知根知底。《孙子兵法·谋攻篇》云:"知彼知己,百战不殆"。在创业团队中,每位成员都应非常清醒地认识到自身的优劣势,同时对其他成员的长处和短处也一清二楚,这样才能很好地避免创业团队成员之间因为不熟悉而造成的各种矛盾、纠纷,由此迅速提高创业团队的向心力和凝聚力。

## 五、完善股权,利益共享

创业团队中无论有几个成员,在股份上可以做到平均持有,但在统一规划方面必须得确立一个领导者,不然就很容易出乱子。每位创业团队成员的资源不通过一个整体的框架进行调配整合,就是浪费,每位创业团队成员的执行力若是没有集中在一个方向上,也是浪费,尤其是在大家形成决议后,就必须确保集中所有的资源和力量,向一个确定的方向前进。若是在形成决议后,每位创业团队成员的行动方向没有一个领导者进行统一约束的话,那么新思想就会不断地否定老思想,新的行动方向又会不断地取代原设定的方向,这样很快就会导致巨大的内耗和矛盾。

## 六、优势互补,相得益彰

一个优秀的创业团队必须包含以下几类成员:一位创新意识非常强的成员,这位成员可以决定企业的未来发展方向,相当于企业战略决策者;一位策划能力极其强的成员,这位成员能够全面周到地分析整个企业面临的机遇与风险,考虑成本、投资、收益的来源及预期收益,甚至还承担企业管理规范章程制定、长远规划设计等工作;一位执行能力较强的成员,这位成员具体负责规划的执行过程,包括联系客户、接触终端消费者、拓展市场等。此外,如果是一个技术类的创业企业,那么还应该有一位研究型成员(甚至是研究型领导者),当然,这个创业团队还需要有成员掌握必要的财务、法律、审计等方面的专业知识。只有这样,创业团队的成员之间才能达到优势互补的效果。

## 七、心胸博大,宽厚待人,善于合作

创业团队的每位成员应该有博大的心胸,能宽厚待人,懂得如何合作,懂得什么是合作的分寸,这样创业团队成员才能更多地体会到"合作"带给他们的快乐、喜悦和丰收的硕果。一个人的心胸决定了他所能达到的事业高度。宽容是创业团队成员首先必备的一种品质。内讧是摧毁合作的元凶。宽容是合作的黏合剂。唯有和谐,合作才能愉快,才能使创业团队成员激发出最大的工作热情和才智,打造一个有竞争力的创业团队。

### 八、摆正位置坦诚相待，互相尊重对方

作为创业团队成员，在平时的交往与合作中要坦诚，互相尊重对方，摆正自己的位置。请在心中时时提醒自己，双方都是为了共同的利益才在一起合作的，无论出资多少，都不希望自己的出资打水漂。遇到问题和矛盾时应该向前看，向前看利益是一致的，因为成功会给大家带来更丰厚的收获；盯住眼前的矛盾不放，只能是越盯矛盾越多，越盯矛盾越复杂，最后裹足不前；只有向前看，成功的希望才能激励着合作的各方摒弃前嫌，勇往直前，抵达成功的彼岸。

资料来源：https：//jiameng.baidu.com/content/detail?id=2283431245&from=search（2023-05-16）[2023-12-30].（有改动）

**小思考**

由此案例能够得到什么启示？

## 6.3　创业团队的组建与发展

创业团队往往是在新企业创建和发展过程中逐渐形成的完美组合。在这一过程中，创业团队成员可能因理念不合、矛盾冲突等不断替换。在美国，创业团队成员的散伙率要高于离婚率。由此可见，组建创业团队不易，创业团队发展更需要精心维护。在一般情况下，组建创业团队应按照以下程序进行（图6.1）。

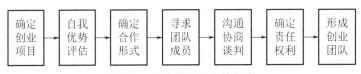

图6.1　组建创业团队的程序

### 6.3.1　创业团队组建原则

#### 1. 创业战略协调原则

创业团队要与创业战略相协调。创业战略是全局性、长期性、方向性、纲领性决策，这一决策的贯彻需要高素质的创业团队，组织结构是实施创业战略的一项重要工具，没有良好的创业团队就无法实现创业战略目标，相反，错误的创业战略对创业团队来讲也是一种误导。创业团队需要分析创业战略的特点，不同的创业战略有不同要求，需要不同的资源，不同的产品类别需要不同的人才，需要比对二者的匹配性，找出最佳战略与创业团队的搭配方案。

#### 2. 特色搭配

首先，要想组建创业团队，其成员的志趣相投是前提。人们总是愿意与自己志趣相投的人一起交往，事实上，这样做有一定的道理。因为这些人彼此更加了解，而且可以容易、自信地预测其他人的决策和发展。大学生会选择那些家庭背景、教育经历、社会阅历、工作经验与自己相似的人一起工作。如果考虑工作中的配合度，相近的知识结构也很

重要，它能增加沟通的便利性，有利于形成良好的人际关系，否则创业团队成员之间的冲突就会更多。这也就是说，创业团队成员不仅要志趣相投，也要有知识结构方面的相近性。

其次，能力互补。创业团队需要解决"冗余"问题，即创业团队成员的知识、技能、性格同质化问题，同质化造成个人贡献雷同，缺乏新的见解和资源，造成创业团队的发展潜力相对较小，创业团队效率较低。创业团队领导者要寻找那些与自己不一样的人，即与自己互补的人，他们可以有效地弥补创业团队领导者的知识、经历的不足。因为创业团队需要广博的知识、多样化的技能和丰富的经验，而这些远非一人或相同背景的"同质资源"所能为，所以需要寻找"异质性资源"。当一个创业团队成员所缺少的东西能由另一个创业团队成员补充时，创业团队的功能就会因此放大，也更能体现"1＋1＞2"的整合功能。

创业团队成员总会有性格差异，他们各有特点，性格、气质无所谓好，也无所谓坏，各有所长，各有所短，相互影响，相互弥补，但求有贡献，不求一刀切，需要海纳百川。创业团队中有些成员给人性格古怪的印象，但是往往人无完人，也许他们在某一方面非常优秀，能够树起旗帜，为整个创业团队作出突出贡献。创业团队应该包容和引导所有成员，建立优势互补的创业团队是人力资源管理的关键。创业团队中"主内"与"主外"的不同人才、耐心的"总管"和具有战略眼光的"领导者"都不可偏废。创业团队要注意每位成员的性格与看问题的角度，如果一个创业团队里总有能够提出可行性建议的建设性成员和能不断地发现问题的批判性成员，对于创业过程将大有裨益。

"领导者"和"跟随者"需要角色搭配。"跟随者"选择"领导者"会考虑到以下几个吸引力问题：这个创业项目有无吸引力？创业项目的灵魂人物有无吸引力？这个创业团队有无吸引力？对于"跟随者"来说，首先考虑的是创业项目，只有创业项目有意义、有前景，才值得自己投入，否则没有必要花那么大的精力；其次考虑的是"领导者"，这个人是否有能力领导好这个创业项目？是否能与他或她友好相处？跟着他或她做这个创业项目是否值得？这个创业团队是不是一个有活力、有思想的团队？这些未来的同事能否做好创业项目？他们是否具备运作此项目的能力？当大部分都是肯定的回答时，"跟随者"就可以毫不犹豫地加入这个创业团队了。当然，以上问题考虑的顺序也因人而异，也许有的人第一个考虑的是"领导者"的问题，或者是创业团队的问题。创业团队的组建就是一个包容及融合的过程。在感情之中要有理性的原则，在理性之后要有感情的温暖。组建创业团队需要有节奏，也需要控制节奏。

### 3. 统一指挥与分工协作原则

一个创业团队要有执行力，无论创业团队成员有多少差异，但必须有统一指挥的"领导者"，统一指挥原则是指在创业团队中只接受一个"领导者"的命令指挥，尽量避免多头领导，保证统一指挥的指挥和命令关系。否则，其他创业团队成员在工作中会无所适从，当其出现工作失误时，还会导致无法分清责任的情况。同时，创业团队成员之间要有明确的分工，且每一位创业团队成员的工作任务要适当，即通过努力能够完成，避免过多或过少，过多会使之丧失信心，没有勇气完成任务，过少就会缺乏动力，浪费资源。分工后还应强调创业团队成员之间的协调与配合，以实现创业团队的整体目标。

### 4. 精细化原则

任何一个创业团队都是一个执行主体，要执行就必须有明确的标准和规程，有数量和质量的详细描述，创业团队目标必须明确，执行的时间、地点、对象、方式、方法等都必须很明确地界定，避免模糊和难以操作。同时，对创业团队成员的职责应尽可能书面化，以使得创业团队成员的工作有章可循。具体的操作方法如下所述。

其一，要明确创业团队目标，达成共识。创业团队应该将目标清晰化、明确化。有了目标，才有方向，才有一个共同的愿景，这种共识能够大大减少管理和运作上的摩擦。

其二，明确创业团队中"谁听谁的"和"什么事情谁说了算"，并用正式的书面文件规定下来。因此，明确每一位核心创业团队成员的职责对团队目标的实现非常关键，否则，兄弟意气会让管理陷于混乱。

其三，遵循实事求是的原则。由于创业团队在初期规模较小，许多问题都可以直截了当地进行沟通，创业团队成员都应遵循开诚布公、实事求是的行为风格，把事情摆到桌面上来讲，不要打肚皮官司。

其四，创业团队成员之间要定期交换意见，讨论诸如产品研发、竞争对手、内部效率、财务状况等与组织发展有关的问题。

其五，制定并尽量遵守既定的管理制度。在创业团队中要强调人人应遵守管理制度，不能有特权，更不能朝令夕改。当组织发展到一定的程度并初具实力时，就要意识到创业团队自身能力上的缺陷，尽可能聘请一些专业人才加入，共谋发展。

### 5. 稳定与灵活相结合原则

稳定性是保证思维连续性的基础，是创业团队不断创新的基础，它可以使创业团队少走弯路，在前期成果的基础上不断开发更多新成果。因此，创业团队在进行变革时，应考虑一定的稳定性，给自身以休养生息的机会，避免频繁变革导致适应期延长，进而导致人心不稳和业绩下滑。灵活性原则要求创业团队的组织结构能针对内外条件及环境变化而做出相应调整，以增加创业团队对环境的适应性。稳定与灵活相结合的原则就是在保持相对稳定性的前提下，考虑多种实际因素灵活应对。总体上说，创业团队的建立是为了发挥每位成员的长处，取长补短，而稳定创业团队，需要处理好合作中的矛盾和冲突，甚至设置创业团队的退出机制。

## 6.3.2 组建创业团队的理念

### 1. 凝聚力

凝聚力是指通过制度和文化建设，使创业团队成员认识到自己是创业团队中不可或缺的一员，形成相互信任、同甘共苦的团队创业精神，追求创业团队整体的成功。每位成员的利益与创业团队的命运紧密联系。

### 2. 公正性

公正性即对创业团队核心成员的奖酬、股权计划的设计要公正（不一定要均等，但要合理、透明与公平），与其贡献、业绩联系起来，并随时做相应的调整，以避免不公平现象的发生。

### 3. 共享收获

共享收获指企业要公平地分配所获利益，目前越来越多的创业者把企业利润中的一部分留出来分配给创业团队核心成员，增强他们的获得感并激励他们更加努力。

### 4. 合作精神

一支能整体协同合作的创业团队，通常注重其成员之间的互相配合，在协同合作中减轻其他成员的工作负担并提高整体的工作效率，在合作中建立深厚的友谊，使创业团队更加具有合作精神。

### 5. 价值创造

价值创造是指创业团队成员在协同合作、保证工作质量的基础上，努力为创业团队或企业创造更大价值，而不是以纯粹的功利主义或者狭隘地从个人、部门需求的角度出发创造价值。

### 6. 目标长远

一支敬业的创业团队关注的是企业的兴衰存亡，并朝着企业长远的发展目标努力，勇敢地接受各种挑战，不断奋斗直至取得胜利，而不是指望速战速决、短期内发笔横财。

## 6.3.3 创业团队发展应具备的条件

### 1. 合适的领导者

创业团队领导者应执行两种职能：影响创业团队成员和控制局势；发展良好的团队关系，创业团队成员能够参与管理。

### 2. 清晰的目的和共同目标

目标被每位创业团队成员所理解，当目标清晰之后，创业团队成员才可能有机地组合起来，讨论并决定相关重要事项。创业团队成员以创业团队的目标为先，把精力集中投入到共同目标之中。

### 3. 和谐与信任

真正有效的创业团队能够使不同个性的成员和谐相处，建立高度信任并互相尊重，这样，创业团队才能够克服困难并共同承担风险。

### 4. 正确对待冲突

冲突常被看作负面因素。当然，破坏性的冲突对创业团队的发展是不利的。但是，建设性的冲突对创业团队的发展是有好处的，因为它可以加速解决现实问题。当冲突发生时，成熟的创业团队会毫无疑问地积极解决。

### 5. 定期回顾与评价

有价值的回顾是对周期性的创业团队工作情况进行公正、客观的调查，并给出评价，以总结经验并改进工作流程。

#### 6. 合理的程序

创业团队工作采取一切透明化的、科学的程序步骤，制订解决问题的方案并提高创业团队内部的自律性，让每位创业团队成员都清楚自己的角色、责任。

#### 7. 良好的沟通

优秀的创业团队会形成一种良好的交流环境，创业团队成员会了解彼此该如何互补，如何交换更多的信息，如何拥有更多的互动机会，并承担更多的责任，由此拥有更强的团队向心力。

#### 8. 打造团队精神

鼓励创造性。创业团队成员在和谐的工作氛围中形成同呼吸、共命运、积极向上、开拓进取的团队精神。保持高昂的士气，创业团队成员也会变得更有动力。

### 6.3.4 创业团队的发展和演变

创业团队的发展是一个从组建到成熟的渐进演变过程，可以分成以下4个阶段。

#### 1. 初建阶段

在初建阶段，创业团队最主要的任务是减少不确定性，在创业团队内部相互评价，积累一起工作的经验。同时发展能够帮助他们的外部社会网络，初步形成创业团队的内部框架。

#### 2. 规范阶段

在规范阶段，创业团队基于外部视角开始聚焦于发展资源、知识和技能，以便在市场上有效竞争。通过设定标准、交流想法、阐明愿景、明确各自的职责等，制定创业团队必要的工作规范，并对将来的发展和当前的业务进行思考。

#### 3. 调整阶段

当创业团队进入调整阶段，一方面，应根据实施方案促进目标的达成，另一方面，创业团队的内部问题开始暴露。应深入了解创业团队成员的个体差异，以及这些差异对创业团队行为和创业团队绩效可能产生的影响，以此来促进沟通和协调，并对创业团队进行整顿和完善。

#### 4. 成熟阶段

经过调整阶段，创业团队逐渐变得成熟和完善，成熟阶段的特征是创业团队成员从对新企业的创建者的忠诚转变为对当前事业及其未来发展方向的关心。创业团队的发展需要打造团队精神，形成团队文化，关注如何提高团队效率和效益，把全部精力用于应对挑战和获得回报。

## 本 章 小 结

本章主要从团队及其类型、创业团队及其作用、创业团队的组建与发展3个方面介绍了创业团队的相关内容。

创业团队是由2个或2个以上具有一定利益关系、彼此间通过分享认知等合作行动，共同承担创建新企业责任的参与新企业创建过程的工作团队。

创业团队一般由创建者、核心成员、董事会、专业顾问所构成。

影响创建者成功创建新企业的个人特质，包括受教育水平、前期创业经验、相关产业经验和构建社会网络的能力。关系网络化是指构建并维持与兴趣类似者或能给企业带来竞争优势者的关系。

正确认识创业团队的作用，对于积极组建创业团队和创业团队的有效运行具有重要作用。没有创业团队的新企业不一定失败，但是，没有创业团队而建立一个高成长潜力的企业是极其困难的。创业团队至少具有以下三个优势：第一，创业团队的创业机会识别能力较强；第二，创业团队的创业机会开发能力较强；第三，创业团队的创业机会利用能力较强。

组建创业团队应遵循一定的原则，如战略协调原则、特色原则、统一指挥与分工协作原则、权责利制衡原则、精细化原则、稳定与灵活相结合原则等。创业团队的健康发展还必须依靠理念、目标和机制。创业团队的发展也要经历四个阶段：初建阶段、规范阶段、调整阶段、成熟阶段。

## 习 题

1. 简答题

（1）团队和群体的关系是什么？
（2）什么是创业团队？创业团队由哪些基本要素构成？
（3）创业团队与一般团队有什么区别？

2. 论述题

（1）组建创业团队应该注意哪些问题？
（2）创业团队有哪几种类型？怎样组建高效率的创业团队？
（3）结合实际情况，说明组建创业团队的程序和方法。

## 实际操作训练

访问一个创业团队。要求采访一个在过去3~5年中创建的新企业，可以是所希望从事的领域里的榜样。通过采访，可以了解一个创业团队是如何组建的，以及其组建的动因、过程、目的等。

课后案例

### "散养闲人"对企业的影响

都说商场如战场，商业上的战争没有硝烟，但其惨烈程度丝毫不比真正的战场逊色。

一个成功的企业，必然有无数个竞争对手，这些对手，也是无形的敌人。马化腾在用人上有着一定的智慧。马化腾有一个专家顾问团，专家顾问团成员每月都拿着很高的工资，但马化腾其实很少见到他们，有时候一年才见上一两次。专家顾问团中的这些人在大家看来应该是"闲人"吧，然而，他们对于深圳市腾讯计算机系统有限公司（简称腾讯）的战略发展来说却是至关重要的。

2010年，刚经历了"3Q大战"的腾讯进行战略调整，开始从封闭走向开放，最终腾讯股价从6元涨到200元，其市值从400亿美元增长到2 000亿美元。腾讯能取得如此大的成绩，除了拥有刘炽平这个稳健的掌舵手，也与专家顾问团中的"闲人"支招有着密切的关系。当腾讯遇到重大而棘手的问题时，马化腾会第一时间从专家顾问团那里找到能解决问题的人或者方法。专家顾问团成员在关键时候的一句话、一个点拨，抑或一个电话，足以使腾讯渡过难关。

有人说马化腾傻，花那么多钱养一群一年只见一两次的"闲人"。其实不然，马化腾是一个具有长远眼光的人，他的这种未雨绸缪的思维意识也是很少有人具备的。

柳传志曾经说，能人分三种：第一种是自己能成事；第二种是能带领一帮人成事；第三种是能一眼看到底。马化腾属于第三种人，看一件事的时候，他的脑袋里出现的不是片段，而是具体执行的整个过程。马化腾知道，一个企业的发展需要各式各样的人才，他所养的这些"闲人"，其实在关键时刻，都是万夫莫敌的大将，都是能为腾讯"点石成金"的能人。腾讯的任何做法，移植到其他企业都可能效果平庸，甚至是一场灾难，因为其他企业的领导者未必具有马化腾的慧眼和格局。

资料来源：纽约金融客. 腾讯马化腾：共享创造未来［M］. 北京：台海出版社，2019.

**思考与讨论：**

1. 本案例中，你认为腾讯的核心能力能否被复制？
2. 从本案例，你能得到哪些启示？

第6章
创业测评

第6章
创业视频

# 第7章 商业模式

## 本章教学目标与要求

（1）了解商业模式的重要性；
（2）明晰商业模式的内涵；
（3）理解商业模式创造价值的流程和逻辑；
（4）学会辨析和设计商业模式；
（5）认识商业模式创新的重要作用。

## 本章知识架构

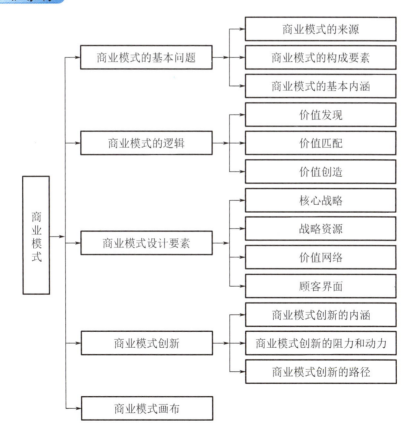

> 当今企业之间的竞争，不是产品之间的竞争，而是商业模式之间的竞争。
> ——P. 德鲁克

## 奈雪的茶：让传统中国茶变身年轻时尚饮品

党的二十大期间，习近平总书记在参加广西代表团讨论时指出，茶产业大有前途，下一步，要打出自己的品牌，把茶产业做大做强。奈雪的茶控股有限公司（以下简称奈雪的茶）正以持续创新，带动上下游产业链合力做大茶产业，并赋予传统茶制品及茶文化新的内涵、新的生命。

### 一、重新定义现制茶饮行业

2021年6月30日，是奈雪的茶的高光时刻。这天，奈雪的茶于港交所上市，成为"新式茶饮第一股"。

仅用不到6年时间就登陆国际资本市场，奈雪的茶是怎样做到的呢？其创始人、执行董事兼总经理彭心认为，茶是中国传统文化的一部分，是自古以来中国商品的重要代表，也是古丝绸之路上的重要参与者，在中国及全球拥有庞大的市场，具备坚实的消费基础。奈雪的茶通过创新制作，打破了人们对中国茶的传统认知，以鲜果、鲜奶及优质茗茶重新定义了现制茶饮行业，面向年轻消费群体打造时尚、健康、高品质的茶饮品牌，开辟了茶饮行业新赛道。

过去，人们提到茶饮，脑海中浮现的要么是隐匿于闹市的传统茶馆，一盅两件、水滚茶靓；要么是街边几平方米的奶茶店，很难有人能将茶饮和时尚消费及现代生活方式联系在一起。2014年，怀揣着"开一家茶饮店"的梦想，彭心从一家上市公司辞职，踏上创业之路。她和创业团队成员一心想着"要打造年轻人喜爱的时尚生活方式品牌，做高品质茶饮"，希望找到传统中国茶在现代生活中的存在方式，打造一种更健康、更时尚、更便利的饮用方式和更时尚的饮用场景。

"奈雪是我的网名，我希望这是我一辈子做的事。"彭心说，她的雄心壮志在最初找店面时就遭受到打击。一家购物中心的招商负责人听说她要开茶饮店，第一反应是推荐顶楼一处僻静的位置，后又介绍地下二层地铁口20平方米的店面。当了解到彭心想要核心区域200平方米的店面时，该负责人直言这是留给时尚品牌的，"没有年轻人或时尚消费人群会去喝茶的"。

"那时，没有白领、商务人士、家庭会选择到茶饮店社交。只有创出一个时尚品牌，他们才愿意停留下来消费。要让他们端起这杯茶饮时感觉到并不比国际咖啡品牌差，我们就成功了。"彭心的目标很明确。

彭心在历史中找到自信：唐朝时就有把各种食材与茶煮在一起的饮食习惯，宋朝时人们喜欢喝抹茶。奈雪的茶也是按当代年轻、时尚人群喜欢的口味和方式来做茶饮。

彭心在某社区购物中心开了一个8平方米的茶饮店，专门用来做产品测试。白天，她带着研发部成员在公司做研发，下午五六点赶到该茶饮店免费派发新品，观察哪些新品会吸引顾客前来购买，哪些复购率高。由此逐步积累，不断改进。奈雪的茶首个爆款"霸气橙子"，就是在这样的试喝中诞生的，并一直火爆至今。

2015年11月，随着位于卓越INTOWN购物中心、欢乐海岸、九方购物中心3家现制茶饮店相继开业，奈雪的茶以"鲜果茶+软欧包"的新颖搭配、特别口感、明亮舒适的空间体验，吸引众多年轻、时尚人群争相打卡,从此走进人们的生活和时尚圈,并在两年后开始全国布局。2018年,奈雪的茶在新加坡开出首家海外店,开启了全球化探索。

如今,敢于突破传统的奈雪的茶,已发展成新式茶饮头部品牌,门店大多开在全国各大购物中心的显眼位置,成为年轻、时尚人群社交和休闲的重要场所。"霸气橙子""霸气芝士草莓"等数十款新式茶饮,让很多不喝茶、不懂茶的年轻、时尚人群也爱上了茶。

## 二、品质为根,深耕供应链惠及各方

草莓、橙子、青提、芒果……当这些新鲜水果与红茶、绿茶等中国传统茶叶一起,经过各种创意搭配组合、工艺创新和精心制作后,就变成一杯杯人们喜爱的现制鲜果茶饮。奈雪的茶开辟的新茶饮产业,已然进入发展"快车道"。

作为先行者,奈雪的茶从创立伊始就秉持为消费者提供高品质、健康产品的理念。"我们一直坚持用优质茶叶代替茶粉、茶末,用新鲜牛奶代替奶精,从食材原料端就开始确保高品质、健康。"彭心说,只有健康的产品才能与消费者长期相伴。

从食材原料端开始把控品质,并非易事。上游涉及茶叶、水果、牛奶、糖等多种原材料,就拿茶叶来说,产茶区遍布中国,茶叶种类繁多,品级不等,良莠不齐。奈雪的茶多以茶为基底,各类茶叶的需求量很大,稳定的高品质的食材供应链至关重要。为此,彭心带着团队深入各大产茶区找好茶。

为了找到一款不添加香精的茉莉花茶,彭心驻守在广西横县茉莉花茶基地,白天跟着茶商去市场收购当天的茉莉花,晚上看着工人烘焙,确保真花、好茶。

"虽然好原料会推高成本,但我们发现,消费者的识别能力很强,愿意为优质产品买单。"彭心说,市场的真实反馈更坚定了自己做高品质产品的决心。她还欣喜地发现,市场端影响供应端,奈雪的茶逐步带动了整个行业提升品质,倒逼上游农业端标准化、现代化,推动新式茶饮行业健康发展。

2021年5月,由奈雪的茶牵头,联合来自中国农业科学院茶叶研究所、中华全国供销合作总社杭州茶叶研究院等单位的十余位专家共同完成的新式茶饮行业首个产品标准——《茶(类)饮料系列团体标准》正式发布,新式茶饮从此告别"非标",迈入更规范更健康的新阶段。

为保障果品、茶品的稳定性,奈雪的茶坚持深耕供应链,不仅茶原料均来自全国各优质产茶区,还在多地投资建设专属茶园、果园,与超过250家知名原材料供应商建立了伙伴关系,从源头保持品质独特性和稳定性,确保不断孵化新品,响应随时变化的顾客偏好。近年来,奈雪的茶持续创新研发以各地农产品为原料的茶饮新品,通过对农村地区原材料的发掘、研发和推广,以采购优质农产品、共建原材料供应基地等方式,帮一片片好茶、一颗颗好果走出农村,助力原料产地壮大优势特色产业,激活乡村振兴内生发展动力。

2021年3月,奈雪推出的新品"霸气玉油柑"将原本流行于广东潮汕地区的小众水果油柑带火"出圈"。需求的剧增迅速向上游供应端传导,直接带动油柑的采购价格上涨近10倍。2021年,奈雪仅油柑一项采购量就达9 000吨,显著提高了当地农户的收入。

## 三、科技赋能,一"键"制茶降本增效

走进深圳多家奈雪的茶门店,可以看到操作区放有一台上接茶桶下连配料瓶的制茶设备。顾客下单生成的二维码纸单贴在杯身,对准设备扫码口"嘀"一下,屏幕上就会跳出配料表,只需选点按键,下方的出料口依次配置出茶汤、配料等液态基底,仅需十几秒一杯鲜果茶饮就做好了。

"这是奈雪的茶数字化团队自研的自动茶饮机,十几秒就能制作完成一杯茶饮,效率提升约40%。目前,这种设备已在全国所有门店投入使用。"奈雪的茶媒体公关负责人介绍道,这是新茶饮行业首个由企业自主研发并规模化应用的制茶设备。对一线员工来说,最大的好处是不用死记硬背SOP操作流程,新员工培训后便能快速上岗。目前,该公司仅数字化研发团队就有200多人,另有产品设计研发人员90多人。

事实上,奈雪的茶高层在2019年就意识到,必须通过数字化建设实现更多可能。在前端,奈雪的茶面对顾客推出会员系统、上线小程序点单;在制作端,自主研发的制茶设备降低人力成本,提高产能;

在后端，实施原料自动订货补货、员工自动排班、优化操作动线设计、优化茶饮制作标准流程等精细化运营措施。

数字化、自动化建设带来的降本增效效果日渐显现。截至2022年6月30日，奈雪会员数约5 000万人，较2021年年底增长近600万人。2022年上半年，奈雪的茶线上订单收入占比达80.1%。同时，通过数字化、自动化改造及人力优化、供应链优化等手段，奈雪的茶的门店盈利能力不断提高，新店数量与日俱增。即便在新冠疫情的影响下，奈雪的茶增长和扩张的步伐也未停下，2022年新开超过300家门店，仅11月就新开50余家门店。

"奈雪的茶在数字化、自动化方面的探索和快速发展，为更稳健地走向海外市场做好了准备。纽约一家大型购物中心多次邀请我们去开店，但因新冠疫情和制作流程等原因一直没去，目前管理层正在评估。"彭心说，外国人对新式茶饮非常感兴趣，当时机成熟时奈雪的茶将大胆走出去。据了解，奈雪的茶2018年就成立了海外团队，但拓展海外市场最大的阻碍是茶饮制作，从泡茶开始就涉及多个操作流程，还有水温控制等，很容易出错，这些会直接影响茶饮的口感。如今有数字科技赋能，奈雪的茶走出去的步伐将更稳健。

中国是茶叶的发源地，也是茶叶消费大国，但迄今没有代表性的国际茶饮品牌。"奈雪的茶要做中国茶文化走向世界的创新者和推动者。"彭心信心十足地说，要将奈雪的茶打造成全球化的茶饮连锁品牌，继续把中国茶产业做大做强。

资料来源：根据深圳报业集团记者吴亚男、苑伟斌、赵章同名报道改写。

电子商务正在成为新的商业文明的基石。基于电子商务带来的商业模式创新，成就了许多创业者，改变了许多传统行业的交易规则。德鲁克说过："当今企业之间的竞争，不是产品之间的竞争，而是商业模式之间的竞争。"在现代商业竞争中，商业模式的作用如此重要和独特，那么，商业模式的基本问题有哪些？商业模式的逻辑是什么？如何设计出有竞争力的商业模式？如何进行商业模式创新？如何运用商业模式画布？本章将具体阐释。

## 7.1　商业模式的基本问题

商业模式是管理学研究特别是创业研究中的新领域。商业模式在企业竞争中的地位和作用越来越受到重视。商业模式的基本问题包括商业模式的来源、构成要素和基本内涵。

### 7.1.1　商业模式的来源

**商业模式（Business Model）**一词1957年首次出现在论文中，1998年Timmers对商业模式的基本内涵进行了系统定义。他认为，商业模式可以作为产品、服务和信息流的框架，其构成要素包括产品、服务、信息、商业参与者、价值及收入来源等。

商业模式是一个涉及经济收入、营运流程和企业战略等不同管理内容的复杂系统，尽管如此，它并非从天而降。商业模式源于创业者对商业创意、创业机会的丰富和逻辑化。创业者面对没有被满足的市场需求时，创业精神驱动其研究和分析创业机会，并创造性地开始商业设计，通过市场调查和小规模销售，不断接近真实的消费者需求，形成更加清晰的**商业概念（Business Concept）**；随着商业概念的提炼，它变得更加复杂并得到完善，包括向市场提供什么产品或服务、向谁提供、如何通过价值链运用和渠道设计将产品和服务推向市场中的目标消费群体等。当创业者发现创业机会，形成商业创意，并不断通过整合资源满足不断变化的市场需求时，在商业概念逻辑化、合理化、差异化的演进过程中，最终形成相对稳定、成熟的商业模式，商业模式的形成过程如图 7.1 所示。

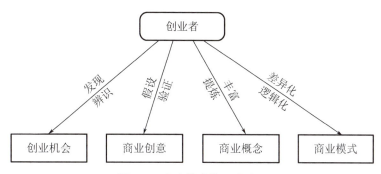

图 7.1 商业模式的形成过程

## 7.1.2 商业模式的构成要素

玛格丽塔在《什么是管理》一书中指出，商业模式就是一个企业如何赚钱的故事。商业模式的构成要素概览见表 7-1。从本质上来看，商业模式能具体描述企业如何运作，好的商业模式可以回答：谁是顾客？顾客珍视什么？创业者如何通过商业模式赚钱？如何以合适的产品或服务向顾客提供价值？与所有经典故事一样，商业模式的有效设计和运行需要人物、场景、动机、地点和情节。为了使商业模式令人信服，人物必须被准确安排，人物的动机必须清晰，最重要的是商业模式必须充分展示新产品或服务是如何为顾客带来价值的，同时又是如何为企业创造利润的。

Morris 等（2005）通过对 30 多个商业模式定义的关键词进行内容分析，将商业模式从经济、营运、战略 3 个层面进行定义。经济类定义将商业模式视为企业的经济模式，具体描述"如何赚钱"的利润产生逻辑，包括利润来源、定价方法、成本结构和利润；营运类定义关注企业内部流程及构造问题，相关变量包括产品和服务交付方式、管理流程、资源流、知识管理等；战略类定义涉及企业的市场定位、组织边界、竞争优势及可持续性，相关变量包括价值创造、差异化、愿景和社会网络等。在这 3 个层面的定义中，价值、业务、顾客、社会网络、基础设施、市场等相关变量一再重复出现，作为构成要素的作用十分显著。

表 7-1 商业模式的构成要素概览

| 作者 | 年份 | 构成要素 | 数量 | 电子商务或一般企业 | 实证支持 | 数据来源 |
|---|---|---|---|---|---|---|
| Horowitz | 1996 | 价格、产品、分销、组织特征、技术 | 5 | 一般企业 | 无 | — |
| Viscio 和 Pasternak | 1996 | 全球化核心、治理、业务单位、服务、关系 | 5 | 一般企业 | 无 | — |

续表

| 作者 | 年份 | 构成要素 | 数量 | 电子商务或一般企业 | 实证支持 | 数据来源 |
|---|---|---|---|---|---|---|
| Timmors | 1998 | 产品/服务/信息流结构、业务参与者及作用、参与者利益、收入来源、市场营销战略 | 5 | 电子商务企业 | 有 | 案例研究 |
| Markides | 1999 | 产品创新、顾客关系、基础设施管理、财力 | 4 | 一般企业 | 无 | — |
| Donath | 1999 | 理解顾客、营销战术、公司治理、内部社会网络、外部社会网络 | 5 | 电子商务企业 | 无 | — |
| Gordijn 等 | 2001 | 参与者、市场细分、价值提供、价值活动、利益相关者网络、价值界面、价值点、价值交换 | 8 | 电子商务企业 | 无 | — |
| Linder 和 Cantrell | 2001 | 定价模型、收入模式、渠道模式、商业过程模式、由社会网络加强的商业关系、组织类型、价值主张 | 7 | 一般企业 | 有 | 对70家企业CEO的访谈 |
| Chesbrough 和 Rosen-baum | 2000 | 价值主张、目标市场、内部价值链结构、成本结构与利润模式、价值网络、竞争战略 | 6 | 一般企业 | 有 | 35个案例 |
| Gartner | 2003 | 市场供应能力、核心技术投资、盈亏平衡 | 3 | 电子商务企业 | 无 | 客户企业咨询 |
| Hamel | 2001 | 核心战略、战略资源、价值网络、顾客界面 | 4 | 一般企业 | 无 | 客户企业咨询 |
| Petrovic 等 | 2001 | 价值模式、资源模式、生产模式、顾客关系模式、收入模式、资本模式、市场模式 | 7 | 电子商务企业 | 无 | — |
| Dubosson-Torbay 等 | 2001 | 产品、顾客关系、合作伙伴网络与基础设施、财务界面 | 4 | 电子商务企业 | 有 | 案例研究 |
| Afuah 和 Tucci | 2001 | 顾客价值、业务范围、价格、收入、相关活动、互补性、能力、可持续性 | 8 | 电子商务企业 | 无 | — |
| Weill 和 Vitale | 2001 | 战略目标、价值主张、收入来源、成功要素、渠道、核心能力、顾客细分、IT基础设施 | 8 | 电子商务企业 | 有 | 企业调研 |

续表

| 作者 | 年份 | 构成要素 | 数量 | 电子商务或一般企业 | 实证支持 | 数据来源 |
|---|---|---|---|---|---|---|
| Applegate | 2001 | 观念、能力、价值 | 3 | 一般企业 | 无 | — |
| Amit 和 Zott | 2001 | 交易内容、交易结构、交易治理 | 3 | 电子商务企业 | 有 | 59个企业案例 |
| Alt 和 Zimmerman | 2001 | 使命、结构、流程、收入、合法性、技术 | 6 | 电子商务企业 | 无 | 文献综述 |
| Rayport 和 Jaworski | 2001 | 价值集、资源系统、财务模式、市场空间 | 4 | 电子商务企业 | 有 | 100个案例 |
| Betz | 2002 | 资源、销售、利润、资本 | 4 | 一般企业 | 无 | |
| Morris, Schindehutte 和 Allen | 2003 | 供给品相关因素、市场因素、内部能力、竞争战略、经济因素、个人/投资者因素 | 6 | 一般企业 | 有 | 文献综述 |
| 施百俊 | 2002 | 套牢、互补品、外部社会网络、私人知识、抢占先机 | 5 | 一般企业 | 有 | 统计数据 |
| 翁君奕 | 2004 | 价值对象、价值内容、价值提供、价值回收 | 4 | 一般企业 | 有 | 36个案例 |

资料来源：根据相关文献整理而成。

注："—"表示来源不详或无。

### 7.1.3 商业模式的基本内涵

商业模式的构成要素包括经济类、营运类和战略类3个层面，单从某一个层面的一些要素出发分析其基本内涵，难以触及其本质，因此需从3个层面进行系统分析，如图7.2所示。商业模式的3个层面的基本内涵是相互关联的，并逐步由经济类、营运类层面向战略类层面递进。在创业初期，从企业自身出发关注利润分配、定价方法、成本结构、利润，逐步转向关注交付方式、管理流程、资源流、知识管理乃至市场定位、战略目标、价值主张等。商业模式一开始就强调利润分配，利润驱动导致构成要素扩展，而对利润来源的追溯使商业模式指向创业者创业的本质，即抓住创业机会为顾客创造更多价值，只有满足了消费者尚未满足的需求或解决了市场上有待解决的问题，才能创造真正的价值。

商业模式是一种描述企业如何通过对经济、营运和战略等具有内部关联性的相关变量进行定位和整合的概念性工具，具体描述企业怎样通过对价值主张、价值网络、价值维护和价值实现4个方面的因素开展设计，在创造顾客价值的基础上，为股东及相关利益伙伴等创造价值，具体如图7.3所示。

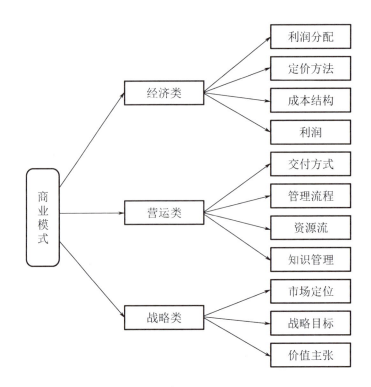

**图 7.2　商业模式基本内涵的多层面分解**

资料来源：MORRIS M，SCHINDEHUTTE M，ALLEN J. The entrepreneur's business model：towards a unified perspective[J]. Journal of business research，2003，58（6）：726-735.

 阅读案例 7-1

### 霸蛮湖南米粉创始人张天一：无界餐饮，正在重新定义"吃"

霸蛮湖南米粉的创始人张天一，1990年生人，北大法学硕士。霸蛮湖南米粉主营湖南米粉品类，2014年创立于北京，隶属于北京霸蛮天下科技有限公司。该公司有40余项自主知识产权，获得"国家高新技术企业"认定。2023年4月，张天一荣获第四届"创新创业英才奖"，其一手打造的湖南霸蛮米粉的"无界餐饮"数字化实践也于2020年入选中欧商学院和哈佛大学商业案例研究库。那么，霸蛮湖南米粉是如何获得成功的呢？

2014年夏天，张天一从北大毕业。学习法律的他本想在北京找一家律师事务所当律师，但是，严峻的就业形势摆在他面前。

"当好几百人去竞争有限的几个工作机会时，却有大量的工作没有人做。"张天一坦言，创业对他而言，是一种被动选择，但经历之后，才发现这是自己喜欢的生活方式。

为什么选择卖湖南米粉这条路？张天一说，首先餐饮行业前景广阔，与麦当劳等国际连锁餐饮品牌相比，国内的餐饮连锁还有广阔的发展空间；其次，湖南米粉名声在外，是南方人喜爱的主食，但是在

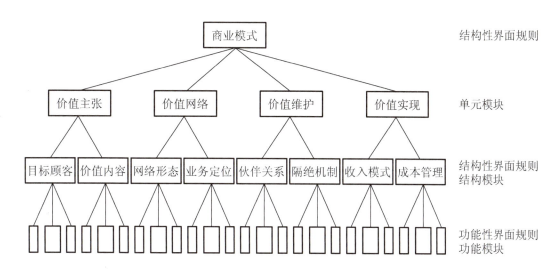

**图 7.3　商业模式基本内涵的模块化**

资料来源：原磊. 商业模式体系重构［J］. 中国工业经济，2007(6)：70-79.

北京却很难吃到正宗的；最后，湖南米粉的准备工作主要在前期，现场做一碗湖南米粉用时不超过 30 秒，有利于标准化生产。

于是，2014 年 4 月，张天一和几个伙伴凑了 10 万元钱，在北京环球金融中心地下一层，拉起了"伏牛堂"米粉的大旗。为了把正宗的湖南米粉引进到北京，张天一在湖南省常德市走街串巷寻找口味最好的正宗米粉，配制出"伏牛堂"米粉的独家配方。

### 一、手机，引来第一批顾客

受资金的限制，"伏牛堂"米粉开在北京环球金融中心地下一层的拐角，并不起眼，因此如何吸引客流成为关键。张天一说，他们只有依靠移动互联网将"伏牛堂"米粉打造成智慧餐馆才有生存的可能，事实也的确如此，第一批顾客几乎都是拿着手机找上门来的。

开业之初，小店业绩蒸蒸日上，不到一个星期单日营业额就接近 1 万元，这让张天一和他的创业伙伴们欣喜不已。然而，面对越来越多通过移动互联网的口碑带来的食客，发米粉、炖牛肉、烧开水等工作让张天一和他的几位伙伴忙得不可开交，影响了一些顾客的用餐体验。

为此，张天一和他的创业伙伴们展开多次讨论，最终形成了统一认识：绝不能为了业绩而违背对品质的坚持。经过周密计算，他们认为，在这家 37 平方米的小店里，为了保证口味、环境、卫生、服务的品质，一天最多接待 120 位客人。当张天一最初在网上宣扬这个理念时，引发了不少人的质疑。

但这并没有阻碍张天一探索"互联网+"时代智慧餐馆的经营之道，他坚持要做最正宗的湖南米粉。有了好的产品和服务，再利用互联网平台宣传推广，吸引人流、精确定位消费者、保持核心竞争力，小店的生意越来越红火。

"例如，有顾客给我们提建议，说你的米粉太辣、太油，但是我并没打算改变。因为我清楚地知道，在互联网时代，我只要精准地在北京找到 30 万到 40 万个接受这个口味的人，并坚持做到最好就行了，我并不需要满足 2 000 万人的胃。"张天一说："真正的生机在我们运营 3 个月时就显示出来，那时我们积累了 8 个 QQ 大群、3 个微信大群，以及微博上将近 10 000 人的粉丝群体，这就是我们真正的核心竞争力。"

### 二、政策，与天使投资助力创业

当时，国家出台了一系列鼓励创新创业的政策，按照规定，张天一属于毕业年度内自主从事个体经营的高校毕业生，3 年内可享受月销售额不超过 2 万元暂免征收增值税等优惠政策。张天一说，税务部门和他联系并沟通税收减免的事宜。另外，现在工商年检等手续经办也方便了很多。

更重要的是，随着创业环境的改善，关注大学生创新创业的人也越来越多。特别是天使投资的发展，给张天一这样的创业者带来了资金、经营、管理等方面的巨大帮助。在清华大学的众创活动现场，"伏牛堂"米粉的投资人之一、真格基金的联合创始人徐小平对张天一期许有加。后来，张天一还获得沣途资本、IDG资本、番茄资本等机构的投资，助力公司快速发展。

"未来，我们希望'伏牛堂'米粉能够成为传统餐饮走向'互联网＋餐饮'的一个典型。我们志在成为一个真正的智慧餐馆，通过线上的支付体系、ERP系统建设，让餐馆更加智能，成为整个行业的标杆。"张天一对"伏牛堂"米粉的未来踌躇满志。

2018年4月8日，张天一和他的创业伙伴们将品牌由"伏牛堂"更名为"霸蛮"，品类名称为"牛肉粉"，并配合新品牌名称启用全新Logo。

2019年年末，彼时发展势头正好的霸蛮湖南米粉刚刚新开了十几家门店，但很快，突如其来的新冠疫情打乱了扩张的节奏。对此，张天一曾在官方公众号中发文称："之前所有的狂飙突进，现在都变成沉重的喘不过气的压力。"

但好在事情逐渐出现转机，和很多只做线下的传统餐饮企业不同，霸蛮湖南米粉早期对零售业务的探索成了"救命稻草"。在发现后台零售数据有所增长后，张天一立即重点发展线上零售业务，他集中门店成员建立新媒体部门，发力线上，销售半成品湖南米粉。高峰的时候，短短三五天时间内，半成品速食米粉在线上的销售额就增长了300%，直接卖断货。

此后，霸蛮湖南米粉的线上零售业务不断增长，据张天一在公开场合分享，截至2021年4月，其线上零售业务同比增长400%。

在布局线上零售业务的同时，张天一还带领团队做起了直播带货，从2021年9月开始，他开始布局抖音生活服务业务，通过蓝V直播、定期达人代播、达人探店等活动活跃流量。同时，张天一还在抖音不定期推出优惠团购，通过线上交易转化，线下服务交付，实现到店业务的增长。

除了大力发展线上业务，张天一对线下门店也进行了一系列调整。新冠疫情之前，霸蛮湖南米粉的门店主要布局在购物中心等商业地段，面积大多在130～150平方米。新冠疫情之后，张天一改变策略，开始布局社区店，同时收缩门店面积，控制成本。

得益于"线上＋线下"的双线调整，霸蛮湖南米粉在餐饮行业整体发展艰难的情况下仍然保持着相对稳定的发展。对此，张天一接受媒体采访时总结称，餐饮行业正进入**无界餐饮（Boundless Catering）** 时代，"线上电商＋新零售＋外卖O2O＋线下连锁体验店"的无界餐饮模式，会成为新常态下的标配。

案例来源：根据相关网络文献改写。

小思考

霸蛮湖南米粉是如何重构餐饮行业商业模式的？

## 7.2 商业模式的逻辑

商业模式逻辑的核心之一就是创造价值，商业模式的逻辑主要表现在层层递进的3个方面，如图7.4所示。

### 7.2.1 价值发现

**价值发现（Value Found）** 即明确价值的来源，是对创业机会识别的延伸。创业者所认

图 7.4 商业模式的逻辑

定的创新性产品和技术只是创建新企业的手段，企业最终盈利与否取决于它是否拥有顾客。创业者在对创新性产品和技术识别的基础上，进一步明确和细化价值所在，这是商业模式逻辑的起点。具体可参见下面的例子

基于对财务软件的价值发现，1988 年，王文京决定辞职创业，自己创建一个财务软件公司，以商品化的方式开发和经营财务软件，并且确定了一个经营思想：一定要研发自有知识产权，而且一定要建立自有品牌。王文京在北京中关村海淀南路一个居委会那里租了一间 9 平方米的小平房，借了 5 万元，买了一台计算机，注册了个体工商户"用友财务软件服务社"（以下简称"用友"），花了大约两年的时间才开发出让他们能够在市场上立足的产品，一个是王文京开发的 90 版用友财务软件，另一个是苏启强负责开发的 UFO 财务报表软件。在 1997 年前后，用友在财务软件这个领域已经经营了将近 10 年的时间，当时用友在经营战略上做出一个决定，从财务软件扩展到整个企业管理软件，即 ERP 软件。对用友来讲，这是一个比较重要的新的价值发现，也是一次战略拓展。用友从财务软件提供商向企业管理软件提供商方向转型，进而发展成为综合型软件供应商。

### 7.2.2 价值匹配

**价值匹配（Value Matching）** 就是寻找合作伙伴，整合社会资源，实现价值创造。创业者在发现新的创业机会之后，新企业不可能拥有满足顾客需要的所有资源和能力，即便新企业愿意亲自去打造和构建需要的所有功能，也常常面临着很高的成本和风险。因此，为了在机会窗口内取得先发优势，并最大限度地控制创业机会开发的风险，几乎所有的新企业都要与其他企业形成合作关系，整合价值网络资源，以使其商业模式有效运行。清华大学创意创新创业教育平台（清华 x-lab）被中关村科技园区管理委员会授予"中关村（清华）梦想实验室"（以下简称梦想实验室），成为中关村国家自主创新示范区的全新试验田。梦想实验室并非普通意义的实验室，它在成就别人梦想的同时，自身也是一个创新企业。梦想实验室主要通过开展早期投资、搭建专业技术平台、创业辅导、加强与国际对接、承办创业大赛等灵活的服务模式，不断吸引并帮助创业者，形成良性运转，让梦想越走越近。梦想实验室承担着助推一个个创新创业梦想开启航程的使命。一个个创业者从这里起步，走向成功。

### 7.2.3 价值创造

制定竞争策略，享有创新价值，是**价值创造（Value Creation）**的目标，是新企业能够生存下来并获取竞争优势的关键，也是有效商业模式逻辑的核心之一。许多新企业是新技术或新产品的开拓者，但不是创新价值的获得者。根本原因在于这些企业忽视了对价值的获取。

价值获取的途径有两个：一是为新企业选择价值链中的核心角色，二是对商业模式的细节进行最大程度的保密。在第一个途径中，价值链中每项活动的增值空间是不同的，哪

一个企业占有了增值空间较大的活动，就占有了整个价值链价值创造的较大比例，这直接影响到价值的获取。在第二个途径中，有效商业模式的模仿在一定程度上将会侵蚀新企业已有的价值，因此新企业越能保护自己的商业模式不泄露，越能较长时间地占有更多价值。

总的来看，价值发现、价值匹配和价值创造是有效商业模式逻辑的3个方面，在商业模式的开发过程中，每一个方面都不能忽略。新企业只有认真遵循并执行，才能真正开发出同时为顾客、企业以及合作伙伴都创造价值的有效商业模式。

 阅读案例 7-2

### 新蓝海的开拓者——分众传媒早期的商业模型

2023年是分众传媒信息技术股份有限公司（以下简称分众传媒）成立的20周年。分众传媒以"日覆盖4亿城市主流人群，在其必经的核心生活空间中高频次、低干扰有效触达"的独有媒体价值，形成强大的品牌吸引力，成为贴近消费者生活的核心媒体平台，并以绝对领先的市场份额构筑了极强的竞争壁垒，头部媒体价值持续彰显，获得广泛客户青睐。

首先是发现机会并明确市场定位。江南春从文学青年到广告公司创办者，丰富的广告行业经营经验使他能识别出每个广告业发展阶段的特点，进而抓住了高端楼宇广告的独特商机。分众传媒实施差异化、集中化战略，把在写字楼上班的中产阶级设定为广告目标群体。

其次是发现巨大需求后依靠各种融资手段打压、收购竞争对手，获得市场绝对份额和垄断定价权，紧紧抓住广告业的特点进行有效整合。2003年5月，分众传媒赢得了国际知名的战略投资基金的巨额投资，并借资本之力在全国展开"圈楼活动"。楼宇电视行业在本质上是一个资源竞争型行业。分众传媒在风险投资的大力推动下，在全国各地高效地占据了这项稀缺资源。另外，分众传媒尤其注意对高档楼宇的广告投放。由于覆盖已经较为充分，分众传媒已经成为众多广告主的优先选择，给竞争者制造了难以逾越的市场壁垒。

最后，获得绝对优势后，分众传媒并没有止步不前，而是积极利用已有的优势有效地整合竞争资源，在保持商务楼宇广告市场份额的前提下向别的信息传播平台进发。

 小思考

如何描绘分众传媒的商业逻辑？有何特征？

## 7.3 商业模式设计

设计一个成功的商业模式，对于任何一个企业都是一种挑战。在《如何设计一个成功的商业模式》中，分别来自哈佛商学院和西班牙IESE商学院的两位教授卡萨德苏斯-马萨内尔和理查德指出，一个商业模式的设计是否成功，有三个评估标准：第一，该商业模式是否与企业的愿景相契合；第二，该商业模式是否能够自我强化，形成一个有益的循环系统；第三，该商业模式是否坚实可靠，能够抵御模仿者、抢劫者、自满者和替代者的威胁。

著名商学教授与作家哈默尔认为，有效的商业模式必须包括 4 个关键要素：核心战略、战略资源、价值网络和顾客界面。只有充分掌握这些要素的重点以及彼此间的整合和搭配关系，才能设计出独特的商业模式。图 7.5 是新企业商业模式的设计框架，其内涵包括核心战略、战略资源、价值网络、顾客界面 4 个要素和顾客利益、构造、企业边界 3 个层面，下面分别说明它们的组成和内涵。

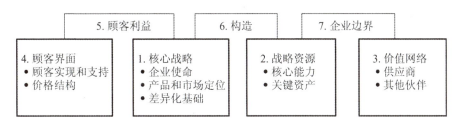

图 7.5　新企业商业模式的设计框架

资料来源：HAMEL G. Leading the revolution[M]．Boston：Harvard Business School Press，2000．

### 7.3.1　核心战略

**核心战略（Core Strategy）**是**商业模式设计（Business Model Design）**需要考虑的第一个要素，它描述了企业如何确立使命、进行产品和市场定位、打好差异化基础与竞争对手开展竞争。核心战略主要包括企业使命、产品和市场定位、差异化基础等基本要素。

#### 1. 企业使命

企业使命描述了企业存在的价值及其商业模式预期实现的目标。全球知名社交网站——脸书（Facebook）的创始人扎克伯格曾表示："Facebook 的创建目的并非成为一家企业发财，而是为了践行一种社会使命，让世界更加开放，联系更加紧密。"Facebook 的招股书中写道："根据行业数据，全球目前有超过 20 亿网民，我们的目标是将这些人全部联系起来。"2010 年，美国《时代周刊》评选当时年仅 26 岁的扎克伯格为该杂志 2010 年年度人物，并称之所以做此决定，是因为"他完成了一项此前人类从未尝试过的任务：将全球 5 亿多人联系在一起，并建立起社交关系"。

#### 2. 产品和市场定位

企业使命承载着企业家的价值追求和技术理想，那么依靠什么来实现企业使命？产品和市场的定位是关键。产品和市场定位决定了企业的盈利来源和方式。靠名片和其他设计业务，截至 2023 年，VistaPrint 做到年产值 15 亿美元，并在纳斯达克上市。在被认为是夕阳产业的印刷业，该企业到底凭什么做到如此出色？在 1995 年创建伊始，VistaPrint 只从事印刷产品的直销业务，但是传统印刷行业的竞争激烈让 VistaPrint 不得不使用免费印制名片的策略。VistaPrint 的聪明之处在于将免费印制的名片化身为宣传单，每张名片的背后都印着"免费名片，尽在 www.vistaprint.com"。免费的噱头吸引了不少顾客，但是单靠免费当然不能实现盈利。在免费印制名片之外，VistaPrint 开拓了增值业务：更多样的花色设计和高档纸张自由选择。顾客往往为免费名片而来，却往往受不住诱惑付费下单，VistaPrint 就这样初步获得盈利。凭借名片设计和印刷积累的忠实顾客，VistaPrint 拓展了业务范围，包括信笺、便笺、明信片等印刷品，同时将产品投入规模在 10 人的微型企业，并提供设计、文案服务。

### 3. 差异化基础

新企业在产品或市场上的差异化战略是竞争制胜的重要法宝。战略学家波特认为，成本领先、差异化、目标聚集是企业竞争的 3 个通用战略。对于新企业，控制成本很重要，但对于规模小、市场正在开辟中的企业，依靠成本优势吸引顾客的策略缺乏基础，并非良策。相反，基于独特的市场机会，采用差异化战略，集中有限资源于质量、服务等某些方面标新立异的产品，往往能够体现新企业优势，在市场竞争中脱颖而出。例如，经过乔布斯的改造，苹果的策略重心是设计、创新。苹果 iPad 的商业模式与三星 Galaxy 截然不同。由于三星 Galaxy 的处理器以及操作系统（Android）采取外包策略，并非独立研发，因此无法与软件开发商进行利润分成。苹果将 iPad 的制造外包，三星 Galaxy 则是由自己的工厂生产。此外，三星并没有像苹果一样设立零售专卖店。苹果与三星在平板计算机产业上竞争，尽管产品层次在短时间内会影响市场占有率，但是商业模式的设计将会注定谁是最终赢家。

## 7.3.2 战略资源

**战略资源**（Strategic Resource）是新企业获取竞争优势、实现企业使命的基础，它包括企业的核心能力和关键资产。

### 1. 核心能力

1990 年，普拉哈拉德和哈默在《哈佛商业评论》中首先提出这样一个概念——"核心能力"。核心能力是指企业的主要能力，即使企业在竞争中处于优势地位的强项，是其他对手很难达到或者无法具备的一种能力。核心能力主要关注技术和各部门之间的协调和配合，从而可以给企业带来长期竞争优势和超额利润。

阿里巴巴核心能力——对顾客需求的认知能力，具有以下几个基本特征。第一，独特性。阿里巴巴对顾客之一——中国供应商的需求具有与众不同的分析和判断，阿里巴巴认为，在即将成为世界工厂的中国，中国供应商最为稀缺的资源是销售信息与渠道，因此阿里巴巴始终坚守为中国供应商服务这一使命，并依靠对中国市场独特的认知不断实现创新。第二，顾客价值。阿里巴巴的企业信用认证服务为中国供应商的交易提供了信用保证，减少了交易成本。第三，难于模仿。对市场环境及顾客需求的认知是在个体独特经验和知识基础上形成的，本身具有难于模仿性。第四，向新机会转移的可能性。阿里巴巴拥有的对顾客需求的独特分析和判断能力很可能支持他们开发出新机会并开拓更多的盈利渠道。

### 2. 关键资产

关键资产是企业拥有的稀缺的、最有价值的、不同于其他企业的有形或无形资产，包括工厂和设备、位置、品牌、专利、顾客数据信息、高素质员工和独特的合作关系。对腾讯而言，除了海量用户，腾讯应用控制台（App Console）的集成输出系统、运营监控体系、数据统计分析系统、客服平台、测试平台、安全平台、支付平台等构成了其关键资产。对于新企业，专利技术、有价值的商业创意、优秀的创业团队都可能构成其关键资产。对于不同类型的企业，关键资产的种类是不同的。

企业的核心能力和关键资产是相互依存、相互支撑的，企业如何把自己的核心能力和关键资产综合起来以创造竞争优势是投资者评价企业时关注最多的因素。

### 7.3.3 价值网络

企业一般只能提供价值链中一个或几个环节的产品，不具有执行所有环节所需的资源，因此需要与其他合作伙伴一起通过分工协作完成整个供应链中的各项环节，即构建**价值网络（Network of Partners）**。对于新企业而言，从专业分工的角度，依托价值链中的核心企业，对价值链中某一环节的开发，可能更快成就创业梦想。企业的价值网络包括供应商和其他伙伴。其中，供应商是向其他企业提供零部件或服务的企业。从传统角度来看，企业与供应商维持有限的关系，并把他们看成竞争对手。需要某种零部件的企业往往与多个供应商联系，以寻求最优价格。然而，现今企业逐渐抛弃了这种模式，转而与之结成长期合作伙伴关系以达成互利目标。这种转变来自竞争压力，竞争压力推动企业仔细审视价值链的上下游，以便发现节约成本、提高质量和提高市场占有率的机会。企业开始越来越多地关注供应链管理，它贯穿于供应链的所有信息流、资金流和物质流之中。企业管理供应链的效率越高，其商业模式的运作效率也就越高。

ZARA 在传统的顶级服饰模式和大众服饰模式中间独辟蹊径地开创了**快时尚（Fast Fashion）**的商业模式，有人称之为"时装行业的戴尔电脑"，也有人评价其为"时装行业的斯沃琪手表"。在 2005 年，ZARA 在全球 100 个最有价值品牌中位列 77 名。哈佛商学院把 ZARA 评定为欧洲最具研究价值的品牌，沃顿商学院将 ZARA 视为研究未来制造业的典范。ZARA 的成功在于，通过重新构建价值链形成了独有的商业模式，即"快时尚"。一般来讲，服装从设计到生产、运输、销售的周期为 90~180 天，而 ZARA 的这一过程仅需 15 天，从而实现了同一季度内的多次产品更新。ZARA 实现了 12~15 天的反应型生产配送，而中国大多数服装企业从接单到产品上市需要 90 天；ZARA 绝大多数的产品都在当季生产，季前生产的比例只有 10%~15%，而中国服装企业的季前生产比例几乎是 100%；ZARA 每年推出约 12 000 个新款，而中国的服装企业每年只推出约 2 000 个新款；ZARA 的库存周转率大约为每年 11 次，而中国服装企业的库存周转率大约只有每年 3 次。

### 7.3.4 顾客界面

**顾客界面（Customer Interface）**是指企业如何适当地与顾客相互作用，以提供更好的顾客服务和支持。顾客所能接触到的各种与品牌相关的元素统称为顾客界面，包括实体环境及其要素（门店、服务场所和产品促销信息、销售和促销人员与顾客互动的形式）和第三方影响要素（传统媒体广告、网站、口碑推荐）。新企业针对特定的目标市场，构建友好的顾客界面是影响商业模式效果的重要因素，主要涉及顾客实现和支持、价格结构两个方面。

#### 1. 顾客实现和支持

顾客实现和支持描述的是企业的产品或服务"进入市场"的方式，或如何送达给顾客的方法，它也指企业利用的渠道和它提供的顾客支持水平。所有这些都影响到企业商业模式的形式与特征。比较典型的案例是秀客网在其中所做的探索。秀客网成立于2012年，是首家专注于移动新媒体的网站。秀客网面向广大内容制作者提供全新形态的移动节目服务，让每个有才有料的人在这里自由地展示才华知识、表达个性思想、发挥娱乐创意，轻松跨过传统媒体平台的高门槛，自己创造明星级舞台。秀客网专注于服务有创意的、有才华的内容制作者，向他们提供个性化的节目应用与创新互动方式。秀客网要求所有的节目创作必须固定周期更新视频，每个视频不超过十分钟，便于内容设计和信息传达，也符合手机用户碎片化阅览的特性。创作者通过手机还可以通过边看边聊、一键情绪分享、节目聊天室等方式参加与粉丝的聊天与互动。

#### 2. 价格结构

价格是顾客接受产品的首要因素之一，创业者对产品或服务的定价往往直接影响到顾客对产品的评价，因此，创业者必须使用合理的定价方法制定有效的价格。大多数学者指出，新企业的价格结构必须符合顾客对产品或服务的价值认知，即顾客能够接受的价格是顾客愿意支付的价格，而不是产品成本基础上的一定比例的加成。例如，在高科技产业中，60%~80%的毛利润比较普遍，售价300美元的英特尔芯片，其成本可能只有50~60美元，这种实际价格与产品成本之间的分离反映了顾客对芯片的认知价值。如果英特尔根据产品成本进行定价，产品价格可能会很低，赚取的利润也会很少。

### 7.3.5 顾客利益

**顾客利益**（Customer Interests）是连接核心战略与顾客界面的桥梁，代表着企业的核心战略实际上能够为顾客创造的价值。一方面，企业的核心战略要充分显示企业为顾客服务的意图。例如，企业的产品和市场定位必须集中在未得到充分满足的顾客需求上，企业使命必须是在特定市场提供卓越的产品或服务，同时还要注重打造差异化竞争优势，这样顾客才能选择购买该企业的产品。例如，星巴克非常重视顾客利益。自1999年进入中国以来，星巴克秉承"激发并孕育人文精神——每人、每杯、每个社区"的企业使命，始终致力于发展成为一家与众不同的企业。星巴克在传承经典咖啡文化的同时，关爱合作伙伴，为顾客提供超越期望的星巴克体验，并为所在社区的繁荣作出自己的贡献。目前，星巴克已经在中国内地200个城市开设了5 100家门店，拥有近60 000名星巴克伙伴。这一独特优势使合作伙伴和顾客能够在每一天，通过每一家星巴克门店，践行企业的承诺。另一方面，在构建顾客服务与支持系统以及进行产品定价的时候，也要考察是否与企业核心战略一致。海尔提倡的"星级服务"，在网点布局、服务流程、质量监控等各个方面制定了服务规范，规定详细到接待用语、反馈时间、服务人员的着装和工具等各个细节，这些努力为顾客留下了专业、贴心的印象，让海尔一跃成为服务典范。因此，顾客利益是企业制定核心战略以及构建顾客界面时必须考虑的重要层面，它涉及企业生存的根本。

### 7.3.6 构造

构造是连接核心战略与战略资源的重要层面，主要指上述两者间的有效搭配关系。第一，战略资源是核心战略的基础，企业缺乏战略资源就难以制定和实施核心战略。企业产品和市场的定位必须紧紧围绕核心能力和关键资产。企业根据自身的核心能力和关键资产，将战略资源集中于价值链中较小的环节，这样较容易成为特定市场的专家，提供更高品质的产品或服务，为企业创造出更高的利润。很多成功的企业在这方面做出了榜样。Facebook 是全球知名社交网站，于 2004 年 2 月 4 日上线，每天上载 850 万张照片。随着用户数量的增加，Facebook 的目标已经指向另外一个领域：互联网搜索。在自己的 Facebook 主页上，扎克伯格这样谈到他创办 Facebook 的初衷："我只想让这个世界变得更加开放。"第二，核心战略要充分挖掘企业战略资源的优势，一方面这能创造更多企业需要的价值，另一方面这也是有效构建竞争障碍的途径。企业通过战略资源的杠杆作用对已有商业模式进行不断创新，将会使跟进者的模仿变得更加困难。

### 7.3.7 企业边界

企业边界是指企业以其核心能力为基础，在与市场的相互作用过程中形成的经营范围和经营规模，其决定因素是经营效率。企业的经营范围，即企业的纵向边界，确定了企业和市场的界限，决定了哪些经营活动由企业自身来完成，哪些经营活动应该通过市场手段来完成；经营规模是指在经营范围确定的条件下，企业能以多大的规模进行生产，等同于企业的横向边界。企业边界是连接战略资源与价值网络的层面，其核心在于企业要根据所掌控的核心能力和关键资产来确定自身在整个价值链中的角色，企业边界是企业组织结构的基本特征之一。

传统企业边界的概念是建立在成本收益原则基础上的，一项交易是建立企业自己的生产线还是从市场购买取决于产品的边际成本，产品的边际成本等于交易成本之处就成为企业的边界。而随着市场竞争的日益激烈，现代企业边界的概念产生了，它把企业为什么存在以及企业应该有多大规模等基本问题归结于企业竞争能力的问题。企业的核心能力与关键资产决定了企业应该做什么。企业只有围绕它的核心能力与关键资产开展业务才可能建立起竞争优势。尤其是新企业，创建之初往往面临较大的能力与资源的约束，集中于自己所长，是竞争成功的关键。

总而言之，在设计新企业的商业模式时，要正确思考和解决新企业的核心战略、战略资源、价值网络、顾客界面等方面的问题，并正确处理它们之间存在的顾客利益、构造以及企业边界等方面的关系。优秀的企业在设计出有效的商业模式的同时，总是从整体角度审视自己，做到企业核心战略与战略资源高度一致，真正给顾客带来实惠和便利，在创造企业利润的同时，使合作伙伴也获得了足够多的好处。

**阅读案例 7-3**

### 蜜雪冰城的商业模式

凭借 4 元一杯的柠檬水，卖出一年百亿元营收，蜜雪冰城完美诠释了"大市场下的小生意"如何做得虎虎生风。

**一、卖食材最赚钱，百亿元营收的秘密**

在上市招股书中，蜜雪冰城首次对外界披露了自己一年百亿元营收背后的故事。

与喜茶、奈雪的茶等以自营为主，靠门店对外销售现制茶饮及烘焙产品等盈利的商业模式不同，"加盟"是蜜雪冰城的核心商业模式。加盟门店越多,蜜雪冰城的业绩也就越好看。

2019—2021年,蜜雪冰城品牌加盟门店从7 186家增长至20 465家,两年内增加了13 279家;而直营门店则仅从39家增加至46家。而同期内,企业收入从25.66亿元增长至104亿元,实现了3倍增长。

但蜜雪冰城的商业模式也与传统加盟连锁模式有所区别。后者主要依靠收取加盟费或加盟门店的利润返点赚钱,而蜜雪冰城的营收则主要来自原材料供应。

蜜雪冰城上市招股书的相关数据显示,向加盟商出售食材获取的收入,连续多年在企业主营收中占比达70%左右;而加盟管理费的营收占比仅在2%左右。仅2022年第一季度,蜜雪冰城向加盟商销售食材就获得了17.56亿元收入,占当期总营收比例高达72%。

此外,蜜雪冰城在保证了高营收的同时还能取得接近19%的净利率,主要秘诀还在于其"成本优势"。

2007年,第一家蜜雪冰城的加盟店正式成立。大约5年后,蜜雪冰城就开始着手布局其原材料自主加工业务。蜜雪冰城创始人张红超回到了河南老家,自建工厂,加工原材料。如今蜜雪冰城旗下的原材料加工企业名为大咖国际食品有限公司,是蜜雪冰城全资子公司,专门从事固体饮料、风味饮料浓浆、调味奶浆等产品的研发、生产和销售。

蜜雪冰城通过向上游采购乳制品、糖类、植脂末、水果等原材料后,再经过供应链端的杀菌、调配、包装等标准化处理,投入至门店端销售,基本实现了现制饮品、现制冰激凌等核心食材的自主生产全链条。在蜜雪冰城2021年的主营业务收入中,包装材料、设备设施收入分别占了总营收的17%和6.7%。

食材和包装材料,是做茶饮店的核心成本构成。而蜜雪冰城作为供应商,和其他供应链端企业相比,面向的是自己旗下超20 000家加盟门店。掌握了供应链,蜜雪冰城不仅可以实现门店的产品标准化,还可以控制成本,保证产品的"低价"销售。

此外,蜜雪冰城还自建了仓储物流体系,逐步推动蜜雪冰城品牌走向全国。2014年,在蜜雪冰城门店超过1 000家后,该企业决定在河南焦作建立物流园,推出全国免物流费的策略,支持加盟商开店。

根据上市招股书,截至2023年9月30日,蜜雪冰城的物流网络覆盖了包括河南、四川、新疆、江苏、广东、辽宁、浙江等31个省、自治区和直辖市。"多年耕耘的全国范围仓储物流体系,在之后直接影响着蜜雪冰城门店网络铺设和市场响应速度。"一位业内人士表示。

如此看来,蜜雪冰城早已不是一家单纯的茶饮企业,而是集产品研发、仓储物流、原材料销售、连锁经营于一体的庞大商业综合体。

**二、超2万家加盟门店,形成规模效应**

中国本土餐饮品牌破万店的并不多,截至2022年3月底,蜜雪冰城门店总数达到22 276家,其中加盟门店22 229家。在第一季度内,加盟店净增门店数量1 596家,相当于每天开设新店18家,门店扩张态势依旧凶猛。相比之下,同样走"性价比"路线的另一品牌瑞幸咖啡,2022年上半年新增了1 171家门店,比蜜雪冰城的拓店势头,还是差了一些。

蜜雪冰城的门店扩张策略,和其上市计划也不无关系。2020年,蜜雪冰城改制为股份有限公司,这被外界视为其准备登陆资本市场的信号。在这一年中,蜜雪冰城品牌总店数突破万家,年内净增门店数达到5 897家;而2019年蜜雪冰城总门店数只有7 206家,新增近82%。

突破万店规模后,蜜雪冰城的营收也迎来飞速增长。2020年,蜜雪冰城实现营收46.8亿元,同比增长82%;净利润6亿元,同比增长43%。也正是在这一年,蜜雪冰城准备进行首轮融资,并成为融资市场的"香饽饽"。

蜜雪冰城于2021年完成首轮融资,龙珠资本和高瓴资本联合领投。完成该轮融资后,蜜雪冰城估值约为233亿元。

拿到融资之后的蜜雪冰城开店越发凶猛,2021年蜜雪冰城净增加盟门店数总计达到7 058家。但令外界担忧的是,尽管2021年蜜雪冰城的总体门店规模仍保持增长,但同期关店数量也在大幅增加。

相关数据显示，蜜雪冰城向加盟门店收取的加盟费用一般并不高，企业一般与加盟门店签订的特许经营期限为3年，按城市级别（县级城市、地级城市、省会城市）分别收取的加盟费为7 000元/年、9 000元/年和11 000元/年，仅超过5%的同类品牌。但蜜雪冰城的设备采购及首批进货费用，是要高于其他同类品牌的。从上市招股书看来，这也和蜜雪冰城的核心商业模式息息相关。

**三、从卖咖啡到"喝水"，蜜雪冰城需要新增长点**

而一直以"性价比"在下沉市场占据优势的蜜雪冰城，也在面临新的挑战。2022年开年，喜茶率先降价，宣布旗下产品告别"30元"时代。同年3月，奈雪的茶官宣大幅降价，产品价格降幅达10元，同时还推出了售价9～19元的"轻松"系列。新茶饮市场进入了"价格战"时代。同时，蜜雪冰城也在面对同样以加盟模式深耕中低端市场的书亦烧仙草、茶百道、沪上阿姨等品牌的竞争。

站在资本市场的大门外，蜜雪冰城也要讲出更多的故事了。蜜雪冰城一直在努力延伸业务边界，从咖啡、冰激凌，一直到近期的瓶装水产品。

在上市招股书披露的咖啡和冰激凌两大业务板块中，冰激凌品牌极拉图对蜜雪冰城的营收贡献仍然有限，截至2022年3月末，极拉图在全国仅有加盟门店18家，直营门店3家。

而2017年就已成立，曾备受蜜雪冰城高管看好的咖啡品牌幸运咖，在2020年刚刚经历了一轮品牌升级，并正式开放加盟。这也显示了蜜雪冰城要把咖啡带入下沉市场的决心。品牌升级后，蜜雪冰城对幸运咖的门店装修环境进行了改造，由过去红黑配色的门头改为和主品牌类似的红白配色，并安装了大面积的落地玻璃窗，配上店内的橘黄色灯光，整体"格调"也得到了提升。

同时，幸运咖售卖的产品也做了调整。在原有的现磨咖啡、挂耳咖啡、咖啡豆的基础上，还增加了很多周边产品销售，如幸运果冻杯、幸运玻璃杯、陶瓷马克杯等。

幸运咖唯一不变的，就是饮品的价格。其中，轻乳拿铁、现磨美式、手捣冰柠咖都是5元/杯，轻乳燕麦拿铁、意式一口香的价格是6元/杯，雪山咖啡7元/杯、卡布奇诺8元/杯，招牌厚乳拿铁，也只卖10元/杯。

品牌升级后，幸运咖开始进入更多消费者的视野，门店数量也快速增长。截至2021年第一季度，幸运咖直营门店数为7家，但加盟门店数净增了166家，门店总数已达到629家，已初具规模。

在2022年9月，蜜雪冰城瓶装水"雪王爱喝水"上市。

对于蜜雪冰城的上市之旅而言，它已经给出了业界一张亮丽的过往成绩单。接下来，为了给上市寻找新的支点，蜜雪冰城还需要提出更有有说服力的"第二增长曲线"。

资料来源：根据相关报道编写。

**小思考**

蜜雪冰城商业模式的创新点有哪些？

## 7.4 商业模式创新

**商业模式创新**（Business Model Innovation）作为一种新的创新形态，正在引起高度的重视。在2005年**经济学人智库**（Economist Intelligence Unit，EIU）发起的调查中，54%的首席执行官认为，到2010年，商业模式创新将成为比产品和服务创新更重要的创新。新企业设计的商业模式在成长的过程中需要根据竞争、资源条件的变化不断调整；大企业的发展需要通过创新商业模式寻找新的发展动力；公益机构越来越重视导入企业家精神，将新的商业模式与社会公益事业的发展结合起来。商业模式创新不仅在企业实践中被广泛应用，而且近年来也已经成为管理学领域一个新的研究热点。

### 7.4.1 商业模式创新的内涵

商业模式创新是指企业价值创造基本逻辑的变化，即把新的商业模式引入社会的生产体系，并为客户和自身创造价值。通俗来讲，商业模式创新就是指企业以新的有效方式赚钱。新引入的商业模式，既可能在构成要素方面不同于已有的商业模式，也可能在构成要素方面或者动力机制方面不同于已有的商业模式。

Mitchell 和 Coles 提出商业模式的 5W2H 模型，即商业模式由 Who、What、When、Where、Why、How、How much 共 7 个要素构成，包括谁是商业模式的利益相关者？提供什么产品或服务？选择什么时机提供这些产品或服务？在哪里提供？企业为何存在？交易如何进行？顾客愿意在怎样的价格水平上购买？在这 7 个要素中，某一要素的变化使企业朝好的方向发展，这是商业模式的改进；由 4 个以上要素改变引起的变化，称为商业模式的变革；全新的行业内未曾有过的商业模式变革才是商业模式创新。

在商业模式创新实践领域领先的国家是美国，美国政府甚至通过授予专利等方式对商业模式创新给予积极的鼓励与保护。从传统角度来看，商业模式创新在各国是不能得到专利法保护的，而自 1998 年美国 State Street Bank 和 Trust Company 对 Signature Financial Group 一案判决后，商业模式在美国被广泛认为是可以申请专利的。

商业模式专利在美国被归入 商业方法（Business Method）专利类（Class 705），以软件工程为基础，与一定的技术有关是这类专利的一个重要特点。1999 年，美国国会在《发明者保护法案》中增加条款，以保护那些最初不相信其商业方法可以获取专利，后来这些方法被其他企业申请了专利的企业。如今，虽然还有争议，不仅是美国公司，如 Amazon、Priceline、IBM 等，越来越多的外国公司也已经在美国为他们的商业模式创新申请了专利。专利授权是企业收入的重要来源，而且已经成为每年超过 1 000 亿美元的业务。商业模式专利也已经成为企业保护自己利益的有力武器。

### 7.4.2 商业模式创新的阻力和动力

#### 1. 商业模式创新的阻力

商业模式作为一种创新形态，在执行过程中，会遭遇来自企业内、外部的多重阻力。

（1）认知阻力是阻碍商业模式创新的主要阻力。成功不仅带给企业荣耀和满足，还带来很多"副产品"。例如，成功掩盖了企业存在的很多问题，带来了管理层的自负，使企业上下沉醉于过去的胜利而放松了警惕，普遍不顾事实、排斥负面信息，越成功的企业，就越容易出现这种倾向。企业内已形成的商业模式会影响管理层在创新商业模式过程中的信息选择，管理层已形成的思维方式如不能及时适应环境的变化，必然会对商业模式的创新形成阻力，甚至导致企业走向失败。组织结构的不完善也会成为商业模式创新的阻力，一般认为，组织内部分散的权力结构或内部部门间管理层频繁的调整都不利于商业模式创新。

（2）资源配置不足的阻力。商业模式创新的主要阻力是缺乏相应的资源配置，商业模式创新常常与传统的企业资源配置相冲突，企业管理层倾向于阻止商业模式创新的实验，因为商业模式创新的实验威胁现有的价值观念和利益结构。当新的商业模式刚被概念化时，管理层面对不确定、快速变化的市场，以及不可预测的商业模式创新风险，可能持反对意见。

国美电器的首次在线亮相，正值中国企业的电子商务提供商的竞争态势迅速变化的时期，有行业相关人士认为，国美电器已经姗姗来迟。尽管电子商务在全国范围内蓬勃发展，但是实体零售商在其中所占的份额却极其有限，只有几家重量级实体零售商在电子商务领域现身。互联网研究机构上海艾瑞市场咨询股份有限公司（简称艾瑞咨询）的数据显示，按销售收入计算，在中国最大的 30 家电子商务企业中，有 26 家是纯粹的互联网企业；与此形成鲜明对比的是，在美国最大的 30 家电子商务企业中，只有 5 家是纯粹的互联网企业。中国实体零售商对互联网的观望态度正在改变，中国连锁经营协会的相关数据显示，截至 2011 年年底，在全国 100 家最大的（实体）连锁零售企业中，已有 34 家企业建立了网络渠道。但是，其中的大部分企业只是将其网站作为市场营销的手段，并未把电子商务作为一个重要的赚钱业务而与其热情相拥。

### 2. 商业模式创新的动力

商业模式面临多种创新阻力，只有当创新的动力冲破阻力时，商业模式的创新才可能实现。商业模式创新的动力有以下 3 种。

（1）新技术市场化推动商业模式创新。与持久的新技术相比，突破性技术是一种比较激进的技术创新，新技术转化为适应市场的产品或服务，必须有新的合适的商业模式与之匹配。

（2）市场环境压力促进商业模式创新。新的创业者、竞争者和新的规则的出现，使企业的竞争力和盈利能力面临挑战，为了适应动态的、激烈变化的市场环境，持续不断的商业模式创新成为企业获取竞争优势的重要来源。

（3）创业机会拉动商业模式创新。面对较大的技术和社会变革，新的需求会催生新的创业机会，新企业会在新的商业模式的助力下，快速获得竞争优势，一些反应敏捷的大企业，往往能抓住创业机会开展企业内创业，通过构建新的商业模式获得新的发展动力。

## 7.4.3 商业模式创新的路径

商业模式创新是一项系统工程，其创新路径因创业者的视角不同而不同。随着实践和研究的深入，商业模式的创新路径可大致分为组成要素创新、系统创新、价值链创新、竞争战略创新 4 种。

（1）组成要素创新。在商业模式价值体系中，企业可以通过改变价值主张、目标客户、分销渠道、伙伴承诺、收入流和成本结构等组成要素激发商业模式创新。这种路径的不足在于可能只能实现商业模式的部分创新，无法实现商业模式的整体创新。

IZO 企业电视台有效地结合了网络、电视、视频通话技术，将可谓最先进的技术手段相互融合打造了高品质的即时互动多媒体整合平台，这是架构在企业网站上最新的媒体广告方式。它能够在企业网站上将宣传片等内容透过视频窗口在线播放,让企业可以轻松透过声音、影像及文字随时随地与世界互动互通。人们通过搜索引擎寻找到企业网站,并观看企业电视,了解企业文化,产品介绍等资讯,受众完全基于自主选择,不带有任何强制性,这样的主动寻求而非被动接受使得受众更易产生兴趣及购买欲望。无论是对政府网站、城市门户网站还是访问量数以千万计的企业网站,IZO 企业电视台都是一个极佳的广告宣传方式。

(2) 系统创新。商业模式是一个由相互联系的若干要素组成的系统,商业模式系统的设计者需要考虑构成要素和设计主题。商业模式的系统创新弥补了部分创新可能导致的片面性。

Nike 是服装业虚拟经营的典范。Nike 把精力主要放在设计上,具体生产则承包给劳动力成本低廉的国家和地区的工厂,以此降低生产成本。这种转移制造的商业模式使 Nike 得以迅速在全球拓展市场。近年来,Nike 试图转变既有的产品驱动型的商业模式,进而发展成为以客户为中心的、通过全球核心业务部门进行品类管理并推动利润增长的商业模式。

(3) 价值链创新。新的商业模式就是隐藏在所有价值链上的变量。价值链一般可分为生产价值链和销售价值链,前者包括设计、采购、制造等环节,后者包括寻找顾客、建立渠道、交易和售后服务等环节,一个新商业模式或者起始于产品创新,或者起始于流程创新。

阿里巴巴通过淘宝网、支付宝、菜鸟物流等重构了价值链。淘宝网以连续数年的免费模式,将最大的竞争对手置于被动地位,并吸引了众多厂商到淘宝网开店。淘宝网还打造了国内先进的网上支付平台——支付宝,其实质是以支付宝为信用中介,在买家确认收到商品前,由支付宝替买卖双方暂时保管货款的一种增值服务。而菜鸟物流,负责将顾客通过淘宝网或其他电商平台所购的货物快速、安全地运输和派送。

(4) 竞争战略创新。大多数企业应用的竞争战略主要有:低价竞争战略、优质服务战略、更多选择战略、以人为本战略。最成功的企业就是那些能够将持续、有效的竞争战略和强有力的商业模式创新结合在一起的企业。

 阅读案例 7-4

### 面向贫困人口的格莱珉银行

1983 年,尤努斯在孟加拉国创办了格莱珉银行(又称孟加拉乡村银行),尤努斯也因此于 2006 年获得了诺贝尔和平奖。格莱珉银行的贷款对象都是贫困人口,甚至包括乞丐,同时不需要借款人提供抵押。截至 2023 年,格莱珉银行在孟加拉国已经有 2 568 个分行,遍及孟加拉国 81 678 个村庄,使 58% 的借款人及其家庭成功脱离贫困,借款人中有 96.8% 是贫困地区的妇女,还款率高达 96.71%。

从实践上看,格莱珉银行的"贫困人口无抵押创业贷款"商业模式是目前最成功的普惠金融模式,并在很多国家推广实施。2014 年 12 月 17 日,在尤努斯的见证下,格莱珉银行登陆中国,格莱珉银行陆口支行成立。

突出亮点:可持续金融扶贫、扭转穷人信用低的理念;

服务对象:贫困人口(包括乞丐);

业务模式：

(1) 5人小组为核心。每5人组成一个贷款小组，选任小组长和秘书；每6个小组建立一个中心，选任中心主任和助理主任。采用"2—2—1"顺序放贷，小组长最后得到贷款。

(2) 小组培训。小组成立后，对小组成员进行理念、价值观、财务管理技能等培训。

(3) 每周会议。每周小组开会，偿还贷款、情感交流等。

(4) 联络员模式。小组长和秘书以及中心主任和助理主任作为联系人，与格莱珉银行保持联系。小组长和秘书负责审阅并提交每位成员的贷款申请，中心主任和助理主任负责管理每周中心会议。

(5) 还款模式。每周还款，并监督小组成员进行小额存款；贷款利率分为4种：创收目的贷款利率为20%，住房贷款利率为8%，学生贷款利率为5%，极度贫困成员（如乞丐）贷款免息。

(6) 抵押模式。无抵押信用贷款模式，初期采用小组联保模式。

格莱珉银行商业模式的特点：

(1) 改变小组成员的人生理念。从格莱珉银行的服务内容和服务模式看，格莱珉银行完全超出了金融服务的范畴，例如格莱珉银行的《十六条决议》就从朴素的层面引导小组成员形成正确的世界观、人生观、价值观，培养积极向上的生活理念。小组培训和每周会议在潜移默化中改变着小组成员的素质，培养小组成员的信心。

(2) 将贫困人口，尤其是贫困地区的妇女定位为服务对象。贫困地区的妇女具有勤劳的本质，具有劳动的能力和意愿，她们基于照顾贫困家庭的母性，具有很强的韧性，她们也较少具有赌博等劣习，但与此同时又缺少借贷款渠道。

(3) 借款用途是自雇式生产。贫困人口，尤其是贫困地区的妇女缺少购买"缝纫机""三轮车"等生产资料的资金。格莱珉银行通过给予他们必要的生产资料贷款，让他们建立起自雇式生产模式，从而实现脱贫的目的。自雇式生产需要的原材料和生产工具都是他们熟悉和可控的，因此较少产生决策失误问题。

(4) 改变"穷人信用水平低"的刻板印象。自雇式生产具有规模小、家庭化等特征，其生产行为受经济周期因素影响很小。对于自雇式生产，不会过多地考虑劳动力成本等要素问题，每天的收入剔除原材料成本和贷款利息后有剩余就算盈利。在劳动有收入和不劳动没收入的情况下，或者说劳动者的机会成本为零的情况下，小组成员就会选择生产，因此，小组成员是有还款能力的。同时在《十六条决议》的教育理念下，小组成员还款意愿很强，彻底改变了"穷人信用水平低"的刻板印象。

(5) 较高的利率是可以维持的。和第4条的理由一样，自雇式生产剔除原材料成本、贷款利息后有剩余就算盈利，因此劳动力报酬是收入中的重要组成部分。在这个被扶贫的过程中，他们只要勤劳地工作，就能获得令其满意的回报。再加上有无抵押信用贷款，因此小组成员可以容忍10%以上的利率水平。在比传统银行高的利率水平下，也保障格莱珉银行的利润能够覆盖大量的小额贷款业务的运营成本，从而保证格莱珉银行商业模式的可持续性。

资料来源：https://www.sohu.com/a/83937437_439151（2016-06-17）[2023-12-31]，有改动。

格莱珉银行的商业模式创新的启示有哪些？对中国商业银行开展小微企业的贷款业务有哪些启示？

## 7.5 商业模式画布

Osterwalder 和 Pigneur 提出的 商业模式画布（Business Model Canvas）是目前广泛运用的商业模式分析法之一。Osterwalder 从战略的角度去审视一个企业的商业模式所处的环境。他建议把商业模式所处的环境分成4块主要领域范畴，分别是市场影响因素、行业影响因素、重要趋势影响因素、宏观经济影响因素。通过假设市场、行业、重要趋势和宏观经济的发展轨迹，获得设计未来商业模式原型的"设计空间"，即商业模式画布。商业模式画布从"为谁提供""提供什么""如何提供""成本多少及收益多少"4个视角描述了企业如何创造价值、传递价值、获取价值的基本原理，并展示了与企业创造收入相关联的9个元素：客户细分、价值主张、渠道通路、客户关系、收入来源、核心资源、关键业务、重要合作和成本结构，这9个元素通过分别覆盖价值主张、客户界面、基础设施和财务生存能力4个方面，可以对企业的商业模式进行较为全面的分析，由此也定义商业模式画布为"一种用来描述商业模式，可视化商业模式，评估商业模式以及改变商业模式的通用语言"。

### 1. 客户细分

**客户细分（Customer Segmentation）** 是用来描绘一个企业想要接触和服务的不同人群或组织。客户构成了所有商业模式的核心。没有（可获益的）客户，企业就无法长久生存。企业可以把客户分成不同的细分类别，每个细分类别中的客户都具有共同的需求、共同的行为和其他共同的属性。到底该服务哪些客户细分群体，该忽略哪些客户细分群体，一旦企业做出决议，就可以凭借对特定客户细分群体需求的深刻理解，仔细设计相应的商业模式。对于新企业，要学会抵御诱惑，千万不要想去做所有人的生意。

### 2. 价值主张

**价值主张（Value Propositions）** 用来描绘为特定客户细分群体创造价值的系列产品或服务。价值主张解决了客户的困扰或者满足了客户的需求。每个价值主张都包含可选系列产品或服务，以迎合特定客户细分群体的需求。在这个意义上，价值主张是企业提供给客户的受益集合或受益系列。价值主张可分为两类：一类可能是创新的，并表现为一个全新的或独创性的受益集合（产品或服务）；而另一类则与现存受益集合（产品或服务）类似，只是增加了一些功能和特性。

### 3. 渠道通路

**渠道通路（Channels）** 用来描绘企业是如何沟通、接触其客户细分群体，传递其价值主张并销售其产品或服务的渠道。渠道通路是客户接触点，它在客户体验中扮演着重要角色。渠道通路包含以下功能：提升企业产品或服务在客户中的认知，协助客户购买特定产品或服务，向客户传递价值主张，提供售后客户支持。

### 4. 客户关系

**客户关系（Customer Relationships）** 用来描绘企业与特定客户细分群体建立关系的类型。企业应该弄清楚其希望和每个客户细分群体建立的关系类型。建立客户关系的动机有：客户获取、客户维系、提升销售额（追加销售）。例如，不少移动网络运营商的客户关系是由积极的客户获取策略所驱动的，包括入网赠送免费移动电话或者进行补贴。当市场饱和后，移动网络运营商转而聚焦于客户维系和提升客户的平均贡献度上。

## 5. 收入来源

**收入来源**（Revenue Streams）用来描绘企业从客户细分群体中获取的现金收入。如果客户是商业模式的心脏，那么收入来源就是动脉。企业必须问自己，什么样的价值能够让各客户细分群体真正愿意付款？只有回答了这个问题，企业才能在各客户细分群体中发掘一个或多个收入来源。每个收入来源的定价机制可能不同，例如固定标价、谈判议价、拍卖定价、市场定价、数量定价或收益管理定价等。一个商业模式可以包含几种不同类型的收入来源：通过客户一次性支付获得的交易收入，来自客户为获得价值主张与售后服务而持续支付的经常性收入，转移支付等。

## 6. 核心资源

**核心资源**（Key Resources）是用来描绘让商业模式有效运转所必需的最重要因素。每个商业模式都需要核心资源，这些核心资源使企业能够创造和提供价值主张、打通渠道通路、与客户细分群体建立客户关系并赚取收入。不同的商业模式所需要的核心资源也有所不同。例如芯片制造商需要资本密集型的生产设施和固定资产投入，而芯片设计商则需要更加关注"高精尖"的人才资源。核心资源可以是固定资产、金融资产、知识资产或人力资源。核心资源既可以是自有的，又可以是企业租借的或是从重要伙伴那里获得的。

## 7. 关键业务

**关键业务**（Key Business）是为了确保企业的商业模式可行，企业必须做的"最重要"的事情。任何商业模式都需要多种关键业务，这些关键业务是企业得以成功经营所必须开展的活动。正如核心资源一样，关键业务也是创造和提供价值主张、打通渠道通路、建立客户关系并获取收入的基础。而关键业务也会因商业模式的不同而有所区别。例如，对于微软等软件制造商而言，其关键业务是软件开发。对于戴尔等计算机制造商来说，其关键业务是供应链管理。对于麦肯锡等咨询企业而言，其关键业务是问题咨询。

## 8. 重要合作

**重要合作**（Key Partnerships）用来描述让商业模式有效运作所需的社会网络。企业会基于多种原因打造合作关系，合作关系正日益成为许多商业模式的基石。很多企业采取创建联盟的策略来优化其商业模式、降低风险或获取资源。我们可以把合作关系分为以下四种类型：在非竞争者之间的战略联盟关系；在竞争者之间的战略合作关系（竞合）；为开发新业务而构建的合资关系；为确保可靠供应，构建的"购买方-供应商"关系。

## 9. 成本结构

**成本结构**（Cost Structure）用来描绘运营一个商业模式所需的所有成本。创造和提供价值主张、打通渠道通路、建立客户关系都会产生成本投入。这些成本在确定核心资源、关键业务与重要合作后可以相对容易地计算出来。然而，有些商业模式，相比其他商业模式更多的是由成本驱动的。例如，那些号称"不提供非必要服务"的航空公司，是完全围绕低成本结构来构建其商业模式的。

阅读案例 7-5

### 商业模式画布的运用——沃尔玛商业模式分析

以美国著名的零售商沃尔玛百货有限公司（简称沃尔玛）为例，运用商业模式画布分析其商业模式。

沃尔玛由美国零售业的传奇人物沃尔顿先生于1962年美国在阿肯色州成立。经过六十多年的发展，沃尔玛已成为世界上最大的连锁零售企业。2023年，沃尔玛连续第10年成为《财富》"世界500强"榜单的最大企业，这也是它自1995年以来第18次获得该殊荣。截至2023年，沃尔玛在24个国家或地区设有门店，门店总数为11 003家，其中包括10 623家实体零售店。沃尔玛2023财年的营收达到6 110亿美元，全球员工总数约210万名，每周的全球客户访问量达到2.4亿人次。沃尔玛的商业模式画布，如图7.6所示。

| 重要合作 | 关键业务 | 价值主张 | 客户关系 | 客户细分 |
|---|---|---|---|---|
| •稳定的供应商 | •供应链管理<br>•成本控制 | •成本领先<br>•价格低廉<br>•一站式服务 | •客户满意 | •价格敏感者<br>•价值追逐者 |
| | 核心资源<br>•先进的信息处理技术<br>•高度发达的配送技术<br>•供应链管理系统 | | 渠道通路<br>•社区店、山姆会员店<br>•互联网<br>•大众传媒 | |

| 成本结构 | 收入来源 |
|---|---|
| •基础设施建设成本<br>•人力成本<br>•存货成本 | •零售销售<br>•品牌销售 |

图 7.6　沃尔玛的商业模式画布

## 本 章 小 结

本章从商业模式的来源、构成要素和基本内涵探讨了商业模式的基本问题，通过理论演绎和案例分析初步解开了商业模式的神秘面纱。从价值发现、价值匹配和价值创造3个核心环节分析了商业模式的逻辑，而明确和细化价值所在是商业模式逻辑的起点。有效的商业模式必须包括4个关键要素：核心战略、战略资源、价值网络和顾客界面。只有充分掌握这些要素的重点以及彼此间的整合和搭配关系，才能设计出独特的商业模式。商业模式作为一种创新形态，在实施过程中，会遭遇来自组织内、外部的多重阻力，只有当创新的动力冲破阻力时，商业模式的创新才可能启动，商业模式创新的动力有3种：新技术市场化、市场环境压力、市场机会。商业模式创新是一项系统工程，其创新路径因创业者视角的不同而不同。随着实践和研究的深入，一般认为商业模式的创新路径大致可分为组成要素创新、系统创新、价值链创新、竞争战略创新4种，而商业模式画布是一种描述、可视化、评估以及改变商业模式的分析法。

## 习 题

### 1. 简答题

(1) 商业模式是如何产生的？试举例说明。

(2) 商业模式的基本内涵包括哪些方面？如何定义商业模式？

(3) 商业模式的逻辑是什么？为什么说明确和细化价值所在是商业模式逻辑的起点？

### 2. 论述题

(1) 论述为什么"当今企业之间的竞争，不是产品之间的竞争，而是商业模式之间的竞争"？

(2) 论述商业模式设计的基本框架和原则。

(3) 论述商业模式创新的重要性和基本路径。

## 实际操作训练

选择一个你熟悉的成长型企业，根据商业模式设计的框架，运用商业模式画布分析其商业模式，并研究其商业模式创新的方向。

### 铜锣湾集团：开创中国 SHOPPING MALL

铜锣湾集团二十多年的创业历程伴随着其商业模式的成功与失败、坚守与调整。

**1. 公司发展历程**

1996 年，美国的"摩尔"（Mall）概念被引入中国。历经 3 年多的时间的精心打磨，中国第一个"Mall"——铜锣湾华强北广场营业。有了第一次的经验，第二个"Mall"——铜锣湾华侨城广场也成功落地。

2003 年，从广东的阳江、江门、河源，北上入京，到湖南株洲和呼和浩特，铜锣湾以惊人的速度完成了与众多城市的谈判活动。

2004 年，铜锣湾集团已经在全国 13 个省（区、市）、28 个城市建立了商业网络，在北京、天津、长沙、武汉、重庆、大连等主要城市设点布局发展摩尔产业。

从 2003 年至 2005 年，迅速建立起一个以"CMall"品牌为标志的铜锣湾广场和百货店连锁体系。

2006 年，铜锣湾集团在成都、重庆地区的合作出现变数，项目面临终止的危险。

2006 年，铜锣湾集团获得印度尼西亚第一大财团力宝集团的助力。力宝集团注资 11 亿元，控股铜锣湾集团的百货业务板块，而铜锣湾集团将扩张重点转向 Shopping Mall 业务板块。

2008 年，铜锣湾集团做了新的发展规划，最主要的调整，就是从原来合作、租用为主的快速扩张模式，转向自己建店、自己经营的"慢模式"。

2009年10月10日,铜锣湾集团正式入驻孝感,与湖北职业技术学院签订合作合约。

2011年3月17日,南昌铜锣湾(国际)广场破土动工,为了这个45亿元的投资,铜锣湾集团多次来南昌考察,由此似乎可以看出这项决策的谨慎。

2013年9月10日,眉山市相关政府代表会见了前来考察的铜锣湾项目负责人,双方就合作事宜进行了友好会谈。

2014年8月8日,铜锣湾集团来到湖北省五峰县考察新县城规划建设及投资项目。

**2. 摩尔模式**

为了将摩尔从理论变为现实,铜锣湾集团精心钻研摩尔业态理论和经营模式的学习者。很多商业地产商把摩尔仅简单地理解为"集购物、休闲于一体的购物中心",并尝试自己开发和自己管理,结果多数都陷入了困境。实际上,摩尔的产生,源于一个地区社会经济和环境发展水平与现代商业业态的高度适配,投资非常庞大,投资回收期也很长。铜锣湾集团是中国摩尔的始创者,这与上海、广州原先个别商业城遇上这股浪潮后又称自己是摩尔有极大的不同。与国内一些选址虽然不错但是最后又不成功的项目案例比较之后,铜锣湾集团的成功就越发让人们感到好奇和神往。

据悉,在铜锣湾集团全国性的摩尔运动中,平均的投资回收周期都能控制在18个月之内,而在国外,摩尔模式实现盈亏平衡至少要5年,铜锣湾集团隐藏在背后的盈利模式无疑是业界最为关注的焦点之一。铜锣湾集团目前已经是中国最大的摩尔事业集群,首要成功因素在于其建立并不断升级形成"运营平台"的能力,这是一整套的管理技术和管理体系,牵涉众多的资源整合和复杂的运作。铜锣湾集团的扩张,是文化先行,将其企业文化和当地的文化结合起来,把经营上的创新和管理上的统一同步推进,而不是头脑一热就满地乱开花。

采取摩尔模式显然是铜锣湾集团最初成功的重要原因,事实上,铜锣湾集团在后来的全国性扩张中也迅速地运用了这一"法宝"。然而,这一扩张过程也并不是一个简单的复制过程。

**3. 疯狂扩张**

铜锣湾华侨城广场落地之后,陈智开始了他的"布局"全国的计划。从2003年的3家到2006年的60多家,仅仅用了不到4年的时间,堪称速度惊人。在铜锣湾的布局中,有个特别的现象:它不仅进入了北京、深圳等一线城市和兰州、长沙、厦门等二线城市,而且对唐山、株洲、常德、北海、开封、芜湖、嘉兴等城市,一样青眼有加。一般而言,GDP达到350亿元人民币,人口超过50万的城市就有能力容纳摩尔模式。在这样的"标准"下,至少有数百个城市能成为铜锣湾集团圈定的目标。布局的顺利,让铜锣湾集团信心满满。"我们将会每年新增6~8家新的Shopping Mall购物广场和百货店。"

铜锣湾集团选择的是招商模式,众多供应商及经销商的网络几乎覆盖了每个城市的每一条商业街道。不管铜锣湾集团在哪个中小城市"竖起大旗",他们都能在短时间内聚拢而来。三线城市对于铜锣湾集团来说,好处多多,不仅投资比在大城市要小得多,而一旦进入,铜锣湾集团就是独占性的。正是这种"指哪打哪"的便利,赋予了铜锣湾集团强大的商业整合能力。

对于高速扩张之所以毫不担心,对于外界的担忧之所以充耳不闻,是因为铜锣湾集团有较为成熟的核心管理理念和手段，一般都是与当地的地产商或商业企业合作，自己投入的资金并不多，实现扩张主要依靠自身筹集资金并快速回收，基本没有银行贷款。加上铜锣湾集团品牌影响力日渐提高，投资建设一个 Shopping Mall，在 18～19 个月之后就能盈利，扩张并没有让铜锣湾集团的资金特别吃紧。

**4. "铜锣"破音**

事情的发展并没有预想般的顺风顺水。

自 2005 年 1 月，铜锣湾集团旗下位于兰州、烟台、大连、河源的百货有限公司相继歇业，主要原因是拖欠货款、工资等。如大连铜锣湾百货有限公司拖欠几百名客户大约 500 万元货款，拖欠电费几十万元，员工工资几十万元等。2006 年，铜锣湾集团在成都、重庆地区的合作出现变数，项目面临终止的危险。同时，铜锣湾集团在其他地区的 Shopping Mall 或百货有限公司也在某种程度上遭遇了招商瓶颈。

对一切非正常速度扩张者，周边的人都会做预言家的判断：资金链迟早要出问题。果然问题恰恰出在资金链上。在短短 3 年内就在全国 58 个城市开设了 48 家 Shopping Mall，和 10 多家百货有限公司的铜锣湾集团，"资金链迟早要出问题"成了一道无法躲避的谶语，建店的速度越快，预言变为现实的速度也越快。

此外，由于选址失误、商品定位不准、运营费用过高、招商情况不佳等问题，让一些店面成了包袱，只有一关了之。

从本质上看，铜锣湾集团依赖于低成本扩张模式，与其资金实力不强，以及全国性商业地产商的强势拉动有关。但问题是，这种模式存在着铜锣湾集团所忽略的致命缺陷。在扩张中，铜锣湾集团与供应商和地产商结成的利益共同体的基础并不稳固。因此，大量以此模式为基础的扩张，虽然看似可以赚到快钱，但隐患也非常大。仅仅是物业建筑要求一项，由于很多项目都是不符合商业规律和铜锣湾集团标准的"烂摊子"，因此即便铜锣湾集团降低要求，进行二次改造，效果也往往都不理想。同时，铜锣湾集团品牌的影响力，也无法在异地扩张中为招商带来很大的推动力。

**5. 突破困境**

铜锣湾集团做了新的发展规划。商业模式上最主要的调整，就是铜锣湾集团从原来合作、租用为主的快速扩张模式，转向自己建店、自己经营的"慢模式"。站在经济的转折点上，该集团提出："铜锣湾不仅要注重品牌、注重人力资源、注重供应商优势，还要有一个很重要的关注点——资本。每个行业都有它的基础，Shopping Mall 这样的重资产行业，打好资本基础才是关键，而不在于扩张速度！"

为了解决资金短缺困局，在把铜锣湾总店转让给深圳京基集团后，铜锣湾集团又获得印度尼西亚第一大财团力宝集团的助力。印度尼西亚力宝集团注资 11 亿元，控股铜锣湾集团的百货业务板块，而铜锣湾集团将把扩张重点转向 Shopping Mall 业态板块。铜锣湾集团的未来肯定要依靠更优质的资源和平台来支撑其业务的发展。因此铜锣湾集团此时出售百货业务板块，以摩尔模式为平台专做商业地产，是明智的选择。由于铜锣湾集团坚持创新，坚持休闲、品位、文化、技术路线一直领先，并成为新商业文明的领军者，因此才成为同行效仿的对象。

资料来源：陈文华，倪峰. 大学生创新创业经典案例教程［M］. 南昌：江西高校出版社，2015.

**思考与讨论：**

1. 铜锣湾集团最初的商业模式是什么？有哪些特征？摩尔模式为什么能取得快速成功？
2. 导致摩尔模式失败的原因是什么？
3. 铜锣湾集团怎样通过创新走出商业模式失败的困境？

# 第 8 章 创 业 计 划

## 本章教学目标与要求

（1）理解创业计划的含义；
（2）了解创业计划的作用和特点；
（3）掌握创业计划书的结构和内容；
（4）识别创业计划书的类型；
（5）明确创业计划书的撰写步骤；
（6）掌握创业计划书的写作方法；
（7）掌握投资者的偏好；
（8）掌握创业计划口头陈述的技巧。

## 本章知识架构

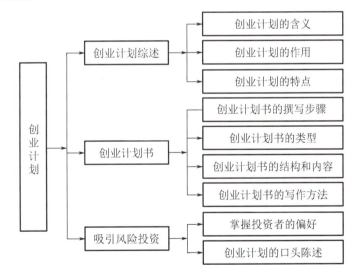

> 创业计划并非一份合同或预算，它是一个故事，一个有关机会发展路径以及企业打算如何创造并收获价值的故事。
>
> ——S. 尤尔韦松

## 90后大学生返乡创业计划的失败

一位毕业于某农业大学的90后张某，刚一出校门就赶上了返乡创业的热潮，趁着这股热潮，他回到山东老家，承包了一个约10 000平方米的农场。张某的农场以种植大棚蔬菜、草莓、蓝莓等为主。2022年，农场刚成立时，还拿到了一笔不少的农业补贴。但是时隔2年，这个农场就彻底关门了，张某不仅没赚到钱，还负债累累。为什么别人开农场就能盈利，他的农场却赔了个底朝天呢？主要原因有以下几点。

**一、败在没有开源节流**

张某是刚毕业的大学生，对农业投资大、回报周期长的现状认识不清。因此在前期的大棚建设上，他过于追求高端化，使得大棚建设成本高，但是中看不中用。将大量的资金放在大棚建设上，只考虑到了前期的准备工作，对于后期农场的运营资金没做好合理的规划。由此可见，前期投入过大，必定会影响农场后期的正常运行。

**二、"佛系"管理**

作为农业新人，张某似乎还生活在学校的象牙塔中。在农场的管理上，张某毫无经验。在人员招聘上，他持"佛系"态度，觉得只要是招来的员工，必定会好好干活，只要好好干，就会有好收成。结果，招聘来的员工消极怠工，效率低下。而且在农产品的种植上，农药含量严重超标，农产品产量低且品质难以保证。这样的管理方式，农场能不关门吗？

**三、缺乏远见**

在农场第一次拿到农业补贴时，张某没想过用这些钱去扩大生产，或者做相应的宣传，抑或提升农场的设备，而是拿这些钱种了一些没啥特色且品质一般的农作物，这样的农产品在市场上哪有竞争力可言？如果张某能将眼光放长远，继续关注国家政策，或者种植有农业补贴的农作物，说不定靠着农业补贴，农场也能生存下去。

**四、缺乏销售渠道**

没有销售渠道，农产品只有死路一条。作为一家农场，销售渠道的重要性不言而喻。但是，张某的农场几乎没有销售渠道，农产品每次都是等着别人来收。同时，张某也没有借助互联网去销售。总之，缺乏销售渠道是张某农场的硬伤。

**五、习惯单打独斗**

现代化农业，拼的都是技术。张某的农场作为一个小规模的农业生产基地，势必有相应的专家做技术支持，这样才能较早地获得一些新技术、新品种，才能科学合理地治理病虫害。

可是，张某的农场只有普通的农民，农业方面的专家一个都没有，农场发展始终停留在创业初期的状态。

**六、产业单一**

单纯的种植或者养殖这条路已经走不通了。蓝莓、草莓作为特色农产品，除了吃还有其他用途可以挖掘，比如，打造蓝莓采摘观光园，用体验经济做农产品营销，将农场打造成集种植、观光为一体的农场，效益可能不错。可是，张某丝毫察觉不到市场需求，只做单一种植，最后只能以失败告终。

资料来源：https://www.sohu.com/a/223843890_774224（2018-02-24）[2024-01-08].（有改动）

创业可以把一个想法变成一个创业机会，就像把一条毛毛虫变成一只美丽的蝴蝶。创业不是热情的冲动，而是理性的选择，需要通过创业计划仔细地描述企业概况、产品与服务、市场分析、管理团队、营销策略、财务计划、生产与运营、风险假设等。为了能够成功地吸引到风险投资和合作伙伴，创业者除了要选择好的创业项目，还要写好创业计划书，对创业活动进行通盘的筹划和考虑。

# 8.1 创业计划综述

为什么要制订创业计划？可以从两个方面来理解这个问题。一方面，制订创业计划是明确一个新企业的蓝图、战略、资源和客户需求的最好方式之一。没有创业计划，就很难从正式或非正式投资者那里筹集到资金。另一方面，管理团队必须向别人，同时也向自己证实该创业机会值得追寻，并提出实现这一创业机会的手段。

## 8.1.1 创业计划的含义和作用

### 1. 创业计划的含义

**创业计划（Business Plan）** 也叫商业计划，是创业者提出某一项具有市场前景的产品与服务项目，用书面的形式阐述自己的创业设想，寻求投资，规范创业行为的可行性报告。创业计划实际上是对创业过程的安排和部署，包括创业目标，达到创业目标所需要的方法、规划、程序，以及对市场、风险、财务、生产等方面的科学分析和预测。创业计划是一个有关创业机会发展路径以及新企业打算如何创造并收获价值的故事。

### 2. 创业计划的作用

总的来讲，创业计划有以下两个作用。

一是系统展示创业者的创业设想，从各个方面保证创业活动的顺利进行。首先，许多创业设想在最初构思阶段是比较空泛的，经过一个具体的创业计划制订过程，把整个创业计划全面、具体地展示出来，成为一个系统的、可行的方案，并可以将其作为评估创业项目和创业实施过程中的一个参考工具。其次，创业计划在一定时间内为创业活动提供原则和行动指导，根据所制订的创业计划，确定在创业活动中先做什么、后做什么，保证创业活动顺利进行。最后，创业计划能帮助创业者明确创业目标和商业模式，它像一个指明方向的罗盘，也像一张主战场的地图，充当指引管理团队和员工行为的重要路线图。

二是吸引风险投资和可能的合伙人。其一，风险投资者在投资之前要向创业者索要创业计划，判断这个创业机会是否与自己的投资兴趣相吻合，然后决定是否与创业者进行下一步沟通或投资。其二，创业计划也是创业者的自我推销文件，它向潜在投资者、供应商、合作伙伴和应聘者展示新企业的蓝图，展示新企业的发展方向、理念、产品等；还展示了创业者的能力、信心、经营策略等，有助于吸引志同道合的合伙人、股东和急需人才。

制订创业计划，表明新企业的管理团队非常严谨，相对于没有计划的其他企业管理团队而言，其风险管理水平更高，更容易获得风险投资。从一定意义上来说，创业计划是创业者创业起步的通行证和一种吸引风险投资的有效工具，如图 8.1 所示。

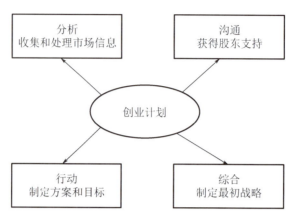

图 8.1 创业计划：分析、沟通、行动、综合的工具

资料来源：张玉利．创业管理［M］．北京：机械工业出版社，2010：102.

### 8.1.2 创业计划的特点

一个优秀的创业计划的总体要求是：要对市场进行最清晰的分析；对产品需求进行最准确的预测；对投资的收益进行最可信的阐释；对新企业的管理进行最周密的筹划。

具体要求：创业计划本身技术含量高，或者管理模式比较独特；在管理团队的架构上，一定要有技术骨干，包括项目开发技术骨干和管理技术骨干；创业计划要实际、可行，在融资、财务、管理等方面都要进行分析，不可回避。

总之，一个完整和可行的创业计划应具有以下特点。

（1）格式严谨。通过创业计划书展现创业计划时，要结构安排适当、完整，前后一致，风格统一。创业计划书必须有一个完整的格式，分项详细描述必要的内容和条款，要体现出新企业的专业性，使创业计划更具说服力和可靠性。

（2）长度适中，重点突出。通过创业计划书展现创业计划时，应能对创业构思和盈利模式进行简洁、系统的描述，不要过于渲染或夸大其市场意义。创业计划书不在于写得多，而在于写得精，一定要在内容上突出创业计划书的创新点和重点。在宣传时也可以借鉴"电梯简报"（Elevator Pitch）的模式，即能使投资者在乘坐电梯的几分钟内就能大致了解该创业计划的重点和特色，如果能在几分钟内打动投资人，说明该创业计划已成功了一半。

（3）表述清晰明确。通过创业计划表达创业的背景、管理团队近期或中长期目标；描述清楚细分市场，如行业有多大的吸引力、竞争状况如何等。创业计划书应是一个清晰的财富路径图，明确写出创业者在未来3～5年要达到的创业目标。

（4）数据、信息的表达应有理有据。创业计划的罗列应采用客观的、中性的语言，尽量避免使用过于夸张的、广告性的语言和带有主观倾向性的分析和评论。有关数据、产品等最好用表格或图片的形式直观地呈现出来，数据一定要详细、真实、有出处，并可供佐证。当然,前后数据不能有偏差,更不能出现自相矛盾的说法,任何结论都要能够经得起推敲,可信而非空想。

(5) 突出**管理团队(Management Team)**核心成员的经验和能力。对风险投资者来说,最看重的是创业计划中对管理团队的描述,特别是对管理团队核心成员在创业目标的一致性、经验能力的互补性、行为风格的匹配性以及信任和尊重等方面要着重进行阐述。同时还要将管理团队核心成员在行业中取得的荣誉和经验详尽罗列。一个内容完整、思路清晰、具体可行的创业计划应该是集体成果的结晶,应能体现团队合作精神。管理团队的经验、资源、能力状况决定了新企业能走多远。

(6) 令人信服的**财务计划(Financial Plan)**。这是提供产品与服务的营销方法、营销能力的有力证据,应合理、详细地说明制造产品或提供服务的过程和相关成本,预测产品所能达到的发展水平,显示风险投资者在未来3~5年内怎样从新企业获得回报。

**注意:**创业计划书必须严格保密,严防落入竞争者手中。

## 8.2 创业计划书

创业者必须论证其创业计划的可行性。老练的风险投资者、潜在的合作伙伴、前来应聘的科技人才都会用事实评价新企业的前景,因此,在创业计划书中,新企业所能展现的最引人注目的部分就是对创业计划的可行性的分析,以及对有竞争力的独特商业模式的描述。过度乐观的创业计划或错误的财务分析会降低创业计划的可信度。如果创业计划书不完善或漏洞百出,很容易让风险投资者猜测新企业本身也不完善或漏洞百出。因此,在创业计划书送交风险投资者或其他人审阅之前,务必要注意创业计划书的结构和内容。

### 8.2.1 创业计划书的撰写步骤

(1) 确定创业计划书的撰写人。首先要确定谁来撰写创业计划书,如果通过签订合同聘请外部专业人士的方式来撰写创业计划书,管理团队就可以把时间和精力集中于开发创业机会、创建新企业的事宜上。但是,如果外部专业人士对该创业计划没有充分了解,或者缺乏责任心,就难以准确地阐述新企业在财务、市场、风险等方面的计划,甚至还可能泄密。

(2) 进行市场调研,细化创业计划。创业者要对新企业所处的行业、环境、政策、技术、成本、市场规模、合作伙伴、竞争对手等情况进行调研,收集重要信息,细化创业计划,并根据创业计划对创业活动进行总体规划,明确创业活动的目标客户、商业模式等具体内容,为撰写创业计划书提供充分的信息和数据。

(3) 拟订创业计划书。在市场调研的基础上对创业活动的可行性进行分析,拟订创业计划书的基本结构;具体介绍管理团队、财务计划等;制订明确的创业实践方案,从思想上和理论上为创业实践做好必要的准备。

(4) 创业计划书的修改和补充。创业计划书撰写完成之后,最好采用模拟辩论或答辩的方式,对创业计划书中的关键问题作出清晰的说明,以便从创业计划书中发现问题,并及时进行修改和补充。

### 8.2.2 创业计划书的基本类型

创业计划书的两种类型：简式的和详式的。

（1）**简式的创业计划书（Summary Business Plan）**。一般要写10～15页，简明描述企业的重要信息和部分辅助材料。适合处于发展早期还不准备写详式的创业计划书的企业，创业者可能正在寻找资金和准备建立新企业，不愿花太多时间撰写详式的创业计划书。

（2）**详式的创业计划书（Full Business Plan）**。一般要写30～40页，详细地描述创业者的创业设想和创业计划的关键部分，并附有10多页的附录。一般在寻求风险投资时需要递交详式的创业计划书。

事实上，创业计划书的审阅者都不会花太多时间阅读，因此，创业计划书越详略得当、越语言精练、越重点突出越好。例如技术分析、法规审批、参考资料表等信息最好放在附录中。

### 8.2.3 创业计划书的结构和内容

#### 1. 外封面、内封面设计和目录

设计创业计划书的内封面，应将有关信息在此标明，如图8.2所示。为了使创业计划书的外观具有吸引力，还需要在内封面外加上外封面，外封面的纸质要坚硬耐磨，最好使用彩色纸张但颜色不要过于花哨，外封面可以自己设计或请专业人士设计。

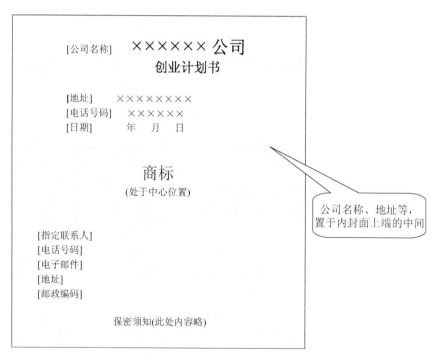

图 8.2 创业计划书的内封面

注意应在内封面写上保密须知：本创业计划书属商业机密，所有权属于本公司。所涉及的内容和资料只限于已签署投资意向的投资者使用。收到本创业计划书后，收件人应即刻确认，并遵守以下规定：①若收件人不希望涉足本创业计划书所述项目，请按上述地址

尽快将本创业计划书完整退回；②在没有取得本公司的书面同意前，收件人不得将本创业计划书全部或部分地予以复制、传递、影印、泄露或散布给他人；③应该像对待贵公司的机密资料一样对待本创业计划书。

目录页：列出创业计划书的各项主要内容和准确页码，如图8.3所示。

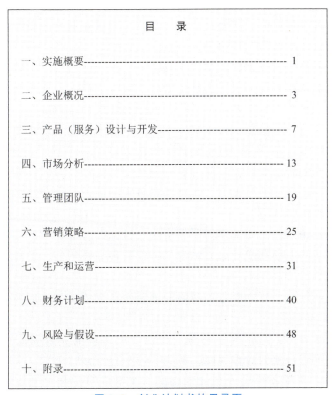

图 8.3　创业计划书的目录页

2. 创业计划书的基本内容

撰写一份完整、规范的创业计划书，通常应包括以下内容：实施概要、企业概况、产品（服务）设计与开发、市场分析、管理团队、营销策略、生产和运营、财务计划以及风险与假设、附录等。

## 8.3　创业计划书的写作方法

创业计划书的一个重要职能是吸引投资者，管理团队必须证实这个创业机会值得追寻，并且提出实现这一创业机会的方法和手段。为此，管理团队必须从市场调研和分析开始，收集重要信息，做出决策，撰写一份完整而令人信服的创业计划书。

### 8.3.1　创业计划书主要内容的写作方法

1. 实施概要

实施概要是对整个创业计划的快照和高度精练，涵盖创业计划各部分的要点，可以向忙碌的投资者提供他必须了解的新企业具有独特性的信息。投资者可能会先索要实施概要副本，如果这部分具有足够的说服力、吸引力，他才会要求阅读完整的创业计划书。实施概要一般不要超过两页，以便审阅者在最短的时间内评估创业计划并做出判断。

实施概要部分是最重要的，虽然其在形式上先于创业计划书的其他部分，但往往是在其他部分定稿之后才能撰写，以便形成准确的概述。该部分对想要筹集到资金的创业者十分重要，因为投资者可能靠阅读实施概要就能很快决定该企业是否值得投资。因此，实施概要部分必须十分具有吸引力和说服力。

实施概要部分要回答的关键问题有以下几个方面。

(1) 描述企业理念和企业概况：必须说明企业何时创业；企业将做什么；其产品与服务有何独特之处；将要在市场上处于领先优势的专有技术和企业独具的能力等。确保描述的企业理念向人们传达一个信息：产品或服务将从根本上改变人们现在做某事的方式。比如，阿里巴巴公司的理念是让天下没有难做的生意。

(2) 创业机会和战略：概述存在着什么创业机会，为什么对此创业机会有兴趣以及开发此创业机会的计划，概括关键事实、条件、竞争者的弱点、行业趋势，合理说明企业在进入市场后的发展和扩张战略。

(3) 目标市场和预测：简要解释行业和市场、目标顾客群体、产品与服务定位，包括市场结构、细分市场的大小和成长率、估计的销售数量和销售额、预计的市场份额、定价策略。

(4) 竞争优势：指明产品、服务和战略的创新性和竞争优势，以及竞争者的缺点和薄弱环节。

(5) 盈利和收获潜力：达到盈亏平衡点和现金流为正的大致时间框架；关键财务预测；预期投资回报等用可信的数据说明。

(6) 管理团队：创业者领导人和管理团队、关键成员的相关知识、经验、专长和技能、以前获得的成就、承担的责任等。

(7) 投资者退出战略：简要指明准备给投资者多少股份；目标投资者、贷款人或合伙人将如何得到期望的回报。

### 2. 企业概况

(1) 创业机会：有待解决的问题或未满足的需求。对企业的介绍一般从创业者识别创业机会（问题和需求）入手，接着描述创业计划如何解决这些问题并满足需求。

(2) 企业概述：企业名称、地址、创建时间；企业使命、目标和战略；描述企业理念，企业将要做的业务、产品与服务。

(3) 竞争优势：在政策、技术、市场、商业模式等方面有何种优势；企业如何塑造持续的竞争优势。

(4) 现状与发展：企业现状描述，企业打算怎样发展、走向何方，具体发展战略等。

### 3. 产品（服务）设计与开发

(1) 产品特征：产品满足什么需求，突出与竞争对手产品相比的独特性。详细描述每种产品与服务的用途、特征等，以及这些产品与服务将如何增加或创造重大价值。

(2) 产品设计、开发的时间、资金：说明产品的开发现状，需要多少时间和资金能够完成开发、测试和引进；产品的性能、特点和产品图片；产品生产计划、成本和售价。

（3）专利或专有技术：描述产品与服务获得的专利或其他所有权特征。

### 4. 市场分析

这部分信息必须支持一个论断：企业在面临竞争时能够在一个成长性的行业中获取极大的市场份额。市场分析应说明产品与服务的顾客将是谁，潜在顾客必须按相对同类群体（细分市场）来分类。顾客是否愿意接受本企业的产品与服务？他们为什么对本企业的产品与服务感兴趣？

（1）产业描述：介绍所在产业的现状、前景（正在增长）、规模、经济趋势、产业吸引力、成长期、盈利潜力等。

（2）竞争者及其优势分析：分析竞争者的产品与服务、替代品以及价格和市场策略等，具体见表8-1。

表 8-1 竞争者及其优势

| 竞争者 | 直接竞争的产品与服务 | 替代品 | 估计年销售额/元 | 估计市场份额/% | 销售团队说明 |
| --- | --- | --- | --- | --- | --- |
| 1 | | | | | |
| 2 | | | | | |
| 3 | | | | | |
| 4 | | | | | |

（3）目标市场的购买特征：经济、地理、职业、心理特征等。社会群体是建立在财富、技能、权力基础上的，对个人行为、态度取向、价值观具有不同影响。具体应关注以下几个方面。高收入群体：以高收入为标志，具有追求高质量的产品、名牌、品位等消费特点，如艺术品投资、国外旅行、专业家政服务、优质教育资源等；中等收入群体：购买流行的东西，关心时尚，重视家庭布置、品牌服装等；中低收入群体：依赖亲情以获得经济上和精神上的支持，更加追求从劳动中解放出来并拥有更多的闲暇时间。

（4）预测目标市场规模的大小和趋势：成长率、份额、销量。预测市场规模的大小和趋势，可以按细分市场、地区等分别说明，用数量、金额和潜在盈利率来说明今后3～5年将提供的产品与服务的总市场的发展规模、将占有的市场份额；3年内的潜在总市场的年增长率；说明影响市场增长率的主要因素，如行业趋势、政府政策、经济形势、人口变化等。

（5）市场份额和销售额预测：根据对产品与服务的优势、市场规模、发展趋势、顾客、竞争者及其产品销售趋势的评估，预测今后3～5年每年将获得的销售额、销售量，如图8.4所示。

（6）毛利润和营业利润：描述在计划进入的细分市场上销售的每种产品与服务的毛利润（销售价格－成本）、营业利润的大小。

毛利润分析举例：如果每套餐具成本约0.1元（不计水电费和个人工资），每套售价按0.25元计，则每套餐具的毛利润为0.15元，按1年300个工作日计算。

年产量　　3万套×300天＝900万套

年毛利润　0.15元×900万套＝135万元

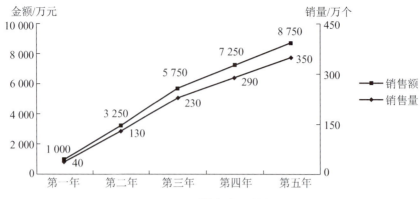

图 8.4　预测销售额和销售量

还要说明将花多长时间来达到盈亏平衡的销售量水平。如上例所述，如果总投资经费为 200 万元，不到 2 年即可收回成本，达到盈亏平衡点。需要注意的是这种计算是在内外部环境没有变化的情况下的理想利润。

### 5. 管理团队

（1）管理团队：列出关键管理团队成员及其职责；说明管理团队成员在技术、管理、商业技能及经验方面的合理性和互补性，以及如何打造一支高效的管理团队。此部分包含的内容较多，应从整体角度简要介绍。

（2）组织结构：如果企业规模足够大，必须附有组织结构图。

（3）关键管理团队成员的介绍：每位关键管理团队成员的背景、专业知识、技能、成就、相关培训。此部分应具体介绍他们的优势和亮点。

（4）所有权与报酬：将支付的月薪，关键管理团队成员的股权投资的数额；打算进行的各种凭业绩分配的奖励等。

（5）专业顾问与服务：指出所选的法律、会计、广告、银行的专业顾问的姓名以及他们将提供的支持和服务。

### 6. 营销策略

（1）战略目标：通盘考虑价值链和细分市场上的分销渠道，描述企业的营销理念和战略目标，指出产品与服务将被怎样引入地区、全国和国际市场，描述今后的营销扩张计划。

（2）产品与服务定价：讨论产品与服务的定价策略，把本企业的定价策略与竞争者的定价策略相比较，讨论制造成本和最终销售之间的毛利润，指出该毛利润是否足以弥补营销、培训、服务、研发、设备的成本和价格竞争等花费的成本，并有利可图。

（3）促销策略：说明营销的方法，如建立营销队伍、营销组织、直接邮寄等；如何选择合适的营销人员及负责的区域，每个月可完成的销售额和销售量；采用什么方法吸引顾客的注意力；如果要采用直接邮寄或多媒体营销策略，指出采用的工具和成本。

（4）消费品传统的分销渠道模式：分销渠道是指企业（制造商）向顾客（产品使用者，最终消费者）营销其产品与服务的组合。直接营销的渠道日益流行，包括直接邮寄、远程营销、产品目录推销、有线推销、网上推销和在办公场所演示的直接推销等。还可以在分销渠道中采用一个或多个中介，如消费品通常采用传统分销渠道，即制造商通过批发商和零售商进行分销（图 8.5）。

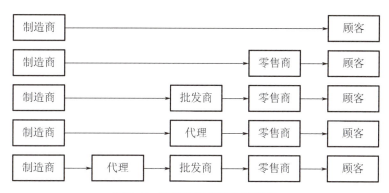

图 8.5　消费品的传统分销渠道

小的制造商还可能采用代理模式进行分销，因为他们没有充足的资本维持自己的销售团队。除了传统的分销渠道，现在通过各类电商和直播平台也可以进行营销活动。

### 7. 生产和运营

（1）企业地理位置和条件：地理位置的优势和劣势；劳动力的可供应性、技能、工资；与顾客和供应商的距离远近；运输、公共设施的便利程度；厂房和设备选择租用还是购买，列出租用或购买所需的成本和时间；今后 3 年将需要什么设备，何时扩展厂房和设备以适应未来增长的销量。

（2）原材料供应：列出一份生产、产品设计和开发计划，写明各个部分的成本信息，包括可用原材料成本、劳动力成本、购买的组件成本、经常性开支等。

（3）质量控制：写明质量控制、生产控制、库存控制的方法，企业将采用的质量控制和检测的流程。

（4）法规问题：列出针对与生产和服务相关的国家和地区法规要求，写明开始营业所必需的各种许可证和行政审批手续等。

### 8. 财务计划

财务计划要精心做好经营规划与资本预算，描述未来 3~5 年的资本需求、资金来源和使用；做好财务预测，包括盈亏平衡分析表、损益预估表、资产负债预估表、现金流预测表；详细说明关于单位产品价格，各项支出及销售预测的各种假设。

（1）销售预测：可分为月度销售量和销售额预测表（表 8-2）与季度销售量和销售额预测表（表 8-3）。

表 8-2　A 企业 2024 年月度销售量和销售额预测表

| 项　　目 | 1—3 月 | 4 月 | 5 月 | 6 月 | 7 月 | 8 月 | 9 月 | 10 月 | 11 月 | 12 月 | 合计 |
| --- | --- | --- | --- | --- | --- | --- | --- | --- | --- | --- | --- |
| 销售量/台 | 0 | 15 | 30 | 45 | 20 | 20 | 20 | 45 | 50 | 50 | 295 |
| 销售额/万元 | 0 | 6.9 | 13.8 | 20.7 | 9.2 | 9.2 | 9.2 | 20.7 | 23 | 23 | 135.7 |

表 8-3　B 企业 2024 年季度销售量和销售额预测表

| 项　　目 | 第一季度 | 第二季度 | 第三季度 | 第四季度 | 合计 |
| --- | --- | --- | --- | --- | --- |
| 销售量/台 | 190 | 210 | 240 | 260 | 900 |
| 销售额/万元 | 87.4 | 96.6 | 110.4 | 119.6 | 414 |

（2）经营成本：为了达成某种目的或获得某种商品所付出的代价。依据企业经营的期限长短，企业的经营成本可分为固定成本和可变成本。**固定成本（Fixed Cost）** 是指企业在短期内无法改变的那些固定投入所带来的成本，主要包括租用或购买设备和厂房的费用、资金（自有资金和借入资金）的利息、支付的薪水、折旧和各种保险费用等。**可变成本（Variable Cost）** 是指企业在短期内可以改变的那些可变投入带来的成本，即取决于销售量、季节以及新的业务机会等的成本，如广告费、销售成本、原材料费用、管理费用等。

（3）财务报表包括：损益预估表、资产负债预估表、现金流量预估表。财务报表通常都以这个顺序准备，因为财务信息的流动遵循这个逻辑顺序。制订创业计划时几乎离不开财务报表，如果企业需要获得银行或投资者的资金支持，也应该随时准备财务报表。如果没有这些财务报表，银行和投资者一般不会考虑为企业投资或贷款。

① **损益预估表（Pro Forma Income Statement）**，也称收益表，是反映企业在某个特定时段经营效果的财务报表，可以反映收入和支出情况，还可以反映企业是正在盈利还是正在亏损，通常按月度（表 8-4）或年度（表 8-5）准备。多数损益预估表按照多年度格式准备，可以从中看出发展趋势。一般来说，投资者要求看到企业经营至少前 3 年的盈利规划。

表 8-4　C 企业 2024 年月度损益预估表　　　　　　　　　　　　　　单位：万元

| 项　目 | 1月 | 2月 | 3月 | 4月 | 5月 | 6月 | 7月 | 8月 | 9月 | 10月 | 11月 | 12月 | 总额 |
| --- | --- | --- | --- | --- | --- | --- | --- | --- | --- | --- | --- | --- | --- |
| 销售量/台 | 2 | 2 | 3 | 3 | 7 | 9 | 9 | 9 | 10 | 12 | 14 | 14 | 94 |
| 销售额 | 1 300 | 1 300 | 1 950 | 1 950 | 4 550 | 5 850 | 5 850 | 5 850 | 6 500 | 7 800 | 9 100 | 9 100 | 61 100 |
| 减：租金 | 570 | 570 | 855 | 855 | 1 995 | 2 565 | 2 565 | 2 565 | 2 850 | 3 420 | 3 990 | 3 990 | 26 790 |
| 模具费 | 40 | 40 | 60 | 60 | 140 | 180 | 180 | 180 | 200 | 240 | 280 | 280 | 1 880 |
| 管理费 | 962 | 962 | 962 | 962 | 962 | 962 | 962 | 962 | 962 | 962 | 962 | 962 | 11 544 |
| 利息 | 47 | 47 | 47 | 47 | 47 | 47 | 47 | 47 | 47 | 41 | 41 | 41 | 546 |
| 工资 | 100 | 100 | 100 | 100 | 100 | 100 | 100 | 100 | 200 | 200 | 200 | 200 | 1 600 |
| 折旧 | 67 | 67 | 67 | 67 | 67 | 67 | 67 | 67 | 67 | 67 | 67 | 67 | 804 |
| 利润 | −386 | −386 | −41 | −41 | 1 339 | 2 029 | 2 029 | 2 029 | 2 174 | 2 870 | 3 560 | 3 560 | 18 736 |

表 8-5　D 企业年度损益预估表　　　　　　　　　　　　　　单位：万元

| 项　目 | 第 1 年 | 第 2 年 | 第 3 年 | 第 4 年 | 第 5 年 |
| --- | --- | --- | --- | --- | --- |
| 主营业务收入 | 135.7 | 414 | 552 | 920 | 1 150 |
| 减：变动成本 | 84.935 | 259.2 | 345.6 | 576 | 720 |

续表

| 项 目 | 第1年 | 第2年 | 第3年 | 第4年 | 第5年 |
|---|---|---|---|---|---|
| 减：固定成本 | 67 | 67 | 67 | 67 | 67 |
| 利润总额 | -16.235 | 87.8 | 139.4 | 277 | 363 |
| 减：所得税 | 0 | 10.73 | 20.91 | 41.55 | 54.45 |
| 净利润 | -16.235 | 77.07 | 118.49 | 235.45 | 308.55 |

② **资产负债预估表**（Pro Forma Balance Sheet）：反映某个特定时间点上企业的资产、负债和所有者权益的概况，见表8-6。为了使数据合理，资产负债预估表的编制要与损益预估表和现金流量预估表一致，资产按照流动性或变现时间长短顺序排列，负债按照偿还顺序排列。

表8-6 E企业资产负债预估表　　　　　　　　　　　　　　单位：万元

| 资　产 | 第1年 | 第2年 | 第3年 | 第4年 | 第5年 |
|---|---|---|---|---|---|
| 货币资金 | 65.44 | 127.15 | 268.82 | 450.412 | 568.222 |
| 应收账款 | 11.5 | 59.8 | 69 | 115 | 143.75 |
| 存货 | 50.765 | 66.166 | 43.68 | 21.888 | 10.403 |
| 固定资产净值 | 12.8 | 9.6 | 6.4 | 3.2 | 0 |
| 无形资产 | 56 | 42 | 28 | 14 | 0 |
| 资产合计 | 196.505 | 304.716 | 415.9 | 604.5 | 722.375 |
| **负债及所有者权益** | 第1年 | 第2年 | 第3年 | 第4年 | 第5年 |
| 应付账款 | 12.75 | 33.15 | 76.5 | 127.5 | 159.375 |
| 应付股利 | 0 | 0 | 23.698 | 47.09 | 61.71 |
| 应交税费 | 0 | 10.73 | 20.91 | 41.55 | 54.45 |
| 负债合计 | 12.75 | 43.88 | 121.108 | 216.14 | 275.535 |
| 实收资本 | 200 | 200 | 200 | 200 | 200 |
| 盈余公积 | 0 | 6.0835 | 11.849 | 23.545 | 30.855 |
| 未分配利润 | -16.235 | 54.752 | 82.943 | 164.815 | 215.985 |
| 所有者权益合计 | 183.765 | 260.836 | 294.792 | 388.36 | 446.84 |
| 负债及所有者权益合计 | 196.515 | 304.716 | 415.9 | 604.5 | 722.375 |

③ **现金流量预估表**（Pro Forma Cash Flows）：预测未来特定时段企业现金状况的变化，并详述变化为何出现的财务报表，见表8-7。例如，现金在该月内如何取得、如何花费等。现金流量预估表不是对企业盈利能力的预测，而是对短时间内企业的收入能否大于支出的一种设想。制定现金流量预估表的目的是说服银行或潜在的投资者，证明该企业有能力偿还资金，也可以使该企业对自己的创业计划更加明确。

表 8-7　F 企业现金流量预估表　　　　　　　　　　　单位：万元

|  | 2025 年 12 月 31 日 | 2024 年 12 月 31 日 |
| --- | --- | --- |
| 运营活动现金流 | 0 | 0 |
| 净收益 | 131 000 | 83 000 |
| 加：现金取得 | 0 | 0 |
| 折旧 | 13 500 | 5 900 |
| 应收账款减少 | 14 700 | 2 300 |
| 应计费用增加 | 1 900 | 3 900 |
| 减：现金使用 | 0 | 0 |
| 应付账款减少 | (16 700) | (3 500) |
| 调整总额 | 9 200 | 8 600 |
| 运营活动创造现金净额 | 140 200 | 91 600 |
| 投资活动现金流 | 0 | 0 |
| 投资活动创造现金净额 | 250 500 | 112 500 |
| 筹资活动现金流 | 0 | 0 |
| 筹资活动创造现金净额 | 0 | 19 000 |
| 年末现金和现金等价物 | 63 800 | 54 600 |

④ 盈亏平衡分析：明确需要多少单位产品的售出，或者需要多大销售规模才能达到盈亏平衡。**盈亏平衡点（Break Even Point）** 就是令企业既不盈利也不亏损的销售规模。

如图 8.6 所示，当达到盈场亏平衡时，总收入线（TR）与总成本线（TC）相交于 $E$ 点，对应的盈亏平衡点为 $Q^*$。

用 TFC 表示固定成本总额，用 SP 表示销售价格，用 VC 表示单位可变成本，则盈亏平衡点 $Q^*$ 的计算公式如下。

$$Q^* = \frac{\text{TFC}}{\text{SP} - \text{VC}}$$

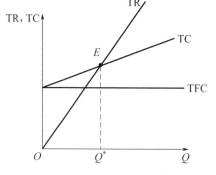

TR：总收入
TC：总成本
TFC：固定成本总额
$Q$：销售量
$E$：达到盈亏平衡
$Q^*$：盈亏平衡点

图 8.6　盈亏平衡点示意图

**【例 8-1】** 一家企业，其固定成本总额（TFC）为 250 000 元，单位可变成本（VC）为 5 元，销售价格（SP）为 10 元，则该企业的盈亏平衡点为多少？

解：$Q^* = \dfrac{250\,000}{10-5} = 50\,000$

### 9. 风险与假设

必须描述管理团队、员工、技术、融资等方面的风险及其负面影响的后果，讨论销售预测、顾客订单的有关假设。如果投资者发现创业计划书中没有提到某些负面影响，将会对创业计划书的可信度产生怀疑，而且多数投资者会先看管理团队部分，接着再看风险与假设（Risk and Assumptions）部分。主动指出风险与假设有助于向投资者表明，企业已经考虑过风险，并能够处理风险，这提高了创业计划书的可信度。

可能的风险包括：竞争者引起的潜在降价风险；潜在的行业不利影响；超出估计的设计和生产成本；没有达到的预期销售额；获得原材料时遇到的困难；等等。还要制订应急计划，指出哪些问题和风险对创业成功最关键，描述能使这些不利影响降到最低的具体措施。

### 10. 附录

所有管理团队成员的简历、产品样本、顾客或供应商评价等，可以附在创业计划书的正文后面，以附录的形式呈现。

## 8.3.2 掌握投资者的偏好

### 1. 投资者看好的企业类别

为了吸引投资，使新企业得到快速成长，创业者应当掌握投资者愿意投资哪类企业等信息。

（1）愿意在某个企业发展阶段进行投资：种子、开发、收入、盈利等阶段。
（2）偏好投资某个新兴产业。
（3）设定某项投资最小和最大的规模。
（4）关注企业的某些关键特质：具有专业知识和管理能力的管理团队、已被市场接受的产品、财务愿景等。

### 2. 投资者不看好的企业类型

创业者还要掌握不被投资者看好的企业类型，具体如下所述。

（1）企业技术过于先进。由于人们对过于先进的技术能否商业化的专业评估难以把握，因此如果贸然在过于先进的技术领域投入资金，那么风险是非常大的，而技术移转费用相对于新产品的研发费用便宜得多。一些投资者认为，贸然投入一项尚未被证实能够商业化的产品研发的风险太大。

（2）典型的传统企业。一般认为，产品生命周期已进入成熟期或衰退期、劳动力高度密集、纯生产加工类型、技术层次低、进入障碍低的企业，由于利润微薄、面临市场淘汰的压力较大，因此投资风险较高。另外，传统企业的制度相对僵化，企业文化落后，循规蹈矩，缺乏弹性与效率。类似箱包、制鞋、制衣、制帽等行业一般不会受到投资者关注。

（3）企业过度多元化。无论个人或企业的资源都是有限的，什么产品都生产的企业，可能什么都做不好。卓越集团的成功因素之一是专与精，即由小到大，不断升级核心技术的同时，逐渐往上下游及周边产业发展。成功是人才、经验累积并渐进发展的结果，"专""精"是企业得到成长和发展的基础。有的企业，产品技术含量非常高，不断地募股增资，什么赚钱做什么，短期内产品线泛滥，还炒股票，搞房地产，所谓的多元化经营使业绩不进反退。

（4）股权过于分散或过于集中的企业。股权过于分散时，股东们会因为股权小，对企业漠不关心。一旦企业经营不善，需要资金或管理整顿时，股东们会因为所占股权不多，风险损失不大而袖手旁观。股权过于集中，则会造成大股东一人独大的局面，导致"一言堂"的产生，进而导致经营绩效不良。股权适中，企业才能得到有效管理。

（5）道德风险过大的企业。诚信是合作的基础，虽然签订了投资协议书，但如果创业者缺乏诚信，则投资协议书形同废纸。因此对一些账目不清、报表不实、故意蒙骗的创业者，无论其将创业计划描绘得多么天花乱坠，也难以获得合作。人是最主要的考察因素，人的风险是最大的风险，因此，投资者更注重创业者的商誉和信用。因此，诚信是创业者打开成功之门的钥匙。

### 8.3.3 创业计划的口头陈述

要想成功吸引到投资者，除了写好一份创业计划书，还要掌握向投资者陈述创业计划的技巧。创业者一般需要准备11～15张简洁鲜明的幻灯片，如果幻灯片过多，就不得不走马观花地陈述，从而忽略了重要内容，内容陈述要以预定的时间为限。如果投资者只给创业者一个小时的时间，口头陈述就不应超过30分钟，其余30分钟为问答时间。

创业者应为会面做好准备，做到守时，自备视听设备等。陈述应避免花费太多时间纠缠于专业术语，应重点阐述企业自身的情况。还应精心准备重要的材料，如知识产权及有效时间、产品等。陈述的关键点及技巧如下。

（1）企业：用1张幻灯片迅速说明企业概况和目标市场。

（2）创业机会：待解决的问题或未满足的需求是陈述的核心内容，应用2～3张幻灯片说明。

（3）解决方式：企业将如何解决问题或满足需求，需要用1～2张幻灯片进行解释。

（4）管理团队优势：可以用1～2张幻灯片简要介绍关键管理团队成员的资历和优势。

（5）知识产权：用1张幻灯片介绍企业已有的获得批准的知识产权（著作权、专利权和商标权）。

（6）产业、目标市场和竞争者：可以用2～3张幻灯片简要介绍即将进入的产业、目标市场及直接、间接的竞争者，详细介绍本企业将如何与目标市场中的企业竞争。

（7）财务：简要阐述财务问题，重点阐述企业何时能盈利，需要多少资本，现金流何时能够持平，可用2～3张幻灯片进行阐述。

（8）回购和退出战略：用1张幻灯片说明需要的资金数量和设想的退出战略。

## 本 章 小 结

本章主要介绍了创业计划的作用和特点与设计、写作、口头陈述技巧。创业计划书是指创业者提出某一项具有市场前景的产品与服务项目，用书面的形式阐述自己的创业设想、创业过程的安排和部署，寻求投资、规范创业行为的可行性报告。创业计划书有两个作用：一是系统展示创业设想，保证创业活动顺利进行；二是吸引可能的投资者和合伙人。一份优秀的创业计划书的总体要求是：要对市场进行最清晰的分析；对产品需求进行最准确的预测；对投资的收益进行最可信的阐释；对新企业的管理进行最周密的筹划。一份成功的创业计划书应具有以下特点：格式严谨、长度适中、表述清晰明确、数据有理有据、突出管理团队优势等。创业计划书一般有简式的创业计划书和详式的创业计划书两种类型，一般应该包括实施概要、企业概况、产品与服务、市场分析、财务计划、管理团队营销策略、财务计划、生产与运营、风险假设、附录等内容，并进行分项描述。制订创业计划书，首先要确定合适的撰写人，然后进行市场调研、设计与写作，最后还要对创业计划书不恰当、不完整的内容进行修改和补充。撰写创业计划书是件很复杂的工作，需要掌握创业计划书的写作方法，对市场规模、创业机会、商业模式、盈利预测等方面进行周密的筹划和安排。创业者还要了解投资者的偏好，并掌握创业计划口头陈述的技巧，以便能够及时吸引到合适的投资者和合伙人，保证创业活动的顺利进行。

## 习　　题

### 1. 简答题

（1）什么是创业计划？它有什么作用？

（2）创业计划的特点有哪些？

（3）写好创业计划书的实施概要部分应注意哪些问题？

### 2. 论述题

（1）简述创业计划书的内容和结构。

（2）简述创业计划书的写作步骤。

（3）为了吸引投资者和合伙人，口头陈述创业计划应掌握哪些技巧？

## 实际操作训练

根据创业计划书的设计和写作要求，组建一个创业团队（5～7人），撰写一份简式的创业计划书。

要求：（1）格式要规范，至少写出创业计划书内容格式的7～9个主要部分。

（2）可参考相关资料，结合本团队创业项目写作。

（3）如果有商业秘密，应该注明保密性的内容。

课后案例

### 高校反电信诈骗公益联盟项目创业计划书

**一、项目简介、现状及未来发展规划**

1. 项目简介

（1）团队名称：高校反电信诈骗公益联盟。

(2) 团队口号:铁肩担正义,众口传平安。

(3) 成立时间:2021年3月初。

(4) 办公地点:洛阳师范学院。

(5) 团队发展:创始人有6人,举办"反电信诈骗讲座""反电信诈骗知识竞赛""反电信诈骗创意大赛""反电信诈骗情景短剧"等活动,活动响应强烈,规模逐步扩大,预计正式团队人员增至40~45人。

2.2021年项目状况

(1) 组织机构:成立高校反电信诈骗公益联盟工作室,下设财务部、策划部、宣传部、新媒体部和组织部五个部门,各部门之间分工明确、相互协调,共同策划反电信诈骗相关事宜。在工作室兼职的志愿者有40人左右,聘请校内外专家5人。

(2) 合作伙伴:为将网络安全教育落到实处,工作室和校农业银行、校电信运营商、校学生会合作,并联合洛阳其他高校一起进行反电信诈骗宣传。

(3) 线上运营情况。

① 注册抖音、微博、微信公众号官方账号,充分利用互联网的优势,以图片、文字和视频的方式定期更新反电信诈骗知识。为调动学生的积极性和参与性,学生在关注线上官方账号后,积极地转发互动,如果达到一定的转发量可与工作室进行联系,换取文创产品。

② 和校外多部门联动,建设数据化电信诈骗与反诈骗案例库。

(4) 2021年线下活动状况。

① 各类印制宣传册500册。

② 开展公益宣讲5次。

③ 开展"反电信诈骗知识竞赛"2次、"反电信诈骗创意大赛"2次。

④ 反电信诈骗情景剧正在拍摄中。

⑤ 设计各类相关文创产品,包括衣服、笔记本、马克杯、玩偶等生活用品。

3.项目未来发展规划

项目未来三年预期成果具体见表8-8。

表8-8 项目未来三年预期成果

| 相关指标 | 预期成果 | | |
| --- | --- | --- | --- |
| | 2022年 | 2023年 | 2024年 |
| 线上运营情况 | 平台账号获得学生的关注 | 与官方反电信诈骗平台进行合作,加大宣传力度 | 线上知名度不断提升,各宣传模块一应俱全 |
| 各类相关文创产品 | 设计一些衣服、笔记本、马克杯、玩偶等生活用品 | 拍摄宣传片、小型连续剧,在各平台播放 | 出版反电信诈骗书籍,发布反电信诈骗小妙招等 |
| 反电信诈骗公益宣讲 | 公安局警员作为专家开展讲座50场左右,走出校园,在其他高校宣传 | 预计在河南省各大高校开展110场讲座 | 规模扩大至全国100所高校,举办近千场讲座 |

续表

| 相关指标 | 预期成果 | | |
|---|---|---|---|
| | 2022 年 | 2023 年 | 2024 年 |
| 反电信诈骗双竞赛 | 在洛阳市各大高校举办 50 场左右 | 在河南省各大高校举办 110 场左右 | 在全国 100 所高校举办近千场 |
| 反电信诈骗情景剧 | 参与导演、表演、策划人员 100 人，举办情景剧 50 场 | 参与导演、表演、策划人员 200 人，举办情景剧 120 场 | 参与导演、表演、策划人员 300 人，举办情景剧 200 场 |

## 二、项目拟解决的问题

1. 反电信诈骗教育宣传形式单调，效果不佳

目前对于反电信诈骗教育采用的形式比较单调，大多数采用的仍是传统的张贴海报、拉横幅、班会、讲座等形式，很难引起学生的重视，往往事倍功半。

对于这部分问题，工作室主要采用互动式、参与式和体验式的宣传方式来开展多样化的宣传教育，工作室开展多次反电信诈骗情景剧、互动式公益讲座等活动，受到了学生的踊跃参与和高度评价，使得学生在活动中增强反电信诈骗的意识。

2. 对反电信诈骗的教育宣传较少，宣传内容单一

部分学校虽有涉及反电信诈骗的教育宣传，但其内容较少，往往只是凭借过往的经验总结或个别案例作为教育宣传的主要内容。

对此，工作室利用大数据形成高校反电信诈骗案例库，并采取线上线下相结合的教育宣传方式，利用网络上丰富的资源，极大地丰富了教育宣传的内容。

3. 高校学生防范意识薄弱，思想麻痹

高校中电信诈骗案件频繁发生的重要主观原因就在于学生的防范意识薄弱，难以识别潜在的危险。不法分子正是利用了学生社会阅历不足、缺乏生活经验、辨别能力较低、爱贪小便宜、容易相信他人等特点，巧妙地给受骗学生设下陷阱。并且，许多学生盲目自信，自认为已具备完备的防范意识，这反而使他们更容易落入电信诈骗的圈套中。

正是因为如此，工作室采取线上线下相结合的方式进行教育宣传。在线上，工作室利用网络资源优势，为学生提供更多的现实案例分析和反电信诈骗宣传资料，同时，开展线上知识竞赛活动，让学生能够主动了解反电信诈骗知识。在线下，工作室开展了反电信诈骗多样化的活动，不仅开展了反电信诈骗情景剧等创新性活动，还与多部门合作，通过发放宣传手册、悬挂横幅、讲解典型案例等方式，向学生集中宣传网络贷款诈骗、刷单返利诈骗等诈骗形式，极大地提高了学生的反电信诈骗意识，让学生主动参与反电信诈骗知识的学习。

## 三、服务内容和运营模式

1. 服务内容

（1）咨询。

反电信诈骗需要多方一起合作努力，建立好安全防线。工作室针对学生开展了线上线下咨询服务，其主要内容包括两个方面。一方面是利用线上平台，针对所有高校学生提供无偿的咨询服务，可通过关注工作室的抖音账号、微信公众号、微博，加入微信群聊、

QQ群聊等向工作室留言说出自己所面临的一些可能存在的电信诈骗威胁，以及生活中关于一些电信诈骗的心理困扰等，工作室会通过专业的分析调查，给学生一些及时的建议和答案。另一方面，在线下，工作室主要针对洛阳市的高校学生，设有专门的办公室，安排固定的值班人员提供线下咨询服务，并在线上原有服务的基础之上，提供专业的心理疏导。

(2) 宣讲。

工作室会定期在洛阳高校开展反电信诈骗主题宣讲活动。通过校园布告栏进行宣传，在校园内营造一种师生共同反电信诈骗的校园氛围。邀请公安部门负责电信诈骗相关案件的警察，开展专题讲座。工作室与高校合作开展反电信诈骗安全科普讲座，不断创新宣讲模式，聘请专业人士进行反电信诈骗专项训练，推广线上线下有关反电信诈骗的科普教育，让学生有更多的参与感。坚决不做形式主义工作，应让学生产生兴趣，主动了解。同时，应积极更新校内发生诈骗的案例，使学生提高警惕。宣讲内容需要精心筛选，既要注重教育形式，又要重视教育效果。在工作室的微信公众号、抖音账号、微博、QQ群及微信群中定期发送安全提醒及反电信诈骗知识，通报近期学生遭受电信诈骗的相关案例，及时发布开展各类安全教育活动的相关资讯，结合高校实际案例，定期推送相关内容。

(3) 心理疏导。

在电信诈骗发生后，工作室会第一时间组织好专业人士对受骗学生进行心理疏导，安抚好受骗学生的情绪，与其进行积极沟通，加强心理教育，预防学生发生偏激行为。针对受骗学生的心理疏导，工作室不仅会对受骗学生进行单独心理疏导，同时还会针对受骗学生开展定期的集中心理疏导，通过这些途径不断加强学生的防骗意识以及察觉电信诈骗的能力，从而构建安全和谐的高校校园。

(4) 跟踪指导。

针对受骗学生进行跟踪指导也是工作室的一项重要工作内容。时刻通过线上对受骗学生进行时跟踪指导，确保受骗学生保持正常的心理情绪，及时帮助受骗学生处理一些心理、生活等方面的问题。在线下提供跟踪指导，会与受骗学生、家长、老师进行及时的沟通了解，帮助家长、老师及时引导教育受骗学生，确保受骗学生在以后的学习生活中快乐健康并不断进步。同时引导受骗学生不要轻信任何网络信息，在遇到涉及财产的信息时应仔细甄别。

2. 运营模式

具体运营模式见图8.7。

### 四、市场分析

利用SWOT进行市场分析，具体如下所示。

1. 项目发展的优势

(1) 工作室拥有自己的信息数据库，并有专职人员运营数据库，使用户的信息流通速度以及信息查找速度变快，更方便反电信诈骗信息的传播，同时利用大数据形成高校电信诈骗案例库。目前，我国大数据的发展态势良好，市场化程度较高，打击电信诈骗，是一场大数据的竞赛。

(2) 工作室借助高校、互联网的力量进行反电信诈骗的宣传，信息传播快，受众广。

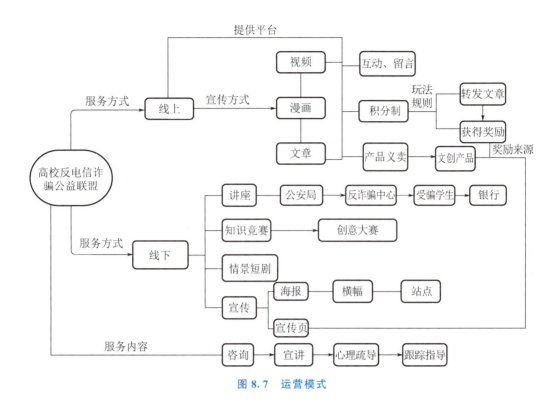

图 8.7 运营模式

(3) 开展多样化的活动和形式，线上线下相结合，开展双联动模式。工作室立足于高校现有的条件，结合高校传统的反电信诈骗活动，开展了一系列的高校学生反电信诈骗知识竞赛、情景短剧以及公益讲座等创新性活动，丰富学生的课余生活，同时达到宣传反电信诈骗的目的。

(4) 采用互动式、参与式和体验式的宣传方式。借助上述方式，提高学生的反电信诈骗的意识。在推广宣传反电信诈骗的同时也使其深入师生心中。

(5) 各方用户及政府组织可以借助互联网形成有效的沟通渠道，通过用户反馈，使相关数据信息的制作和管理等方面更有针对性，减少浪费。

(6) 目前来看，河南省内同类工作室较少，产品局限性非常大，并没有像本工作室一样形成多功能结合的反电信诈骗平台。

(7) 国家和高校重视，反电信诈骗趋势不断上升。近年来，电信诈骗已成为社会的一大公害，而防范意识较为薄弱的学生成为受骗的主要群体，此现象的发生现已引起国家和高校的高度重视。

2. 项目面临的劣势

(1) 知名度不高；广告效应有可能需要长时间才能起作用。

(2) 早期受众范围和可实施范围小，只在本校进行试验。

(3) 扩容建设需要一个整合期，前期发展或许会很困难。

(4) 民众对于非政府组织公信力不够，前期推广会有困难。

3. 项目发展机遇

(1) 国家政策对于反电信诈骗工作的指示。

(2) 非政府性质的反电信诈骗组织较少，工作内容不够全面。

(3) 当今社会智能手机的广泛运用为本工作室工作的开展提供了广阔的平台，因此本工作室在一定程度上能够长远发展。同时立足于高校校园，方便宣传。

(4) 本工作室的文创产品可以使师生积极学习反电信诈骗的相关知识。

4. 项目面临的威胁

(1) 前期立足于高校校园，宣传空间较小。

(2) 出于公益目的，前期资金来源不稳定，非政府机构公信力不够。

### 五、营销计划

1. 营销策略

(1) 精准营销，精准定制。通过走访洛阳市相关高校，首先询问并了解在校学生关于电信诈骗的相关认知。其次，对于被骗学生做一个详尽的调查。最后根据数据统计分析进行相应的规划并给出解决办法。只有找准定位、认知清晰，深入地去诊断、去剖析，才能发现问题，并解决问题。

(2) 体验营销。只是单方面地让学生了解反电信诈骗的知识是不够的，还应让他们亲自体验。学生可以通过观看相关电信诈骗的案例视频，亲自模仿或用情景短剧，小品等方式演绎出来，让自身能够更好地去体验和学习。而学生在被诈骗前、中、后的体验和感受将成为工作室后期开展反电信诈骗工作的关键性因素。

(3) 口碑营销。后期，工作室将采取口碑营销策略，进行模式输出、服务输出，开启电信诈骗前的预防，电信诈骗中的止损和电信诈骗后的疏导等工作，树立好的口碑观念，进而实现价值的传递。在该模式成熟时，工作室将扩大宣传，和洛阳市公安局进行合作，让更多人参与其中，预防电信诈骗，营造和谐风气。

2. 营销渠道

(1) 新媒体营销。工作室将利用新媒体营销的方式进行宣传。近年来，抖音、快手等平台的兴起，给新媒体营销带来了不少助力，可以借此抓住机会，扩大影响力；工作室建立了专属微信公众号，认证微博等，利用这些平台实时跟进关于反电信诈骗的相关情况，不定时发布相关文章及反电信诈骗视频；工作室将利用社交平台不断转发，例如，通过QQ、微信、抖音等进行低成本、高效率宣传，并通过建群不定时进行互动。

(2) 传统媒体营销。工作室会通过校内广播站进行宣传，张贴海报；此外，工作室将在各个院系举办讲座并成立宣传小组，这样能够有效地获取学生的情况，及时得到反馈；工作室还会在校内拉横幅，不定时在校内餐厅门口、宿舍门口等学生较多的地方发宣传单，开展相关公益活动，以与反诈玩偶互动的方式为学生普及各类反电信诈骗的要点，让学生积极参与其中。

(3) 文创产品。为能够更有效地让"反电信诈骗"这一概念深入人心，工作室设计了衣服、笔记本、马克杯、玩偶等生活用品。

3. 营销社会网络

(1) 工作室将大力宣传反电信诈骗，与洛阳市其他高校组建联盟，在线下成立一个办公地点，方便后续为学生提供相关的咨询服务；之后工作室将会联合洛阳市各高校为学生举行关于反电信诈骗调研活动和知识竞赛，提高学生的反电信诈骗意识。另外，各高校可以运用自身的优势，利用线上平台进行网络宣传。

(2) 工作室将与本地银行、电信运营商开展合作。在银行、电信运营商等单位张贴反电信诈骗宣传海报，通过醒目的警示标语提醒大家随时提高警惕。并随时根据犯案特点在学校举办讲座培训，加大与银行、电信运营商的协作沟通，不断提高反诈意识，共同构建反电信诈骗的壁垒。

(3) 工作室将与洛阳市公安局取得联系并进行合作。开展"反诈进校园"系列反诈宣讲活动，相关民警以案情通报的形式，用通俗易懂的语言对近期发生的针对高校的电信诈骗案例展开讲解，让学生切身感受到各类电信诈骗随时有可能发生在自己身边，务必要提高警惕。同时做一些社区宣传，人人都做到防患于未然，才能打造更美好、更安全的洛阳。

## 六、财务分析

### 1. 资金来源

该项目的主要资金来源于社会机构捐赠、企业赞助、政府补贴与高校支持这主要四个途径，同时还有其他来源，具体如下所述。

(1) 社会机构捐赠：线上筹款——与公益性网站合作；线下筹款——与洛阳市青年志愿者协会合作。

(2) 企业赞助：主要由洛阳市慈善商贸有限公司提供资金支持。

(3) 政府补贴：主要与洛阳市公安局合作进行反电信诈骗宣传。

(4) 高校支持：由洛阳师范学院提供资金拨款支持。

(5) 其他来源：由工作室设计并制作的文创产品的销售收入。

### 2. 年度成本预算

截至2023年，具体预算费用见表8-9。

表 8-9　具体预算费用　　　　　　　　　　　　　　　　　单位：元

| 项目 | 2021年 | 2022年 | 2023年 |
| --- | --- | --- | --- |
| 折旧费用 | 1 000 | 1 000 | 1 000 |
| 办公费用 | 1 200 | 1 500 | 2 000 |
| 推广费用 | 1 000 | 2 000 | 3 000 |
| 人工费用 | 800 | 1 300 | 2 000 |
| 宣传费用 | 1 200 | 1 800 | 2 600 |
| 文创产品费用 | 1 300 | 1 700 | 2 800 |
| 场地费用 | 500 | 800 | 1 200 |
| 其他杂项费用 | 600 | 800 | 1 000 |
| 合计 | 7 600 | 10 900 | 15 600 |

（注：鉴于创业计划书篇幅过长，各章节内容略有删减，部分非重点内容并未列举）

**思考与讨论：**

1. 你认为这个创业项目能够满足客户需求吗？请给出尽可能多的理由。

2. 请评价财务分析是否合理。
3. 简要评价项目管理团队的结构。
4. 分析评估这份创业计划书的内容和结构,指出其优点和缺点各有哪些。
5. 如果你来写这份创业计划书,你会怎样设计它的结构和内容?

第8章
创业测评

第8章
创业视频

# 第 9 章　创业资源整合

## 本章教学目标与要求

(1) 了解创业资源分类及其整合方法；
(2) 把握创业融资需求的阶段性特点、主要渠道和方法；
(3) 了解创业融资过程；
(4) 了解融资的创造性来源；
(5) 学习怎样预防创业融资陷阱；
(6) 认清融资与创业团队及投资之间的关系。

## 本章知识架构

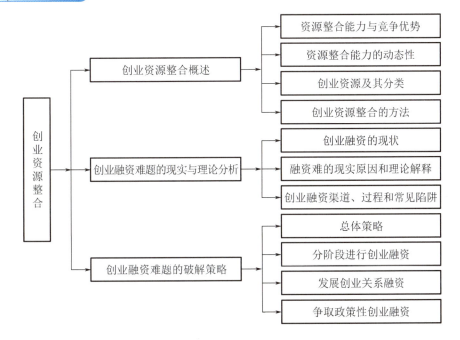

> 企业家应该是一个均衡的资源整合者。均衡的资源整合者，就是把各种要素集合在一块创造产品、创造财富。
>
> ——王石

### 蒙牛的创业资源整合

内蒙古蒙牛乳业（集团）股份有限公司（简称蒙牛）在创业之初，一无工厂、二无奶牛、三无市场，牛根生带领他的团队，从一个"三无"企业快速发展成为年销售额达 986.2 亿元（2023 年数据）的知名企业，表现出了牛根生及其团队强大的资源整合能力。

（1）"先建市场、后建工厂"战略。牛根生先投入大量资金进行广告宣传，短时间内人们都知道了"蒙牛"；与中国营养学会联合开发系列新产品；与国内乳品企业合作，投入品牌、技术、配方，采用托管、租赁、委托生产等形式，将所有产品打出"蒙牛"品牌。仅 3 个月，蒙牛盘活了 7.8 亿元资产；通过与 8 家乳品企业合作，发挥蒙牛的品牌、管理、技术、配方的优势，1999 年实现约 3 700 万元的销售收入。

（2）利用当地资源与政府联合建奶站。牛根生充分利用当地资源，与当地政府协商后由当地人出资建奶站，蒙牛品牌的影响力使政府和当地人放心地与蒙牛签订常年供应合同，形成了双赢局面。

（3）与竞争对手伊利联合共建市场。蒙牛与伊利是同一行业的两个著名品牌，创始人牛根生在创建蒙牛前，任伊利副总裁。蒙牛在创立之初，在呼和浩特的街头立起了"向伊利学习，争取创立内蒙古牛乳业第二大品牌"的广告牌，这样无形中提高了蒙牛的知名度。尽管蒙牛和伊利都在时刻关注对方的增长曲线，但相互促进使得两家企业能够实现共赢发展。

（4）利用境外投资寻求发展。2002 年，蒙牛获得了英联、摩根士丹利、鼎晖投资三大国际财团联合注资 2 599 万美元，参股比例超过 32%。利用境外投资，蒙牛成功搭建了国际化发展平台。

资料来源：根据相关网络资料整理。

## 9.1 创业资源整合概述

资源在《汉语大词典》中的解释是生产资料或生活资料等的来源。恩格斯对资源的定义是："其实，劳动和自然界在一起才是一切财富的源泉，自然界为劳动提供材料，劳动把材料转变为财富。"[①]《经济学解说》将资源定义为"生产过程中所使用的投入"，这一定义很好地反映了"资源"一词的经济学内涵。资源从本质上讲就是生产要素的代名词。"按照常见的划分方法，资源被划分为自然资源、人力资源和加工资源。"[②]

---

[①] 马克思、恩格斯：《马克思恩格斯选集（第 3 卷）》，中共中央马克思恩格斯列宁斯大林著作编译局编译，人民出版社，1995，第 988 页。

[②] 蒙德尔、迈尔斯、沃尔、米勒：《经济学解说（第三版）》，胡代光等译，经济科学出版社，2000。

## 9.1.1　资源整合能力与竞争优势

Pfeffer 和 Salancik 于 1978 年的研究显示，企业受制于或依赖于控制其资源命脉的组织。资源在未被企业整合利用前都是零碎的，如果要发挥其使用价值，企业就得提升资源整合能力，对有价值的资源进行识别和汇聚，将资源科学有效地利用起来，才能产生效益，带来利润。基于能力观理论的研究认为，具有资源整合能力是企业增强竞争优势的必然要求。

通常情况下，企业的竞争优势来源于企业能力，而资源整合能力是企业能力的重要组成部分。因此企业的资源整合能力被认为是企业获得和保持竞争优势的一个重要因素，是战略管理理论的永恒主题。战略管理理论中的核心能力理论和动态能力理论都强调资源整合的战略地位，动态能力理论的创始人 Teece 认为，只有可以实时反应、快速与弹性地从事产品创新及管理，具有能有效协调与配置内部及外部资源能力的企业，才是最后的赢家。动态能力资源整合可用来确认成为竞争优势来源的企业独特能力的构成要素，并解释能力及理论如何被发展、部署及保护，并将已存在的内部与外部的资源整合，形成企业的竞争优势来应对变动的环境。

企业竞争优势的增强是一个资源和能力的转换过程。在现实中人们经常可以看到，一个拥有很多资源的企业绩效平平，而一个资源较少的企业反而在市场竞争中获得优势地位。这就意味着资源和能力并不一定是匹配的。作为企业的经营管理者就是要使得自身所拥有的资源至少可以获得相匹配的能力。在资源和能力的转换过程中，可以最充分地体现出创业者或者创业团队的管理水平，也使所有企业经营管理者思考，如何整合资源使得其产出最大化。

资源和能力关系的关键是企业能取得资源并有能力进行外部合作和内部协作。这要求企业激励和社会化其成员，以发展出平滑运作的态势。企业的价值观、传统、领导风格等可以被看作企业的无形资源，是企业平滑运作的一般要素。能力则较为复杂，一些能力可以从一项单一资源中衍生出来，而另一些能力涉及许多不同资源的协作和高度复杂的互动。在互动变化过程中，这些能力通过持续匹配而得到不断累积与发展，而资源也会因为得到有效的配置从而取得经济效益。

## 9.1.2　资源整合能力的动态性

由前文可知，企业竞争优势的形成是一个资源的蓄积、扩张的过程，而且是其结构调整和特性革新的过程。企业竞争优势能否增强取决于企业能力和资源能否顺利转换并匹配。

企业的资源基础观认为，企业通过将竞争优势建立在难以被竞争对手模仿、复制和替代的资源基础上来保持竞争优势的持续性，它强调内部资源与能力的整合，为此企业需要不断地积累战略制定所需的各种资源，并需要企业不断地学习、超越和创新。只有资源与能力达到一定水平后，企业通过一系列资源整合后形成自己独特的、不易被模仿、复制和替代的战略资源，从而获得有利的竞争地位。

Feeser 于 1993 年的研究发现，企业资源整合能力的形成基于信息和知识的发展，这是一个通过有形和无形的资源之间复杂的相互作用而随时间发展的过程。资源在企业内部或外部都可以成功获取,而企业的某种能力则仅存在于企业和其业务流程之中,是属于企业特有的,难以从一个企业转移到另一个企业,除非企业本身的所有权发生转移,因此,资源整合能力只能在企业内部培育。

唐春晖于 2006 年的研究显示,资源不是完全无法模仿的、永久的或不可转移的,不然就不会有技术创新的扩散,也就没有后进企业了,即使领先的高科技企业如英特尔、微软等也从不认为他们所拥有的资源是不能模仿和不可转移的,这些企业利用先发优势,利用资源在开发市场的早期阶段获得超额利润,随后通过技术特许和技术转移进行资源扩散,进一步获取利润。

创业者在建立新企业时通常面临资源限制,在缺乏资源的情况下白手起家。成功的创业者会创造性地整合和利用资源。因此,资源整合能力成为创业成功的重要因素之一。王建中于 2011 年的研究中提出,资源整合能力就是在创业过程中,创业者或创业团队对资源识别、汲取、匹配和利用的能力。新企业应通过组织学习的方式来提高其资源整合能力,加强经验和技能的累积,最终在管理实践中将资源发挥到应有的最大效用。

综上所述,企业资源整合能力存在着典型的动态性特征,即企业资源整合能力并非一成不变,可以经由组织学习和创新的方式去改造和提升。这个动态性主要表现在以下三个方面:其一,资源本身是静态的,是难以掌控的,关键要看企业如何去进行排列组合,以实现其最佳的结构功能,这是一个能力提升的过程;其二,资源是有限的,但是企业想方设法争取到了可供企业利用和发展的更多资源,为企业的成长提供了更多的机会;其三,资源本身是可以利用的,但长期未被企业发现,经过进一步挖掘之后,可以为企业所用。由此可见,现有资源和潜在资源的综合开发和利用才是提升资源整合能力的关键,它在企业生存和发展的各个阶段都非常重要。对于一个新企业来讲,其首要问题是生存问题。那么对于创业者而言,如何进行资源整合呢?

## 9.1.3 创业资源分类及各自的地位

**创业资源**(Entrepreneurial Resources)是指创业过程中所需要的各种资源,包括物质的、非物质的资源。巴基将组织的资源分为"物质资源"(指原材料和设备)、"财政资源""思想资源"(指企业所采用的思想,以及企业在交流这些思想时所使用的语言)等。而资源基础理论在企业的运行中所看到的则是物力、财力和无形资源。巴尼将其统称为"物质资本资源"。物质资本资源大致体现出稀缺性、针对性、时效性、有用性、边际效用递减规律、成本的耗费等几个方面的特征。人们能够获取到的资源数量首先受到时间和空间的限制,因此,"量入为出"几乎成了所有企业甚至是所有人从事某项活动的一个基本原则。

### 1. 创业资源分类

有些资源具有独特性(高价值性、稀缺性和不可替代性)、难以模仿性(独特创意、专利产品、商标、社会网络、高科技),它们经过整合可以成为成功创业的重要战略资源。

蔡莉等于 2007 年对新企业的创业资源开发过程进行系统分析,他们认为新企业的创业资源开发过程可以分为 3 个部分,即创业资源识别、创业资源获取和创业资源利用。其中,创业资源识别是指企业对初始创业资源和关键创业资源进行识别,并依据企业发展目标确定企业的资源需求;创业资源获取是指企业通过外部获取、内部培养等方式获得所需的创业资源；创业资源利用是指企业将创业资源捆绑为资源束，形成企业能力，实现创业资源向能力的转化，匹配能力以形成特定的结构并实施利用，从而实现企业的价值创造。Brush等于2001年对如何构建创业型企业的资源基础进行了深入分析，他们将创业型企业的资源整合过程归纳为集中创业资源、吸引创业资源、整合创业资源、转化创业资源4个部分。易朝辉于2010年的研究中提出，创业资源整合能力是在整个创业过程中，新企业识别、获取、配置以及运用创业资源的一种动态能力，可以从创业资源识别能力、创业资源获取能力、创业资源配置能力、创业资源运用能力4个方面来衡量企业的资源整合能力。本质上来讲，以上学者的观点是一致的，资源整合的第一步是识别创业资源，而要想对创业资源进行识别的话，必须首先对其进行分类。

创业资源的类型多种多样，根据创业资源的性质，可将其划分为以下6种。

(1) 人力资源：创业者、创业团队及他们的知识、技能、经验、智慧等体力和脑力的总和。其中，创业者是最重要的人力资源。

(2) 物质资源：创业活动中所必需的有形资源，包括工厂、机器设备、原材料等。

(3) 社会资源：由人际关系、社会交往形成的社会网络，是一种特殊的资源，可以使创业者有机会获得稀缺资源，从而实现他人难以实现的愿望和目标。

(4) 技术资源：包括生产流程、质量控制、核心技术、专利等，可与物质资源相结合，通过法律手段加以保护，形成企业的无形资产。

(5) 组织资源：包括组织结构、工作规范、决策系统等，是企业内部规范行为、优化环境的管理系统。

(6) 财务资源：由资金、股票、资产等构成，在创业初期，启动资金大多来自创业者个人、亲戚、朋友等私人资本。

#### 2. 各创业资源之间的关系

从本质上说，创业是一个创业者识别创业机会并整合资源的过程。Timmons在1994年的研究中，把创业者和创业团队、创业机会、创业资源作为推动创业活动的3个要素。在上述要素之中，他强调创业者的重要性胜过其他要素。创业者的动机很重要，不仅因为它是一个新企业形成的起点，还因为它决定了创业活动的许多方面。

具体而言，各创业资源之间具有内在联系，具体如下所述。

(1) 没有财务资源很难招聘到优秀员工，而这又反过来增加了融资的难度。缺少优秀员工往往是成功实施某项工作的首要障碍。在创业启动阶段，许多新企业无法吸引到优秀的员工，创业者往往自己要承担大多数关键工作，并尽己所能来招聘员工分担。企业往往是在利润可观之后才能吸引到优秀的员工。因此，对于最初的创业者而言，合适的员工很难招得到，招到之后又担心他们跳槽，创业者在此时需要面对人力资源管理与整合的挑战。

(2) 没有财务资源恐怕也很难得到所需的物质资源，因为物质资源都不会是白白得到的。

(3) 社会资源包括许多方面，亲朋好友、同学、同乡、同事都是创业者的社会资源，从他们那里可以得到创业信息，可以得到资金和技术的帮助，甚至在创业失败时可以得到精神上的鼓励。换言之，社会资源对创业者的帮助是全方位的，利用社会资源的能力高低对创业的成败会产生重要的影响。

（4）技术资源大多是创业者或者创业团队自有的，可以说是创业者的立身之本。作为知识资源，它的异质性使得创业成为可能。因此创业者要尽可能地去保护好技术资源，用它融通资金，也可能有投资者愿意将他所拥有的技术资源拿来共同创业。

（5）组织资源涉及的是管理问题，它为新企业的有序运转提供了支持，是新企业创造价值的保证。

由于创业环境的不确定性，创业机会识别和开发的复杂性，创业者、创业团队与投资者的能力与实力的有限性，在创业活动中产生了很大的风险。

在创业活动的不同阶段都存在着创业风险。谢科范和赵湜认为，创业风险来源于资源缺口和经验缺口。从机会角度看，经验影响着企业发现创业机会的能力，创业资源则影响着企业利用创业机会的能力；从风险角度看，创业资源决定着企业的风险抵御能力，而经验影响着企业的风险规避能力，即创业资源数量及其配置影响到创业资源的运用和企业对于风险的防范。

现实中的企业大多寻求规模的扩张，因为资产规模与企业的融资存在一定的关系：抵押资产越多的企业越倾向于通过银行信贷融资，而抵押资产越少的企业则越倾向于利用风险投资融资。越是简单的模式，对规模和资本的要求越高，对某些企业而言，在某种意义上，规模和资本几乎是企业阻碍竞争者的唯一"护城河"，其结果是获得尽可能多的资金和人力资源储备。但是，对于创业者来说，这样做未必是合适的。有些创业者为可能发生的最好情况而储备员工，但是白手起家的创业者应雇用尽可能少的员工，因为他们知道任何糟糕的情况都可能发生。人手不足，在硅谷的说法，属于一个**"良性问题"（A High Quality Problem）**。可以想象，当一个创业者因为销售激增而请求更多的投资时，任何一个风险投资者都会感到惊喜。而惊喜之所以称为惊喜，正是因为这种情况很少发生。

因此，创业者最好能够通过提供掌握更多的技术和扩充阅历的机会来吸引人才加入。创业者所面临的挑战是找到人才，说服他们加入，并发挥他们的才能，同时要时刻保持理性，并对人才做到真正的尊重。

### 9.1.4 创业资源整合的方法

创业资源的稀缺性，使很多创业者在创业之初缺少资金、设备等创业资源，不得不白手起家。也有创业者把创业资源的严重缺乏看作一个巨大优势，迫使自己采用最经济的方法，用最少的创业资源获取最大的利益，在创业资源高度约束的情况下，运用平凡的创业资源创造不平凡的财富。

理论上来讲，创业资源识别是指创业者深入分析并确定创业所需的各种资源的过程，它关系到企业创业资源整合的成败和创业资源整合能力的形成。同时，只有不断识别出有价值、稀缺、难以替代和难以模仿的创业资源，才能进一步提高创业绩效。创业者分析的关键在于创业资源的选择机制和能力构建机制。Barney 于 1991 年指出，对于一个企业来说，获取能够产生经济租的创业资源的有效途径是唯一的，即该企业必须通过运用优越的创业资源获取能力在创业资源市场胜出。换句话说，该企业必须系统开发出比资源市场上其他参与者拥有更准确地预测资源在未来的价值的能力。拥有优越的创业资源获取能力的企业，运用他们的能力去识别哪些创业资源是创业成功所必需的，哪些不是，以便他们能够获得前者而回避后者。同时企业还要通过在开发配置创业资源上比竞争对手做得更好来创造经济租,即通过能力构建机制进行创业资源配置来获取竞争优势。

创业资源获取是指在确认并识别创业资源的基础上,创业者利用其他资源或途径获取创业资源并使之为创业服务的过程。

创业资源配置是指创业者对获取的创业资源进行调整,使之互相匹配、相互补充并获得核心竞争力的过程,它是企业创业资源整合过程的中心环节。

创业资源运用就是创业者利用所获取并经过配置的创业资源,在市场上形成一定的竞争优势,通过发挥创业资源与能力的相互作用为客户提供产品或服务并为客户创造价值的过程。Brush等认为,创业资源运用是企业创业资源整合的最终目标,只有充分运用了企业获取和配置的创业资源,企业的各种能力才能形成,企业的发展才能够成为现实。由此可见,创业资源运用得当,便会提升创业资源的利用效率,进而提高创业绩效。

具体而言,创业资源整合方法主要包括:拼凑法、步步为营法、杠杆作用法。

(1) **拼凑法(Bricolage)**。拼凑法指创业者在创业资源高度约束的情况下,利用身边已有的零碎创业资源制造新产品和创造价值的方法。拼凑法包含以下2层含义。

① 拼凑利用的创业资源可能不是最好的,但可以通过一些技巧将平凡的创业资源创造性地组合在一起。

② 对零碎、旧的创业资源进行改进或加入一些新元素可以改变创业资源结构,实现创业资源的有效组合。很多案例表明,拼凑法是创业者利用创业资源的独特方式,利用手头存在的不完整、零碎的创业资源,如工具、旧货等,可以创造出独特的价值。创业者可能通过突破惯性思维、旧资源再利用等策略,采用全面拼凑或者选择性拼凑的方式,解决创业资源高度约束的问题。

(2) **步步为营法(Bootstrapping)**。步步为营法指在缺乏创业资源的情况下,创业者分多个阶段投入创业资源,并在每个阶段投入最少创业资源的方法。美国学者康沃尔指出,在有限创业资源的约束下,采用步步为营法整合创业资源,不仅是最经济的方法,而且也是一种获取满意收益的方法。由于创业者难以获得银行、投资家的资金,因此为了实现风险最小化、审慎控制和管理、增加收入等,采用步步为营法有以下4点作用。

① 在有限创业资源的约束下,寻找实现创业理想目标的途径。
② 最大限度地降低对外部创业资源的需要。
③ 最大限度地发挥创业者投入在企业内部资金的作用。
④ 实现现金流的最佳使用策略等。

采用步步为营法的策略表现在保持有目标的节俭原则、减少对外部创业资源的依赖、设法降低创业资源的使用量等,以降低成本和经营风险。

(3) **杠杆作用法(Leveraging)**。杠杆作用法指发挥创业资源的杠杆效应,以尽可能少的付出获取尽可能多的收获。

美国银行投资家库恩认为,企业家要具有在沙子里找到钻石的功夫,能发现一般的创业资源如何发挥特殊作用。创业资源的杠杆作用体现在以下5个方面。

① 比别人更加延长地使用创业资源。
② 更充分地利用别人没有意识到的创业资源。
③ 利用他人的创业资源实现自己的创业目的。

④ 将一种创业资源补充到另一种创业资源中，产生更高的复合价值（组合）。

⑤ 利用一种创业资源获得其他创业资源（交换）。

创业资源杠杆可以是资金、资产、时间、品牌、社会网络、能力等。对创业者来说，最适合创业资源的杠杆是拥有善于利用一切可以利用的创业资源的能力。杠杆作用法的具体形式：借用、租赁、共享、契约等。比较容易产生杠杆作用的创业资源是社会资本，它为社会网络中创业者的交易活动提供便利的创业资源和机会。

综上所述，对于创业者而言，首先要清楚自身所拥有的知识技能、自身所拥有的关键创业资源和社会网络的价值；其次要考虑如何做才能够从供应商、顾客、竞争者那里获取创业所需的各种资源，以及如何利用社会网络获取创业所需资源，如何在企业内部通过组织学习的方式来开发形成新的创业资源；再次就是要对创业资源进行配置，包括剥离对创业无用的资源、实现创业资源的转移和结合、实现内部创业资源的共享性配置等；最后是创业者及其团队应利用个人创业资源和已整合的创业资源获取外部创业资源。

## 9.2 创业融资难题的现实与理论分析

前已述及，新企业在其发展过程中受到创业资源的限制，所以需要想办法对创业资源进行整合。在新企业所需的诸多创业资源中，资金问题被称为"老大难"问题。创业融资是指创业者根据其创业计划和创业活动对资金的需要，通过各种融资渠道和方式，经济有效地筹集资金的过程，是创建新企业的重要步骤之一。

融资的第一作用是按照特定的投资目的集合创业资源，创造一个有机的生命体。融资是启动新企业的第一推动力。创业之初的融资关系到企业的生死存亡，初次融资成败至关重要；一个企业在成长过程中出于不同的需要和目的（购置机器设备、开发新技术和新产品、调整资本结构、扩大经营规模、并购其他企业等）会产生对资金的不同需求。多数企业在不同的发展阶段将会面临融资、再融资等多次融资过程。

创业融资有 3 个原因。

（1）现金流短缺。销售产品产生现金之前，必须购买原材料；培训员工、付薪；支付通信费、广告费。如果企业在有盈利前花掉了所有资金则通常会失败。为了防止用完资金，创业者必须解决现金流短缺的问题。

（2）资金投资不足。购买房地产、构建设施、购置机器设备的成本，常常超出创业者自己能够提供资金的能力。在企业成长的某个周期购买资产会变得更加重要，但资金不足会严重阻碍企业的发展。

（3）产品开发周期长。在销售产品产生收入之前，产品需要较长的研制、开发时间，前期投入往往超过创业者自己能够提供资金的能力。例如，开发一款电子游戏一般需要 2 年时间和 400 万美元资金，需要相当多的前期投入。

### 9.2.1 创业融资的现状

北京大学国家发展研究院和阿里巴巴集团联合对珠三角地区小微企业的调查显示，创业融资难主要表现在以下几个方面。

## 1. 小微企业融资渠道单一

对年销售额1 000万元以下的小微企业来说,向家人朋友借款仍是首要融资渠道,接下来是从银行及信用社贷款,其他融资渠道占比很小。珠三角地区53.03%的小微企业从未借过款,无外部融资;仅46.97%的小微企业有借贷历史;33.78%的小微企业的融资渠道为家人朋友,通过其他融资渠道融资成功的只占很小一部分。

珠三角地区的银行及信用社主要提供给小微企业的仍然是抵押或质押贷款,如图9.1所示,占到所有通过该渠道借款客户的65.47%;民间融资机构(典当行及小额贷款企业)主要以提供担保或互保贷款以及信用贷款的融资服务为主,占到所有通过该渠道借款客户的75.61%,是解决小微企业融资的一种有效方式。

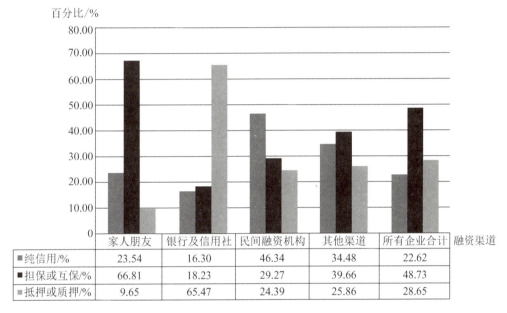

图9.1 担保方式与融资渠道对比

资料来源:北京大学国家发展研究院,阿里巴巴集团.珠三角小企业经营与融资现状调研报告[R/OL].(2011-10-01)[2023-12-24]. https://www.docin.com/p-310281694.html.

## 2. 企业规模大小与取得银行贷款难易程度呈反比

小微企业贷款额度低,财务相对不规范,出于风险及收益的考虑,银行倾向于给大企业及小微企业中有一定规模的企业发放贷款。随着年销售额的增长,小微企业在银行及信用社融资的额度及比例逐步提升,从家人朋友处融资的额度及比例逐步下降;有一定规模的小微企业,积累相对较多,能够满足银行及信用社的贷款条件,因此更容易获得银行及信用社的贷款;年销售额在500万元及以下的小微企业在银行及信用社的贷款比例最低,如图9.2所示。

## 3. 小微企业融资需求不能得到满足

近年来,小微企业贷款在贷款规模和贷款利率方面都有一定改善。中国人民银行的有关数据显示,2018—2021年,人民币普惠小微贷款余额增速从18%上升至27.3%,

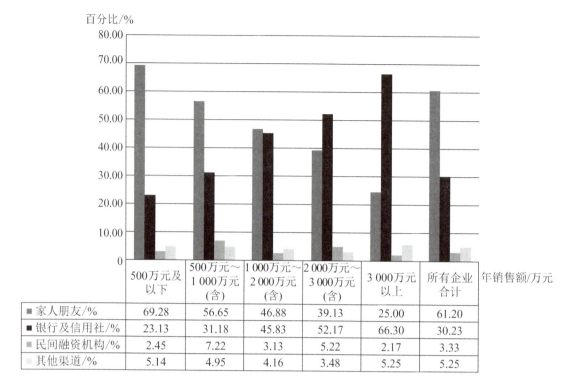

图 9.2　首要融资渠道与企业年销售额对比图

资料来源：北京大学国家发展研究院，阿里巴巴集团. 珠三角小企业经营与融资现状调研报告［R/OL］.（2011-10-01）［2023-12-24］. https：//www.docin.com/p-310281694.html.

而同期人民币各项贷款增速约为12.5%。与此同时，人民币普惠小微贷款余额占整体人民币各项贷款余额的比例也持续提升，从5.9%上升至10%，年均上升1.4个百分点。中国人民银行每个季度发布的《中国货币政策执行报告》的数据显示，2017年12月新发放的人民币普惠小微企业贷款加权平均利率为6.54%，比同期的人民币一般贷款加权平均利率高了0.74个百分点。此后普惠小微贷款利率稳步下降，到2022年6月已经降至4.82%，下降了1.72个百分点，与同期的一般贷款利率基本持平。普惠口径小微贷款情况的明显改善也带动全口径小微企业贷款情况有所改善，中国银行保险监督管理委员会（现名"国家金融监督管理总局"）的相关数据显示，全口径小微企业贷款余额增长率从2018年的8.9%上升至2021年的17.1%，比同期的人民币各项贷款增速高了5.5个百分点。

虽然小微企业贷款的情况有了明显改善，但仍未能较好地满足小微企业的融资需求。艾瑞咨询的一项研究显示，截至2020年，我国小微企业实际获得的银行贷款不足其融资需求量的40%。这也使得小微企业的贷款需求持续高于大型、中型企业。中国人民银行每个季度发布的《银行家问卷调查报告》显示，2012—2021年，小微企业贷款需求指数始终明显高于大型、中型企业，平均而言小微企业的贷款需求指数比大型、中型企业的贷款需求指数分别高了12.25个百分点和7.85个百分点。由此进一步显示，小微企业实际获得的贷款并不能较好地满足其需求，融资难题有待进一步解决。

## 9.2.2 创业融资难的现实原因和理论解释

### 1. 创业融资难的现实原因

（1）新企业大多是小微企业，缺少甚至没有资产，无法进行抵押。

（2）新企业没有可参考的经营情况，对资金需求的预估与实际情况有出入。

（3）新企业的融资管理成本相对较高。对贷款管理成本进行比较，小微企业的贷款管理成本平均为大型企业贷款管理成本的 5 倍，因此银行更愿意贷款给资信评级高的大型企业。

创业融资难的重要原因之一是新企业自身禀赋较差，这是市场选择的结果。因为新企业作为一个整体，总体上不管是人力资本、社会资本抑或是财务资本都很弱，属于弱势群体，缺少可以用来作为抵押品的资产（财富限制），而且创业者也不忍将生计攸关的资产作为担受风险的抵押品（风险限制），财富限制和风险限制是导致创业融资难的两个原因。当然金融机构的金融创新不足和政策支持力度不够也是很重要的原因。

 **知识链接**

当铺、票号与钱庄。当铺是历史悠久的民间借贷机构，并有长生库、质库等别称。票号在近代金融中扮演着重要角色，其灵活的经营方式和较强的汇兑能力使其快速发展。票号在 19 世纪初产生，根植于全国性市场的形成、巩固和统一，满足了商品交易、货币转移等需求。钱庄以实体商号为主要服务对象，发展自货币兑换。在山西，尽管票号实力强大，但实体商号的主要融资机构仍是钱庄。钱庄刚开始主营货币兑换业务，后发展为信贷机构，类似于社区银行，扎根邻里，服务中小型商号。钱庄以信用贷款为主，有时要求客户提供房契、地契作担保，但这种隐蔽性操作更加深化了当时社会对信用的认识。

钱庄与票号在信用贷款上的区别在于目标客户的不同和对政府态度的不同。钱庄为附近的实体生产经营商号服务，在信息对称的情况下，钱庄并不担心违约，自信有足够把握控制风险。在实践中，中小型商号的正常经营促进了生产与流通，繁荣了地方经济，有利于经济发展，促使全社会经济环境的改善，这在很大程度上降低了违约风险。由于票号忽视对中小型商号的融资服务，因此限制了它对本地经济社会发展的贡献。经济社会发展与信用环境是相辅相成的关系，这一点是钱庄的最大价值所在。

资料来源：朱芳华．传统民间信贷浅议[J]．合作经济与科技，2024（8）：61-63．

### 2. 创业融资难的理论解释

（1）信息不对称：一个理论解说。

信息经济学就是有关信息不对称下交易关系和契约安排的理论，信息不对称就是指交易的一方拥有另一方不拥有的信息。在信息不对称的情况下，会出现逆向选择和道德风险问题，从而影响交易的顺利进行。从信息不对称的角度来研究企业融资结构问题的理论包括优序融资理论、代理成本理论、控制权理论、信号理论等，这些理论试图通过信息不对称理论中的"信号""动机""激励"等概念，从企业"内部因素"来展开对企业融资问题的分析，将早期和现代企业融资理论中的权衡问题转化为结构或制度设计问题。

概括来讲，融资困难又源于市场的不完美，即信息不对称导致了更高的融资成本和融资风险。具体表现为创业者往往担心自己的商业秘密被泄露，不愿意过多告诉投资者相关信息，投资者在信息有限的情况下难以判断创业者的商业创意和商业模式到底是什么，难以做出投资选择。一方面，信息不对称水平越高，企业面临的融资成本越高，可供投资的资金越少，从而可能导致投资减少；另一方面，信息不对称程度较高，代表融资困难程度较高，当企业所面临的融资困难程度更高时，企业对现金流的依赖性也可能更加严重。

与大型企业相比，大多数中型和小微企业信息不透明。大型企业特别是上市公司拥有许多公开的信息，而且信息的真实程度也要高于中型和小微企业，金融机构能够以较低的成本获得较多的上市公司的信息；对于非上市公司，银行一般可以通过许多渠道，例如供应商、消费者、企业员工以及企业相关报道来了解企业的信息。一方面中型和小微企业的信息基本上内部化，通过上述渠道很难获得这些企业的信息，中型和小微企业提供完备公正信息的成本比较高，中型和小微企业在寻求贷款和外源性资本时很难向金融机构提供能够证明其信用水平的信息；另一方面，金融机构如果要克服信息不对称，就必须加强调查、审查和监督，付出相当高的信息获取成本，但是，中型和小微企业对资本的需求规模小，这使金融机构的平均成本和边际成本较高。因此，金融机构为了避免事前的逆向选择和事后的道德风险，往往不愿意向中型和小微企业提供融资。创业贷款的特点是"少、急、频"，银行常常因中型和小微企业的信息不对称、贷款的交易和监控成本高且风险大而不愿放款。

中国中型和小微企业的信息不对称问题比发达国家的情况严重得多。中国大多数中型和小微企业往往提供没有经过审计的不合格的财务报表，财务状况缺乏透明度，银行无从判断这些企业的经营状况和财务风险，有的企业即使提供经过审计的财务报表，通常银行也会怀疑其财务报表的可靠性。可以说在某种程度上，中国中型和小微企业在融资方面存在一定的市场失灵。

（2）信贷配给理论。

信贷配给是信贷市场中存在的一种典型现象。银行基于风险与利润的考察，并不完全依靠利率机制且往往附加各种贷款条件，使部分资金需求者放弃从银行贷款，转而通过信贷配给的方式以消除超额需求从而达到供需平衡。张维迎指出，在信息不对称的条件下，银行作为理性的个体，宁愿选择在相对低的利率水平上拒绝一部分资金需求者的申请，而不愿意选择在高利率水平上满足所有资金需求者的申请即实行信贷配给。Stiglitz 和 Weiss 认为，信息不对称所造成的逆向选择和道德风险使银行被迫采用信贷配给，而不是通过提高利率来使供需平衡，并证明信贷配给可以长期存在。

一方面，创业活动本身面临非常大的不确定性，这使得投资者难以判断创业机会的真正价值和创业者把握创业机会的实际能力。新企业由于缺少既有企业所具备的应对环境不确定性的经验，其不确定性比既有企业要高得多。另一方面，即使投资者愿意投资，双方也常常因对企业发展前景和盈利能力判断的不一致，产生对企业价值评估的巨大差异，最终因投资协议难以达成一致而使投资者放弃投资。

一位真正的创业者要具备克服困难的信心。因为融资困难，所以很多有创业想法的人在一开始就退出了创业的赛场，提高了创业的门槛，那些不畏惧困难的创业者已经获得了首次回合较量的胜利。

在理论上和具体实践中，创业融资都很困难，作为创业者又不得不面对这个问题，那么，如何解决融资困难这一难题呢？

## 9.2.3 创业融资渠道、过程和常见陷阱

创建新企业的种子资金有多个来源。第一，主要来源于创业者自己：个人积蓄、抵押贷款、信用卡等。第二，来源于家人朋友。家人朋友的赞助被称为**爱心资本（Love Money）**，包括纯粹赠送、投资等，经常以不计报酬、减免利息等形式出现。但爱心资本的一个潜在风险是如果创业失败，那么会造成家人、朋友之间关系的紧张。第三，自力更生，利用创造性智慧自筹资金。苹果公司最初的种子资金是乔布斯卖掉了自己的汽车，创业伙伴沃兹尼亚克卖掉了他的惠普65型计算器，一起筹集到的1 300美元。还可以采用最小化个人开销、与其他企业共享办公空间、租赁等方式积累种子资金。

世界银行所属国际金融公司（IFC）对北京、成都、顺德、温州4个地区的私营企业的调查表明：中国的私营中型和小微企业在创业初始阶段几乎完全自筹资金，90%以上的种子资金都是由创业领导者、创业团队成员及其家庭提供的，而银行、其他金融机构贷款所占的比例很小。

要想解决融资难问题，创业者首先需要了解可能的融资渠道和融资方式，其次要了解创业融资过程，最后要对一些常见的融资陷阱有所了解。只有这样，才能够从可以选择的融资渠道中找出最适合创业者自身的融资方案。

### 1. 融资渠道

融资渠道是指客观存在的筹措资金的来源方向与通道。创业融资渠道按融资对象可以分为私人资本融资、机构融资和政府背景融资。私人资本融资是指创业者向个人融资，包括创业者自筹资金、向家人朋友融资、个人投资资金（即天使投资）。机构融资指创业者向相关机构融资，包括商业银行贷款、中型和小微企业间的互助机构贷款、创业投资基金、首次公开上市等。政府背景融资指政府推出的针对新企业的各种扶持资金及政策，主要包括政府专项基金、税收优惠、财政补贴、贷款援助等。根据融资的属性，又可以分为债务融资和权益融资。债务融资是指企业通过举债的方式进行融资，而权益融资是指通过企业增资的形式引进新股东的融资方式。下面具体介绍上述3种融资渠道。

（1）私人资本融资。

① 创业者自筹资金。

新企业具有的融资劣势，使其难以通过传统的融资方式（如商业银行贷款、发行债券等）获得资金，因此创业者自筹资金成为创业融资的主要组成部分。对很多创业者来说，自筹资金虽然是新企业融资的一种途径，但它不是根本性的解决方案。一般来说，创业者自筹的资金对于新企业而言，是十分有限的，特别是对于先期投入大的新企业来说杯水车薪。

② 向家人朋友融资。

家人朋友是创业融资的重要来源。家庭是市场经济的三大主体之一，在创业中起到重要支持作用。在创业初期，创业者往往缺乏正规融资的抵押资产，缺乏社会筹资的信誉和业绩。因此非正规的金融借贷——从创业者的家人朋友处获得创业所需的资金是非常有效、十分常见的融资方法。虽然从家人朋友处获得资金要相对容易一些，但与所有融资渠

道一样，向家人朋友融资也有不利的一面。创业者必须明确所获得资金的性质是债权性资金还是股权性资金。为了避免日后出现问题，创业者必须将有利方面和不利方面都告诉家人朋友，还要告诉他们存在的风险，以便于在日后出现问题时把对家人朋友关系的不利影响降到最低。

权益融资有3种常见形式：天使投资、风险资本、首次公开上市。

③ 天使投资。

**天使投资**（Angel Investment）是指自由投资者对有创业项目的小型新企业进行的前期投资，是一种非组织化的创业投资形式。天使投资起源于纽约百老汇的演出，原指富有的个人出资，以资助一些具有社会意义的文艺演出，后来被应用到经济领域。20世纪80年代，新罕布什尔大学的风险投资中心首先用"天使"来形容这类投资者。

天使投资人有两类：企业高管，高校科研机构专业人员。他们有很高的收入、丰富的管理经验，由于职业和地位所限，他们不能亲自创业，因此他们希望帮助有创业能力的人完成创业梦想，冒着可以承担的风险，在自己熟悉或感兴趣的行业进行投资，以获取回报。

天使投资有3个特征：直接向新企业进行权益投资；不仅提供现金，还提供专业知识和社会资源的支持；程序简单，短时期内资金就可到位。

美国天使投资人每年向大约3万家企业投资200亿～300亿美元（风险投资每年投资约220亿美元）。天使投资人预期会有相当高的年度回报率，通常接近35%～40%，通常也在董事会中占据一个席位，并提供各种管理支持。例如1977年，马库拉向苹果公司投资9.1万美元，并为另外25万美元贷款进行个人担保，苹果公司1980年上市时，他在公司的股票价值超过1.5亿美元。

我国天使投资还不够发达，但得到了快速发展。目前国内比较活跃的天使投资人和机构如：徐小平（真格基金）、李开复（创新工场）、柳传志（联想之星）、俞敏洪、盛希泰（洪泰基金）、蔡文胜（隆领投资）、李竹（英诺天使）、李治国、王东晖（阿米巴资本）、王啸（九合创投）、吴世春（梅花天使）等。例如，真格基金已经投资近300家创业公司，徐小平2016年入选美国《福布斯》"全球最佳创投人"榜单。一个人只要有诚信，项目值得投资，就能够找到资金。天使投资人一般通过社会网络筛选投资项目。

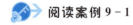

阅读案例 9-1

### 徐小平与陈磊的"半小时漫画"

天使投资人徐小平有一个被奉为经典的投资案例，并不是大赛道的科技公司。恰恰相反，是一个相对传统且过分小而美的项目，甚至一度让他闻之却步。但最终，这个案例却成了一个经典案例。这起投资，充满着偶然和戏剧化的元素。几年前的一天，徐小平突然接到了张泉灵电话，要他赶紧转1 500万元到一个陌生账号。一向谨慎的徐小平特别留意了一下，接收方是个笔名叫作"二混子"的80后陈磊。徐小平在此之前已略有耳闻。作为张泉灵的朋友，他了解到张泉灵不久前把自己的147万元积蓄打给了陈磊。这次一开口就是1 500万元，对于天使投资人而言，无疑是个不小的数目。天使投资是权益资本投资的一种形式，是指具有一定净财富的人士，对具有巨大发展潜力的高风险的新企业进行早期的直接投资。作为一种舶来品，这一投资形式在国内往往以百万元为关口，超过千万元的可谓凤毛麟角。例如，天使投资人王刚投资滴滴出行也才花了70万元而已。考虑到"二混子"陈磊的创业项目仅仅是他的公众号以及还未有充分市场回报的新媒体漫画作品，投资1 500万元确实是个不小的数目。后来的故事，正如我们从媒体上所看到的，徐小平最终还是投了，以他一贯的"看人"的投资理念。这一投资所带来的结果，就是"半小时漫画"系列的家喻户晓，以及带来的可观的投资回报。2017年，陈磊的《半小时漫画中国史》正式发布，上架7小时便在5大电商平台卖断货，线下1本难求。2020年，《半小时漫画》销量突破1 000万册，陈磊以优秀的作品登上了作家富豪榜，而张泉灵、徐小平两个投资人，更是收获了超10倍的回报。事实证明，张泉灵没有看错，徐小平也该感谢张泉灵的"毒辣眼光"和"敏锐嗅觉"。短短5年时间，这个月薪仅5 000元的上班族陈磊竟然势如破竹，身价扶摇直上翻了60 000倍，估值突破3亿元！并且，这一数字随着"半小时漫画"IP的进一步孵化而水涨船高。

资料来源：张兴军. 抉择与得失：解构天使投资人徐小平[J]. 中国经济评论，2021（6）：79-83.

**小思考**

陈磊凭什么用别人的钱和社会顶级精英的资源呢？他采用了哪些融资方式？

（2）机构融资。

① 商业银行贷款。

商业银行贷款是企业最常见的一种融资方式，创业者可以通过商业银行贷款缓解创业资金的不足。目前，我国商业银行推出了越来越多的个人经营类贷款，包括个人生产经营贷款、个人创业贷款、个人助业贷款、个人小型设备贷款、个人周转性流动资金贷款、下岗失业人员小额担保贷款和个人临时贷款等。但由于新企业的经营风险较高、价值评估困难，商业银行一般不愿意冒太大的风险向新企业提供贷款。这类贷款在发放时往往要求创业者提供担保，包括抵押、质押、第三人担保等。

② 中型和小微企业间的互助机构贷款。

中型和小微企业间的互助机构贷款是指中型和小微企业在向银行融资的过程中，根据合同约定，由依法设立的担保机构为债务人提供担保，在债务人不能依约履行债务偿还责任时，由担保机构承担合同约定的偿还责任，从而保障银行债权实现的一种金融支持制度。从国外实践和我国实际情况看，这样可以为中型和小微企业融资提供便利，分散金融机构信贷风险，推进银企合作，是解决中型和小微企业融资难的突破口之一。

③ 创业投资基金。

创业投资基金又称**风险资本（Venture Capital）**，是指风险投资企业投资于新企业或具有快速成长潜力的小微企业的资本。风险投资企业力争获得30%～40%以上的年投资回报率，并在整个投资期内的总回报率达到最初投资的5～20倍。风险投资行业的盈利特性，以及为成功的企业提供过融资，如谷歌、雅虎等，使该行业引起了极大关注。由于这种投资的风险较大，有些投资不会成功（成功投资占25%～35%，失败投资占15%～25%），因此投资成功的收益必须足以弥补投资失败造成的损失。

获得风险投资的优点主要表现在：投资者利用在商界的资源，可向企业提供超出投资的许多帮助。通过为新企业融资，风险投资企业不但带来管理技巧和市场知识，还发出影响外界（潜在的顾客、合作伙伴或员工）的维持信心和品质的信号，这些都能够推动新企业的成长。但是获得风险投资必须通过**尽职调查（Due Diligence）**，即对新企业价值进行调查，并核实创业计划书中关键的声明和数据。然而Davis的研究表明，90%的新企业并不是通过风险投资融资的，这些企业的资金有95%以上来自风险投资以外的渠道。

**知识链接**

哥伦布试图向西而不是向东航行,从欧洲到达印度。因缺乏足够的资金,哥伦布在1484年向葡萄牙的约翰二世请求支持,但是遭到拒绝。1485年,他来到西班牙,请求伊斯贝拉女王和费迪南国王的帮助。尽管西班牙统治者最初拒绝了哥伦布,但女王在与其智囊团商议之后,接受了后者的建议,还是支持了哥伦布的冒险行动。这就成为风险投资产业的开始。

资料来源:[瑞士] HAEMMIG M. 风险投资国际化 [M]. 复旦大学中国风险投资研究中心,译. 上海:复旦大学出版社,2005:35.

④ 首次公开上市。

**首次公开上市(Initial Public Offering,IPO)**,是指企业股票面向公众的初次销售。企业股票上市后要在某个主要股票交易所挂牌交易。首次公开上市是企业的重要里程碑,企业只有在证明自己经营顺利并具有光明未来时,才能公开上市。

企业决定上市有这几个原因:筹集权益资本以资助当前或未来经营的途径;提升企业形象,易于吸引高质量的顾客、员工和联盟伙伴;能为股东提供将投资变现的机制;创造另一种可被用来促进企业成长的流通形式。

选择何种类型的融资方式关键看:获得资金的可能性;企业的资产;当时的利率水平。通常,创业者会将债务融资与权益融资结合起来,满足自己的资金需求,见表9-1。

表9-1 新企业特征与适当融资类型的匹配

| 新企业特征 | 适当的融资类型 |
| --- | --- |
| 具有高风险、不确定回报的企业:<br>弱小的现金流、高负债率、<br>低中等成长、未经证明的管理层 | 个人资金、朋友和家庭、<br>自力更生的其他形式 |
| 具有低风险、较易预测回报的企业:<br>强大现金流、低负债率、优秀管理层<br>已审计的财务报表、健康资产负债表 | 债务融资 |
| 提供高回报的企业:<br>独特的商业创意、高成长性<br>利基市场、得到证明的管理层 | 权益融资 |

(3)政府背景融资。

近年来,各地政府充分意识到创业活动对经济发展的推动作用,尤其是科技含量高的产业或当地优势产业对增强地区竞争力、解决就业问题的重要意义。为此,政府越来越关注新企业的发展,同时这些新企业在融资方面所面临的迫切需求和融资困难的矛盾,也成为政府致力于解决的重要问题。由于经济实力、产业基础、区域文化等有很大差异,因此各地政府推出的创业支持政策也不尽相同。一般来说,常见的政府背景融资主要有政府专项基金、税收优惠、财政补贴、贷款援助等。

2. 创业融资过程

(1)创业融资前的准备。

① 建立个人信用。信用对个人或企业而言都是一种珍贵的资源(无形资产)。创业者

具有创业精神，在行为方式上会显示出异质性的人力资本特征。但是，信用是一种市场规则，谁不讲信用，就会在社群内传播，如果信用低，那么融资难度就会加大，因此创业者平时需要注意道德修养，树立信用意识。在美国，每个公民都有一个社会安全号码（Social Security Number，SSN），这个号码把一个美国公民一生中所有的基本信息和信用记录都联结起来，在找工作或创业融资时，可以查询个人信用记录。

② 建立社会网络。斯坦福大学的相关调查显示，一个人赚的钱，12.5%来自知识，87.5%来自社会网络。中国社会是个关系本位的社会，社会网络以自己为中心，以血缘、亲缘和地缘为纽带，就像一块石头丢在水面上所产生的一圈圈的波纹一样，不断扩展。创业者的社会网络形成了创业的社会资本。

（2）测算资金需求量。

测算资金需求量的目的是既要保证满足企业运营需要，又不会产生资金闲置的情况，造成资源浪费。其具体步骤有：第一，测算营业收入、营业成本、利润；第二，编制预估的财务报表，包括利润预估表、资产负债预估表、现金流量预估表等；第三，结合企业发展规划预测资金需求量。

资金投入的原则：在投入的数量、种类和时间上，以能够满足企业运营需要为限度，坚持对企业运营所必需的投入是合理的，与企业运营没有直接关系的投入是不合理的这两个原则。因此必须坚持：急用的先购买，不是急用的可暂缓；能租用的尽量租用，不能租用的才考虑购买；可以少用的不要多买；专用的设备、设施、工具自己拥有为宜。

（3）撰写创业计划书。

撰写创业计划书有两大作用：一是创业计划书通过描绘未来的经营路线和设计相应的战略来引导企业的经营活动；二是创业计划书可以吸引投资者。创业计划书的主要内容包括：实施概要、企业概况、产品与服务、市场分析、管理团队、营销策略、财务计划、生产与运营、风险假设、附录等。

（4）确定创业融资来源。

创业融资来源是能够为创业者提供创业资金支持的个人或组织，除了创业者个人资金和社会网络，还包括政府、银行、担保机构、行业协会、拍卖行等。

创业者在正确地测算了资金需求量之后，还要确定资金的来源。此时要对自己的社会网络进行梳理，以确定可以从哪里获得资金支持。

（5）创业融资谈判。

无论创业计划书写得有多好，如果与投资者谈判时表现糟糕，也很难获得投资。因此要做好充分准备：事先设想对方可能提到的问题；要表现出信心；陈述时抓住重点，条理清晰；记住投资者关心的是让他们投资有什么好处。

### 3. 常见的创业融资陷阱

（1）高估价值、低估风险：创业者往往高估商业创意和技术的作用和价值，低估创业过程中的风险，这常常使创业者难以获得融资。

（2）急于大笔创业融资：有些创业者希望一次性获得大笔创业融资，现实中却四处碰壁。

（3）创业融资时"乱投医"：缺乏经验的创业者会不加选择地去找一些投资者，既不知道投资者的投资理念、投资领域，也不知道其是否真的愿意投资，更不知道投资者除了提供资金，是否能给企业带来其他价值。

（4）只接洽一位投资者：因缺乏信息和渠道，始终只找一位投资者，结果是一旦这位投资者不愿投资，创业者就不知所措了。

（5）创业融资谈判时过于"精打细算"，过于拘泥于局部小利益，错失了融资机会。

（6）创业融资时创业团队的股权被过早地过度稀释，企业发展后劲动力不足。

百度创始人李彦宏曾经说过，不要轻易将主动权交给投资者，在创业的过程中没有人会乐善好施。事实上，百度也是这样做的。百度第一次融资时，与IDG资本谈好的条件是100万美元，25%的股份，后来由于看好百度，IDG资本将融资额从100万美元提高到120万美元，但股份占比仍为25%。在第二次的融资中，国际知名投资机构德丰杰联合IDG资本向百度投资了1 000万美元，其中德丰杰约占了总投资额的75%，成为百度的单一最大股东，但其仍然只拥有百度30%的股份。

## 9.3 创业融资难题的破解策略

融资难题不仅存在于创业的初期，而且存在于企业成长的全过程，企业在成长过程中的不同阶段都需要融资。在现实中因缺乏资金而失败的新企业数量众多。对此，创业者自身所能做的有三点。第一，迅速开始经营，将商业创意变成具体技术或产品（至少雏形），组建创业团队，然后寻求创业融资。仅靠好的商业创意很难让人信服，吸引投资者非常困难，组建优秀的创业团队，能够提高企业融资成功的可能性。第二，寻找快速实现收支平衡的创业机会。在大型企业可能被看成不具吸引力的创业机会，对创业者而言却是极有价值的。盈利的企业，无论顺利与否，都会在厂商、客户和员工眼中树立威信，同时提升创业者的自信心。第三，要控制发展的速度，这样不仅可以帮助创业者谨慎地投资，还可以帮助他们提高管理才能，减少压力。学会怎样在企业中协调工作，对于第一次当创业者的人来说至关重要。创业者还应制定发展战略，只有这样，才能走得更远，避免单纯关注盈利使得企业的发展只能维持在一个较低的水平。

### 9.3.1 总体策略

创业融资的总体策略为共享利益，分担风险。要使任何创业活动实现，创业者首先需要的就是启动资金。有些新企业的启动资金是自给自足的，比如微软，但绝大部分企业做不到自给自足。明智的做法是寻找合适的投资者，这是因为依靠自有资金创业很难转换成一个实业型的企业，企业发展也很可能受阻。首先，好的投资者能给企业带来声誉和信心，企业有可能站在巨人肩上，更快地走向成功；其次，好的投资者不仅投资资金，也提供增值服务和社会网络。如雅虎刚创立时，仅有杨致远和戴维两人，投资者给他们投入资金后，迅速帮他们组建了20人的经营团队，助力雅虎从单一的检索网站变成了经营电子邮箱、新闻、游戏、电子商务、拍卖等业务的综合门户网站。融资不用着急，因为世界上有很多的风险投资企业，如果创业者足够优秀，商业创意足够有潜力，那么就会有融资机会。

创业融资涉及三个基本问题：第一，需要多少资金；第二，从哪里得到这些资金；第三，如何找到资金及融资时的制度怎样安排。最关键的是第三点，投资者是不会愿意承担比创业者更大的风险的。从资本角度考虑，创业就像一场考试。创业致富的方法并不是占有全部的股份，而是尽可能地提高企业成功的概率。因此较好的做法是树立风险意识，用一些股份来换取更高的成功概率。

在美国和以色列，个人成就和财富驱动着创业者，同时他们也会同意将主要的控制权转让给投资者，目的是使企业快速成长，从退出中获益。这将带来个人的财富，以及在他们看来更多的独立自主。美国人和以色列人有一种从头再来的勇气，这就产生了所谓的"连续创业"。

融资的成功，就意味着创业者得到了投资，之后要做的是建立一家企业。建立一家企业并不困难，但问题在于创业者很难决定哪些人会成为合作伙伴以及创业者与合作伙伴各占多少股份。两个同等水平的人平分并不困难，但是当创业者有好几个工作在不同领域和层次的合作伙伴的时候，如何合理分配股份是摆在他们面前的一道难题。不过无论如何，只要决定好了，这件事情就不能改变。对于分配股份，一个实践中的经验就是，当每个人都觉得他们得到的股份相对于他们的付出而言算是吃了一点小亏的时候，这种分配方式就是最好的。

## 9.3.2 分阶段进行创业融资

创业融资谈判中最敏感的问题是双方对企业的价值评估和融资后的股权结构。因此，创业者应当采取分阶段进行融资的方式，在创业前期应进行额度较小的融资，可以避免过早地失去控股权；随着创业的进展，开发出新产品、开始有销售额、实现盈利，下一阶段融资的合约谈判会比较容易，创业者将会有能力、有信用引入更多的创业融资。创业阶段特征与融资类型具体见表9-2。

表9-2 创业阶段特征与融资类型

| 创业阶段 | 特征 | 融资类型 |
|---|---|---|
| 种子期 | 有好的商业创意，有待付诸实践 | 创业者的积蓄、家人朋友的投资 |
| 发展期 | 产品原型已经准备好商业化 | 风险投资企业、政府背景融资 |
| 生产期 | 产品开始销售且发展势头良好 | 银行为企业融资 |
| 成长期 | 随着销售的增长，企业扩张产品线 | 公开上市IPO |

分阶段进行创业融资的方式在破解新企业融资难题方面具有独特优势。在充满高度不确定性的种子期，静态的一次性融资安排让投资者面临过高的风险。投资者不仅没有动力在种子期收集相关信息以降低不确定性程度，而且即使在中途发现创业前景不佳，也不能撤回已投入的资金，只能消极地等待着种子期的结束，计算最终损益。相对而言，分阶段进行创业融资的方式在种子期大幅度降低了投资者的风险，这样投资者更有动力在发展期主动收集相关信息以降低不确定性，据此不断修正估值以优化后续的投资决策。更重要的是，分阶段进行创业融资的方式赋予了投资者退出后续融资的权利，为投资者面对可能的收益下跌提供了一定保护，直接在事前提高了创业项目的价值，让新

企业融资具有更高的吸引力。

分阶段进行创业融资的方式，使创业者可以获得更好的创业团队、技术、设备等，也有利于投资者选择继续投资或放弃投资。创业者可以避免因一次性融资额过大而过早、过分地被稀释股权（相应地丧失对企业的控制权）。因此分阶段进行创业融资是投资者和创业者之间的双向理性选择。

### 9.3.3 发展创业关系融资

创业关系融资，是指创业者与其他相关利益主体建立合作关系，通过合作关系降低双方信息不对称程度，实现利益共享，风险共担，进而获得资金或其他资源的融资方式。

美国经济学家Berger等人将发达国家银行对企业的贷款归纳为**交易型贷款（Transactions-based Lending）** 与**关系型贷款（Relationship Lending）**两大类别。

交易型贷款所依据的信息称为**"硬信息"（Hard Information）**，比如财务报表、抵押品的质量和数量、信用得分等，这些信息具有一些共同特征，比如易于编码、量化和传递；信息是客观的，不具有人格化特征，可以很方便地在不同人员之间传递；信息在贷款决策时就可以很快提供等。

关系型贷款所依据的信息称为**"软信息"（Soft Information）**，它是通过长期和多种渠道的广泛接触所积累的关于借款企业及主要管理者的相关信息，比如财务和经营状况、企业行为、信誉和主要管理者履历等。这些信息具有强烈的人格化特征，较为模糊，难以量化，难以用书面报表的形式进行统计归纳和传递。银行可以通过业务关系渠道（比如为企业办理的存贷款、结算和咨询业务等）和非业务关系渠道（比如企业的利益相关者：股东、债权人、员工、供应商和顾客等）了解到这些信息，但是获取成本较高。

从运作机理来看，获得和使用"软信息"是创业关系融资的内核。新企业缺乏"硬信息"是不可改变的事实，如何获得和使用"软信息"就成为其融资能否顺利进行的关键。地缘、业缘是获得新企业"软信息"的主要途径，而且这种地缘和业缘关系还在一定程度上起到替代抵押品的作用，与Berger所描绘的"软信息"在中型、小微企业贷款中的作用相比，地缘、业缘关系在我国创业融资中有更强的作用。

创业集群融资模式是创业关系融资的主要表现形式之一，单个孤立的中型、小微企业因其自身内在的缺陷性，先天不具备缓解信息不对称的前提条件。创业集群融资模式则有其独特的缓解资金供需市场信息不对称的功能。

一方面，在一定区域集聚的创业集群，其本身就具有消除融资刚性约束的作用。区域内类似的产业环境，相互依存的产业生态提高了信息的透明度，促使新企业不得不维持其在此特定区域下的信用。并且，创业集群融资模式产生规模经济，降低交易成本，使新企业融资获得了规模效应和乘数效应，进而降低信用风险。另一方面，一定区域集聚的创业集群，即使不处于同一行业内，其天然形成的集聚效应也使得他们相互间的交易对象相对稳定，有助于降低制度环境的不确定性或复杂性，使新企业间的信用相互融合，如在产品、材料上有业务往来的新企业，他们之间的互相熟悉，有利于降低信息不对称的程度，从而形成合作型信用，破解单个企业形成的融资刚性约束。

这就要求新企业在建立时要考虑地理位置，如果在大量同行业聚集的地区或者所谓的产业集群内，那么很可能会带来创业融资的便利。

### 9.3.4　争取政策性创业融资

科技型中小企业技术创新基金是经国务院批准设立，用于支持科技型中小企业技术创新的政府专项基金，通过无偿拨款、贷款贴息和资本金投入等方式扶持和引导科技型中小企业的技术创新活动。

根据中小企业和创新项目的不同特点，该创新基金的扶持方式主要有以下3种。

（1）贷款贴息：对已具有一定水平、规模和效益的创新项目，原则上采取贴息的方式支持其使用银行贷款，以扩大生产规模。一般按贷款额年利息的50%～100%给予补贴，贴息总额一般不超过100万元，个别重大创新项目可不超过200万元。

（2）无偿拨款：主要用于科技型中小企业技术创新中产品的研究、开发及中试阶段的必要补助，科研人员携带科技成果创办科技型中小企业进行成果转化的补助，资助额一般不超过100万元，个别重大创新项目不超过200万元。

（3）资本金投入：对少数起点高，具有较广创新内涵、较高创新水平并有后续创新潜力，预计投产后有较大市场，有望形成新兴产业的创新项目，采取资本金投入方式。

科技型中小企业可申请获得这类政策性创业融资，这是很多新企业容易忽略的一个重要的融资渠道。

**阅读案例 9-2**

## 养生养老项目的十大融资渠道

#### 一、政府的资金支持

养生养老项目具有较强的公益性，尤其是其中的服务设施建设一般具有融资规模大、回收周期长、融资风险高的特点，有的甚至属于纯福利性质的，基本没有收益。因此，在世界上大多数国家的养生养老项目的服务设施建设融资结构中，政府的资金支持占70%左右。即使在市场化程度最高的美国，以公益性为主要目标的养生养老项目的服务设施建设也主要由政府的资金支持。建立养生养老项目服务设施建设融资与国有融资和全社会融资增长相挂钩的机制，可使养生养老项目服务设施建设融资增长的稳定性和可持续性问题得到有效解决，从而为养生养老项目服务设施建设提供最稳定、最可靠的资金来源。

#### 二、保险企业的投资

近年来，我国保险业发展态势迅猛，一些保险企业也开始尝试直接或间接投资于养生养老项目。泰康保险专门成立泰康之家（北京）投资有限公司，建成全功能、高品质服务的现代养老社区——泰康之家，截至2023年，在住居民11 000位，开业园区达20家，在全国35个城市布局项目。此外，中国人寿、中国人保、合众人寿等保险企业都表示出对投资建设养生养老项目的兴趣。保险企业投资建设养生养老项目对其自身具有积极意义，因为这样很有可能吸引投保人入住，不仅可以拓展保险企业的外延服务，还有助于提高投保人对保险企业的忠诚度。

#### 三、房地产企业的投资

老年公寓等经营性养生养老项目具有较好的经济性，房地产企业投资建设老年公寓等养生养老项目既有利于其拓宽投资领域，又有助于增加养生养老项目的供应，从而打破养生养老项目的瓶颈制约。房地产资金确实需要寻找新的出路，投资建设老年公寓、养老社区等养生养老项目或许是一个可以考虑的方向。

### 四、民营养老机构的投资

民营养老机构是养生养老项目的重要资金来源,同时也是专业从事养生养老项目运营的商业机构。例如,北京光大汇晨养老服务有限公司打造了国内最早实现医养融合、养老金融创新的社会化实践型的养老品牌。它将医院和养老院结合在一起,以中西医结合的老年康复为特色,首创医养结合典范。

### 五、银行的投资

虽然养生养老项目的服务设施建设同样通过招、拍、挂的方式获得地块,但因为更长的投资周期、更大的资金投入量,银行对上述投资始终抱有谨慎态度,特别在当前信贷整体紧缩的背景下,养生养老项目获得银行融资的可能性下降。

### 六、股市融资

股市也是一个重要的融资渠道。一些上市企业也加入了养生养老项目的开发,但股市融资受整体市场环境的影响非常大,养生养老项目从该渠道已经很难获得融资。此外,截至 2023 年,民间融资平均利率为 12%,如在浙江省温州市等局部地区成本更高。对于养生养老项目而言,透过这一渠道融资的成本显然太高。

### 七、营利性基金的投资

营利性基金投资养生养老项目的积极性在慢慢升高。但因为从事养生养老项目开发的企业大多还没有找到良好的商业模式,在养老模式、管理模式以及服务模式上缺乏创新,所以营利性基金的投资态度还很谨慎。

### 八、境内外财务投资者的投资

境内外的各种财务投资者在养生养老项目的开发上,表现得比较活跃。目前,不少地方都有境外财务投资者依法投资养生养老项目成功的案例。

### 九、公益性基金会等社会组织的支持

从发达国家情况来看,公益性基金会等社会组织和个人捐款,对养生养老项目下相关产品的生产、服务设施的建设发挥了重要作用。很多非营利性或低营利性的养老机构,甚至直接是由公益性基金会等社会组织投资兴办的。但在我国,公益性基金会等社会组织本身起步较晚,发展尚不太成熟,不仅数量相对较少,而且运作也不太规范。不过随着公益性基金会等社会组织发展的日渐成熟,未来直接或间接投资养生养老项目的社会组织会越来越多。目前我国投资养生养老项目的公益性基金会有中国社会福利教育基金会长青基金。该基金已经与多家企业合作开发老年住宅。

资料来源:根据相关网络资料整理。

**小思考**

通过这个案例,试说明投资和融资之间的关系。

总之,创业者大多数都是对现状不满足并能够为改变现状而积极采取行动的人。对创业者来说,政府对创业的鼓励和支持,市场上不断涌现出新的创业机会构成了创业的外界推力。企业扩张的内部诱因主要是企业存在剩余的生产性服务、资源和特别的知识,由于这些资源的不可分性、资源功效的多重性及资源的不断创新性使企业不可能存在完全出清的均衡状态,因此企业存在永远成长的动力。

财务资源是黏合剂,资金及时到位才能够实现资源整合。创业融资的取得仅仅表明创业资源中财务资源的取得,而创业者仅有财务资源是远远不够的,还需要与其他资源相结合,才可能形成核心竞争力,取得更好的创业绩效。组合创业资源比单一创业资源能在更大程度上符合基于创业资源观点的 4 个标准(稀有、高价值、不可模仿和不可替代),组

合创业资源将发挥更大的作用。

一家企业的融资方式可能会从正面或负面改变管理者的动机，从而对企业的价值产生影响。但是，对于创业者更重要的是，要记住融资到位可以使企业增值，不过一家企业单纯通过融资创造价值的能力，与通过开发创业机会来创造价值的潜力相比，就会显得苍白无力，即创造价值的机会更多地隐藏于资产负债表的左侧而不是它的右侧。

当创业者得到几百万美元的融资后，可能会感到自己已经很有钱了。但这只是一种幻觉，那些有丰厚利润的企业才是真正有钱的企业。资本并不代表利润，那只是投资者希望用之来获取利润的工具。创业者必须认识到，只有时刻把客户放在第一位，企业才可能长期地存在下去。换言之，只有客户才能够为企业创造价值。因此先要为客户设计好产品，然后再去考虑如何用产品赚钱。如果不把客户放在首位，那竞争者将会有机可乘。另外，采取客户导向，积极去了解客户心理，才能创造出他们喜欢的产品。企业越大，这件事就越困难，因此，要控制成长的速度，花钱花得越慢，就有越多的时间去研究客户。

创业资源对于创业是如此的重要，它对创业的限制和制约非常明显。然而还有比它更重要的是企业家精神。具有企业家精神的创业者能够在不考虑创业资源目前是否可得的情况下辨识创业机会并且利用它，目的是在私人和公共领域内创造财富。具有企业家精神的创业者还可以对创造性资源进行配置和整合，具体包括：获得资本；对创业资源及其数量的洞察；创造性地获得和利用较少的创业资源发挥更多的功效；低成本优势；低资本优势；合伙；挖掘企业集群的潜在价值；确保环境和周边的稳定性。创业者如果有企业家精神，就会直面真相，积极创新，甚至将有限的创业资源发挥到极致。这才是创业的最高境界，也是一个国家和民族的希望所在。

## 本 章 小 结

本章主要介绍了3个方面的内容：创业资源整合概述、创业融资难题的现实与理论分析以及创业融资难题的破解策略。创业资源整合包括创业资源识别、创业资源获取、创业资源配置和创业资源运用4个方面，创业资源整合的具体方法包括：拼凑法、步步为营法、杠杆作用法。

本章重点介绍了创业融资，融资难题是世界性难题，对于新企业来讲更是如此，信息不对称导致的风险使得创业融资困难，想破解这一难题就必须解决众多创业资源中的财务资源如何获得的问题。创业融资的渠道包括权益融资和债务融资。作为新企业，必须直面这样的困难，继续进行下去。在现实中有一些经典的案例为创业者提供了创业融资难题的破解策略，包括分阶段融资、发展企业关系融资、争取政策性创业融资等。

创业融资涉及3个基本问题：需要多少资金；从哪里得到这些资金；如何找到资金及融资时的制度安排。融资制度安排得妥当与否是能否得到资金的关键，尤其是对于权益资本融资而言，必须做出必要的利益让步才可能达成一致。通常情况下，如果各方都觉得吃了一点小亏的时候，就说明股权的分配是非常合理的。

此外，创业者需要明确的是，融资做得再好，它对于企业的价值创造的作用也是有限的，真正创造价值的还是对创业机会的选择和开发；再者，创业资源整合之中融资只是其中的一个方面，创业团队的建设也非常重要，它决定了新企业发展的方方面面。

创业资源不可或缺，但真正的具备企业家精神的创业者则往往是在不考虑创业资源当前能否获得的情况下去识别创业机会并开发创业机会的，这对于缺乏创业资源而拥有聪明大脑的创业者而言很重要，因为它为创业成功提供了理论支持。

## 习　　题

### 1. 简答题

（1）为什么融资成为创业的一大难题？
（2）创业融资需求有哪些特点？
（3）创业融资的渠道主要有哪些？
（4）为什么新企业的初始资金大部分来自个人资金？
（5）天使投资与风险投资有什么不同？

### 2. 论述题

（1）要想顺利地获得融资，创业者在平时要注意什么？
（2）创业融资的过程是什么？
（3）论述创业资源整合的几个阶段。

## 实际操作训练

采访3位创业者（不同年龄段），他们所经营的企业是在过去3~5年中创建的新企业，不限行业。通过采访，可以了解3位创业者在创办企业之初创业资源短缺的问题是如何解决的，尤其是资金和人才是如何获得的，在企业经营的不同阶段融资难题有着怎样的不同。这些信息对于未来的创业者在面对具体的困境时有较大的借鉴价值。

课后案例

### 摩拜单车种子期的成功融资之道

2015年1月，胡玮炜在北京成立了北京摩拜科技有限公司（以下简称摩拜单车）。仅用了3年时间，一个80后的女子，完成了将一个企业从创建做到估值100亿元人民币的壮举。

2004年，胡玮炜从浙江大学城市学院新闻系毕业，进入《每日经济新闻》经济部成

为一名汽车记者。后来北上到了北京的《新京报》，随后又跳槽到了《商业价值》和《极客公园》做科技报道，这一干就是10年。

和其他刚毕业的大学生一样，胡玮炜也是从4位数的月薪干起，而传统媒体行业受到互联网和新媒体的冲击，因此胡玮炜的收入一直没有质的飞跃。从事记者这个职业辛辛苦苦干了10年，月薪也不过勉强到了五位数。胡玮炜认为女性打拼最好的黄金时光绝不能再虚度！她必须实现自我突破。于是，2014年，胡玮炜选择了辞职。

但是，胡玮炜当时认为，自己是很难独立寻找到一个靠谱的创业机会的，因此她必须提高自己认知的高度，而这需要其他人的帮助。胡玮炜是幸运的。当然，胡玮炜10年的记者生涯也为她的创业奠定了基础，记者最大的优势就是接触的人多，有了人脉和技能储备使她获取了大量资源和信息。

转机出现在和一群投资者的聊天之中。一次，胡玮炜和一些投资者聊天，一位天使投资人说："你有没有想过我们做共享单车呢？用手机扫码开锁的那种。"此话一出，遭到在场其他人的反对，"共享？不可能！这件事情的难度太大了！"大家都不看好。

胡玮炜听后，却有种立刻被击中了的感觉，马上说："我可以做这个。"创业机会就是这样，在别人看不懂、看不起、不想做、不敢做的时候，紧紧抓住并计划后执行，可以将其转化为经济效益。于是，胡玮炜成了摩拜单车的创始人，而提这个建议的人，成了她的天使投资人。

只缘于一句话，一个念头，3年间让摩拜单车的估值从0元达到100亿元。胡玮炜的创业为什么成功？凭什么是她抓住了机会？另外，她之前也从未接触过自行车行业，为什么跨界创业仍能成功？

2017年1月，创新工场创始人李开复在摩拜单车获得富士康战略投资之后，第一时间在微信朋友圈里发了一条信息。李开复说："很高兴看到我的介绍带来这么好的双赢结果！"这并不奇怪，李开复曾经是谷歌中国区的总裁，因此和富士康的总裁郭台铭关系非常好，这是促成此次合作的基础。

这也就是说，李开复在动用个人资源帮助摩拜单车和胡玮炜。问题来了，李开复为什么要调动自己这么重要的资源来帮助胡玮炜，以及一个成立仅2年的企业呢？

胡玮炜开始做摩拜单车这个项目是天使投资人提出的，因此她根本没有像其他创业者那样去找投资。摩拜单车A轮融资在2015年10月完成，那个时候摩拜单车还没有上线。请注意这个时间节点：2016年4月22日，摩拜单车正式上线，并在上海投入运营。仅仅运营了4个月，就被广泛关注。而摩拜单车的B轮、B+轮、C轮、C+轮这4轮融资在2016年8月至2016年10月这2个月中全部完成，如此密集，实属罕见。其中，在B轮和B+轮中都有创新工场的身影，这是因为胡玮炜成功地让李开复成为了摩拜单车的股东，她将李开复由"你我"变成"我们"！

再来看一下给胡玮炜投资的这份名单：高瓴资本、华平投资、腾讯、红杉资本中国、启明创投、贝塔斯曼亚洲投资基金、愉悦资本、熊猫资本、祥峰投资Vertex和创新工场，几乎所有带有投资风向标的企业都投了。另外，美团创始人王兴也对摩拜单车进行了个人投资。而这些资本在背后都由顶尖人才运作，他们很有可能在胡玮炜和摩拜单车有需要的时候，像李开复那样动用自己的社会资源来提供帮助。

当今社会要想成功，就必须具备一种能力，一种随时调动社会资源的能力！有这样能力的创业者想不成功都难!这是创业取得巨大成功的秘籍之一。2018年4月4日,美团宣布正式全资收购摩拜单车,曾经的橙红色单车变为亮黄色,仍为人们提供着服务,而摩拜单车成功融资的事例也值得我们思考与借鉴。

资料来源:迟忠波.胡玮炜:摩拜单车首次创业即成功的逆袭之道 [J]. 中外管理,2017(4):80-83.(有改动)

**思考与讨论:**

1. 摩拜单车获得资金的渠道有哪些?
2. 试分析胡玮炜为什么多次融资都能成功?
3. 你从上述案例中学到了什么?

第9章
创业测评

第9章
创业视频

# 第 10 章　创建新企业

## 本章教学目标与要求

（1）理解新企业的市场进入模式的概念；
（2）理解新企业的市场进入模式的特点；
（3）了解各种模式的优缺点；
（4）了解创业者可以选择的几种企业法律形式及其特点；
（5）了解新企业选址的各种影响因素；
（6）熟悉新企业选址的评估过程及步骤。

## 本章知识架构

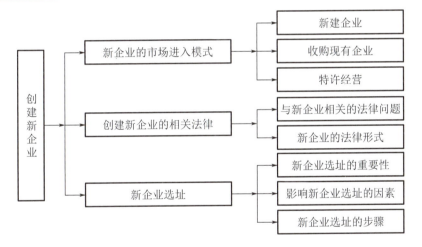

> 创业精神既不是科学，也不是艺术，而是一种实践。当然，它有其知识基础。
> 
> ——P. 德鲁克

## 马拉松式的创业者

吴强，2012年毕业于江西师范大学商学院，创业管理（方向）专业。截至2023年，为义乌市乐动进出口有限公司等3家企业的高管，通过专业运营亚马逊、速卖通、淘宝、天猫、京东等电商平台，在线销售骑行产品。旗下西骑者（West Biking）自主品牌已成功在中国、美国、欧盟各国获得商标证书，并拥有多项产品设计专利。2020年，他创立深圳可可猫科技有限公司，自主设计运动与时尚女装，聚焦北美市场，通过亚马逊及各社媒平台进行品牌营销。2023年，该企业旗下3个服饰品牌的产品在北美销售额突破2亿元。回顾吴强的创业之路，并非一帆风顺，有人称其为马拉松式的创业者。

### 一、失败的创业开始

2008年高考结束后，在江西师范大学开学之前，吴强凭借小时候在武术学校的功底，在江西省宜春市袁州区金瑞镇老家的一楼店面，简单布置后自己尝试暑期的武术培训业务，开始走街串巷地招生，并在赶集时人群最密集的地方现场表演翻跟斗。然而并未招到学生，第一次"创业"以失败告一段落，但这次的大胆尝试却培养了吴强敢想敢做的创业精神。

### 二、一路崎岖的大学创业历程

跟很多大学生不一样，来自农村的吴强大一第一次接触网络时就在淘宝网上采购了3 000个孔明灯，在元宵节前后带领各大高校的学生到处摆地摊销售。当时也正赶上江西师范大学商学院开办首届"创业之星"班，吴强通过笔试和面试有幸被录取，专业的创业课程让他接触到很多创业者亲身分享的创业故事，更加激发了他奋勇向前的创业热情。

大二结束的暑假，吴强与三个同班同学一起联合江西师范大学政法学院的同学合伙创立"小清华"暑期辅导机构，在江西省内开设18家中小学生培训班，招收学生3 000多人，为100多名大学生提供暑期实习机会。但因为缺乏开展中小学生培训的经验，在安全管理上出了问题，此次创业并未盈利。

大三的吴强吸取了上一年的教训，决定只召集4名老师集中精力做一个"小而美"的英语教育培训机构，在家乡开办后，招生人数超过当地最高历史纪录的3倍，挣得人生第一桶金。

大四的吴强决定到大企业学习，因为之前的教育培训经历，他被鼎教育派往嵊州市分公司从零开始开拓市场，随即他在浙江舟山与同学一起成立学泰教育公司。停不下来创业的他，回学校论文答辩期间还在江西南昌接单国美物流的配送业务。

### 三、无处安放的创业青春

大学毕业后，一心想着做教育培训的吴强准备找一家大型的上市教育培训企业工作，积累该类企业的运营经验，因此他入职杭州学大教育当了英语老师和教育顾问。但工作没两个月，吴强骨子里的创业心就开始"痒"起来，于是他一边工作一边找身边的创业机会。当时的吴强住在青年旅社，可以月租、周租、日租，给刚毕业找工作的求职者提供了住房的便利。吴强确实是一个善于捕捉创业机会的人才，他认为青年旅社是个不错的项目，有了这个想法的当天，他就向朋友借钱开始筹办起来。吴强在杭州大厦附近租了2套毛坯房，由于位于杭州繁华地段，租金不菲，为了节约成本他自己买各种材料开始装修，取名"哈哈家族"青年旅社,开业不到10天,全部满房。

2012年11月,吴强困惑于这种在闹市民宿的青年旅社并不能合规扩大运营,苦恼之际去看望正在义乌创业的老同学。这是吴强第一次接触跨境电商,他觉得义乌就像快速发展期的深圳,有很多奔驰、宝马,拉货的车也很多,街头还有很多外国人,整个城市处在充满创业机会的快速发展期,因此他回到杭州以最快速度将青年旅社转让。三天后,吴强与"哈哈家族"的一个住客拖着大包小包的行李一起到义乌创业。

**四、夹缝中求生存的西骑者**

在朋友当中,吴强并不是最聪明的,很多时候给别人的感觉就是傻傻的,因此吴强做任何事情总是叫上几个志同道合的朋友一起干,他们能跟吴强形成能力和性格上的互补。吴强老实憨厚但又敢想敢做的性格聚集了其他3名合伙人,但他们一开始并不懂跨境电商和外贸,在义乌租了一个阴暗的小毛坯房,办公和生活都在一起,那时候他们一心想的是要怎么生存下去。这4名创业者都家境普通,一切只能靠他们自己。3次筹集资金,从家人朋友那里借的钱也并不多,无奈之下他们只能承担高额贷款利率。为了破釜沉舟地全身心投入到创业中去,4名创业者签了协议,规定老婆孩子亲戚朋友都不能来,吃住都在公司,晚上11点下班,下班以后有精力还要学习网络平台知识,常常深夜一两点钟才能真正躺下来休息。并且因为没有跨境电商和外贸的从业经验,2013年,他们尝试运用的是多平台多产品品类操作的模式,但效果不尽如人意,成长缓慢。这一年,他们每个人负债累累回家过的年。

创业团队的凝聚力加速了事业的发展,2014年,4名创业者尝试了骑行产品的销售,第3个月销售额就有3万美元。由此他们决定重点进军这个产品分类,主攻速卖通运营,并正式成立了义乌市乐动进出口有限公司(以下简称乐动),开始招聘员工,当时4名创业者自己的工资是800元/月。

此时,吴强对自己的创业经历进行了深刻的总结,创业项目做太多不能聚集资源。但他依然充满了与生俱来的浪漫主义情怀,他对所有同事说:"我们要做一个真正长久的公司,现在的合作其实就像我们一起组建家庭,乐动是我们共同的孩子,成长过程中需要爸爸妈妈的呵护、亲人朋友的关爱、医生的帮助、老师的教育等,我们一起努力把这个孩子抚养长大,让它健康快乐地成长。我们一起携手创造并见证这个过程,将会充满无比乐趣,也将会成为这个世上极少数人才能拥有的宝贵人生财富。"他们希望10年以后,乐动可以为社会解决200名优秀人才的就业机会,并成为幸福指数最高的电商公司。

乐动集中精力做好一点的钉子运作模式使平台效益很快见效,2015年,他们的店铺被阿里巴巴挑选纳入首批"中国好卖家",店铺升级为金牌店铺。这个事情的发生让4名创业者突然意识到中国品牌出海的趋势越来越明显,于是他们一起给自己的骑行产品想了一个品牌名:西骑者(West Biking),并很快在中国、美国、欧盟注册了商标。从此,他们立下誓言,要始终坚持诚信激情,成就他们的价值观,把西骑者的品牌推向全世界。西骑者的使命:用心装备每一位骑行爱好者,为骑行出力,为梦想喝彩。在未来30年,愿景是让西骑者无处不在。

2016年,公司的整个组织架构变得清晰,分工明确但用组织文化把大家拧成一股绳,朝着同一个方向前行。因为业务的需求,公司申请多项专利,新运作了亚马逊跨境电商平台。

2017年公司搬到了1 000m²的办公厂区,发展态势迅猛,从自主品牌产品的专业性、供应商的严格筛选、ERP的完善、组织架构的重新梳理、第一批管理层的设立,到读书会的组建、KPI制订以及组织文化的打造、明星员工的评选,一直到广州分公司的成立。吴强也始终相信,这个时代是95后、00后的时代。为员工考虑,吴强将办公区装修成年轻人喜欢的咖啡厅式的环境,这体现的是乐动的人文情怀;但同时在经营管理上极为严格,员工压力较大,因为吴强非常信奉一句话,正是胡林翼曾送给曾国藩的一副寿联:"以雷霆手段,显菩萨心肠。"只有这样,创业团队才能高速运转。

2018年,乐动在跨境B2C领域已小有名气,决定增加国际批发业务,并进军国内市场,主营Alibaba国际站、淘宝、天猫和京东平台。在公司高速发展的过程中,他们也需要更多更加优秀的人才加入。乐动是一家懂得感恩的公司,吴强说:"不管你在乐动待多久,就算只待一天,也感谢你这一天为乐动做出的贡献。"2018年年初,乐动的4名创业者决定出让一部分股权给那些有能力、愿意承担责任并忠诚的小伙伴们，通过股权激励机制让他们也成为乐动的股东。

**五、换道超车再创业做好最初的选择**

2019年，是吴强命运的转折年，他虽然在事业上取得了较好的成绩，但一直处于舒适区的他却感到无比焦虑。这一年似乎成了他的觉醒期，他意识到，创业团队成长与业务增长的速度受限于最初的行业选择，乐动的产品虽然专注于骑行产品，一方面天花板并没有那么高，另一方面每年需要不断用产品在各销售平台进行大量铺货来形成品牌矩阵，这种商业模式其实很难做到单点大爆发。

为了突破困境，吴强决定去到更大的舞台，他做了人生中第一个重大选择：减少一切多余动作，换道超车再创业。他把自己打拼了多年的乐动全权交给了他最信任的合作伙伴，为了让乐动持续更好地发展，他退出了对乐动的管理，毅然决然独自去到中国发展最快的城市——深圳，从零开始，再创业。

关于选址，吴强认为最好选在行业氛围最浓的地方。在电商领域，因为做的是全球生意，发展最快的是跨境电商，在中国，跨境电商氛围最浓的地方是深圳，深圳做跨境电商最密集的区域是龙岗区坂田街道。2019年年底，吴强在深圳龙岗区坂田街道成立了深圳可可猫科技有限公司（以下简称可可猫），刚启动运营不久就遇上新冠疫情。因此，可可猫也几乎是在居家办公的大环境下启动的，但这并不影响吴强作为一个持续创业者的行动力与激情，恰恰相反，在接下来的创业过程中，他保持时刻谨慎，对每一步决策都更加深思熟虑。

选择大于努力，此时的吴强，在创业理念上有了很大改变，他开始注重对万物规律的研究，开始跳出固有思维和舒适区去客观地看待问题。

再创业的吴强深知：创业最好一开始就选择市场较大的行业进入，找到时代的新经济增长点。服装行业市场广阔，最大的服装需求人群是女性，女装中最大的类目是运动休闲和快时尚，因此吴强选择在运动休闲和快时尚女装中找到成长最快的更加细分的领域，快速切入并扎根。跟随远比创新重要，吴强选择做的是花大量时间找到适合自己做的爆品，然后快速完全复制，同时对品牌和审美有超越市场要求的严格追求，坚持这种商业思路的战略定力为他后期爆发式的增长提供了最原始的机会价值。

每个人的时间精力都很有限，创业应该永远聚焦于最核心的价值点，在选择销售渠道上，当时所有跨境电商平台中最好的是亚马逊，亚马逊所有的站点里最大的是北美站，于是吴强选择只做亚马逊的北美站，他这次做到比以往更加极致地聚焦核心赛道。

与智者同行比要去的远方更重要，向上社交，不断破圈，吴强来到深圳，这里有他的人生智囊团，很多极具智慧的朋友都聚集在这座高速发展的一线城市。到深圳以后，吴强没有立刻启动业务，而是选择向跨境电商领域做得最好的几位朋友学习，在这段为期不长的学习阶段，朋友们给了他非常大的帮助，这段宝贵的经历也给了他优雅的过渡，让他不急于求成，让"转型"的时间足够长。吴强后来回忆道，路上这些朋友的恩情，他将用余生来感恩回报！

亚马逊是一个竞争非常激烈的赛道，也是内部体系最成熟的平台，在再创业初期，事以密成，吴强谦虚低调，埋头苦干，很少跟外界交流，他知道这段时期需要全身心投入平台的研究和产品的沉淀，同时还要非常小心地保护好自己的商业秘密。事业需要什么品格的自己，自己就变成具备这些品格的人，吴强发挥了作为一名合格创业者该有的适应力。

亚马逊也是一个爆发力非常强的赛道，三分靠运营，七分靠选品，吴强把自己大部分的时间用在了打磨产品上，他相信，少就是多，慢就是快，在市场调研、产品开发、供应链管理、运营节奏把控与创业团队激励管理等领域精耕细作，真正用心打磨好每一个环节的细节，日积月累，就会迎来自己的突破。吴强始终坚持做正确的事，并踏实持续践行。2022年，可可猫在亚马逊休闲瑜伽裤的细分类目首次超越竞争者做到类目第一，实现单品月销售100万美元的突破。

2023年，在一个细分类目的商业模型稳定以后，吴强由点到线地扩大业务线。

做亚马逊的壁垒在于公司的综合能力要非常强，各个环节不能有短板，吴强开始建立完善的公司组织架构，并通过大量招聘、筛选出岗位领域内最专业的人才加入，并用1~2年时间沉淀团队，通过专业人才来弥补自身的短板，并开始拓展新的业务线。

吴强说选择行业是所有创业者的基本功，与需要解决功能性"痛点"的骑行产品不同，服装更多需要在消费者看到衣服以后的第一时间勾起视觉"痒点"，快速让消费者幻想自己穿上这件衣服以后感到非常漂亮，因此吴强借助在 TikTok、Instagram、YouTube、Facebook 等主流社交平台对服装的视觉"痒点"进行种草，以相关 KOL 的展示流量的加持，持续打造"线性"爆品，于 2023 年做到营收突破 2 亿元。

吴强多次连续创业都有不错的成绩，被人称为马拉松式的创业者。但他们时刻保持危机感。吴强感慨道："今天的成绩，是无数老师同学的一路帮扶才得来的，我无比感恩。我知道，每位员工的背后都有一个家庭，这个营业额并不让人满意，这是一次负重远行的新征程。"在亚马逊中，年销售额过亿元的单品数不胜数且层出不穷，吴强认为自己还远远跟不上身边很多优秀卖家的成长，很多学弟学妹的成长得比他快多了，自己的短板还有很多；很多时候，要战胜的不仅仅是竞争者，还有自己，需要不断突破自我，不断彻悟让自己通透，最后做自己。之前吴强想着把企业做大，但现在他规划在未来的路上，要努力把公司做小，提高效率，努力打造一个真正小而美的幸福型公司。吴强认为，做好一份事业没有捷径，遵循自然、人性和商业的规律，努力让人生中多数重要环节不偏离规律。创业前辈们说的话都是最朴实简单的，创业者只需要严格践行他们说的话，在身体、家庭和事业上追求长期价值，形成复利增长，最终会对社会、家庭和自己有一个满意的交代。

吴强的创业经历实质上是一个不断探索商业模式的过程，从最早开武术培训班到后来开教育培训机构，吴强很快完成了第一桶金的积累，随后他选择进入国内知名的教育培训机构学大教育一边工作一边寻找创业机会。吴强在去义乌看大学同学时第一次接触了跨境电商，开始了他艰辛的跨境电商创业历程。此前，吴强在跨境 B2C 领域已小有名气，他和另外 3 名创业者成立了义乌市乐动进出口有限公司，打造西骑者（West Biking）品牌，在 Alibaba 国际站、淘宝、天猫和京东平台深耕，取得了骄人的业绩。之后吴强走出舒适区，只身闯入深圳从零开始再次创业，投市场所好，用心打磨产品，快速成长。吴强的创业经历对于创业者如何开创自己的事业也提供了很好的参考和借鉴作用。吴强在创业之初选择进入自己比较熟悉的教育培训行业完成了原始资本积累，然后他通过对创业机会的把握成立了跨境电商公司。在随后的创业过程中，吴强同样在不断探索新的市场进入模式，高效地整合资源，使自身价值得到不断提升。

资料来源：根据相关网络资料整理。

吴强的创业经历表明在创业初期选好创业项目进入市场是成功创业的第一步。对于创业者而言，该选择什么样的市场以及如何进入市场，进入市场后会涉及哪些问题？本章就从新企业的市场进入模式、创建新企业的相关法律和新企业选址方面介绍如何创建新企业。

## 10.1　新企业的市场进入模式

当创业者发觉创业机会并做出评估选择后，就进入了企业的创建阶段。要创建企业首先要考虑的就是市场的进入模式。所谓**市场进入模式（Market Entry Mode）** 是指企业在选定目标市场之后，进入目标市场时所使用的方式。现有的市场进入模式大致有三种，分别是新建企业、收购现有企业和特许经营。每种方式又各有利弊，具体选择哪种方式开始创业，取决于创业者具有的资源与创业条件。

### 10.1.1　新建企业

对于创业者来说，**新建企业（Create Enterprise）** 是创业者进入市场最常见的方式。如果创业者能发现市场中存在尚未满足的需求，通过整合资源能提供产品或服务来满足该需求，那么这是新建企业最好的进入方式；当然也可以通过对市场现有产品或服务存在的问题进行改进，提供新的产品或服务进入市场来满足尚未完全满足的需求来新建企业。

新建企业对于创业者来说往往在前期要面临极大的困难，新建企业需要筹集大量的资金，这就需要创业者具有较好的风险承受能力，因为新建的企业进入市场不仅要面对市场的不确定性，还要面临自身因为资源与能力的缺陷带来的风险。新建企业后需要寻找新的客户并建立新的客户关系。新建的企业进入市场后可能还会面临行业中原有企业的竞争压力，市场中原有企业可能会对新建的企业设置进入障碍，甚至会对新建的企业进行有针对性的打压策略。

新建企业对于创业者来说具有较大的个人自由，创业者可以根据自身的经验和知识选择自己喜欢和热爱的领域。某些时候创业者也有可能以较低的成本新建企业，在经营过程中也可以选择新的企业经营方式。对于创业者来说，如果在市场中遇到一些风险，也可以凭借自身的知识和经验较好地调整行为和方向，从而将新建企业的风险控制在较低的水平。

### 10.1.2 收购现有企业

当创业者发现创业机会并准备进入某一市场却没有相关企业经营经验或创业者有资金但是没有市场渠道时，通过**收购（Purchase）**一家现有企业，利用现有企业的技术、市场，能够很快地建立客户关系、开发业务，快速实现创业者的创业梦想。收购现有企业可以节省创业者在新建企业初期所花费的时间、人力和金钱。创业者在收购现有企业时可以充分利用现有企业的资源减少新建企业必须面对的不确定性。

收购现有企业要注意的问题是要选择合适的收购对象，了解其出售企业的动机，评估其市场价值。当创业者找到一家感兴趣的现有企业时，要弄明白该企业出售的原因，要仔细研究其业务并调查其市场，探究各项业务的走向，认真研究该企业将面临的竞争、市场环境、消费者特征等。

对于一家要出售的现有企业，创业者必须考虑以下这些问题。

(1) 该企业所有者为什么要出售它？
(2) 自己为什么要购买该企业？
(3) 该企业的市场前景如何？将会面临怎样的竞争？
(4) 自己是否有能力经营该企业？
(5) 该企业的经营方式是否适合当前的环境？
(6) 该企业的财务状况、组织构架、盈利能力如何？

#### 1. 收购的主要类型

(1) 按照支付方式分类，收购可分为资产收购和股份收购。资产收购是指买方购买一家企业部分或全部的资产。股份收购则是指买方直接或间接购买一家企业的部分或全部股份，从而成为被收购企业的股东，相应地承担企业的债务。

(2) 按双方行业关联性分类，收购可以分为横向收购、纵向收购和混合收购。横向收购是指同属于一个行业或产业，生产或销售同类产品或服务的企业之间发生的收购行为。实质上，横向收购的目的在于消除竞争者，扩大市场份额，增加买方的实力或形成规模经济效应。纵向收购是指生产过程或经营环节紧密相关的企业之间的收购行为，这些企业生产同一种产品，但处于不同生产阶段，收购双方往往是原材料供应商或产成品购买者。混合收购是指生产和经营彼此没有关联的产品或服务的企业之间的收购行为。

（3）按持股对象是否确定分类，收购主要包括要约收购和协议收购。要约收购是指买方为了取得上市公司的控股权，向所有股份持有者发出购买该上市公司股份的收购要约，收购该上市公司的股份。收购要约要写明收购价格、数量、期限等收购条件。协议收购是指由买方与上市公司特定的股份持有者就收购股份的条件、价格、期限等有关事项达成协议，完成收购。

（4）按照预定收购企业的股份数量分类，收购可分为部分收购和全面收购。部分收购是指买方向企业全体股东发出收购要约，收购按照一定比例的股份而获取企业控制权的行为。全面收购是指计划收购目标企业的全部股份。

### 2. 收购的程序

对于创业者来说，如何收购一家现有企业？首先要考虑创业者自身的能力，在对自身能力评估的基础上选择合适的目标收购企业，通过对目标收购企业信息情报的收集分析收购的可行性，接着向目标收购企业发出收购意向，在获得目标收购企业同意的情况下签订收购意向书，接着聘请专业的评估审计机构工作人员对目标收购企业进行审查，确定是否收购。最后如果确定收购就需要和目标收购企业谈判，签订收购协议，重组目标收购企业。

### 3. 购买现有企业的利弊

对于创业者来说，一方面，购买现有企业相对于自己新建企业，风险相对较低，在购买现有企业的时候也可以选择创业者熟悉的领域，同时现有企业已经产生现金流，已经在市场中建立了稳定的供应商和客户网络，和银行等金融机构有了较好的关系，有了较好的融资平台和渠道，现有企业已经有现成的产品或服务、现成的经营方式、现成的员工和企业名称，甚至可能有不错的经营地点。另一方面，收购现有企业可能要面对其所有者有可能隐瞒了出售的真实原因：企业产品或服务有可能处于衰退的市场或者企业发展潜力可能有限，在收购现有企业的同时可能还要承担企业原有的债务，企业产品有可能陈旧或过期等。

 阅读案例 10-1

## 滴滴出行收购优步中国案例

2016年8月1日，滴滴出行宣布与优步中国达成战略协议，这也是当时备受瞩目的一个收购案。这一消息和随后的一系列举动，聚集了业内的无数目光和广大民众的关注。

2012年，程维（滴滴出行创始人兼现任 CEO）创立了北京小桔科技有限公司，并推出滴滴打车（以下简称滴滴），一经出现就带来了一场出行方式的变革。传统打车普遍是在路边招手，或者是电话叫车，这两种方式受到天气、路段、时间等因素的影响很大，因此滴滴使用手机 App 打车的方式率先得到了移动互联网用户的拥护，并且迅速向各类人群扩展。2015年2月14日，滴滴和其竞争者快的联合发布声明宣布实现战略合并。2015年5月，滴滴获得了来自新浪微博的 E 轮融资 1.42亿美元，同年9月，"滴滴打车"更名为"滴滴出行"。毫无疑问，当时的滴滴已经是中国打车行业的巨头了。

优步起源于美国硅谷，成立于2009年，创新使用"互联网＋交通大数据"的出行解决模式，构建起全球第一家通过智能手机应用软件实现一键实时叫车服务的互联网平台。为了实现全球业务的扩张，2014年2月，优步进驻中国市场，推出"优步中国"App迅速开拓了数十座一二线城市的市场。2014年8月，优步中国推出了低价专车业务"人民优步"，以此攻取中国市场，短时间内就占领相当的市场份额，和滴滴形成了分庭抗礼之势。两年间，优步中国扩张迅速，已经覆盖到中国50多座城市，并计划在2016年年底扩展到中国100座城市。

为了占据更高的市场份额，滴滴和优步中国通过大规模"烧钱"补贴司机以及降低乘车价格来吸引客户。从2015年开始，双方的"烧钱大战"拉开了序幕。滴滴自从2015年2月和快的合并后，其业务遍及全国400多座城市，其官方公布的数据显示，截至2015年，滴滴已经在半数城市实现了盈利。反观优步中国，业务的急速扩张和与滴滴出行的竞争，使其2015年在中国亏损逾10亿美元，并且优步中国每年至少花费10亿美元来扩张中国市场。

正在大家都愉快地享受着当时低价打车的服务时，2016年8月1日，滴滴正式宣布与优步中国达成战略协议。该协议具体包括如下内容。

（1）滴滴收购优步中国的品牌、业务、数据等全部资产。

（2）双方达成战略协议后，滴滴和优步总公司将相互持股，成为对方的少数股权股东。优步总公司将持有滴滴5.89%的股权，相当于17.7%的经济权益，优步中国的其余中国股东将获得合计2.3%的经济权益。

（3）滴滴创始人兼CEO程维加入优步董事会。优步创始人卡兰尼克也加入滴滴董事会。

滴滴对优步中国的收购使得滴滴拥有更强大的资源和资金支持。滴滴能够更好地利用两家企业的资源和资金优势，加大技术研发、服务提升等方面的投入。这种资源整合不仅提高了滴滴的竞争力，也为消费者提供了更好的服务体验。

2018年，滴滴持续拓展业务布局，打造多元化商业版图。收购巴西本地移动出行服务商，开始布局国际业务，后陆续进入墨西哥、澳大利亚等市场，截至2023年3月，滴滴的业务已覆盖全球15个国家。

2023年，伴随目前国内消费市场出行需求的逐渐旺盛，滴滴新增快送和租车业务。截至2023年3月，滴滴在全球有5.87亿名年活跃用户，2 300万名年活跃司机。滴滴内部调研结果显示，截至2023年4月，中国销售的小型电动汽车中，每5辆就有1辆在滴滴注册，每月在滴滴活跃的电动汽车超过100万辆。

滴滴收购优步中国，再次证实了国外互联网企业进军中国就陷入困境的魔咒，此前的雅虎、亚马逊、ebay、谷歌等无一幸免。

资料来源：根据相关网络资料整理。

小思考

1. 滴滴为什么会选择收购优步中国？
2. 优步进军中国市场为什么会失败？
3. 你觉得这场收购案对用户和企业分别有什么影响？

### 10.1.3 特许经营

#### 1. 特许经营的定义

**特许经营**（Franchising）是目前在全世界流行的一种新型组织经营模式。所谓特许经营是特许权人和被特许人之间的合同关系，在这个合同中，特许权人提供或有义务在诸如技术秘密和训练员工方面维持其对特许经营业务活动的利益；而被特许人获准使用由特许权人所有的或者控制的共同的商标、商号、企业形象、工作程序等。相对于新建企业和收购现有企业而言，取得某种商品或某个市场进行经营的特许经营权是创业者进入市场风险最小的一种方式。

### 2. 特许经营的特征

特许经营是以特许经营权的转让为核心的一种经营方式，其本质特征可以从以下 3 个方面来理解。

(1) 特许经营是利用自己的专有技术与他人的资本相结合来扩张经营规模的一种商业发展模式。因此，特许经营是技术和品牌价值的扩张而不是资本的扩张。

(2) 特许经营是以经营管理权控制所有权的一种组织方式，被特许人可以投资成立特许加盟店而对该店铺拥有所有权，但该店铺的最终管理权仍由特许权人掌握。

(3) 成功的特许经营应该是双赢模式，只有让被特许人获得比单体经营更多的利益，特许经营关系才能长期有效维持。

### 3. 特许经营费用

(1) 加盟费（也称首期特许费）：是特许权人将特许经营权授予被特许人时所收取的一次性费用，它包括被特许人获得使用特许权人开发出来的商标、专有技术等所支付的费用，体现了被特许人所得到的各种好处的价值。

(2) 特许权使用费（权利金）：被特许人在使用特许经营权过程中按一定的标准或比例向特许权人定期支付的费用。

(3) 保证金：为确保被特许人履行特许经营合同，特许权人可要求被特许人交付一定的保证金，该合同期满后，被特许人没有违约行为，保证金应退还给被特许人。

(4) 其他费用：特许权人根据特许经营合同为被特许人提供相关服务而向被特许人收取的费用，如店铺设计及施工费、培训费、广告宣传费、设备租赁费、财务业务费、意外保险费等。

### 4. 特许经营的优缺点

对于创业者来说，选择特许经营方式创业的优点有：开办风险较低，开办成本透明，创业者可以很好地筹划自己的创业活动；此外，一般而言，特许经营方式下的产品或服务已有较好的市场，产品或服务的营销方案也在长期的实践经营过程中得以证明，特许权人有较为健全的培训机制对创业者和员工进行培训。同时选择特许经营方式创业也存在一些不足，具体表现在：创业者的决策力受到限制，一般创业者不能擅自改变特许经营的商业模式；特许经营费用会导致创业者的利润减少，因为选择特许经营往往需要交纳加盟费、特许权使用费、保证金等费用；特许经营的创业者对特许权人的依赖性较强，一旦特许权人失去市场，创业者也就失去了市场。

 阅读案例 10-2

## 7-11 便利店的特许经营

7-11 便利店诞生于美国得克萨斯州达拉斯市，前身是成立于 1927 年的南大陆制冰公司。在电冰箱未普及的年代，冰块成为冷藏界的首选明星。1946 年，当时在南大陆制冰公司卖冰块的戈林致力于改善服务,大胆做出店铺每日营业16个小时的决定,赢得当地居民的一致好评。为把服务做到极致,戈林详细地查访居民的喜好及需求,意外地发现,除了冰块,居民们希望他能够销售多样化的生活用品,比如牛奶、鸡蛋、面包等。因此,戈林提议南大陆制冰公司为他负责的店铺提供更多便利商品,并获得该公司的首肯。就这样南大陆制冰公司不仅销售冰块,而且开始销售牛奶、鸡蛋、面包等商品,开创了新的经营领域和利益增长点,被誉为美国便利店的萌芽。最初额外销售生活用品店铺被称为"图腾店",放在该店铺旁边的图腾柱成为其标志。由于该店铺的营业时间是从早上7点开始到晚上11点结束,因此1946年南大陆制冰公司正式将"图腾店"改名为"7-ELEVEn"(7-11便利店),从此真正揭开了便利店时代的序幕。

1973年,日本零售业经营者伊藤洋华堂同美国南大陆制冰公司签订地区性特许经营协议,获得7-11便利店在日本的特许经营权。1974年,日本第一家7-11便利店在东京开业,从1975年开始变更为24小时全天候营业,由此逐步发展成为在日本广受欢迎的连锁便利店。截至1990年,伊藤洋华堂已将4 000家7-11便利店开遍日本各地。7-11便利店在日本取得成功的同时,在美国却徘徊在生死边缘。1991年,由于多元化扩张失败、大型购物中心和折扣店的恶性竞争等原因,美国南大陆制冰公司无奈破产重组。这时,伊藤洋华堂公司的子公司7-ELEVEn Japan及其合作伙伴收购了该公司72.7%的股份。1999年,美国南大陆制冰公司更名为"7-ELEVEn,Inc.",也成为7-ELEVEn Japan的子公司。2005年9月1日,伊藤洋华堂成立新公司7&I控股,统一管理伊藤洋华堂、7-ELEVEn INC.及7-ELEVEn Japan,并于2005年11月9日正式完成收购7-ELEVEn,Inc.的全部股权,使这家美国公司成为其全资子公司,同时也自美国证券市场退市。

7-11便利店在中国的业务拓展也态势迅猛。1992年,7-11便利店在深圳开设5间店铺,开始进入中国市场,以自营的方式和出售区域特许经营权的方式在中国开展特许经营业务。2008年,柒一拾壹(中国)投资有限公司成立,为7-ELEVEn Japan的全资子公司。截至2019年,7-11便利店的中国门店数为8 803家,在广州、深圳、东莞、珠海、佛山、中山、江门、惠州等八大地区的分店总数超过800多家,毫无疑问是广东省便利店市场的领导者。但由于市场竞争比较大,再加上加盟费和运维费高于其他便利店,店铺数量逐渐减少。截至2023年,7-11便利店在中国的门店数为3 906家,于2004年进入中国的全家便利店的门店数为2 707家,于1996年进入中国的罗森便利店的门店数则为6 330家。有关数据显示,成立于2016年的国内便利店便利蜂也有1 510家店。从单店营收来看,7-11便利店2021年在中国单店平均销售总额为274万元。截至2024年3月31日,7-11便利店遍及全球30个国家或地区,门店总数达84 762家。

按照7-11便利店总部对于店铺营业面积有规定,每家店的面积在50平方米至128平方米之间。商店的商品构成为:生活用品、烟酒、便利食品、快餐、医药品等。便利店门店的商圈为300米,经营品种达3 000种,都是比较畅销的商品。另外,总部每月要向便利店门店推荐80个新品种,使经营的品种经常更换,能给顾客新鲜感。便利店门店内部的陈列布局,由总部统一规定、设计。便利店门店的建设、管理遵循四项原则:(1)必需品齐全;(2)实行鲜度管理;(3)店内保持清洁、明快;(4)亲切周到的服务。

据了解,加入7-11特许经营体系的程序如下。

1. 接待希望加入的潜在特许人

负责接待的总部人员为了能使来访者更了解7-11便利店的特许经营制度,向其仔细介绍相关情况,并与之认真协商。

2. 选址和签约

(1)调查店址。

为确定能否作为便利店门店营业场所,总部要进行商圈、市场等方面的详尽调查,并将搜集的数据和地址认真地加以分析、研究。

(2)说明特许经营合同的内容。

就特许经营权的各项内容和规定,逐条解释说明。

(3) 签订特许经营合同。

在申请人充分研究了业务内容和合同内容,并决定加入以后,正式签订特许经营合同。

3. 设计便利店门店的装修风格

便利店门店的规划、设计,都是在设计部门详细研究了对顾客的经营对策以后,给予定制的装修设计方案。

4. 签订建筑承包合同

便利店门店的设计完成后,总部负责介绍建筑施工公司,并负责签订建筑承包合同,同时提供融资咨询。

5. 准备开业

在施工的同时,订购各种设备和柜台,并进行店内布局设计,操作手册制作和促销准备工作。

6. 店主培训

就开业所必需的准备事项、计算机系统的操作管理、商店运营技巧等,对店主进行培训指导,使其达到真正掌握的程度。关于开业前的商品进货和陈列,总部会派相关人员亲临门店,选择供应商,提供进货信息,传授陈列技巧。

7. 交钥匙

在开业前一天,将便利店门店的钥匙与竣工证书一同交给店主。

8. 开业

将开业的广告宣传品通过各种途径发放。

9. 开启信息系统

连通便利店门店的计算机终端与总部的主机,指导和支持便利店门店的运营。

10. 现场支持

现场支持人员对各便利店门店进行巡回指导,及时发现便利店门店经营中可能出现的问题并协助店长解决。

不得不说,7-11便利店在中国市场的成功是离不开其特许经营的业务开展方式的。近几年来,各个行业的连锁经营店如雨后春笋般冒出来,十分火热,与其自立品牌从头做起,不少创业者更愿意以加盟连锁店获得其特许经营权的方式来创业。

资料来源:根据相关网络资料整理。

 小思考

1. 相较于自主创业,获得特许经营权的方式有什么优缺点?
2. 这种方式在操作过程中可能出现哪些问题?该怎样解决?
3. 如果是你,你愿意加盟类似于7-11便利店的连锁店吗?

## 10.2 创建新企业的相关法律

### 10.2.1 与新企业相关的法律问题

创建新企业时,创业者必须做出的第一个决策是新企业准备采用什么样的法律形式,但这个决策并不是一成不变的。随着时间的推移,企业的发展和运作方式发生变化,都可能使企业的法律形式做出调整。创建新企业涉及的法律问题相当复杂,对创业者而言,最重要的是认识到这些问题,以免因法律知识的缺乏而给新企业带来沉重的打击,甚至夭折。一个新企业面临的法律问题大致与知识产权、合同、税收等方面有关。

### 1. 知识产权

**知识产权**(Intellectual Property Rights)是指权利人对其智力劳动所获得的成果享有的财产权利。知识产权是一种无形财产权,受到国家法律的保护,具有价值和使用价值。专利权、商标权、著作权等都是知识产权。

(1) 专利权。

专利是受法律规范保护的发明创造,专利权是指一项发明创造的发明人或设计人向国家审批机关提出专利申请,经依法审查合格后向其授予的在规定的时间内对该项发明创造享有的独占权。专利权是一种专有权,这种权利具有独占的排他性。非专利权人要想使用他人的专利技术,必须依法征得专利权人的同意或许可。《中华人民共和国专利法》将专利分为三种,即发明专利、实用新型专利和外观设计专利。

(2) 商标权。

商标是用来区分一个经营者的商品或服务和其他经营者的商品或服务的标志。《中华人民共和国商标法》规定,经商标局核准注册的商标为注册商标,包括商品商标、服务商标、集体商标和证明商标,商标注册人享有商标专用权,受法律保护。

商标权是指通过确保商标注册人享有用以标明商品或服务,或者许可他人使用以获取报酬的专用权,这使商标注册人受到保护。商标权使商标注册人获得承认和经济效益,而对人们的积极和进取精神起到促进作用。商标权还可阻止诸如假冒者之类的不正当竞争者用相似的标志来推销低劣或不同产品或服务的行为。

(3) 著作权。

著作权,又称版权,是指自然人、法人或者其他组织对文学、艺术和科学作品享有的财产权利和精神权利的总称。著作权的取得有两种方式:自动取得和登记取得。《中华人民共和国著作权法》规定,作品创作完成就自动有著作权。所谓完成,是相对而言的,只要创作的对象已经满足法定的作品构成条件,即可作为作品受到《中华人民共和国著作权法》保护。我国著作权法中所称的作品,是指文学、艺术和科学领域内具有独创性并能以一定形式表现的智力成果,包括以下 9 类。

① 文字作品;
② 口述作品;
③ 音乐、戏剧、曲艺、舞蹈、杂技艺术作品;
④ 美术、建筑作品;
⑤ 摄影作品;
⑥ 视听作品;
⑦ 工程设计、产品设计图、地图、示意图等图形作品和模型作品;
⑧ 计算机软件;
⑨ 符合作品特征的其他智力成果。

### 2. 合同

**合同**(Contract)是民事主体之间设立、变更、终止民事法律关系的协议。依法成立的合同，受法律保护。对于创业者而言，在开始创建新企业的时候就涉及大量的合同，特别是新企业开始生产经营，就会涉及与供应商、客户等签订合同的事项，这就要求创业者要了解我国与合同相关的法律法规。

3. 税收

税收是国家为向社会提供公共产品，满足社会公共需要，参与社会产品的分配，按照法律的规定，强制地、无偿地取得财政收入的一种特定分配方式。税收与其他分配方式相比，具有强制性、无偿性和固定性的特征。创业者应当了解我国基本的税收知识和相关法律法规，明白自己和企业的纳税义务是非常必要的。税收主要有以下 5 种。

（1）流转税。流转税是以纳税人商品生产、流通环节的流转额或者数量以及非商品交易的营业额为课税对象征收的一类税收。流转税是我国税制结构中的主体税类，目前包括增值税、消费税、关税等。

（2）所得税。所得税亦称收益税，是指国家对法人、自然人和其他经济组织在一定时期内的各种所得征收的一类税收。所得税也是我国税制结构中的主体税类，目前包括企业所得税、个人所得税等。

（3）财产税。财产税是指以法人或自然人在某一时点占有或可支配的财产为课税对象的一类税收，包括遗产税、房产税、契税、车辆购置税和车船使用税等。

（4）行为税。行为税是指以纳税人的某些特定行为为课税对象的一类税收。我国现行税制中的城市维护建设税、固定资产投资方向调节税、印花税、屠宰税和燃油税都属于行为税。

（5）资源税。资源税是指对在我国境内从事资源开发的单位和个人征收的一类税收。我国现行资源税税目包括能源矿产、金属矿产、非金属矿产、水气矿产、盐。

**10.2.2 新企业的法律形式**

目前我国可以登记的企业形式有：个人独资企业、合伙企业、公司制企业（有限责任公司、股份有限公司）等。不同的法律形式有各自的优缺点，创业者应当结合经营的项目和企业的战略选择合适的企业法律形式。

1. 个人独资企业

**个人独资企业（Individual Proprietorship Enterprises）**，简称独资企业，是指由一个自然人投资，全部资产为投资人所有的营利性经济组织。独资企业是一种很古老的企业形式，至今仍广泛运用于商业经营中，其典型特征是个人出资、个人经营、个人自负盈亏和自担风险。

（1）成立个人独资企业应具备的条件。

《中华人民共和国个人独资企业法》规定，成立个人独资企业应具备以下五个条件。

① 投资人为一个自然人，法律、行政法规禁止从事营利性活动的人，不得作为投资人申请设立个人独资企业；

② 有合法的企业名称；

③ 有投资人申报的出资；

④ 有固定的生产经营场所和必要的生产经营条件；

⑤ 有必要的从业人员。

(2) 个人独资企业的优缺点。

个人独资企业的优点体现在：企业设立、转让和解散等相关手续相对简单，仅需向登记机关登记即可；投资人独资经营，制约因素较少，经营方式灵活，能迅速应对市场变化；利润归投资人所有，不需要与其他人进行分享；在技术和经营方面易于保密，利于保护其在市场中的竞争地位；若因个人努力而使企业获得成功，则可以满足个人的成就感。

个人独资企业也有一些不足，主要体现在：当个人独资企业的财产不足以清偿债务时，投资人将依法承担无限责任，必须以其个人的其他财产予以清偿，在申请企业设立登记时明确以其家庭共有财产作为个人出资的，应当依法以家庭共有财产对企业债务承担无限责任，因此经营风险较大；一般来说，个人独资企业因受信用的限制，不易从外部获得资金，所以如果投资人资本有限或者经营能力不强，则企业的经营规模难以扩大；一旦投资人遇上意外事故身亡或者犯罪、转业、破产，则个人独资企业也随之不复存在。

### 2. 合伙企业

**合伙企业**（Partnership Enterprises），是指自然人、法人和其他组织依照《中华人民共和国合伙企业法》在中国境内设立的，由两个或两个以上的合伙人订立合伙协议，为经营共同事业，共同出资、合伙经营、共享收益、共担风险的营利性组织，包括普通合伙企业和有限合伙企业。

(1) 合伙企业成立的条件。

根据法律规定，设立合伙企业必须具备以下 5 项条件。

① 有两个以上的合伙人，合伙人为自然人的，应当具有完全民事行为能力；

② 有书面的合伙协议；

③ 有合伙人认缴或者实际缴付的出资；

④ 有合伙企业的名称；

⑤ 有经营场所和从事合伙经营的必要条件。

法律法规禁止从事营利性活动的人，不得成为合伙企业的合伙人。合伙人可以用货币、实物、知识产权、土地使用权或者其他财产权利出资，也可以用劳务出资。对货币以外的出资需要评估作价，可以由全体合伙人协商确定，也可以由全体合伙人委托法定评估机构进行评估。

合伙协议是合伙企业成立的依据，也是合伙人权利和义务的依据，必须以书面形式确定，同时需要全体合伙人签名、盖章方能生效。合伙人依照合伙协议享有权利，并履行义务。合伙协议的补充或者修改应当经全体合伙人一致同意，合伙协议另有约定的除外。

(2) 合伙企业的优缺点。

对于合伙企业而言，由于投资人较多，扩大了资本来源并提高了企业信用评级；同时由于每一个合伙人具有不同的专长和经验，能够发挥团队作用，增强企业的经营管理能力；资本实力信用评级和经营管理能力提高，使企业扩大经营规模的可能性变大。但是合伙企业自身也存在一些不足，例如在合伙企业存续期，如果某一个合伙人有意向合伙人以外的人转让其在合伙企业中的全部或部分财产时，必须经过其他合伙人的一致同意。当合伙企业以其财产清偿合伙企业债务时，其不足部分，由各合伙人用其在合伙企业投资以外的个人财产承担无限连带清偿责任。尽管合伙企业的资本来源以及信用评级相对个人独资企业有优势,但其融资能力仍然有限,不易充分满足企业进一步扩大生产规模的资本需要。

### 3. 公司制企业

**公司制企业**(Corporate Enterprises)是指一般以营利为目的,从事商业经营活动或为某些目的而成立的组织。根据现行《中华人民共和国公司法》(以下简称公司法),其主要形式为有限责任公司和股份有限公司。上述两类公司均为企业法人,有独立的法人财产,享有法人财产权。公司以其全部财产对公司的债务承担责任。公司的合法权益受法律保护,不受侵犯。有限责任公司最显著的特征是,股东以其认缴的出资额为限对公司承担责任。股份有限公司区别于有限责任公司的最为重要的特征是:其全部资本分为等额股份,股东以其认购的股份为限对公司承担责任。

(1) 设立有限责任公司的条件。

有限责任公司又叫有限公司,是由法律规定的一定人数的股东组成,股东以其认缴的出资额为限对公司承担责任。设立有限责任公司的程序相对简单,只要符合公司法规定的法定人数,缴足出资额,由股东共同制定公司章程,有名称和住所,办理登记注册手续,经政府主管机关核准,公司即成立,并取得法人资格。一般来说,有限责任公司的设立,应具备下列条件。

① 股东符合法定人数。

公司法规定,有限责任公司由 1 个以上 50 个以下的股东出资设立。

② 有符合公司章程规定的全体股东认缴的出资额。

a. 注册资本。有限责任公司的注册资本为在公司登记机关登记的全体股东认缴的出资额。全体股东认缴的出资额由股东按照公司章程的规定自公司成立之日起 5 年内缴足。法律、行政法规以及国务院决定对有限责任公司注册资本实缴、注册资本最低限额、股东出资期限另有规定的,从其规定。

b. 股东出资方式。股东可以用货币出资,也可以用实物、知识产权、土地使用权、股权、债权等可以用货币估价并可以依法转让的非货币财产作价出资;但是,法律、行政法规规定不得作为出资的财产除外。实物出资是指以房屋、机器设备、工具、原材料、零部件等有形资产的所有权出资。知识产权出资是指以无形资产,包括著作权、专利权、商标权、非专利技术等出资。对作为出资的非货币财产应当评估作价,核实财产,不得高估或者低估作价。法律、行政法规对评估作价有规定的,从其规定。

③ 由股东共同制定公司章程。

公司章程是记载公司组织、活动基本准则的公开性法律文件。设立有限责任公司必须由股东共同依法制定公司章程。股东应当在公司章程上签名或者盖章。公司章程对公司、股东、董事、监事、高级管理人员具有约束力。公司章程所记载的事项可以分为必备事项和任意事项。必备事项是法律规定的在公司章程中必须记载的事项,或称绝对必要事项;任意事项是由公司自行决定是否记载的事项,包括公司有自主决定权的一些事项。

根据公司法的规定,有限责任公司章程应当载明下列事项:a. 公司名称和住所;b. 公司经营范围;c. 公司注册资本;d. 股东的姓名或者名称;e. 股东的出资额、出资方式和出资时间；f. 公司的机构及其产生办法、职权、议事规则；g. 公司法定代表人的产生、变更办法；h. 股东会认为需要规定的其他事项。

④ 有公司名称，建立符合有限责任公司要求的组织机构。

公司的名称是公司的标志。公司设立自己的名称时，必须符合国家有关规定，公司的名称权受法律保护，并应当经过公司登记管理机关进行预先核准登记。公司应当设立符合有限责任公司要求的组织机构，即股东会、董事会或者执行董事、监事会或者监事等。

⑤ 设立公司必须有住所。

没有住所的公司，不得设立。公司以其主要办事机构所在地为住所。

（2）设立股份有限公司的条件。

设立股份有限公司，应具备下列 6 项条件。

① 发起人符合法定人数。发起人是依法筹办股份有限公司事务的人。股份有限公司不可能凭空自己出现，它的设立需要有一定的人来具体操作。公司法规定，设立股份有限公司，应当有 1 人以上 200 人以下为发起人，其中应当有半数以上的发起人在中国境内有住所。

② 有符合公司章程规定的全体发起人认购的股本总额或者募集的实收股本总额。股份有限公司的注册资本为在公司登记机关登记的已发行股份的股本总额。在发起人认购的股份缴足前，不得向他人募集股份。法律、行政法规以及国务院决定对股份有限公司注册资本最低限额另有规定的，从其规定。

设立股份有限公司，可以采取发起设立或者募集设立的方式。发起设立，是指由发起人认购设立股份有限公司时应发行的全部股份的设立公司方式。以发起设立方式设立股份有限公司的，发起人应当认足公司章程规定的公司设立时应发行的股份。募集设立，是指由发起人认购设立股份有限公司时应发行股份的一部分，其余股份向特定对象募集或者向社会公开募集的设立公司方式。以募集设立方式设立股份有限公司的，发起人认购的股份不得少于公司章程规定的公司设立时应发行股份总数的 35%。但是，法律、行政法规另有规定的，从其规定。

发起人应当在股份有限公司成立前按照其认购的股份全额缴纳股款。股份有限公司发起人的出资方式，与前文有限责任公司股东出资方式相同。

③ 股份发行、筹办事项符合法律规定。发起人为了设立股份有限公司而发行股份时，以及在进行其他的筹办事项时，都必须符合法律规定的条件和程序，不得有所违反。

④ 发起人制定公司章程，采用募集方式设立的股份有限公司的公司章程经公司成立大会通过。公司章程对公司、股东、董事、监事及高级管理人员具有约束力。由于筹办设立股份有限公司事务的人是发起人，因此公司章程也由发起人制定。由于募集设立股份有限公司除了发起人，还有其他认股人参与，因此，需要召开公司成立大会，经出席会议的认股人所持表决权过半数，通过公司章程。募集设立股份有限公司的发起人应当自公司设立时应发行股份的股款缴足之日起 30 日内召开公司成立大会。发起人应当在公司成立大会召开 15 日前将会议日期通知各认股人或者予以公告。公司成立大会应当有持有表决权过半数的认股人出席，方可举行。对于新公司，公司章程自在公司登记机关登记之日起生效。

⑤ 有公司名称，建立符合股份有限公司要求的组织机构。公司名称代表了一个特定的公司，没有公司名称，该公司就无法参与经营活动，无法受到法律保护。

⑥ 有公司住所，公司住所是指公司主要办事机构所在地。股份有限公司要进行生产经营活动，就必然与他人产生各种关系。为了便于他人与公司联系，也为了保证有关机构对股份有限公司的监管，保障投资人和债权人的合法权益，要求设立股份有限公司应当有公司住所。

（3）公司制企业的优缺点。

选择公司制企业创业的优点表现为：公司制企业的股东只承担有限责任，与个人的其他财产无关，股东还可以自由转让股权或股票而转移风险；股份有限公司上市后通过公开发行股票，提高了其社会声望，同时公司制企业可以通过发行债券的方式融资，融资能力较强；公司制企业具有独立存续时间，除非因经营不善导致破产或停业，不会因个别股东或高层管理人员的意外或离职而消失；与个人独资企业和合伙企业相比，由于公司制企业的所有权与经营管理权分离，可以聘任专职的经理人员管理，因此管理水平高，能够适应竞争激烈的市场环境。同时，公司制企业也有一些不足，主要表现为：设立的程序比较复杂，创办费用高；按照相关法律要求，股份有限公司需要定期披露经营信息，公开财务数据，容易造成商业机密的外泄；由于公司制企业是从社会吸纳资金，因此为了保护利益相关者，政府对公司制企业的限制较多，法律法规的要求也较为严格。

不同企业形式比较见表 10-1，各种企业形式的优缺点比较见表 10-2。

表 10-1 不同企业形式比较

| 项　　目 | 公司制企业 | 合 伙 企 业 | 个人独资企业 |
| --- | --- | --- | --- |
| 法律依据 | 《中华人民共和国公司法》（自 2024 年 7 月 1 日起施行） | 《中华人民共和国合伙企业法》（自 2007 年 6 月 1 日起施行） | 《中华人民共和国个人独资企业法》（自 2000 年 1 月 1 日起施行） |
| 法律基础 | 公司章程 | 合伙协议 | 无公司章程或合伙协议 |
| 责任形式 | 有限责任 | 无限连带责任 | 无限责任 |
| 投资者 | 法人、自然人 | 完全民事行为能力的自然人，法律、行政法规禁止从事营利性活动的人除外 | 完全民事行为能力的自然人，法律、行政法规禁止从事营利性活动的人除外 |
| 注册资本 | 有限责任公司的注册资本为在公司登记机关登记的全体股东认缴的出资额；股份有限公司的注册资本为在公司登记机关登记的已发行股份的股本总额 | 协议约定 | 投资者申报 |

续表

| 项　目 | 公司制企业 | 合伙企业 | 个人独资企业 |
|---|---|---|---|
| 出资 | 法定：货币、实物、知识产权、土地使用权、股权、债权 | 约定：货币、实物、知识产权、土地使用权或者其他财产权利、劳务 | 投资人申报 |
| 出资评估 | 核实资产，不得高估或者低估作价 | 可协商确定或委托法定评估机构进行评估 | 投资人决定 |
| 公司章程或合伙协议生效条件 | 在公司登记机关登记之日起生效 | 全体合伙人签名、盖章 | 无 |
| 财产权性质 | 法人财产权 | 合伙人共同所有 | 投资人个人所有 |
| 财产管理使用 | 公司机关 | 全体合伙人 | 投资人 |
| 出资转让 | 书面通知其他股东，其他股东有优先购买权 | 全体合伙人一致同意 | 可继承 |
| 经营主体 | 股东不一定参与经营 | 合伙人共同经营 | 投资人及其委托人 |
| 事务决定权 | 股东会 | 全体合伙人或遵从约定 | 投资人个人 |
| 事务执行 | 公司机关，一般股东无权代表 | 合伙人权利同等 | 投资人或其委托人 |
| 利亏分担 | 投资比例 | 约定，未约定则均分 | 投资人个人 |
| 解散程序 | 注销并公告 | 注销 | 注销 |
| 解散后义务 | 无 | 无限连带责任 | 5年内承担责任 |

表10-2　各种企业形式的优缺点比较

| 企业形式 | 优　点 | 缺　点 |
|---|---|---|
| 个人独资企业 | 企业设立、转让和解散等行为手续相对简单，仅需向登记机关登记即可；<br>投资人独资经营，制约因素较少，经营方式灵活，能迅速应对市场变化；<br>利润归投资人所有，不需要与其他人进行分享；<br>在技术和经营方面易于保密，利于保护其在市场中的竞争地位；<br>若因个人努力而使企业获得成功，则可以满足个人的成就感 | 当个人独资企业财产不足以清偿债务时，投资人将依法承担无限责任，必须以其个人的其他财产予以清偿，因此经营风险较大；<br>一般来说，个人独资企业受信用限制不易从外部获得资金，如果投资人资本有限或者经营能力不强，则企业的经营规模难以扩大；<br>一旦投资人遇上意外事故身亡或者犯罪、转业、破产，则个人独资企业也随之不复存在 |

续表

| 企业形式 | 优 点 | 缺 点 |
|---|---|---|
| 合伙企业 | 由于出资人较多,扩大了资本来源并提高了企业信用评级;<br>由于合伙人具有不同的专长和经验,能够发挥团队作用,提高企业的经营管理能力;<br>资本实力、信用评级和经营管理能力的提高,使企业扩大经营规模的可能性变大 | 在合伙企业存续期,如果某一个合伙人有意向合伙人以外的人转让其在合伙企业中的全部或部分财产时,必须经过其他合伙人的一致同意;<br>当合伙企业以其财产清偿合伙企业债务时,其不足部分,由各合伙人用其在合伙企业出资以外的个人财产承担无限连带清偿责任;<br>尽管合伙企业的资本来源以及信用评级相对个人独资企业有优势,但其融资能力仍然有限,不易充分满足企业进一步扩大生产规模的资本需要 |
| 公司制企业 | 公司制企业的股东只承担有限责任,与个人的其他财产无关,股东还可以自由转让股权或股票而转移风险;<br>上市的股份有限公司通过公开发行股票,提高了其社会声望,公司制企业可以通过发行债券的方式融资,融资能力较强;<br>公司制企业具有独立存续时间,除非因经营不善导致破产或停业,不会因个别股东或高层管理人员的意外或离职而消失;<br>与个人独资企业和合伙企业相比,由于公司制企业的所有权与经营管理权分离,可以聘任专职的经理人员管理,因此管理水平高,能够适应竞争激烈的市场环境 | 公司制企业设立的程序比较复杂,创办费用高;<br>按照相关法律要求,股份有限公司需要定期披露经营信息,公开财务数据,容易造成商业机密的外泄;<br>由于公司制企业是从社会吸纳资金,因此为了保护利益相关者,政府对公司制企业的限制较多,法律法规的要求也较为严格 |

## 10.3 新企业选址

企业选址是否合适是关系创业成败的重要因素,也是创业初期涉及的主要问题。多数情况下,创业者都是就近寻找空闲的地方作为创业地点。一个好的地理位置虽然可以使一个普通企业生存下来,但一个糟糕的地理位置却可以使一个优秀的企业失败。创业者为新企业选址需要考虑两个方面:一是选择地区,包括不同的国家和地区、一个国家的不同地理区域;二是选择具体地址,包括都市、郊区、乡间、工业区等。前者主要考虑国家、地区的经济、政治、文化、技术等总体发展状况;后者重点考察市场、资源、交通、环境等。

### 10.3.1 新企业选址的重要性

对于一个新企业来讲,选址究竟有多重要?对此问题的回答可能有很多种,但从世各地创业成功和失败的研究统计结果来看，选址的重要性是不言而喻的。据香港工业总会和香港总商会的统计，在众多开业不到 2 年就关门的企业中，由于选址不当所导致的企业失败数量占据了总量的 50% 以上。面对复杂的市场状况，如何科学合理地进行选址就变得非常重要。

新企业竞争力的内涵越来越复杂，具有多层次性。一个具有持续竞争力的企业必然受到该地区商业环境质量的强烈影响。可以想象，倘若没有高质量的交通运输基础设施，新企业就无法高效地运用先进的物流技术；假如没有高素质的员工，新企业就无法在质量和服务方面进行有效竞争。另外，社会治安、企业税率优惠、社区文化等商业环境因素也都深刻地影响着创业。

### 10.3.2 影响新企业选址的因素

新企业选址是一个较为复杂的决策过程，涉及的因素比较多，考虑的角度不同，新企业选址的决策结果就可能不一样。归纳起来，影响选址的因素主要有 5 个方面，即经济因素、技术因素、政治因素、社会因素和自然因素。其中经济因素和技术因素是对选址决策起基础性作用的因素。

#### 1. 经济因素

选择接近原料供应地区或能源动力供应充足地区的新企业具有相对成本优势。原料是企业的基本生产资料，占产品成本的比重比较大，新企业的选址靠近一个原料丰富且价格低廉的地区，可显著降低产品成本。这对于一些基础工业和半成品加工业尤为重要，但由于服务业可通过销售量的增加来抵消原料供应成本的提高（销售曲线的弹性大于成本曲线的弹性），因此对于服务业而言，原料供应并不是一个重点考虑的因素。

另外，一些需要较大的原料与能源动力供应的企业，如发电厂、钢铁厂等，必须考虑选择具有充足的原料与能源动力供应的地区，以防止原料、能源供应突然中断而造成不必要的待工损失。但服务业受此方面的约束相对较少。近年来，中国长三角和珠三角地区持续出现电荒，使得无数企业经营受损，一些企业不得不考虑将企业转移至能源动力供应比较充裕的西部地区。

新企业的选址靠近产品消费市场的地区会具有客户优势。产品消费市场容量的大小决定了企业经营的规模。新企业的选址接近产品消费市场大的地区，对提高新企业销售量有着巨大的贡献率。新企业选址接近产品消费市场还可以降低产品运输成本，加快对市场信息的反应速度，快速而灵敏地捕捉市场信息，据此进行产品的开发与生产。

服务业由于对市场变化比较敏感，因此应优先考虑接近产品消费市场；对于制造业应因行业而异，不同行业应有不同的侧重。例如，基础工业以靠近原料或能源动力供应充足的地区为主，而消费品工业以靠近产品消费市场为主。

新企业选址靠近劳动力丰富、费用低且劳动生产率高的地区具有人力优势。劳动力成本是企业经营成本中最重要的一部分，特别是劳动密集型企业，选择劳动力丰富且费用低的地区，有利于降低企业经营成本。这也是许多发达国家的企业到发展中国家投资建厂的主要原因之一。

新企业选址应靠近有利于员工生活的地区。企业成功的前提之一是拥有稳定的员工队伍，而由于选址不当造成员工的生活受到影响，是导致员工流动频率较高、难以吸引优秀人才的主要原因之一。因此，新企业在选址时应该考虑尽可能接近员工生活比较方便的地区，特别是要注意企业周围的生活环境，如有无医院、商业场所、交通是否方便、治安状况是否良好等；否则，企业为了保证员工的生活质量，就不得不增加生活设施的建设投资，这无疑增加了自身的经济负担。

### 2. 技术因素

新技术的应用对高科技企业创业成功的支持和促进作用是巨大的，但技术本身的进步却难以预测，从某种意义上说，技术市场的变化是最为剧烈和最具不确定性的因素。因此，为了能够了解和把握技术变化的趋势，许多新企业在选址时，常常考虑将新企业建在技术研发中心附近，或建在新技术信息传递比较迅速、频繁的地区。例如，美国加州的硅谷在 20 世纪 50 年代以后，逐渐成为美国电子工业的基地，它不仅是高科技新企业的"摇篮"，而且以电子工业为基础所形成的"高科技风险企业团簇"被认为是 20 世纪产业集群的典范，其成功的经验和运行范式广为世界各国所模仿。

具有较强社会资本的产业团簇内的企业，要比没有这种资本的孤立的企业更加了解市场。因为这些企业与其他关联实体是不断发展、建立在信任基础上的，并且是面对面的客户关系，能够帮助企业尽早了解技术进步、市场上的零部件及其他资源的供求状况。融洽的关系能够使新企业通过不断地学习和创新，及时改善产品服务和营销观念，以进一步增强企业的存活力。当然，以技术为依托的社会资本积累过程往往是一个渐进的过程。

### 3. 其他重要因素

(1) 政治因素。政府对市场的规制也是值得创业者重视的一个方面，创业者应评价现在已经存在的以及将来有可能出现的影响到产品或服务、分销渠道、价格以及促销策略等的法律和法规，将新企业建在政府支持该产业的地区。当创业者到国外去投资设厂时，更应该考虑不同国家的政治环境，如该国政策是否稳定、对投资设厂的政策是否利好等。

(2) 社会因素。生活态度的不同，人们对安全、健康、营养及对环境的关心程度的不同，都会影响创业者所生产产品的市场需求，特别是当创业者准备生产的产品与健康或环境质量等有密切关系的时候，更是如此，此时应优先考虑将新企业建在其企业文化与所生产产品能得到较大认同的地区。

(3) 自然因素。新企业选址也需要考虑地质状况、水资源的可利用性、气候的变化等自然因素。不良地质结构的地区，会对新企业安全生产产生影响。水资源缺乏的地区对于用水量大的新企业来说，会对正常生产产生不利影响。

上述各种因素对不同行业的新企业来说，有不同的考虑侧重点，比如制造业新企业选址和服务业新企业选址的侧重点就不同。制造业新企业侧重于考虑生产成本因素，如原料与劳动力；而服务业新企业侧重于考虑市场因素，如客户消费水平、产品与目标市场的匹配关系、市场竞争状况等。

总之，无论影响新企业选址的因素有多少，无论不同新企业给予不同因素的权重有怎样的变化，一般新企业的选址都要在都市、郊区、乡间、工业区 4 者中进行选择，这 4 者中除郊区是都市与乡间的折中状况无须比较，其余 3 者的优缺点的比较见表 10-3。

表 10-3 新企业选址优缺点的比较

| 比较 | 都　　市 | 乡　　间 | 工　业　区 |
|---|---|---|---|
| 优点 | ①接近市场,产销联系紧密<br>②劳动力丰富<br>③交通运输基础设施健全<br>④各类生活用品购置容易<br>⑤公共设施良好,员工的教育、娱乐、住宿、交通、医疗等基础设施可由市区供应<br>⑥消防保安服务到位<br>⑦与银行保持良好关系<br>⑧卫星工厂及提供劳务的机构容易寻找<br>⑨高级人才及顾问易聘任 | ①地价低廉,土地容易取得<br>②劳动力成本较低<br>③厂房易于扩充<br>④建筑成本较低<br>⑤污染噪声管制较少<br>⑥人员流动率低<br>⑦交通不致拥挤 | ①公共设施完备<br>②建地开发完整,建筑成本低<br>③工业区内的厂商易于合作<br>④员工的教育、娱乐、住宿、交通、医疗等基础设施可由工业区供应<br>⑤卫星工厂及提供劳务的机构容易寻找 |
| 缺点 | ①劳动力成本高<br>②员工流动率高<br>③场地不容易获得<br>④厂房扩充受很大的限制<br>⑤建筑成本高<br>⑥交通拥挤,噪声污染管制严格 | ①交通不便<br>②员工的教育、娱乐、住宿、交通、医疗等基础设施需由企业自行供应<br>③保安消防须由企业自行负责<br>④高级人才顾问不易聘任<br>⑤各类生活用品不易就近购买<br>⑥卫星工厂及提供劳务的机构不易就近寻觅 | ①员工流动率高<br>②员工工资高<br>③厂房不易扩充<br>④交通拥挤<br>⑤与消费者距离较远,不易建立知名度 |
| 适合产业 | ①服务业<br>②加工销售业 | ①制造或初级加工业<br>②噪声污染不易控制的工业、占地较多的工业 | 视工业区专业规则状况而定 |

将新企业的地址简单描述为都市、郊区、乡间、工业区 4 大类型,其实是对影响选址的经济、技术、政治、文化、自然因素的初级分类。因此,创业者可以首先根据这 4 大类型地区的固有优点和缺点做出初步比较,其次考虑对其企业类型有重要影响的细分因素,最后进行决策。

### 10.3.3　新企业选址的步骤

一个科学而行之有效的新企业选址过程,一般应遵循市场信息的收集与研究、多个地点的评价、确定最终地点 3 个步骤。

#### 1. 市场信息的收集与研究

在建立新企业时,市场信息对创业者来说也是非常重要的。有研究表明,市场信息的使用会影响企业的绩效,而市场信息与选址决策相辅相成的关系更是显而易见的。因此根据已经列出的影响选址的 5 项因素,创业者自己或借助专业的中介机构收集市场信息是出色地完成选址决策的第一步。

（1）创业者应考虑从第二手资料中收集信息。对创业者而言，最明显的信息来源就是已有数据或第二手资料。这些信息可以来自商贸杂志、图书馆、政府机构、大学或专门的咨询机构。在图书馆可以查到已经发表的，关于行业、竞争者、顾客偏好、产品创新等信息，也可以获得有关竞争者在市场上所采取的战略方面的信息。甚至还可以通过直接接触潜在消费者而获得必要的客户信息。总之，创业者在考虑花费更多的成本获取第一手资料之前，应尽量利用成本较低的第二手资料。

（2）创业者还应亲自收集新的信息，获取第一手资料。获得第一手资料的过程其实就是一个新数据收集的过程，可使用多种方法，包括：观察、上网、访谈、问卷、聚点小组讨论、实验等。观察是最简单的一种方法，创业者可以通过对潜在客户的观察，记录下他们购买行为的一些特点。上网是一种从该领域的专家那里获得第一手资料的非正规的方法，也是了解市场的一种有价值而且低成本的方法。访谈是收集市场信息最常用的方法。这种方法比观察法花费要多，但却能够获得更有意义的信息。访谈可以通过面谈、电话或邮件等不同途径获得信息。问卷作为收集信息的一种手段，创业者在使用时，应该针对研究目标来设计特别的问题，这些问题应是清楚而具体的，并且要容易回答，不应对回答者造成误导。聚点小组讨论是一种收集深层信息的非正规化的方法。一个聚点小组由10～12名潜在客户组成，他们被邀请来参加有关创业者研究目标的讨论。聚点小组的讨论以一种非正规的、公开的模式进行，这样可以保证创业者获得某些信息。实验包括对研究过程中的特别变量的控制。这个过程需要设计一个实验室，使得实验者能够控制及调查所定义变量的影响。对于大多数新的风险投资企业来说，这种方法并不适合。

（3）对收集到的各方面的信息进行汇总、整理、研究。一般来讲，单纯对问题答案进行总结，可以得出一些初步的定性结论，接着对收集到的数据进行交叉制表分析，可以获得更加有意义的结果。

### 2. 多个地点的评价

通过对市场上各种信息的收集与研究后，创业者应该已经得出若干个新企业厂址的候选地，这时便可以借助科学的、定量的方法进行评价。量本利分析法和多因素综合评价法是目前最常用的有关新企业选址的评价方法。

量本利分析法是从经济角度进行对新企业选址的评价。实际上影响新企业选址的因素是多方面的，同时各种因素也不一定都能从经济角度来衡量，因此采用多因素综合评价法是新企业选址综合评价法中一个常用的方法。多因素综合评价法就是先给不同的因素以不同的权重，再依次给不同选择下的各个因素打分，最后求出每个方案的加权平均值，哪个方案的加权平均值最高，哪个就是最佳方案的方法。

在服务业新企业的选址中，市场因素是主要的选址决策变量。对客户的吸引力强，是服务业企业区位优势的体现。

### 3. 确定最终地点

创业者依据已经汇总整理的市场信息，根据其所要进入的行业的特点及自己企业的特征，借助以上的一种或几种方法进行评估，最终完成新企业的选址决策，从而迈出成功创业的第一步。

### 阅读案例 10-3

## 杜邦公司在印度设厂

近年来，厂商在国外设厂的兴趣越来越浓。原因很多：第一，一些不发达国家的土地、劳动力和原材料的成本低；第二，为了开拓国际市场，就近生产可以节约运输和其他费用，如关税等；第三，通过与当地企业合作建厂，可以避免一些贸易限制。

作为世界上最大的化工企业之一，杜邦公司（于 2015 年与陶氏化学合并）也把跨国经营作为发展的重要战略之一。对于杜邦公司来说，不够发达但拥有众多人口的印度是个不容忽视的市场。但对杜邦公司希望在印度销售的产品，印度政府规定必须与当地企业合资才能够生产，生产的地点也必须获得政府的许可。为了进入印度市场，杜邦公司决定在印度设立合资企业。该公司选择了一家印度企业作为合作伙伴，并对未来厂址提出如下要求。

（1）接近市场。
（2）接近港口。
（3）便于原材料运输。
（4）治安良好，政治稳定。
（5）合作伙伴与当地政府有良好的合作关系。
（6）容易通过许可审查。
（7）便于与其他企业联系。
（8）劳动力成本低。
（9）地价低。
（10）能源供应充足。
（11）便于处理污染。
（12）投资政策和环境良好。
（13）接近公共基础设施。
（14）接近印度首都新德里，因为杜邦公司及其合作伙伴的总部都在新德里。

根据以上条件，先排除一些明显不具备条件的地点。经过几番的筛选，杜邦公司最后选择了位于喜马拉雅山脚下的北方邦作为候选地区。杜邦公司的合作伙伴历时 2 年才获得了在北方邦生产的许可，其过程可谓漫长而艰辛。而另外 3 家企业也获得了在印度生产同类产品的许可。因此时不我待，杜邦公司必须尽快做出选址决策。

为此，杜邦公司成立了一支由各方面专家组成的选址小组，深入印度，对候选地点进行考察和评价，其核心任务就是考察该地是否存在严重不符合投资建厂条件的因素。杜邦公司的选址小组包括各方面的专家。房地产专家确保在计算土地成本时将所有占地包括进去，并且负责场地获得方式的选择。另外，他们还要调查建造公司派驻人员的住所和其他辅助设施的可能性，如仓库、办公场所等。土木工程师负责考察土质稳定性、工厂建筑的方式、公共设施、风向、环境因素等。后勤人员研究和评价将原材料运入和产品运出的可行性。制造和生产方面的专家对劳动人口、劳动纪律、劳动力的素质，以及该地是否适合生产进行整体上的评价。选址小组的一些专家还到该地区的其他工厂调查劳动力的素质、当地政府的态度和政策、电力供应情况，并对公共基础设施以及当地的学校进行了调查，因为这对公司派驻到当地的员工和他们的家庭成员十分重要。

在做选址决策时，选址小组重点考虑了以下 5 个方面的内容。
（1）合资企业生产所用的原材料是一种具有潜在毒性的异氰酸盐（NDI）。
（2）这种异氰酸盐必须在内陆能够运输 1 700 公里。
（3）公司派驻人员的公共基础设施状况。
（4）当地劳动力的素质状况。

(5) 必须重视当地的环境条件。

以下是选址小组对候选厂址各方面条件的调查结果。

**1. 原材料**

合资企业的主要原材料之一是 NDI。NDI 是一种异氰酸盐。在印度的 Bhopal，曾经发生过由异氰酸盐引起的毒气渗漏事故，造成 2 500 余人死亡，10 万多人终身残疾。因此无论是印度政府还是当地居民都对异氰酸盐极度恐惧和反感。这可能会给原材料的进口和运输带来一些问题。实际上，在 Bhopal 的悲剧发生后，印度当局立即下令禁止所有的异氰酸盐在印度国内运输。以进口 NDI 为原材料的印度泡沫制造商经过一个多月的努力才使当局相信他们使用的 NDI 与造成事故的异氰酸盐完全不同，至此才得以恢复 NDI 的进口。

杜邦公司使用的 NDI 与造成 Bhopal 悲剧的那种异氰酸盐也不相同，杜邦公司使用的是一种熔点很高的固体异氰酸盐。杜邦公司的 NDI 主要来自美国的陶氏化学，如果需要也可以考虑从其他公司购买，比如目前为印度国内的泡沫制造商提供 NDI 的德国巴斯夫。但是为了确保 NDI 在整个运输过程中保持固态，杜邦公司必须在从供应商到新厂的全程中使用 40 英尺长的冷冻容器装载 NDI。选址小组在调查中发现有几家运输公司与印度有着良好的接触或在印度有分支机构。这些公司可以作为承担杜邦公司 NDI 运输的候选者。

新厂使用的另一种原材料则完全不会造成环境污染。这种原料可以在杜邦公司的尼亚加拉瀑布分厂装入容器后再运往印度。

**2. 运输**

另一个令人担忧的因素是将原料从生产地运到新厂需要很长的时间，不仅因为路上运输需要时间，沿途港口的停靠检查也要花去很长时间。在印度境内的运输情况还要受到雨季的影响。专家估计，如果运输原料的货车只在白天行驶的话，从港口到选定的厂址大约需要 6 天的时间。

装载 NDI 的货车将会经过 Bombay。在这个地区，道路的宽度从 6 米急剧减到 3 米，沿途还有许多急转弯。这使装载有 40 英尺长容器的卡车在转弯时将十分困难。尽管杜邦公司并没有改善路况的计划和预算，但专家们注意到印度政府正在将通往该地的某些路段加宽。

**3. 其他因素**

公司还考虑在厂址附近兴建一个住宅区。可这个地方实在太偏远，当地没有任何适宜居住的条件，如果要建住宅区，公司必须提供一切。在离厂址大约 1 小时路程处有一个环境很好的居住区，在厂址附近有一条路况不错但十分繁忙的公路通向那里。另外在离厂址大约 2 小时路程的 Pontseib 城内也有一个居民区，但那里的治安情况不太好，盗匪十分猖獗，所有住在那儿的外国人都雇有保安人员。菜蔬的购买也令外国人十分头疼。虽然有专门的商店，但商店处于闹市区，卫生状况也相当糟糕。

该地区有一个相当不错的男子学校，设有初中部。但该地区没有任何医疗设施，因此公司需要建立自己的医疗服务机构。

厂址所在地与一所重要的锡克族寺庙毗邻，有许多锡克族人居住在这一地区。锡克族人是印度素质最高的人群之一，因此劳动力资源将是充足的，并且有一定的培训基础。附近的水泥厂有机械方面的专业人员。这一地区还有很多轻工企业。

工厂的安全生产可能存在一定的障碍。劳动保护措施中的硬头鞋和听力保护等装备，也与当地人的风俗习惯不符，员工执行这些安全措施将存在困难。

环境方面，工厂需要处理一些废液。虽然有一条河流过厂区，但这条河是当地居民饮水之源，废液不能直接倒入河中倾倒。但固体废物的处理则相对不成问题。

附近的水泥厂会造成一定程度的粉尘污染。但专家认为在正常的风向条件下，水泥厂的粉尘不会造成影响。另外还要在厂内打井，这牵涉到地下水源的分布。但专家认为，只要取得当地的支持，打井也不会是太大的问题。

最后要考虑的是印度的雨季。选址小组分别在雨季和旱季考察了该地，发现在 7—8 月的一个月内，降雨量可达 600~900 毫米。

**4. 场地的收购**

所选的场地属于当地政府已经指定为工业用地的范围，因此收购不成问题。可以通过两种方式获得场地：一种是通过政府征用，这通常需要较长的时间，而且可能会造成土地所有者的反感；第二种方式是直接与土地所有者商谈。杜邦公司选定的场地属于27个不同的所有者。但土地收购只需要与村主任及其助手们谈判就可以了，他们能够代表所有村民的决定。整个谈判需要1~6个月的时间。

资料来源：根据相关网络文献整理。

 小思考

1. 根据案例中现有的内容，你是否同意可以选择该地建厂？
2. 你认为杜邦公司在选址时，所考虑的因素是否周全？你认为应再考虑哪些因素？

## 本 章 小 结

本章主要介绍了3个方面的内容：新企业的市场进入模式、创建新企业的相关法律以及新企业选址。

1. 当一个创业者看好一个市场或商品领域并确定要进入后，创业者主要可以选择3种进入模式：新建企业、收购现有企业和特许经营。

2. 一家新企业可以选择的法律组织形式有多种，在我国主要有：个人独资企业、合伙企业和公司制企业。

3. 创业者在创建和经营企业的过程中，必须了解和遵守有关法律法规，以确保自身和他人的利益没有受到非法侵害。与创业有关的法律主要包括《中华人民共和国专利法》《中华人民共和国商标法》《中华人民共和国著作权法》《中华人民共和国反不正当竞争法》《中华人民共和国劳动合同法》《中华人民共和国产品质量法》《中华人民共和国劳动法》等。

4. 新企业选址是一个较复杂的决策过程，需要综合考虑政治因素、经济因素、技术因素、社会因素和自然因素。其中经济因素和技术因素对选址决策起基础性作用。

## 习 题

1. 新企业不同的法律形式各自有哪些特点？分别适合什么类型的新企业？
2. 创建新企业需要了解哪些法律法规？它们对新企业有哪些影响？
3. 在购买现有企业时，需要注意什么问题？
4. 影响新企业选址的因素有哪些？
5. 以肯德基为例，试分析为什么特许经营模式会使肯德基在中国发展得如此迅速。

# 第 11 章 社 会 创 业

## 本章教学目标与要求

（1）把握社会创业的含义及类型；
（2）理解社会创业者的定义和素质能力；
（3）了解社会创业者的成功创业路径；
（4）理解社会创业机会识别与开发的理论框架；
（5）理解社会企业资源获取与整合的策略；
（6）了解中国社会创业发展的现状；
（7）把握中国开展社会创业的机遇及发展战略。

## 本章知识架构

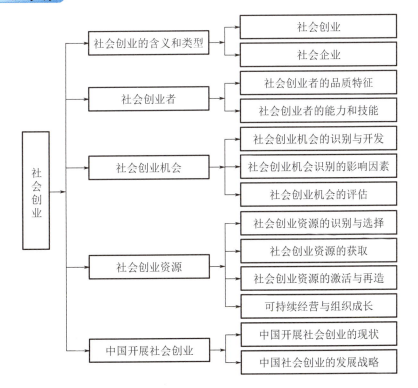

> 创业是个人的梦想，也是对他人的帮助和对社会的贡献。创业者是值得尊重的勇士，理应得到全社会的支持。
>
> ——梁春晓

### "手工益"文化公益项目

"手工益"文化公益项目秉承友成基金会的物质文化双扶贫理念，旨在通过帮助致力于偏远地区民族文化保护与技艺传承的民间社会企业来间接地帮助偏远地区妇女，使其地位提升，生存状况改善。

"手工益"文化公益项目的核心目标是帮扶弱势群体、实现乡村振兴、保护文化技艺、培养本土设计师。"手工益"文化公益项目将通过目标的达成体现友成基金会新公益理念并推动中国新公益的发展。

"手工益"文化公益项目的运作方式包括与企业的合作、与国际品牌的联合、与乡村发展计划的结合、对手工艺技能培训等多方位的资源协调。同时，"手工益"文化公益项目将给本土设计师提供一个广阔的展示平台，将传统技艺融入新锐设计，让中国的手工艺产品更具时代气息，改变中国手工艺市场的低廉性、批量化的现状。同时进行手工艺人的培训、手工技艺的采集和研究，举办文化传承相关的公益活动等，从而达到帮助偏远地区人群提高生活水平的目的。

资料来源：根据相关网络资料整理。

## 11.1 社会创业、社会企业及社会创业者

近年来，贫富分化、资源紧缺、环境污染等社会问题日益凸显，仅仅依靠政府和市场机制往往难以有效解决上述问题，由此社会创业活动兴起，逐步成为推动社会变革的重要途径，在有效弥补政府治理缺失和市场失灵方面发挥了重要作用。当前，我国正处于改革深水区，一些社会问题亟待解决，社会创业活动也呈现出蓬勃发展的态势，社会创业者已成为我国"大众创业、万众创新"浪潮中一支重要的力量。

本节将从社会创业及社会企业、社会创业者的角度深化学生对社会创业的认识。

### 11.1.1 社会创业及社会企业

#### 1. 社会创业的定义

**社会创业（Social Entrepreneurship，SE）** 概念的提出最早可以追溯到20世纪50年代，但直到20世纪90年代，社会创业才逐渐展现出其在解决各种社会问题方面的优势，从而逐渐引起了学者们的广泛关注。目前，学术界对于社会创业的定义还没有达成明确共识，但社会创业具有市场性和社会性的两重属性已经得到了学者们的一致认同。

里斯认为："社会创业把商业机制和市场竞争引入非营利性组织，从而让这些组织以更高的效率为社会提供服务。"华莱士、米歇尔以及伯蒙安茨也提出，社会性事业取得成

功的关键在于引入创新的商业方法来提供社会服务,且更为关键的是,要在坚持社会性事业根本目的的基础上,通过运用营利性企业的运作方式来获得尽可能多的利润。因此,在"经济-社会"导向下,相较于追求股东利益最大化的传统商业创业,社会创业更关注整个社会系统中更为广泛的利益相关者的利益。帕雷多和麦克考林的研究也强调了社会创业者也是创业者,他们必须采用商业化的方式进行创业,并且注意创业方式的创新性。Zoltan 等通过与传统的非营利组织的对比提出,与传统的非营利组织被动提供帮助不同,社会创业者致力于让求助者自助,也就是说,对企业而言,单纯地捐赠、被动地履行社会责任并非社会问题的最佳解决方式,还会造成企业整体价值的下降,企业应该建立可持续的社会造血机制,在解决社会问题的同时兼顾经济利益。

此外,迪兹提出可将社会创业和投资的经济回报分开来研究。他认为,社会创业一是利用变革的新方法解决社会问题并为社会创造效益;二是利用商业经营模式产生经济效益,但商业经营所得不是为个人谋取利益,而是使经营所得造福社会。因此,他从 4 个维度定义了社会创业,即:①社会创业是一项持续产生社会价值的事业;②社会创业通过不断发掘新的创业机会来实现社会目的;③社会创业是一个持续创新、适应和学习的过程;④社会创业不受当前资源稀缺限制的大胆行动。由此可见,社会创业本质上具有社会性和创业性的两重性。

综上所述,虽然各国学者对社会创业所下的定义不尽相同,但仍然具有以下共同特点:①社会创业必须具有显著的社会目的和使命;②社会创业应该是"解决问题"导向型的,因此社会创业的重点在于创造社会价值;③社会创业的创新性主要通过组织创新来体现。因此,本章将社会创业定义为:组织或个人采用创新的方法解决社会问题,从而创造社会价值而非个人价值的活动和过程。

### 2. 社会创业的特征

基于社会创业的定义,可提炼出社会创业主要具有以下几个特征。

(1) 社会性。社会创业的本质是为了创造社会价值,有时可能会产生经济价值,但也可能不产生经济价值。因此,经济价值相对于社会价值仅处于从属地位,只是社会创业的副产品。

(2) 创业性。社会创业从根本上是通过创新的方式创造新价值的,而不是简单地复制已经存在的组织或者活动。因此,社会创业活动具有显著的创业性,即组织或个人在进行社会创业活动时体现出的创新性、先行性和风险承担性。

(3) 社会差异性。社会创业具有强烈的社会差异性。社会创业往往最终通过制度变革来实现社会目的,但是不同社会制度的立法结构、管理方式和框架都不一样,不同国家也有不同的文化背景,由此从社会创业的过程、方式和影响因素来看,社会创业都因不同的社会、政治和文化背景而异。

### 3. 社会创业的类型

法勒于 2000 年将社会创业分为三种主要类型。第一种是"综合性社会创业",这种创业所涉及的全部经济行为都是为了获得良好的社会产出和社会效益,同时与其他性质的组织建立全方位的经济联系。第二种是"重新诠释的社会创业",主要指非营利组织运用组织已有的非营利能力来降低组织成本或者通过多元化策略来增加组织收入。第三种是"辅助性社会创业",是指在非营利组织内部创立一个营利性分支机构。

#### 4. 社会创业研究的知识框架模型

我国学者彭伟等于 2022 年基于国内外二十多年社会创业领域的相关研究，构建了以社会创业前因、社会创业过程、社会创业结果为主干的社会创业研究知识框架体系，系统呈现了社会创业研究的演进脉络和研究维度，如图 11.1 所示。

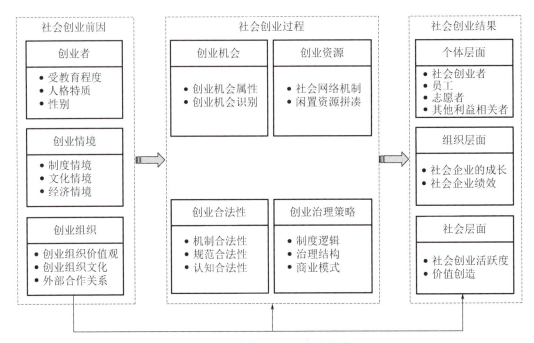

图 11.1 社会创业研究知识框架体系

（1）社会创业前因。

社会创业前因研究在早期主要聚焦于创业者特征及创业情景。研究发现，创业者的受教育程度与社会创业意向呈正相关关系，从创业者人格特质方面看，同情心是驱动个体开展社会创业活动的重要源泉，因此，亲社会动机、利他特质以及开放性的人格特质对社会创业意向具有积极影响。此外，从性别方面看，国外的相关研究表明，女性创业者的社会关怀理念导致其更可能投身于社会创业活动。

社会创业作为一种高度组织化的创业活动，与制度、文化及经济相关的情境因素息息相关。关于制度的影响目前有两种对立的观点，制度支持论认为，在制度完善的情境下，政府通常会对社会创业者提供充分的资源支持，有助于克服社会创业过程中的资源约束与困境，从而激励社会创业活动；制度缺失论则认为，完善的制度环境会挤压社会创业活动的空间，而不完善的制度环境意味着尚存在较多政府未能有效解决的社会问题，蕴含着丰富的社会创业机会，从而激发社会创业活动的积极性。除了正式制度的影响，学者们认为一些非正式制度下的文化情境，如集体主义、性别平等、未来导向等文化价值观也会影响个体从事社会创业的积极性。从经济情境角度看，在商业创业发达的国家，通常也具有较高的社会创业率，也就是说，商业创业活动的蓬勃发展对社会创业活动的开展具有积极影响。

随着企业创业现象的不断发展，近年来学者们也对组织特征视角下的社会创业进行了研究。结果表明，组织的价值观、组织文化和组织的外部合作是影响企业社会创业的重要因素，企业重视多元利益相关者的诉求、开放的沟通氛围及跨部门联盟合作等都有助于驱动企业社会创业活动的发生。目前，国内在该领域的研究还略显不足，虽然近些年在"精准扶贫""乡村振兴"的政策背景下，中国企业尤其是大型企业也在积极实施面向金字塔底层市场的社会创业项目，但中国的企业社会创业的理论研究还滞后于实践需要，因此有必要在未来研究中加强对组织特征视角下中国企业社会创业前因开展探讨。

(2) 社会创业过程。

对社会创业过程的研究主要集中于创业机会、创业合法性、创业资源及创业治理策略四个方面。创业机会是社会创业的起点，对创业机会的研究主要涉及创业机会的本质与属性、创业机会识别与评估等方面。与商业创业追求突破性或创新性需求不同，社会创业的创业机会大多来源于被市场忽略的弱势群体的社会需求，因此社会创业机会具有同质性、长期性和普遍性的特点。近年来，国内学者研究发现，创业者的先前经验、社会资本有助于社会创业机会的识别。

同时，社会企业既不同于慈善组织，更有别于商业企业，这种组织身份的复杂性导致法律界定模糊，容易使社会创业活动陷入合法性困境，因此如何获得组织合法性是社会创业活动中迫切需要解决的现实问题。国外研究发现，创业者的身份角色及个人关系会影响社会创业合法性，社会企业可以通过与政府部门、行业内外部、顾客间建立伙伴关系或通过参与社会实践、实施印象管理策略等来提高组织合法性。

从创业资源角度看，合法性的缺失会使不以营利为目标的社会企业更难以通过市场途径获得创业资源，因此会面临更严峻的资源稀缺挑战。一般而言，应构建稳定的社会网络，社会网络是社会企业获取创业资源的常用途径，除此以外，学者们还强调，与商业企业采取资源最优配置原则不同，社会企业对手头的闲置资源进行创造性的拼凑是突破创业资源匮乏瓶颈进而获得持续发展的重要选择。

社会企业面临的另一个困境来自本身具有的商业逻辑与公益逻辑的冲突，这会使社会企业需要不断权衡不同利益相关者诉求的差异，从而对社会企业的治理结构和商业模式提出了更多更高的要求。研究表明，建立完善的治理结构以及可持续的商业模式有助于社会企业同步实现社会价值创造和经济价值的获取。

(3) 社会创业结果。

成功的社会创业活动的结果往往是实现经济利润与社会价值的双重平衡。从组织层面看，社会企业的成长一方面体现在经济层面，即产品供给和市场规模的扩张，另一方面还要在社会层面实现增加就业岗位、缩小贫富差距、保护环境、增进社会福利等社会价值的提升。研究表明，社会创业者的领导风格、先前经历及社会企业的战略导向、组织能力等都会对社会企业绩效产生影响。从社会层面衡量社会创业活动的结果可以采用社会创业活跃度这一指标进行衡量。研究表明，人力资本和社会资本的更多投入有助于驱动社会创业活跃度的提升，制度环境的完备性在该过程中发挥着显著的正向调节作用。从个体层面看，社会创业活动对社会创业者、员工、志愿者等利益相关者的影响研究较少，社会创业活动是否会对创业者、员工及志愿者等利益相关者的获得感、工作幸福感、生活质量等方面产生影响以及会产生哪些影响的研究还有待进一步的探讨。

### 5. 社会企业

社会创业的内涵体现在组织或个人进行的以创造社会价值为目的，通过创新方式识别和利用创业机会，合理利用各类发明或新颖的事物，利用稀缺资源并愿意承担超过一般的风险来创造或者分配社会价值。因此，从事社会创业的组织具有与一般商业组织不同的特性。下面就从4个角度介绍社会企业的界定。

（1）欧洲对社会企业的界定。

在欧洲，"社会企业"一词是由经济合作与发展组织（OECD）15个成员提出的概念。这些成员认为，社会企业是指积极参与任何可以产生公共利益的活动，具有企业价值观和使命感，以达成特定经济或社会目标，并非以利润最大化为主要目标，且有助于解决社会排斥及失业问题的组织。

托马斯指出，社会企业乃是第三部门的要素之一，它是社会经济的另一种形式。波兹卡和桑特瑞认为，社会企业兼具社团与合作社两种法律形式，部分国家给予社会企业正式法律地位的认可，其未来应吸纳更多的商业营收及企业活动。杨认为社会企业基本上是一个私人组织，致力于生产某些社会产品。

（2）美国对社会企业的界定。

迪斯指出，社会企业一词并非单纯为财政目标而存在，而是一种多元混合的综合体（Hybrid），他提出了著名的"社会企业光谱"概念，见表11-1，他从主要动机、方法和目标、主要利害关系人、受益人、资本、人力及供应商的角度进行分析。在社会企业光谱中，社会企业是处于纯慈善性质与纯商业性质之间的连续体，具有混合性质也揭示了非营利组织商业化或市场化是其转变为社会企业的途径。

表11-1 社会企业光谱

| 角度 | 选择的连续体 | | |
| --- | --- | --- | --- |
| | 纯慈善性质 | 混合性质 | 纯商业性质 |
| 主要动机、方法和目标 | 诉诸善意 | 混合动机 | 诉诸自我利益 |
| | 使命驱动 | 使命与市场驱动 | 市场驱动 |
| 主要利害关系人 | 创造社会价值 | 创造社会价值与经济价值并重 | 创造经济价值 |
| 受益人 | 免费 | 补助金方式或全额支付与免费的混合方式 | 完全按市场价格付费 |
| 资本 | 捐款与补助 | 低于市场价格的资本或捐款与市场价格资本形成的混合资本 | 完全市场价格的资本 |
| 人力 | 志愿者 | 低于市场行情工资或同时有志愿者与付全薪的员工 | 完全按市场行情付薪 |
| 供应商 | 捐赠物品 | 特殊折扣或物品捐赠与全价供货相混合 | 完全按市场价格收费 |

（3）非营利组织对社会企业的界定。

由于社会企业这一概念近几年来受到越来越多的关注，因此，很多非营利组织也对社会企业有了出于该组织自身考虑的界定。

早在 1996 年，罗伯特流浪者经济发展基金会（The Robert Foundation Homeless Economic Development Fund）就对社会企业进行了界定：社会企业成立的目的是为低收入群体创造经济发展机会，但同时必须满足该企业收入的底线。

NESST（Non-Profit Enterprise and Self-sustainability Team）对社会企业的界定为：企业家集团或者非营利组织运用经济自给的方式来创造一些收入，以此来支撑它们的社会目标。

英国社会企业联盟（Social Enterprise UK）认为最简洁的社会企业定义为：运用商业手段，实现社会目的。

非营利实践指导组织（The Nonprofit Practice Guidance Organization）提供了一个一般性定义，即"社会企业是一种非营利事业，它融合自律性社会责任的热情、创新的意识和营利性的商业操作于一体。"

(4) 法律界对社会企业的界定。

英国的社会企业是指"社区利益企业"（The Community Interest Company）。英国对于此种类型的社会企业专门设立了《社区利益企业法规》（The Community Interest Company Regulations）。该法规采取"社区利益检验"的方式，来判断何为社区利益企业，即社会企业。

芬兰的《社会企业法案》（Act on Social Enterprises）中界定社会企业为以社会企业名义注册的企业，这些企业必须满足两条原则。第一，这些企业必须专门为残疾人和长期失业者提供就业机会。第二，这些企业在雇用员工的过程中，至少要雇用30%的残疾人；或者在这些企业的所有员工中，至少有30%的残疾人或长期失业者。

比利时的《社会目的企业法》（Social Purpose Enterprise Act），创设了"社会目的企业"（Social-purpose Enterprise，SPC）这一概念，规定社会企业是指出于社会目的创建的企业，并将社会企业区分成两大类型：其一为非营利组织，政府机构对其采取相当严格的财政管理策略，以整合这些组织的目标；另一类为与企业组织架构无异的社会组织。

6. 社会企业的分类

基于我国学者赵丽等于 2006 年的研究，社会企业可以从不同视角划分为不同的类型。

(1) 根据迪斯"社会企业光谱"的理论，从主要动机角度，可将社会企业分为使命中心型、使命相关型和使命无关型，如图 11.2 所示。

图 11.2 社会企业分类

其中使命中心型社会企业是指企业的经营活动以组织的使命为中心，它以自筹资金的方式运营并实现其使命，这种类型的社会企业往往雇用弱势群体以促进社会就业。使命相关型社会企业是指企业从事的经营活动与组织本身的宗旨使命有密切的联系。它一方面创造社会价值，另一方面也通过创造经济价值补贴社会项目投资或运营的费用。社会服务商业化是这类型社会企业的普遍运营方式。使命无关型社会企业是指企业从事的经营活动与组织的使命无关，创立此类社会企业仅仅是为了通过创造经济价值来补贴社会项目投资和组织运营的费用。

（2）从社会创新的角度可将社会企业分为两类：就业型社会企业与创业型社会企业。如表11-2所示，这两种类型的社会企业在定义、商业模型、市场、社会环境和特质等方面均存在显著差异。

表11-2 就业型社会企业与创业型社会企业的比较

| 企业类型 | 就业型社会企业 | 创业型社会企业 |
| --- | --- | --- |
| 定义 | 社会+经济 | 社会+经济+创新 |
| 商业模式 | 可能是传统商业 | 新商业模式 |
| 市场 | 维持原状 | 开拓新市场 |
| 社会环境 | 多种社会保障改善较薄弱的环境 | 社会保障相对较强 |
| 特征 | 雇用弱势群体 | 社会创新 |

从中我们不难发现，就业型社会企业旨在吸收弱势群体就业，让残障人士、无业青年等获得工作机会，实现自立。就业型社会企业的集中就业一方面能够提高就业人员的市场技能，为其日后向其他行业的分流做好充分的准备。另一方面，老人陪护、儿童托管等服务型行业，最需要的品质正是具有爱心、善心，而非对利润的过分追逐，这与社会企业由社会责任感驱动，旨在解决社会问题的特征是非常契合的。创业型社会企业则与社会创新紧密联系。由于现在的社会问题解决手段往往局限于旧观念，因此相当低效。例如，我们想当然认为穷人是因为自身能力的缺乏而无法发展自己；又比如我们利用援助的手段帮助发展中国家的贫困人口摆脱经济困局，效果却并不理想。而创业型社会企业能够解放那些被旧观念、旧手法束缚的社会资本，让其流动以带来财富。创业型社会企业蕴含的创新特征，能够增大社会的财富总量，并且让受益群体的范围扩大到那些被长期排除在市场进程之外的个人和群体。

### 7. 社会创业的组织形式

社会创业的组织形式是多种多样的，包括传统的非营利性组织、合伙公司、合作社、有限责任公司、股份有限公司等。

## 11.1.2 社会创业者

20世纪90年代末，一个与**非政府组织（Non-government Organizations，NGO）** 相关的新名词在欧洲、美洲、亚洲几大洲激起热浪，它是Social Entrepreneur。单词Entrepreneur起源于法语Entreprise和德语Unternehmen，两者的字面意义都是指"企业"。后来，法国经济学家萨伊逐渐拓展了Social Entrepreneur的概念，指那些为了创新从而承担风险和不确定的人。Social Entrepreneur可以有不同的译法。一些学者通常译为"社会企业家"。本书将Social Entrepreneur译为"社会创业者"，特指一个社会转变的行动者与发明者，一家社会企业的创办者。

### 1. 社会创业者的定义

**社会创业者（Social Entrepreneurs）** 无疑是非常有魅力且有着显著特征的一群人，学者们从不同角度对社会创业者的定义进行了丰富的诠释。

根据维基百科的定义，社会创业者指的是认识到社会问题，并通过运用企业家精神以及各种方法来组织、创造、管理一家企业，以达到改变社会这个最终目的的人。大部分社会创业者都在非营利组织或是社区组织工作，但是也有许多社会创业者在私人机构或是政府工作。在某些比较小的国家，社会创业者所扮演的社会角色足以弥补政府的不足。而在其他国家，社会创业者倾向于与其他组织以及政府一起合作。

**阿育王组织（Ashoka）** 对社会创业者的定义反映了其对这种领袖人物的期望，该组织认为，社会创业者是能够运用创造性方法来解决社会最紧迫问题的人。这些社会创业者在解决社会问题时具有雄心壮志以及持久的毅力，并能为更广范围内的变革提供新的想法。

美国著名管理学家德鲁克认为，社会创业者指的是一类特别的经济参与者，他们并非单纯的企业创办者，而是那些将经济资源从较低的领域转入有更高的生产力和更高产出领域的人。德鲁克认为社会创业者"改变了社会绩效的容量"。

迪斯认为，社会创业者是那些在社会部门充当改革推动者角色的人，这些人具有以下几点特征：第一，社会创业者持有一定信念去创造并维持社会价值而不是个人价值；第二，社会创业者能发现并不懈追求服务于社会使命的创业机会；第三，社会创业者能够不断地创新、调整和学习，以使社会企业能够持续不断地发展；第四，为了创新，这些社会创业者能够勇敢地采取相应的行动以突破现有资源的限制；第五，社会创业者在发展中会收到捐赠，在这种情况下社会创业者必须对捐赠者有高度负责任的意识。

汤普森等学者则将社会创业者定义为那些能够意识到国家福利体系不能满足社会需要的人，他们能够集中必需的资源（例如人力资源、资金以及场地等）来改变现状。

美国作家博恩斯坦认为，社会创业者能够创造性地应对主要问题，不懈地追求自己的理想，不会轻易对困难说"不"，他们是那些为理想驱动、有创造力的个体，他们为建设一个更好的社会而努力。

浙江大学学者陈劲、王皓白对社会创业者定义如下：社会创业者是那些具有正确价值观，能够将伟大而具有前瞻性的愿景与现实问题相结合的创业者，他们对目标群体负有高度的责任感，并在社会、经济和政治等环境下持续通过社会创业来创造社会价值。他们在物质资源和制度资源稀缺的情况下，为了实现自己的社会目标，不断发掘新的创业机会，不断进行适应、学习和创新。

南开大学学者王仕鑫、廖云贵诠释了美国学者迪对社会创业者的定义，他们认为社会创业者具有以下几点特征：①肩负社会使命；②识别和不懈追求能够服务于自身社会使命的创业机会；③进行持续创新、不断适应和学习；④行为不受当前所掌握资源的限制；⑤对所服务的人群或社区以及资源提供者高度负责。

由此可见，尽管目前对社会创业者的概念依然没有一个统一的界定，但其本质的内涵却基本上是一样的。社会创业者是这样的一群人，他们以解决社会问题为目标，像经营企业一样努力去实现这个目标，哪怕为了实现这个目标他们需要去挣钱。社会创业者要做的事情都需要钱，这个钱可能是他们自己去争取的，也可能是他们获得的赞助、捐赠或投资，但最终目的是要解决社会问题。虽然社会创业者不以营利为目的，但必须有企业家的头脑，懂经营，会管理，会造血。

### 2. 社会创业者的分类

卡隆从创业动机的角度把能成为社会创业者的人分为了三种类型。第一类社会创业者在其他领域已经赚到了很多钱，后来从事社会创业活动旨在回报社会；第二类社会创业者往往不那么满意现有的社会支持系统，并且积极寻求更加有效的方式来创建社会支持系统；而第三类社会创业者是那些在商学院学习过的，但满脑子想着社会创业的人。

美国的社会创业者按照其身份以及时间发展顺序大致可以分为三代。第一代社会创业者基本上都是大学教师。第二代社会创业者则是那些白手起家、活跃在现场的中年实干家。目前美国的第三代社会创业者开始崭露头角，他们大多出自哈佛大学、耶鲁大学等名校。

### 3. 社会创业者与商业创业者的比较

一项重大的社会变革，往往始于一位社会创业者的倡导，社会创业者是一个看到问题，并发明新的解决方法的人。他沉迷执着于其富有远见的解决之道，并为之采取首创性的行动；他聚集资源，建立组织，以捍卫并推广理想；他以持续不懈的精力和专注，去克服所有那些不可避免的阻力；他几十年如一日地不断改进、加强、拓展自己的想法和认知，直到那曾经仅仅是边缘的一个想法，变成一个新的商业模式。这些社会创业者通过企业运作的模式来解决社会问题。与商业创业者相比，他们追求的并非利润，而是将企业家精神和创造力投入到社会问题的解决上。

因此，许多学者注意到，社会创业者也是创业者，他们与商业创业者一样，并不会任凭初始资源稀缺来束缚自己的行为选择，他们能实现的往往会超出他们自己所能想到的。同时，与商业创业者一样，许多社会创业者也具有改变环境的强烈欲望，并且热衷于把自己的想法付诸实践，对不确定性和风险具有超凡的忍耐力。此外，社会创业者也会像商业创业者那样关注愿景和创业机会，也同样有动员别人帮助自己把愿景变为现实的能力。汤普森总结了社会创业者与商业创业者的共同之处，包括创新能力、变革能力和好的管理技能等。

但是，社会创业者与商业创业者理念的不同也决定了他们之间存在差异，这种差异不在于性格或者能力，而在于他们的远见的本质，在于这个人的梦想是建立世界上最大的跑鞋企业，还是给世界上的所有孩子接种乙肝疫苗。社会创业者用商业的眼光看待社会问题，用商业的规则去解决社会问题，他们创造或管理着富有创新力的组织机构，但他们的使命是改变社会和发展他们的客户群而非追求利润，他们所得的盈余用于扶助弱势群体、促进社会发展和社会企业本身的运营，他们重视社会价值多于追求企业盈利最大化。因此，对社会创业者而言，利润只是实现目标的工具，而商业创业者则视利润为最终追求目标。

### 4. 社会创业者的素质能力

（1）社会创业者应具备的品质特征。

成功的社会创业者是那些矢志不渝地实现对于他们来说意义重大的目标的人们。他们总是更为系统地寻找创业机会，估计困难，检测效果和预先计划。

那些致力于解决社会问题的人，其中大多数并非名人。根据伯恩斯坦的理解和归纳，成功的社会创业者具有6种很明显的品质特征：①乐于自我纠正，这种自我纠正的能力，随着组织的不断成长壮大会逐渐减弱；②乐于分享荣誉；③乐于自我突破；④乐于打破边界，社会创业者毫不犹豫地打破了学科、行业的边界，将不同领域、有各种各样经验与专业技能的人召集在一起,共同创造高质量的、可行的、全新的解决方法;⑤乐于默默无闻地工作,任何想找到他们的人,都不得不抛弃聚光灯下的显赫;⑥强大的推动力,社会创业者的动力不是来自于利润,而是来自于他们有解决某一个特定社会问题的能力。

(2) 社会创业者应具备的能力和技能。

《社会企业家的崛起》的作者里德比特执教的英国牛津大学斯科尔社会创业中心将重点放在社会创业者的国际发展上。里德比特等学者认为每个社会企业或组织都有一位核心领导者,即统领这一企业或组织的社会创业者。如果没有一位具有个人魅力的核心领导者,这个企业或组织就不会存在。

里德比特认为,一个合格的社会创业者必须具备3种能力:创业能力、创新能力以及改变现状的能力。创业能力是指社会创业者能发现那些未被充分利用的、被闲置的资源来解决那些未被满足的社会需求。创新能力是指社会创业者能通过把传统意义上互不相关的做法进行有机结合,创造新的服务、新的产品和新的方法来解决社会问题。改变现状的能力则是社会创业者会对自己领导的企业进行改革,也能使一个垂死的企业重现活力。

里德比特在《社会企业家的崛起》一书中进一步总结了一个成功的社会创业者应具备的技能:有领导力、善于讲故事、深谙人事管理、有远见卓识、能把握创业机会且善于建立同盟。

① 领导力:社会创业者非常善于给他们的企业设定一个使命,并调动人们为这个使命而努力。使命就像一面旗帜,使所有的员工、客户、支持者即使在企业或组织刚刚起步时就能团结在一起。

② 善于讲故事:社会创业者必须善于向人们传达他们的使命。成功的社会创业者都是一群很会讲故事的人。这种善于讲故事的能力使他们与职业经理人和政客有着明显的区别。

③ 深谙人事管理:社会企业都是精英云集的地方,成功的社会创业者会利用好人力资源,精通于人事管理。

④ 有远见卓识:社会创业者都很有远见,他们会以生动形象的语言来描述他们的目标,而非刻板灌输他们的理念。

⑤ 能把握创业机会且善于建立同盟:社会创业者都善于建立同盟。他们关心他人、充满热情、道德高尚。社会创业者承认在他们所努力寻求解决的社会问题中,有许多是经济动荡和全球化竞争所导致的,但这并没有使他们反对商业化。

## 11.2 社会创业机会的识别、评估和开发

社会创业是为了满足社会需求或解决社会问题而进行的,且大多数社会创业者将会在一些社会机构提供模式扩散的创造性活动和服务。**社会创业机会(Social Entrepreneurial Opportunity)** 源于发现一些未被解决的社会问题,通过社会的评估与开发而找到解决问题的新方法。从理论角度而言,商业创业机会与社会创业机会并无多大区别,但从实践角度来看,商业创业与社会创业在使命和回应市场失灵的态度与行为上的根本差异决定了两者具有显著的区别。市场失灵将为商业创业和社会创业提供不同的创业机会。商业创业注重当下社会的新需要,而社会创业常常通过创新方法聚焦并有效服务于基本、长期的需要。

对于商业创业而言，需要的是总市场规模必须足够大或能不断增加并且具有吸引人的产业结构，但对社会创业而言，社会需要通常比足够大的市场规模更重要。

概括来说，当社会创业者把目前所存在的社会需求与满足这些需求的方法有机结合的时候他们就可以发现创业机会。社会创业机会有两个明显的特征：其一，社会创业机会在本质上是社会的；其二，社会创业机会受到正式和非正式制度等因素的深刻影响。

### 11.2.1 社会创业机会的识别与开发

基于社会创业机会与商业创业机会的不同特点，社会创业者往往需要具有更强的创业机会感知和识别能力。一方面，社会创业的目标市场往往不是主流市场，目标人群的购买力通常较低，这就要求社会创业者具备较强的创业机会警觉性和创业机会分析能力，能够敏锐地识别创业机会，同时全面客观地评估创业机会，发掘具有社会价值的创业机会。另一方面，社会价值创造需要创业者具有较强的创新能力和创造力，以此作为联结某一社会需求目标与具体商业模式间的桥梁。这种创业机会的警觉性和识别能力将贯穿创业机会识别与开发的整个过程。

根据 Corner 等（2010）的研究，社会创业机会的识别与开发的循环过程如图11.3所示。该过程始于对社会现象的观察与思考，从而识别一个特定的社会问题，并产生创意。随着社会环境的不断变化，创造社会价值与经济价值的创新性想法和具体措施被不断论证和更新，进而不断调整其创造、展现和精炼机会的方式，以更好地解决社会问题，创造社会价值，满足社会需求。该过程最终形成一项非营利的事业实体。在该过程中，创意能否针对特定的社会问题，社会创业者是否具备先前经验，是否能够采用创新方法等对这一过程至关重要。

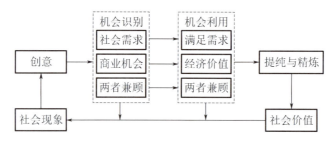

图 11.3　创业机会识别与开发的循环过程

### 11.2.2 社会创业机会识别的影响因素

#### 1. 知识与经验

社会创业机会识别是社会创业者搜集周围环境中有价值的信息、与环境互动的过程。其中，网络和信息是媒介，先前经验和认知方式是基础。对于社会创业企业来说，并不是所有社会创业者都能够识别到特定的社会创业机会。Shane 的知识走廊理论显示，社会创业者积累的经验影响其理解、判断和解释新的信息，表现出倾向于发现与先前经验相关的社会创业机会。社会创业经验及知识的积累增强了环境不确定性下社会创业者的决策能力，行业经验丰富的社会创业者，对于涉足的行业信息了解充分，其难以模仿和替代的思考和学习模式可以产生独特而创新的认知，这些见解与社会需求相结合，有利于识别出有价值的潜在的社会创业机会。社会创业者对于社会创业机会识别和开发过程中管理的有效性选择来源于职业经验积累的直觉，丰富的职业经验帮助社会创业者积累管理方面的知识与经验，从而设计出更高效的组织运营与管理结构，为社会创业机会的识别创造良好的内部环境。

#### 2. 警觉性

社会创业者除了具备相关知识，还要有对社会创业机会的警觉性。高警觉性的个体更有可能发现社会创业机会。社会创业者独特的市场敏锐性一方面体现了其独特的社会创业机会识别的认知模式，另一方面会受到社会创业者先前知识及经验积累的程度及其社会资本的雄厚程度与信任度的影响。社会创业者的社会关系网络规模越大，质量越高，其对潜在社会创业机会的警觉性就越高。拥有关键信息通道的社会创业者往往具备更高水平的警觉性，并有助于社会创业者熟知与洞察环境中的变化，迅速寻找并形成新的社会创业目标。

#### 3. 社会资本

社会资本是个体通过构建社会网络获得所需资源，如信息、知识、社会支持或影响等的途径，社会创业者行为嵌入社会网络并受其制约和影响。因此，社会资本是社会创业机会识别行为中的重要影响因素。受自身信息组合的吸收能力的限制，社会创业者在创业决策中有赖于通过社会资本增强对外交流，从而获取必要的信息与建议。社会创业者可通过社会资本接触更丰富多样的信息，增加获取关键外部资源的概率，识别更多潜在的创新性机会。同时，社会资本中的社会网络关系反映了不同主体进行资源转让或与他人合作的意愿度，有助于信任机制的产生，促进社会创业者与弱联系间的资源交互功能，提升社会创业者的资源获取能力与资源配置效率，并由此帮助社会创业者获取更多的无形资源，如信誉和能力等。另外，社会资本具有声誉和信号效应，能够将积极的社会网络关系转变为后续盈利的业务机会。

### 11.2.3　社会创业机会的评估

一旦一个社会创业机会被识别到，社会创业者为了做出是否开发它的决定必须对其进行评估，在社会创业活动中，如何从社会创业机会中提炼出社会价值的能力是最重要的事情。因此，社会价值在对已发现的社会创业机会的评估中占有重要位置。

有关社会创业活动的文献资料证明了社会创业者主要关注的是社会价值的创造，对社会创业者而言，他们的社会使命是明确且起到核心作用的，这影响到他们如何去察觉和评估社会创业机会。

#### 1. 价值感知

一个需求越符合社会创业者个人的价值观和信仰，那么它就越符合其自我认知，社会责任感是社会创业者的深层次动机。

#### 2. 资源

社会创业者在评估社会创业机会时可获得的资源同样在他们做出是否创业的决定中起着重要作用。社会创业者为了能够建立他们的企业或组织必须掌握必要的资源。

## 11.3 社会创业的资源整合过程概述

相对于常规的商业企业，由于社会创业活动着眼于解决社会问题，创造社会价值，而非追求市场回报，因此社会创业者常常面临更多的资源限制。社会企业很难以高于市场的薪酬回报吸引人才，难以通过超额的盈利而获得持续稳定的资金，他们更多依靠诸如个人捐赠、企业赞助、政府资助等一系列资金来维持社会企业的运转，同时背负不同帮助者各自的动机和期望。因此，社会创业活动对资源整合能力的要求更高。研究表明，社会创业者进行资源部署需要经历四个步骤：首先，识别核心能力，包括独特的技能和知识；其次，识别战略性资源，如品牌、专利、客户资源等；再次，构建核心流程，将投入转化为产出；最后，资源配置，用于连接战略性资源与核心流程，说明社会企业如何以其独特的资源、能力支撑企业战略，实现价值。Mair 和 Marti 认为，社会创业是一种程序，包括了创新性资源的获取和资源组合管理，用于满足社会需求，促进社会变革，社会创业者必须能够聚集资源并有效利用资源。因此，社会创业者如何识别资源、吸收资源、整合资源、利用资源以利用社会创业机会实现价值是社会创业成功的关键。本节将基于汪建成等学者的研究，介绍社会创业的资源整合过程，具体如图 11.4 所示。

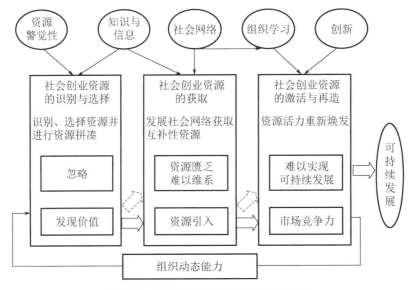

图 11.4　社会创业的资源整合过程模型

### 11.3.1　社会创业资源的识别与选择

与商业企业不同，除了获取传统的人力资源、技术资源、财务资源等商业资源，社会企业通常需要开发和整合大量社会资源，特别是边缘性社会资源。边缘性社会资源与主流资源相对，位于社会价值网的边缘，是指社会忽视或极少关注的资源，被主流所不认可、排斥的资源。资源环境对于企业来说是异质的，不同的企业看待不同资源的方式不同，利用资源的方式也会不同。一个企业认为无用的资源，对另一个企业而言却可能是有价值的，特别是在一种资源与其他先前获得的资源能够进行资源整合的情况下。因此，资源拼凑理论作为创业领域一个重要的基础性理论突破，对于解释社会创业者如何在资源匮乏的环境中识别、选择资源做了很好的诠释。资源拼凑理论的核心是为了解决新的社会问题和利用新的创业机会，创业资源高度匮乏的社会创业者依靠手头现有的资源，通过拼凑对有限资源进行创造性整合。创业资源的匮乏，使社会创业者不得不充分挖掘手边的、易于获取的，甚至是边缘性的资源，发现其价值。因此，社会创业者的资源拼凑行为，也是保障创业成功的重要手段。有研究表明，不同类型的资源拼凑有助于社会企业收获不同类型的组织合法性。其中，实物拼凑、技能拼凑和市场拼凑有助于社会企业获得市场合法性，实现企业成长；而制度拼凑和人力拼凑有助于社会企业获得社会合法性，推动其社会价值的实现。基于此，有学者将社会创业定义为社会创业者及其团队首先在社会价值、经济价值、可持续性和制度层面上，对社会创业机会的潜力进行识别与评估，通过资源拼凑创造性地利用手头资源，进而产生积极的社会影响力，并构建利益相关者共享价值链的社会创业机会识别与开发过程。

在解释社会创业者如何发现潜在资源上，资源警觉性提供了另一个解释途径。资源警觉性可以理解为社会创业者对于不确定的、非均衡的资源环境进行观察，从而发现先前因认知偏差或遗漏而忽略的资源的价值，这就需要社会创业者具有胆识、想象力和异质性的知识与信息，从而使社会创业者具有独特的资源警觉性，从而发现、识别并选择可以创造价值的资源。

### 11.3.2 社会创业资源的获取

如上文所述，社会网络或社会资源对社会创业者识别和开发创业机会有着非常重要的作用，同样，对于企业获取资源而言也意义非凡。一个强有力的社会网络能够帮助社会企业获取资金、管理者和员工等互补性资源，因此，社会创业者必须善于利用社会网络动员和调动资源。有研究表明，社会网络不仅能帮助社会企业获得各种资源，还会促使信息快速传递，实现社会企业知识的快速转移，有助于增强社会企业的动态能力和资源整合能力，同时，社会创业者在社会网络中的形象、声誉及社会对其经营能力的认可程度，也有助于社会企业获取资源。

### 11.3.3 社会创业资源的激活与再造

社会创业资源的激活与再造是指将汲取的社会创业资源完全应用于社会企业经营的整个过程，其中激活是社会创业资源整合的核心内容，直接影响了社会创业资源的效益与效能的发挥。例如，在引入互补性资源后，社会企业必须通过组织学习、技术转移、组织间合作、授权与联合开发等方式，维护、管理标准化作业过程，在获取与学习新技术的过程中，社会企业得到成长并稳定发展。研究表明，成功的社会企业往往更重视组织学习，通过组织学习，引入外部知识，并对内部知识进行重塑，有助于激发创新，并保持市场竞争力。在社会创业领域，社会企业获取的资源很多是边缘性的，达不到标准、不合规格的，或不能被企业直接利用的，只有通过组织学习，使员工掌握生产的规范、方法，激发边缘资源价值，才能保证社会企业效率的提高，保证社会企业产品的市场竞争力。社会企业的创新范围非常广泛，包括产品创新、技术创新、制度创新、商业模式创新等，社会企业需要适应社会需求和社会问题的变化，不断创新，将价值链内未被利用的资源激活，去除冗余资源，有效提升社会企业经营效率，实现社会企业的可持续经营。

### 11.3.4 可持续经营与组织成长

独特的资源和能力是企业获得可持续竞争优势的重要来源，而这些独特的资源必须通过**价值（Value）**、**稀有性（Rarity）**、**难以模仿性（Inimitability）**和**组织（Organization）**四个测试，即 VRIO 模型。该测试由以下 4 个问题构成。

（1）价值问题：企业的资源和能力能使企业对环境威胁和机会作出正确反应吗？

（2）稀有性问题：有多少竞争企业已拥有某种有价值的资源和能力？

（3）难以模仿性问题：不具备这种资源和能力的企业在获得它时与已经拥有它的企业相比较处于成本劣势吗？

（4）组织问题：一个企业的组织架构能充分利用其资源和能力并发挥竞争潜力吗？

针对社会企业与商业企业的不同，该模型可加入第五个指标**社会性（Sociality）**，发展为 VIROS 模型。社会性指企业的资源来源于社会或由社会共同享有，对该资源的有效利用能够增进社会福祉。具备有价值、稀有、难以模仿等特点的资源，能够帮助企业建立产品的市场竞争力，最终使企业产品在市场上创造价值，获取利润。社会性还解释了社会创业如何创造社会价值，在创造经济价值的同时解决社会问题。社会企业在首轮资源整合中形成资源束，以建立企业核心能力，之后还必须能够不断适应外部环境的变化，利用专业的知识技能，不断调整内外部资源能力的差异，开始新一轮资源整合过程，以实现可持续经营。

## 11.4 中国开展社会创业的机遇及发展战略

社会创业蕴藏着能量，潜力巨大，有待开发，其地位和作用将越来越重要。在讨论贫困问题的时候，人们看到最多的是政府和国际组织的投资、援助。但是光靠政府和国际组织的努力是不够的。

社会创业不再沿袭传统的援助做法，而是通过社会创新，在金字塔底端市场寻找社会创业机会，通过公平的商业交易，缓解弱势群体在获取资本、获取信息上的不对称性。

许多社会问题的存在正是由资源获取的不平等造成的。如果将弱势群体置于市场化的进程之外，只会固化社会问题的"发生—解决"循环。要解决这个问题，需要社会创业创造新的模式来解决。

### 11.4.1 中国开展社会创业的现状

#### 1. 社会创业活动全球化的浪潮

随着全球化进程的推进，所有国家都面临着相似的挑战，面对这些挑战，全世界人民需要找到合理的办法来应对。关于社会创业的国际交流、国外大量的理论研究成果和成功的案例，都为中国开展社会创业活动提供了宝贵的理论指导和实践经验，同时为中国推广"社会企业家精神"创造了良好的机遇。

#### 2. 社会创业促进中国社会发展

自从我国提出"大众创业、万众创新"的号召之后，从中央到地方积极跟进，先后出台了多项利好政策，在全国上下形成了一股"双创"浪潮。2015 年发布的政府工作报告提出，推动大众创业、万众创新。这既可以扩大就业、增加居民收入，又有利于促进社会纵向流动和公平正义。这些年来，当大部分创业者聚焦于创造经济价值的商业创业时，带来社会价值的社会创业也引发了关注。作为创新创业的蓝海，社会创业义利并举，在"双创"浪潮之下大有可为，未来蕴含着无数的机会。总体而言，社会创业能够在以下5个方面对中国社会发展起到不可或缺的促进和补充作用。

（1）社会创业推动民主法治建设；
（2）社会创业促进社会公平正义；
（3）社会创业使人民诚信友爱；
（4）社会创业使社会充满活力；
（5）社会创业使社会安定有序。

### 3. 中国传统非营利组织变革的渴望

资金来源匮乏、"合法身份"不易获得和激励机制不足一直是困扰中国传统非营利组织发展壮大的主要障碍；另外，中国传统非营利组织很难实现可持续发展，多数靠捐赠维持运营。因此他们渴望变革，谋求发展。

### 4. 中国企业社会责任感的增强

企业界认为，近年来企业社会责任的广泛传播，使得中国企业开始普遍关注社会问题。一方面，企业从营利中抽出部分资金从事公益慈善事业；另一方面，大量企业白领以志愿者的身份加入非营利组织并从事服务社会的工作，有的甚至投身于第三部门，成为新一代的公益从业人员。

### 5. 中国公民社会公益意识和慈善意识的提升

近些年，随着社会经济发展及道德水平的不断提高，中国公民公益意识和慈善意识不断觉醒，对慈善公益的认知也愈发深入，整体的社会公益力量正在快速增强。根据《公益时报》对2008年汶川地震救灾捐赠管理系统收录的来源明确的约164亿元捐款的分析，个人捐款70.12亿元，占43%，超过企业（69.29亿）和社会组织（24.27亿）的捐款总额，让人真切感受到一股正在迅速成长的全民慈善的力量。当前，越来越多的人不仅将公益和慈善看作一种责任，更看作一种态度和生活理念。

党的二十大报告指出，引导、支持有意愿有能力的企业、社会组织和个人积极参与公益慈善事业。中国公民社会公益意识和慈善意识的觉醒与提高为社会创业的孕育与发展提供了丰厚的土壤，吸引了越来越多创业者投身于社会创业的蓝海。社会创业者可以将满足公众需求作为创业初衷，将商业模式与公益目标相结合，从而寻找一条既可以解决社会问题，又可以实现企业可持续发展的新路径。例如，用自动零售柜的方式解决偏远农村食品价格高昂的问题；用3D打印技术做出实时检测的土壤湿度器，提高灌溉效率；在居民区安装温度报警系统，让居民区火灾防患于未然；将废弃的塑料打碎重塑后，成为价格低廉的建筑装饰材料等，这些都是将创业与公益相结合的社会创业的有益实践。

## 11.4.2 中国社会创业的发展战略

已有社会创业的发展经验表明，社会创业的成功因素包括以下几点。

（1）要有真正的企业家精神，具备专业和商业管理的技巧。

（2）除了对社会弱势群体具有同情心和包容心，还必须对这些群体给予合理的期望，鼓励他们为社会作贡献，发挥所长，帮助他们增强能力，真正融入社会。

（3）公众认可并支持社会企业。

（4）政府适当推动社会创业的发展，防止社会企业过分依赖政府从而影响其竞争力。

具体而言，中国社会创业的发展战略应包括以下几个方面的内容。

### 1. 积极推进非营利组织市场化的创新模式

作为发展中国家，我国非营利组织获得的资助非常有限，慈善捐赠明显不足，这导致我国非营利组织的经费问题较为严重，自利化倾向和营利动机较为强烈。市场化运作作为非营利组织应对资源稀缺、工作效率低下的现实所选择的新机制，是符合我国国情的。虽然我国许多非营利组织在市场化运作中陷入了困境，但是我国非营利组织应坚持市场化运作的方向是毋庸置疑的。我国非营利组织在市场化运作中出现的问题并不是市场化运作机制本身造成的，可以通过加强非营利组织能力建设和对其的内外监督，规范、完善非营利组织市场化的制度环境使其摆脱现实困境。

非营利组织可以通过社会创业的理念，利用创收业务或策略来赚取收益或实现其社会目标。非营利组织不仅涉足传统慈善事业所涵盖的领域，还可以直接提供创新性社会服务，参与社会和经济发展的建设。

### 2. 加强社会企业与政府的合作

（1）政府公共服务职能的转变需要社会企业的参与。

首先，应让社会企业承担政府职能转变过程中转移出去的微观管理和服务职能，成为联系政府与企业、政府与市场的纽带，使政府摆脱具体事务的纠缠，提高政府的宏观管理能力。

其次，应让社会企业发挥与基层联系密切、成本低、效率高等优势，关注和解决社会福利、社区服务、环境保护等方面的社会问题，为政府分忧解难。

再次，应让社会企业在广辟就业渠道、完善社会保障制度方面大有作为，减轻政府与其他企业的负担，提高社会保障的社会程度等。

最后，社会企业应该协助政府提供公共服务，并占有较大份额，政府充当公共服务的规划者和监督者的角色。社会企业的独特优势，使政府也开始通过社会企业实现其社会政策，例如，肯尼亚政府与非政府组织合作实行其计划生育计划。在中国，一些和政府关系异常密切的社会企业更是在推行国家政策方面发挥了重要作用，政府依靠这些信誉良好的社会企业在发展儿童教育、消除贫困、提高人民生活水平等公共服务领域取得了重大成就。

（2）社会创业需要政府支持。

社会企业是以追求社会和环境目标为动力的商业形式，而要想实现上述目标必须取得商业成功。政府的功能不是创造社会企业，而是为他们的成功创造良好的环境。

社会创业作为一种新的商业形式要想得到长足的发展离不开政府的支持。如英国、美国等国家，政府都在开展社会创业的过程中充当了支持者的角色。政府应将社会创业的开展纳入政府的宏观发展战略，消除阻力并创造一个强大、可持续及社会融合的经济体系。具体来说有以下几个方面。

① 政府应大力推行全面的社会创业策略，支持社会创业的发展，并在社会公众中树立社会创业的良好形象。

② 政府让社会企业参与公共服务，使其在政府采购方面获得和商业企业平等的竞争机会，甚至可以对其有所倾斜。

③ 政府可以向社会企业提供业务支持和培训，增强社会企业的竞争力。

④ 政府要帮助社会企业获取适当的融资，政府除了要从资金上支持社会企业，还要吸引私人投资和风险投资至社会企业。

### 3. 完善社会创业企业的法律法规建设

社会企业的发展，需要国家的规范性管理，应充分发挥政府的指导和监管职能，并通过有关法律法规对社会企业的性质、地位、权利、义务等进行界定。

目前我国还没有规范社会创业的相关法律法规。我国急需健全相关法律法规，使得政府部门，特别是税务部门要有法可依，以明确各类社会企业的性质、地位、权利、义务，以便给予其相当的待遇。

（1）针对社会企业进行立法。

在遵循现行的宪法制度的前提下，应根据社会企业发展的实际，逐步制定和形成配套的、不同层次的法律法规体系，明确社会企业成立的必备条件、登记管理的机关及必经程序；用法律形式明确社会企业的性质、宗旨、地位、组织形式、经费来源、权利、义务等，使社会企业及其运作合法化、规范化；对社会企业的具体行为作出明确规范，增强法律规范的可操作性，构建相关法律体系的链接并完善相关配套，为打击社会企业的违规和犯罪行为提供有力的法律依据和保障。

（2）通过立法规范社会企业的经营行为。

对不同社会企业的经营活动采取不同的税收政策，应当对社会企业经营活动的规模和收入比例作出规定，防止一些企业打着社会企业的名义，从事高度商业化的活动；还可以对社会企业商业活动的收入和利润分配制定规范，例如规定商业活动产生的收入及利润不得在成员间分配，也就是不得"公转私"。还可以规定，即使社会企业在商业活动中遇到挫折，被迫解散和破产时，其剩余资产也不得在成员间分配，而必须转交给其他社会企业或者公共部门，这些规定经过发达国家多年的实践证实是很有效的。

### 4. 加强社会创业企业的商业化运作能力

社会企业要完成社会和商业的双重目标，需要提高商业化运作的能力，具体有以下两点。

（1）社会企业向商业企业学习管理。

（2）社会企业需要防范商业化运作的风险。

对于社会企业从事商业活动带来的问题可以从以下几个方面着手解决。

（1）建立高效的商业机制并培育企业文化。

（2）牢记社会企业是以完成企业的社会使命为最终目标的。

（3）将社会企业的商业化业务和慈善性业务进行结合。

（4）加强社会企业内部治理机制建设。

（5）提高社会企业的专业技能。

（6）加大社会企业的理论研究和宣传力度。

## 本 章 小 结

本章主要介绍了社会创业、社会企业及社会创业者，社会创业机会的识别、评估和开发，社会创业的资源整合过程，中国开展社会创业的机遇及发展战略。广义的社会创业是指采用创新的方法解决社会主要问题，运用商业模式创造社会价值而非个人价值的活动。狭义的社会创业主要是指非营利组织运用商业模式和市场竞争来兼顾经济效益和社会效益的活动。社会创业具有社会性、创业性、社会差异性3个方面的特征。法勒将社会创业分为"综合性社会创业""重新诠释的社会创业"和"辅助性社会创业"3种。迪斯认为，社会创业者是指那些在社会部门充当改革推动者角色的人，他们具备特有的品质特征、能力和技能。社会创业机会来源于积极的社会活动、自助和慈善，它的识别、评估和开发有相应的过程和方法。结合中国的国情，中国的社会创业还处在初级阶段，仍面临非营利组织市场化和自发性社会创业的挑战。但是，在社会创业活动全球化的浪潮下，在社会创业对中国社会发展有积极作用的影响下，在中国传统非营利组织变革的渴望下，在中国企业社会责任感的增强下以及中国公民社会公益意识和慈善意识的提升下，中国的社会创业将获得更多机遇。因此，必须结合中国的国情，制定相应的发展战略。

## 习 题

### 1. 简答题

（1）社会创业与商业创业的主要区别是什么？
（2）社会创业者具备的品质特征、能力和技能有哪些？
（3）简述社会创业机会识别与开发的过程。
（4）与商业企业相比，社会企业资源获取会面临哪些困难和障碍？

### 2. 论述题

（1）分析一下你班上的同学或朋友谁最具有成功社会创业者的素质。
（2）思考中国政府应如何从政策上支持社会创业。
（3）如何组建社会创业团队，在校园发起社会创业宣传活动，开展有关社会创业的活动？

## 实际操作训练

采访一位社会创业者。通过采访，可以了解一位社会创业者建立并拥有怎样的企业和创业的原因、目的等，从中获得的信息会是非常有价值的，并对创业实践具有指导意义。

课后案例

## 龙山县惹巴妹手工织品有限公司助力乡村振兴的社会创业案例分析

龙山县惹巴妹手工织品有限公司（以下简称"惹巴妹"）成立于2011年，主要经营范围包括针织或钩针编织服装制造，民族文化手工艺品研发、传播、生产、批发、零售等。"惹巴妹"积极传承民族手工艺，带领湘西土家族苗族自治州（以下简称湘西州）困难群众增收致富，促进了民族团结，推动了乡村振兴，荣获"全州民族团结进步先进集体"称号。"惹巴妹"位于龙山县。虽然当地资源匮乏、交通不便，企业自身发展受到一定阻碍，但是"惹巴妹"积极开拓思路，应用社会企业的商业模式，利用当地少数民族特色实现自身发展。同时，"惹巴妹"秉承"企业需要、政策需要和社会需要"的社会责任文化理念，招聘残障人士、留守妇女等困难群众，开展免费编织技术培训及公益电商活动。这不仅有效宣传了"惹巴妹"的企业文化，实现了可持续发展，还给困难群众提供了就业机会，积极推动了乡村振兴战略的实施。

### 一、"惹巴妹"的商业模式分析

根据商业模式理论，我们可以从价值主张、价值网络、经营策略、营利模式、资源配置、可持续能力这6个方面分析"惹巴妹"的商业模式。

1. 价值主张

社会企业的价值主张是指以解决社会问题为己任，为实现双重价值创造和可持续发展，把一系列服务或产品通过创新的方式提供给目标客户。由于龙山县经济发展落后，困难群众较多，因此如何促进当地经济发展和实现乡村振兴是当前需要解决的主要问题。正是意识到了问题所在，"惹巴妹"始终坚持平衡经济价值与社会价值之间的关系，传承土家族传统特色编织技艺，对困难群众开展专业培训并为其提供就业岗位，带领困难群众走上致富的道路。在政府的扶持下，"惹巴妹"先后在龙山县、凤凰县等地建立了18个车间，带动就业1 475人，其中建档立卡户达902人、易地搬迁户337人，年人均创收一万元。"惹巴妹"促进了当地群众的持续增收，促进了龙山县乡村产业体系的完善，为乡村产业振兴持续造血。

2. 价值网络

社会企业必须建立一个能够联系和沟通社会资源的价值网络，并有效整合资源，创造更大的社会价值。这个价值网络就包括为目标客户创造价值的合作伙伴以及其沟通渠道与协调机制。首先，"惹巴妹"的发展离不开当地政府的扶持。"惹巴妹"在龙山县政府相关部门的支持和指导下，在全县21个乡镇（街道）开展了手工编织技术培训，还举办了多次残疾人技能培训。其次，"惹巴妹"与当地多所高校开展合作。2022年3月，武陵山片区（龙山）"惹巴妹"产教融合实践基地揭牌仪式在龙山县产业开发区举行。该实践基地的建立将大力促进龙山县教育链、人才链、产业链与创新链的有机衔接，加快推动产业转型升级、区域经济高质量发展、乡村全面振兴，龙山县委、县政府将大力支持该基地建设。最后，"惹巴妹"的发展得益于各大社会媒体的报道。湘西州政府官网发布的《"惹巴妹""惹"出大市场》一文宣传了"惹巴妹"用爱和善良开启创业路；中国新闻网的《巧手"编织"脱贫梦,湘西"惹巴妹"演绎乡村"织女"美好生活》一文赞颂了"惹巴妹"的创业初衷,即"希望让更多像姑姑这样的残疾人和留守妇女通过编织重拾信心,把生活越过越美"。这些报道不仅有效提升了"惹巴妹"在当地的社会知名度,而且拓宽了"惹巴妹"与外界沟通联系的渠道。

3. 经营策略

社会企业不仅要提供优良的产品,还要参与市场竞争,因此,界定产品区域与市场定位,并制订出自身的差异化竞争策略,才能够确保有限的资源与能力的使用更加充满效率,确保社会企业使命的达成。"惹巴妹"采用"企业+车间+农户"的经营模式,吸纳留守妇女、残疾人灵活就业,让更多人利用碎片时间创收增收,把发展"短板"变为振兴"主力"。此外,"惹巴妹"还依托电商直播,打破空间限制,使乡村编织产品不再局限于线下批发及门店销售。同时,其积极参加展销会,不断开拓潜在市场。例如,2017年年底,"惹巴妹"手工编织品在第22届意大利米兰国际手工艺品博览会上,深受意大利等多个国家消费者的青睐,全部销售一空;2018年年初,"惹巴妹"参加法国巴黎国际博览会,带去的210件产品不到3天就被抢销一空;在2018年4月的中国进出口商品交易会(广交会)上,"惹巴妹"一次性签下了60万元的订单。

4. 营利模式

营利模式主要包括企业应向哪些客户提供价值、提供何种价值、企业应该如何创造价值、企业的利润从何而来以及企业应当如何提升自己的竞争力等5个方面。"惹巴妹"的客户主要是热衷民族文化特色手工品、编织技艺文化的人群。这些产品不仅满足了客户了解传统文化的需求,有效传播了民族文化,而且使企业获得了可观的收入。"惹巴妹"主要通过以下方式创造价值。在产品制作方面,以困难群众编织为主,通过传承并创新土家族传统特色编织手法,将产品作为土家族文化的载体,编织出绚丽多彩的"土家织锦"。同时,结合当代审美观念与客户需求进行个性化改革创新。例如,在新冠疫情影响下,"惹巴妹"生产了"绿马"平安符;为庆祝我国神舟十四号载人飞船成功发射,"惹巴妹"制作了宇航员背包等。这些产品不仅向消费者展现了民族优秀传统文化,而且推动了当地的发展。在增强企业竞争力方面,"惹巴妹"为提升企业知名度、扩大销售市场,在张家界知名旅游地——七十二奇楼开设店铺。七十二奇楼于2019年成功申报吉尼斯世界纪录,是全世界最高的吊脚楼形态建筑,具有极大的文化品牌效应。店铺"惹巴妹——花大姐手工文创产品店"在该地开设。该店铺门面具有传统气息,内部陈列琳琅满目的编织产品,能很好地吸引游客驻足欣赏。"惹巴妹"借助七十二奇楼的影响力吸引了大批国内外游客进行消费,较好地将民族文化传播出去,并建立了"惹巴妹"编织技艺的品牌效应,推动了龙山县的发展。

5. 资源配置

社会企业需要对资源进行有效整合,优化运营流程,以此推动乡村振兴的可持续发展。"惹巴妹"通过充分整合资源,有效发挥乡村内生发展动力,全面助力乡村振兴。首先,"惹巴妹"在湘西州开设了18个车间,在生产过程中,将单个产品分割出多个部分,并根据实际情况分批给不同车间生产,最后组装完整的产品进行销售。该协作方式降低了编织难度,提高了个人生产效率,同时形成了集体力,提高了劳动生产效率。其次,"惹巴妹"对企业内外部资源进行整合,建立**企业资源计划(Enterprise Resource Planning,ERP)**

系统。该系统能在掌握准确、及时、完整信息的基础上，实时响应市场需求，灵活开展业务活动，做出正确决策。例如，在客户服务上，"惹巴妹"可以通过客户消费偏好分析准确了解客户需求，适时推出其感兴趣的产品与个性化服务；在库存管理上，"惹巴妹"可以适时了解产品入库、出库情况，及时调整产品生产与销售，避免供求不平衡问题的出现。最后，"惹巴妹"为困难群众提供工作岗位，同时积极争取社会各界在资金、人才、技术、设备等方面的支持，采用因地制宜的方式合理配置资源。

6. 可持续能力

社会企业要想实现可持续发展，创新、风险意识和管理能力、先动性等要素必不可少。为实现自身可持续发展，"惹巴妹"致力于专利技术研发。截至2020年，"惹巴妹"已拥有13项发明专利和实用新型专利。这些专利包括一种电动钩针、可发光的毛线玩具、多功能摇摆玩偶、抗静电和抗菌的复合水溶胶及其在纺织领域的应用、智能控制的毛线编织机械等。在新冠疫情期间，产品销售受到一定阻碍，"惹巴妹"时刻保持忧患意识，发挥企业先动性，组建网络运营团队，及时获取市场需求信息和市场动向，结合疫情趋势及客户需求进行产品设计创新。同时，不断依托线上购物及直播等平台，推动产品售卖。

## 二、"惹巴妹"商业模式对民族地区企业助力乡村振兴的启示

"惹巴妹"的商业模式与发展经验，对民族地区企业助力乡村振兴具有一定的借鉴价值。具体有以下几点。

1. 产业融合与"互联网+"并重，推动产业振兴

推动乡村第一、第二、第三产业融合发展，优化乡村产业结构。加快第一、第二、第三产业融合发展是推动乡村振兴的重要途径。"惹巴妹"深度挖掘湘西土家族传统编织文化价值，充分运用土家族传统编织技艺，建办手工作坊及车间，为湘西州第二产业发展注入力量。各民族地区企业应积极借鉴"惹巴妹"的经验，充分挖掘当地资源，积极发展农产品加工、乡村旅游等第二、第三产业，延长农业产业链，推动乡村三大产业融合发展，从而优化民族地区经济结构，推动乡村振兴的发展。

同时，"惹巴妹"通过阿里巴巴、速卖通等多家电商平台宣传、销售手工编织产品，产品远销欧美、中东、东亚等地区，带动当地群众实现就业增收，推动了乡村振兴战略的实施。因此，民族地区企业可以此为鉴，充分利用互联网发展契机，加强信息化建设，构建"互联网+"商业模式。

2. 挖掘民族地区文化价值，助推文化振兴

乡村多种多样、历史悠久的文化是一笔可待深挖的宝贵财富，具有强渗透、强关联的效应，是促进乡村振兴的关键因素。"惹巴妹"深入挖掘湘西土家族优秀传统文化，将当地少数民族特有的编织技艺、民俗节庆等特色文化融入手工编织产品中，促进了文化传承与经济发展。借鉴"惹巴妹"的经验，各民族地区的企业应深入挖掘特色文化价值，激发文化现代活力，并将其融入当地产业发展，从而带动经济增长，推动乡村振兴的发展。此外，"惹巴妹"通过建立一个能够联系和沟通社会资源的价值网络，有效整合资源，有效带动当地就业。鉴于此，民族地区的企业还可以根据自身优势，发展"企业+旅游+文化"的商业模式，深入挖掘当地旅游资源的经济价值和文化价值。同时，加强企业间协同合作，深入挖掘当地特色传统文化，建立集旅游观

光、文化体验于一体的商业模式。此外，民族地区的企业还应积极与当地政府、其他企业合作，打造"特色文化园"，为消费者提供全方位的历史文化介绍、文化产品展示、手工体验服务等。

3. 优化人才引进与培训系统，助力人才振兴

完善人才引进措施，推动人才回乡创业发展。人才振兴是乡村振兴的关键，民族地区企业要深入分析民族地区人才引进的主要障碍，完善人才引进措施，提高人才入驻吸引力。人才振兴必须打破常规，加强创新，紧接地气，使民族地区企业真正成为优秀人才的蓄水池和制度创新的实验场。"惹巴妹"在技能人才培训、就业创业孵化、科研成果转化等方面与当地高校积极开展广泛合作的做法就值得借鉴；同时，还应制定完善的人才引进措施，加速城乡人才流动，推动人才下乡、回乡创业，挖掘民族地区发展的巨大潜力。

此外，人才培训也是实现人才振兴的重要手段。乡村振兴的关键在于要培养一大批能够留得住的、扎根乡村并将农业生产、加工和经营作为终身事业的复合型人才。民族地区企业应和"惹巴妹"一样，坚持解决社会问题的价值主张，关注困难群众就业问题，建立生产车间，形成完善的培训机制，为当地群众提供职业技能培训，在民族地区开展扶志、扶智工作，带动民族地区群众增收致富，实现乡村人才振兴。

4. 加强农村人居环境整治，推动生态振兴

"惹巴妹"在乡村生态振兴方面作出了积极贡献。首先，"惹巴妹"以促进原材料及产品高效运输为动力，带动乡村开展道路建设、物流完善工程；其次，"惹巴妹"始终坚持"绿水青山就是金山银山"的绿色发展理念，在政府的帮助下，将车间工厂统一建设在安置区，实现生产废料统一有机处理，有效解决了废料分散化处理的成本问题，实现企业绿色发展。民族地区的企业应以此为鉴：积极参与乡村基础设施建设，促进民族地区交通体系、现代通信设施建设；坚持绿色的可持续发展理念，有效处理生产废料与污染物，既要金山银山，也要绿水青山，推动乡村宜居、治理有效的乡村绿色生态现代化建设。

5. 突出党建引领，推进组织振兴

近年来，龙山县坚持抓党建促乡村振兴不动摇，创新推行"三单五制"工作法，从制度设计层面和具体实践上着手，着力加强村级队伍建设，为推进乡村振兴提供了强劲动能。"惹巴妹"主要负责人之一谭艳林是一名中共党员，她积极参与当地党组织建设，大力宣传民族团结进步政策，参与爱心慰问活动，为家乡代言。新冠疫情期间，她积极参与乡村防疫宣讲和核酸检测活动，充分发挥先锋模范作用。民族地区企业应积极发挥乡村基层党组织先锋模范作用，大力倡导科学文明、健康向上的生活方式，弘扬勤劳致富、节俭节约的优良传统，推崇诚实守信、尊老爱幼的道德风尚，使群众的思想观念逐步转变，文明素质大幅提升，逐渐形成党群共建、群众共治的基层治理模式，破除陈规陋习，树立文明乡风。

资料来源：黄玉莹，曾慧玲，尹玲，等. 基于社会创业组织商业模式的民族地区企业助力乡村振兴启示——以龙山县"惹巴妹"手工织品有限公司为例[J]. 乡村科技，2023，14（17）：55-59.（有改动）

**小思考**

1. 请对上述案例的社会创业类型进行识别。
2. 理解商业模式的关键要素及要素间的关系,体会商业模式对社会创业的作用与意义。
3. 基于该案例的分析思路与方法,自行寻找社会创业案例进行商业模式的讨论与分析。

第11章
创业测评

第11章
创业视频

# 参 考 文 献

巴林格，爱尔兰，2006. 创业管理：成功创建新企业［M］. 张玉利，王伟毅，杨俊，等译. 北京：机械工业出版社.

布莱克韦尔，2009. 创业计划书：第5版［M］. 褚方方，闫东，译. 北京：机械工业出版社.

蔡莉，葛宝山，朱秀梅，等，2007. 基于资源视角的创业研究框架构建［J］. 中国工业经济（11）：96-103.

陈劲，2022. 创新管理新思考：从开放到整合［J］. 北京石油管理干部学院学报，29（4）：75.

陈劲，魏巍，2022. 中国中车：整合式创新践行者［J］. 企业管理（1）：66-70.

陈劲，郑刚，2013. 创新管理：赢得持续竞争优势［M］. 2版. 北京：北京大学出版社.

陈文华，陈占葵，2018. 大学生创业思维与能力训练教程［M］. 北京：现代教育出版社.

陈小亮，谭涵予，陈彦斌，2023. 应对小微企业融资难题的政策效果评估与完整思路：基于宏观政策"三策合一"新理论框架［J］. 人文杂志（5）：117-127.

陈姚，许艳芳，牟晞灵，2022. 中国新生代大学生为什么要创业？：来自30所高校大学生创业动机的实证研究［J］. 中国人民大学教育学刊（3）：107-122.

陈艺云，2011. 知识差距、信息甄别与创业企业的融资选择［J］. 科技进步与对策，28（4）：137-140.

陈震红，董俊武，2003. 创业风险的来源和分类［J］. 财会月刊（B财苑）（12）：56-57.

德鲁克，1999. 大变革时代的管理［M］. 赵干城，译. 上海：上海译文出版社.

德鲁克，2002. 创新与创业精神［M］. 张炜，译. 上海：上海人民出版社.

德鲁克，2007. 创新与企业家精神［M］. 蔡文燕，译. 北京：机械工业出版社.

邓卫华，易明，蔡根女，2011. 基于信息过程模型的创业机会识别研究［J］. 情报理论与实践，34（4）：92-95.

邓显勇，2009. 领导者特征与团队类型的匹配研究［D］. 厦门：厦门大学.

邓学军，夏宏胜，2005. 创业机会理论研究综述［J］. 管理现代化，25（3）：14-16.

迪斯，艾默生，伊卡诺米，2021. 创业型非营利组织：社会企业家的战略工具［M］. 李博，崔世存，译. 北京：社会科学文献出版社.

蒂蒙斯，2002. 创业者：第5版［M］. 周伟民，译. 北京：华夏出版社.

蒂蒙斯，2002. 战略与商业机会：第5版［M］. 周伟民，田颖枝，译. 北京：华夏出版社.

蒂蒙斯，2002. 资源需求与商业计划：第5版［M］. 周伟民，等译. 北京：华夏出版社.

丁栋虹，2010. 企业家精神［M］. 北京：清华大学出版社.

樊耘，朱荣梅，张灿，2001. 虚拟团队与传统团队的行为差异及其管理对策研究［J］. 中国软科学（12）：67-70.

傅家骥，1998. 技术创新学［M］. 北京：清华大学出版社.

郭鲁伟，张健，2002. 公司创业的模式探讨［J］. 科学学与科学技术管理，23（12）：94-96.

郭毅夫，2010. 商业模式创新与企业竞争优势：两上市公司案例［J］. 重庆社会科学（6）：94-97.

郭毅夫，2010. 商业模式创新与企业竞争优势的实证研究［J］. 科技与管理，12（4）：26-29.

郝继伟，2006. 中小企业融资：政府介入的方式选择［J］. 四川经济管理学院学报，19（1）：23-25.

郝继伟，2011. 返乡农民工创业风险考察［J］. 武汉理工大学学报（社会科学版），24（1）：52-57.

黄赤钧，2004. 基于团队的组织构造［J］. 现代管理科学（1）：88-90.

吉云，2018. 奈特不确定性下创业型企业的分阶段融资机制［J］. 制度经济学研究（2）：108-129.

姜皓，孙林岩，2007. 如何构建团队：团队类型及构建思维［J］. 上海经济研究，19（5）：87-91.

姜彦福，邱琼，2004. 创业机会评价重要指标序列的实证研究 [J]. 科学学研究，22（1）：59-63.
姜彦福，沈正宁，叶瑛，2006. 公司创业理论：回顾、评述及展望 [J]. 科学学与科学技术管理，27（7）：107-115.
姜彦福，张帏，2005. 创业管理学 [M]. 北京：清华大学出版社.
HAEMMIG M，2005. 风险投资国际化 [M]. 复旦大学中国风险投资研究中心，译. 上海：复旦大学出版社.
经济合作与发展组织，欧盟统计署，2011. 奥斯陆手册：创新数据的采集和解释指南：第3版 [M]. 高昌林，译. 北京：科学技术文献出版社.
孔翰宁，张维迎，奥赫贝，2008. 2010商业模式：企业竞争优势的创新动力 [M]. 北京：机械工业出版社.
KURATKO D F，HODGETTS R M，2006. 创业学：理论、流程与实践：第6版 [M]. 张宗益，译. 北京：清华大学出版社.
莱斯，2012. 精益创业：新创业企业的成长思维 [M]. 吴彤，译. 北京：中信出版社.
雷富礼，查兰，2009. 游戏颠覆者 [M]. 辛弘，石超艺，译. 北京：机械工业出版社.
李华晶，张玉利，2006. 创业型领导：公司创业中高管团队的新角色 [J]. 软科学（3）：137-140.
李良成，2005. 基于资源观点的实证研究综述 [J]. 现代管理科学（1）：35-37.
梁强，张书军，李新春，2011. 基于创业机会的新创劣势和应对策略分析与启示 [J]. 外国经济与管理，33（1）：19-25.
廖泉文，2003. 人力资源管理 [M]. 北京：高等教育出版社.
林萍，李刚，2007. 持续的竞争优势：整合资源观和制度观 [J]. 商业研究（8）：16-19.
林嵩，姜彦福，张帏，2005. 创业机会识别：概念、过程、影响因素和分析架构 [J]. 科学学与科学技术管理（6）：128-132.
刘沁玲，2004. 知识创业论 [M]. 西安：陕西科学技术出版社.
刘沁玲，2011. 基于创新型创业个体特质分析的高校创业教育改革新思路 [J]. 学术论坛，34（5）：184-189.
刘爽，任兵，2022. 基于过程视角的创业团队动态与创业决策：一个研究综述 [J]. 未来与发展，46（4）：74-84.
隆内克，莫尔，彼迪，2002. 创业机会 [M]. 郭武文，等译. 北京：华夏出版社.
罗梦琳，胡皎，王建宏，2011. 创业融资刚性约束及化解对策 [J]. 商业时代（16）：57-58.
罗永泰，吴树桐，2004. 企业资源整合过程中动态能力形成的关键路径分析 [J]. 北京工商大学学报，24（3）：23-30.
潘军昌，高名姿，陈东平，2008. 关系型借贷：破解"三农"融资难题的技术选择 [J]. 农业经济问题，29（3）：18-21.
彭红超，赵佳，2022. 混合学习团队类型及其学习效果：学习力和学习效能感视角 [J]. 现代远程教育研究，34（6）：102-111.
彭伟，殷悦，郑庆龄，2022. 国内外社会创业研究的全景比较：知识框架、热点主题与演进脉络 [J]. 管理学季刊（2）：163-184.
钱志新，2008. 新商业模式 [M]. 南京：南京大学出版社.
切尔，2004. 企业家精神：全球化、创新与发展 [M]. 李欲晓，赵琛微，译. 北京：中信出版社.
屈文洲，谢雅璐，叶玉妹，2011. 信息不对称、融资约束与投资—现金流敏感性：基于市场微观结构理论的实证研究 [J]. 经济研究，46（6）：105-117.
石磊，2008. 论创业团队构成多元化的选择模式与标准 [J]. 外国经济与管理（4）：52-58.
宋克勤，2004. 关于创业团队问题的思考 [J]. 经济与管理研究（2）：54-56.
宋克勤，2011. 公司创业的驱动力、障碍和有效实施研究 [J]. 技术经济与管理研究（11）：37-41.

唐春晖，2006. 资源基础演化视角下的后进企业技术追赶战略［J］. 当代财经（11）：75-79.

汪丁丁，2002. 企业家的精神［J］. 今日科技（3）：27-29.

汪建成，2009. 社会创业：创造社会价值的现代方法［M］. 李华晶，译. 北京：机械工业出版社.

汪建成，林欣，2021. 社会创业的资源整合过程：多案例研究［J］. 管理案例研究与评论，14（2）：163-177.

王存刚，2023. 科技创新与国际格局重塑［J］. 当代世界（5）：18-24.

王建中，2011. 创业环境、资源整合能力与创业绩效关系结构模型构建［J］. 商场现代化（35）：40-41.

王晓文，张玉利，李凯，2009. 创业资源整合的战略选择和实现手段：基于租金创造机制视角［J］. 经济管理，35（1）：61-66.

王圆圆，2008. 企业创新：从封闭到开放［J］. 财经界（管理学家）（2）：48-52.

吴贵生，王毅，2013. 技术创新管理［M］. 3版. 北京：清华大学出版社.

谢科范，陈刚，马颖，等，2011. 创业团队的理论与实践［M］. 北京：知识产权出版社.

徐淑琴，2013. 原始创新、集成创新和引进消化吸收再创新［J］. 广东科技（17）：31.

严梅福，2004. 团队管理与团队建设［J］. 湖北大学成人教育学院学报，22（2）：6-8.

严中华，2008. 社会创业［M］. 北京：清华大学出版社.

杨娅婕，2010. 不对称信息下的企业融资结构理论综述［J］. 时代金融（3）：29-30.

杨志，邓瀚深，杨慧生，等，1999. 人本管理［M］. 东营：中国石油大学出版社.

叶国爱，徐紫云，徐朝亮，2008. 高校在校大学生创业的影响因素及对策建议：基于中部地区某高校的调研分析［J］. 江西农业大学学报（社会科学版），7（2）：147-150.

叶伟巍，朱凌，2012. 面向创新的网络众包模式特征及实现路径研究［J］. 科学学研究，30（1）：145-151.

易朝辉，2010. 资源整合能力、创业导向与创业绩效的关系研究［J］. 科学学研究，28（5）：757-762.

郁义鸿，李志能，希斯瑞克，2000. 创业学［M］. 上海：复旦大学出版社.

袁彦鹏，鞠芳辉，刘艳彬，2022. 社会创业团队韧性从何而来？：基于单案例的探索性研究［J］. 研究与发展管理，34（4）：97-111.

张锨元，2009. 如何打造团队战斗力：三角团队［M］. 北京：机械工业出版社.

张娅，2010. 企业家的"第二人生"［J］. 商业导刊（21）：82-85.

张耀辉，左小德，2009. 新商业模型评析：第1辑［M］. 广州：暨南大学出版社.

张映红，2006. 公司创业理论的演化背景及其理论综述［J］. 经济管理，32（14）：4-10.

张玉利，李新春，2006. 创业管理［M］. 北京：清华大学出版社.

张玉利，薛红志，陈寒松，2013. 创业管理［M］. 3版. 北京：机械工业出版社.

张玉利，薛志宏，陈寒松，等，2020. 创业管理［M］. 5版. 北京：机械工业出版社.

张振华，2009. 创业团队胜任力结构与创业绩效关系的机理研究［D］. 长春：吉林大学.

ARRIBAS I，VILA J E，2007. Human capital determinants of the survival of entrepreneurial service firms in Spain［J］. International entrepreneurship and management journal（3）：309-322.

BARNEY J，1991. Firm resource and sustained competitive advantage［J］. Journal of Management，17（1）：99-120.

BRUSH C G，GREENE P G，HART M M，et al.，2001. From initial idea to unique advantage：the entrepreneurial challenge of constructing a resource base［J］. The academy of management executive（1993—2005），15（1）：64-80.

CORBETT A C，2007. Learning asymmetries and the discovery of entrepreneurial opportunities［J］. Journal of business venturing，22（1）：97-118.

CORNER P D，HO M，2010. How opportunities develop in social entrepreneurship［J］. Entrepreneurship theory and practice，34（4）：635-659.

DAVIS C H, 2003. Venture capital in Canada: a maturing industry, with distinctive features and new challenges [M]// ÇETINDAMAR D. The growth of venture capital: a cross-cultural comparison. Westport: Praeger Publishers.

DE VEN H V, 1993. The development of an infrastructure for entrepreneurship [J]. Journal of business venturing, 8 (3): 211-230.

DRUCKER P F, 1985. Innovation and entrepreneurship: practice and principles [M]. New York: Harper&Row.

ENSLEY M D, PEARSON A W, AMASON A C, 2002. Understanding the dynamics of new venture top management teams: cohesion, conflict, and new venture performance [J]. Journal of business venturing, 17 (4): 365-386.

FRIEDMAN M, 1992. The old fallacies ever die? [J]. Journal of economic literature, 30 (4): 2129-2132.

GARTNER W B, 1985. A conceptual framework for describing the phenomenon of new venture creation [J]. Academy of management review, 10 (4): 696-706.

GILBERT B A, MCDOUGALL P P, AUDRETSCH D B, 2006. New venture growth: a review and extension [J]. Journal of management, 32 (6): 926-950.

GOODMAN P S, 1986. Impact of task and technology on group performance [M]// Designing effective work groups. San Francisco: Jossey-Bass: 120-167.

HILL C W, JONES G R, 2001. Strategic management: an integrated approach [M]. 5th ed. Boston: Houghton Mifflin.

HOCKERTS K, 2006. Entrepreneurial opportunity in sociall purpose business ventures [M]//MAIR J, ROBINSON J, HOCKERTS K. Social entrepreneurship. London: Palgrave Macmillan: 142-154.

HOLCOMBE R G, 2003. The origins of entrepreneurial opportunities [J]. The review of Austrian economics, 16 (1): 25-43.

KIRZNER I M, 1997. Entrepreneurial discovery and the competitive market process: an Austrian approach [J]. Journal of economic literature, 35 (1): 60-85.

KIRZNER I M, 1997. Entrepreneurial discovery and the competitive market process: an Austrian approach [J]. Journal of Economic Literature, 35 (1): 60-85.

KLEPPER S, SLEEPER S, 2005. Entry by spinoffs [J]. Management science, 51 (8): 1165-1307.

KMAA J B, SHUMAN J C, SEEGER J A, et al., 1990. Entrepreneurial teams in new venture creation: a research agenda [J]. Entrepreneurship theory and practice, 14 (4): 7-17.

KURATKOD F, 2005. The emergence of entrepreneurship education development, trends and challenges [J]. Entrepreneurship theory and practice, 29 (5): 577-597.

LEADBEATER C, 1997. The rise of the social entrepreneur [M]. London: Demos.

MAGRETTA J, STONE N, 2002. What management is: how it works and why it's everyone's business [M]. New York: The Free Press.

MAIR J, MARTÍ I, 2006. Social entrepreneurship research: a source of explanation, prediction and delight [J]. Journal of world business, 41 (1): 36-44.

MARVEL M R, LUMPKIN G T, 2007. Technology entrepreneurs' human capital and its effects on innovation radicalness [J]. Entrepreneurship theory and practice, 31 (6): 807-828.

MORRIS M, SCHINDEHUTTE M, ALLEN J, 2005. The entrepreneur model: towards a unified perspective [J]. Journal of business research, 58 (6): 726-735.

PIPER T R, WEINHOLD W A, 1982. How much debt is right for your company? [J]. Harvard business review (6/7): 106-114.

SCHUMPETER J A, 1934. Theory of economic development [M]. Oxford: Oxford University Press.

SCHUMPETER J A, 1976. Capitalism, socialism, and democracy [M]. London: Routledge.

SCOTT S G, EINSTEIN W O, 2001. Strategic performance appraisal in team - based organizations: one size does not fit all [J]. The academy of management executive (1993—2005), 15 (2): 107 - 116.

SHANE S, 2000. Prior knowledge and the discovery of entrepreneurial opportunities [J]. Organization science, 11 (4): 367 - 472.

SHANES, 2000. Prior knowledge and the discovery of entrepreneurial opportunities [J]. Organization Science, 11 (4): 448 - 469.

SINGH R P, 2000. Entrepreneurial opportunity recognition through social networks [M]. New York: Garland Publishing.

SUNDSTROM E, De MEUSE K P, FUTRELL F D, 1990. Work teams: applications and effectiveness [J]. American psychology, 45 (2): 120 - 133.

TEECE D J, PISANO G, SHUEN A, 1997. Dynamic capabilities and strategic management [J]. Strategic management journal, 18 (7): 509 - 533.

TIMMERS P, 1998. Business model for electronic markets [J]. Electronic Markets, 8 (2): 3 - 8.

TIMMONS J A, 1995. New venture creation: entrepreneurship in the 21st century [M]. 4th ed. Chicago: Irwin/McGraw - Hill.

WARD T B, 2004. Cognition, creativity, and entrepreneurship [J]. Journal of business venturing, 19 (2): 173 - 188.

ZAMPETAKIS L A, MOUSTAKIS V, 2006. Linking creativity with entrepreneurial intentions: a structural approach [J]. The international entrepreneurship and management journal (2): 413 - 428.

ZIMMERER T W, SCARBOROUGH N M, 1995. Entrepreneurship and the new venture formation [M]. New Jersey: Pearson College Division.